이 책을 펴고 있는 그대를 환영합니다.

밑줄을 긋고
형광펜을 칠하고
메모를 하고
틀리고 맞고를 반복할 그대

쿵. 쿵. 쿵
알아가는 즐거움으로
심장이 벅차게 뛰기를

이 책을 펴고 있는 그대를 응원합니다.

BETTER CONTENT BETTER LIFE

세계사 660제

WRITERS

권승만 서울사대부중 교사
조용래 부개여고 교사
최효성 유신고 교사

COPYRIGHT

인쇄일 2025년 1월 6일(1판1쇄)
발행일 2025년 1월 6일
펴낸이 신광수
펴낸곳 ㈜미래엔
등록번호 제16-67호
교육개발2실장 김용균
개발책임 김문희
개발 황대근, 송지영, 유민재, 민상욱
디자인실장 손현지
디자인책임 김기욱
디자인 바이차이
CS본부장 강윤구
ISBN 979-11-7311-148-8

1등급 만들기

세계사
660제

Mirae**N**에듀

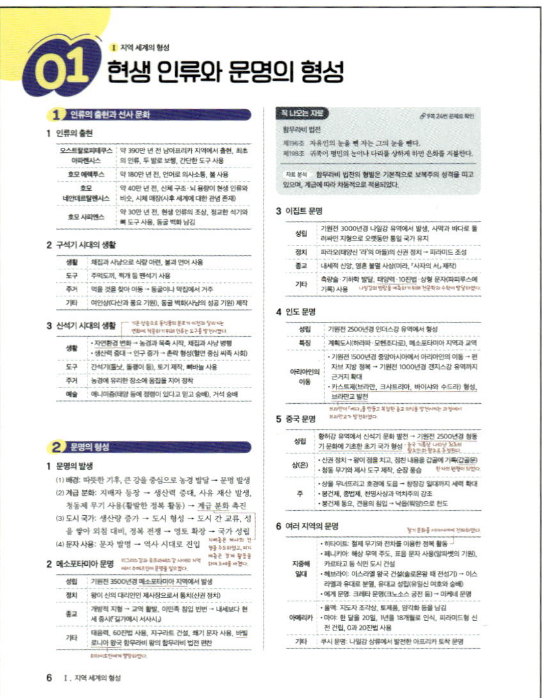

핵심 개념 정리

시험에 자주 나오는
핵심 개념 파악하기

학교 시험에 자주 나오는 개념과 자료를 일목요연하게 정리하여 핵심 개념을
빠르게 파악할 수 있도록 구성하였습니다.

 **꼭 나오는 자료**   시험에 자주 나오는 자료만 엄선하여 분석하였습니다.

🔗 **문제로 확인**   핵심 개념 및 필수 자료에 대한 이해를 확인할 수 있도록
              해당 문제를 링크하였습니다.

1등급 만들기 4단계 문제 코스

1등급 만들기 내신 완성 4단계 문제를 풀면 1등급이 이루어집니다.

STEP 1 기본 기출 문제로 핵심 개념 파악하기

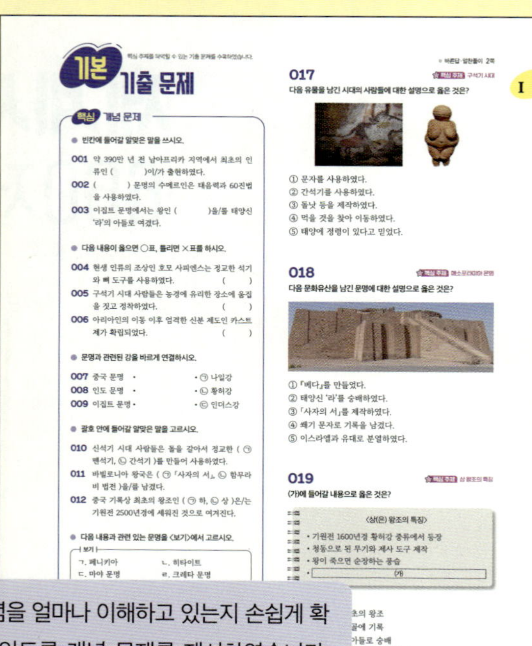

핵심 개념을 얼마나 이해하고 있는지 손쉽게 확
인할 수 있도록 개념 문제를 제시하였습니다.
또한 핵심 주제를 파악할 수 있는 기출 문제를
수록하였습니다.

STEP 2 실력 기출 문제로 실전 감각 키우기

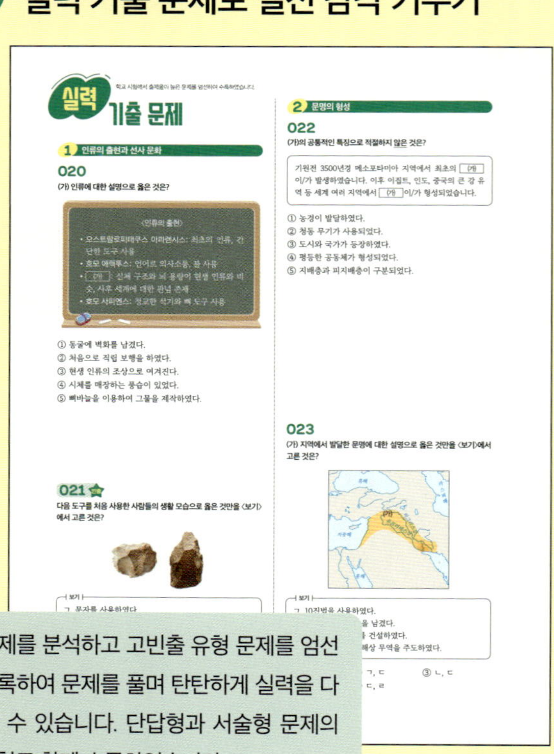

기출 문제를 분석하고 고빈출 유형 문제를 엄선
해서 수록하여 문제를 풀며 탄탄하게 실력을 다
져 나갈 수 있습니다. 단답형과 서술형 문제의
대표 유형도 함께 수록하였습니다.

바른답·알찬풀이

알찬풀이로
핵심 내용 다시 보기

문제에 대한 정답과 알찬풀이를 제시하였습니다.
바로잡기 코너는 자세한 오답 풀이를 통해 어려운 문제도 쉽게 이해할 수 있습니다.

1등급 정리 노트 시험에 자주 나오는 핵심 개념을 다시 한 번 정리하였습니다.
1등급 자료 분석 까다롭고 어려운 자료에 대한 분석과 첨삭 설명을 제시하였습니다.
선택지 더 보기 시험에 출제될 수 있는 유사 선택지를 추가로 제시하였습니다.

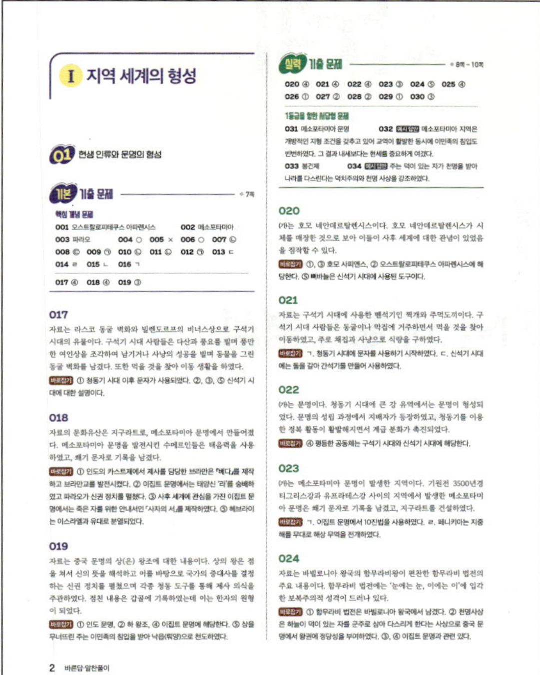

STEP 3 1등급 문제로 실력 향상시키기

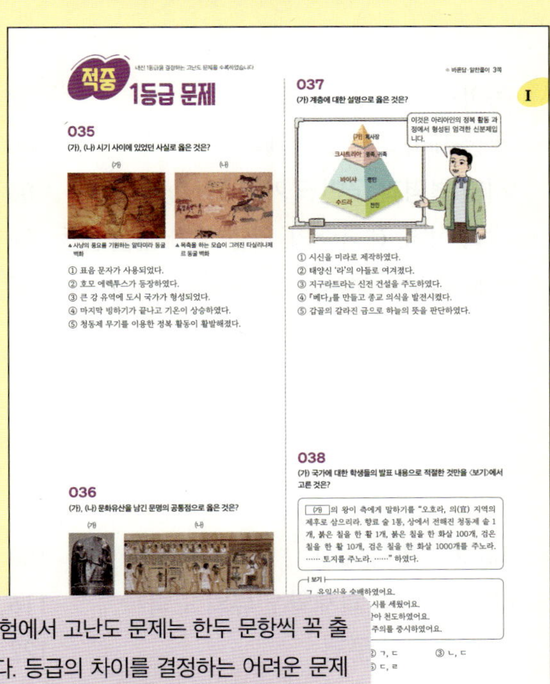

학교 시험에서 고난도 문제는 한두 문항씩 꼭 출제됩니다. 등급의 차이를 결정하는 어려운 문제도 자신 있게 풀 수 있도록 응용력과 사고력을 기를 수 있는 고난도 문제로 구성하였습니다.

STEP 4 마무리 문제로 최종 점검하기

중간고사와 기말고사를 대비할 수 있는 실전 문제로, 대단원별로 시험 직전 학습 내용을 마무리하고 자신의 실력을 점검할 수 있습니다.

교과서 단원 찾기 Search

3종 세계사 교과서의 단원 찾기를 제공합니다.

1등급 만들기에서 교과서 단원 찾는 방법
❶ 내가 가지고 있는 교과서의 출판사명과 공부할 범위를 확인한다.
❷ 1등급 만들기에서 해당 쪽수를 찾아 공부한다.
(예) 미래엔 세계사 교과서의 'Ⅰ. 지역 세계의 형성' 단원에서 '1. 현생 인류와 문명의 형성' 12~20쪽 부분을 공부할 경우, 1등급 만들기의 6~11쪽을 공부하면 된다.

01 현생 인류와 문명의 형성

1 인류의 출현과 선사 문화

1 인류의 출현

오스트랄로피테쿠스 아파렌시스	약 390만 년 전 남아프리카 지역에서 출현, 최초의 인류, 두 발로 보행, 간단한 도구 사용
호모 에렉투스	약 180만 년 전, 언어로 의사소통, 불 사용
호모 네안데르탈렌시스	약 40만 년 전, 신체 구조·뇌 용량이 현생 인류와 비슷, 시체 매장(사후 세계에 대한 관념 존재)
호모 사피엔스	약 30만 년 전, 현생 인류의 조상, 정교한 석기와 뼈 도구 사용, 동굴 벽화 남김

2 구석기 시대의 생활

생활	채집과 사냥으로 식량 마련, 불과 언어 사용
도구	주먹도끼, 찍개 등 뗀석기 사용
주거	먹을 것을 찾아 이동 → 동굴이나 막집에서 거주
기타	여인상(다산과 풍요 기원), 동굴 벽화(사냥의 성공 기원) 제작

3 신석기 시대의 생활

기온 상승으로 동식물의 분포가 이전과 달라지는 변화에 적응하기 위해 인류는 도구를 발전시켰다.

생활	• 자연환경 변화 → 농경과 목축 시작, 채집과 사냥 병행 • 생산력 증대 → 인구 증가 → 촌락 형성(혈연 중심 씨족 사회)
도구	간석기(돌낫, 돌괭이 등), 토기 제작, 뼈바늘 사용
주거	농경에 유리한 장소에 움집을 지어 정착
예술	애니미즘(태양 등에 정령이 있다고 믿고 숭배), 거석 숭배

2 문명의 형성

1 문명의 발생

(1) 배경: 따뜻한 기후, 큰 강을 중심으로 농경 발달 → 문명 발생

(2) 계급 분화: 지배자 등장 → 생산력 증대, 사유 재산 발생, 청동제 무기 사용(활발한 정복 활동) → 계급 분화 촉진

(3) 도시 국가: 생산량 증가 → 도시 형성 → 도시 간 교류, 성을 쌓아 외침 대비, 정복 전쟁 → 영토 확장 → 국가 성립

(4) 문자 사용: 문자 발명 → 역사 시대로 진입

지배층은 제사와 전쟁을 주도하였고, 피지배층은 경제 활동을 하며 조세를 바쳤다.

2 메소포타미아 문명

티그리스강과 유프라테스강 사이의 지역에서 수메르인이 문명을 일으켰다.

성립	기원전 3500년경 메소포타미아 지역에서 발생
정치	왕이 신의 대리인인 제사장으로서 통치(신권 정치)
종교	개방적 지형 → 교역 활발, 이민족 침입 빈번 → 내세보다 현세 중시(『길가메시 서사시』)
기타	태음력, 60진법 사용, 지구라트 건설, 쐐기 문자 사용, 바빌로니아 왕국 함무라비 왕의 함무라비 법전 편찬

히타이트인에게 멸망하였다.

📎 9쪽 24번 문제로 확인

꼭 나오는 자료

함무라비 법전

제196조 자유인의 눈을 뺀 자는 그의 눈을 뺀다.
제198조 귀족이 평민의 눈이나 다리를 상하게 하면 은화를 지불한다.

자료 분석 함무라비 법전의 형벌은 기본적으로 보복주의 성격을 띠고 있으며, 계급에 따라 차등적으로 적용되었다.

3 이집트 문명

성립	기원전 3000년경 나일강 유역에서 발생, 사막과 바다로 둘러싸인 지형으로 오랫동안 통일 국가 유지
정치	파라오(태양신 '라'의 아들)의 신권 정치 → 피라미드 조성
종교	내세적 신앙, 영혼 불멸 사상(미라, 「사자의 서」 제작)
기타	측량술·기하학 발달, 태양력·10진법·상형 문자(파피루스에 기록) 사용

나일강의 범람을 예측하기 위해 천문학과 수학이 발달하였다.

4 인도 문명

성립	기원전 2500년경 인더스강 유역에서 형성
특징	계획도시(하라파·모헨조다로), 메소포타미아 지역과 교역
아리아인의 이동	• 기원전 1500년경 중앙아시아에서 아리아인의 이동 → 펀자브 지방 정복 → 기원전 1000년경 갠지스강 유역까지 근거지 확대 • 카스트제(브라만, 크샤트리아, 바이샤와 수드라) 형성, 브라만교 발전

브라만이 『베다』를 만들고 복잡한 종교 의식을 발전시키는 과정에서 브라만교가 발전하였다.

5 중국 문명

성립	황허강 유역에서 신석기 문화 발전 → 기원전 2500년경 청동기 문화에 기초한 초기 국가 형성
상(은)	• 신권 정치 → 왕이 점을 치고, 점친 내용을 갑골에 기록(갑골문) • 청동 무기와 제사 도구 제작, 순장 풍습
주	• 상을 무너뜨리고 호경에 도읍 → 창장강 일대까지 세력 확대 • 봉건제, 종법제, 천명사상과 덕치주의 강조 • 봉건제 동요, 견융의 침입 → 낙읍(뤄양)으로 천도

중국 기록상 나타난 최초의 왕조인 하 왕조로 추정된다.

한자의 원형이 되었다.

6 여러 지역의 문명

철기 문화를 서아시아에 전파하였다.

지중해 일대	• 히타이트: 철제 무기와 전차를 이용한 정복 활동 • 페니키아: 해상 무역 주도, 표음 문자 사용(알파벳의 기원), 카르타고 등 식민 도시 건설 • 헤브라이: 이스라엘 왕국 건설(솔로몬왕 때 전성기) → 이스라엘과 유대로 분열, 유대교 성립(유일신 여호와 숭배) • 에게 문명: 크레타 문명(크노소스 궁전 등) → 미케네 문명
아메리카	• 올멕: 지도자 조각상, 토제품, 암각화 등을 남김 • 마야: 한 달을 20일, 1년을 18개월로 인식, 피라미드형 신전 건립, 0과 20진법 사용
기타	쿠시 문명: 나일강 상류에서 발전한 아프리카 토착 문명

기본 기출 문제

핵심 주제를 파악할 수 있는 기출 문제를 수록하였습니다.

핵심 개념 문제

● 빈칸에 들어갈 알맞은 말을 쓰시오.

001 약 390만 년 전 남아프리카 지역에서 최초의 인류인 (　　　)이/가 출현하였다.

002 (　　　) 문명의 수메르인은 태음력과 60진법을 사용하였다.

003 이집트 문명에서는 왕인 (　　　)을/를 태양신 '라'의 아들로 여겼다.

● 다음 내용이 옳으면 ○표, 틀리면 ×표를 하시오.

004 현생 인류의 조상인 호모 사피엔스는 정교한 석기와 뼈 도구를 사용하였다. (　　)

005 구석기 시대 사람들은 농경에 유리한 장소에 움집을 짓고 정착하였다. (　　)

006 아리아인의 이동 이후 엄격한 신분 제도인 카스트제가 확립되었다. (　　)

● 문명과 관련된 강을 바르게 연결하시오.

007 중국 문명　·　　　　　·　㉠ 나일강

008 인도 문명　·　　　　　·　㉡ 황허강

009 이집트 문명·　　　　　·　㉢ 인더스강

● 괄호 안에 들어갈 알맞은 말을 고르시오.

010 신석기 시대 사람들은 돌을 갈아서 정교한 (㉠ 뗀석기, ㉡ 간석기)를 만들어 사용하였다.

011 바빌로니아 왕국은 (㉠ 「사자의 서」, ㉡ 함무라비 법전)을/를 남겼다.

012 중국 기록상 최초의 왕조인 (㉠ 하, ㉡ 상)은/는 기원전 2500년경에 세워진 것으로 여겨진다.

● 다음 내용과 관련 있는 문명을 〈보기〉에서 고르시오.

보기
ㄱ. 페니키아　　　ㄴ. 히타이트 ㄷ. 마야 문명　　　ㄹ. 크레타 문명

013 피라미드형 신전을 건립하였다. (　　)

014 크노소스 궁전이 대표적인 유적이다. (　　)

015 철기 문화를 서아시아에 전파하였다. (　　)

016 카르타고 등 식민 도시를 건설하였다. (　　)

017

다음 유물을 남긴 시대의 사람들에 대한 설명으로 옳은 것은?

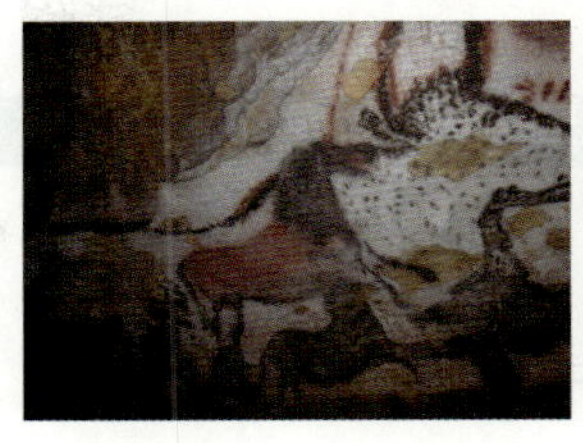

① 문자를 사용하였다.
② 간석기를 사용하였다.
③ 돌낫 등을 제작하였다.
④ 먹을 것을 찾아 이동하였다.
⑤ 태양에 정령이 있다고 믿었다.

018

다음 문화유산을 남긴 문명에 대한 설명으로 옳은 것은?

① 『베다』를 만들었다.
② 태양신 '라'를 숭배하였다.
③ 「사자의 서」를 제작하였다.
④ 쐐기 문자로 기록을 남겼다.
⑤ 이스라엘과 유대로 분열하였다.

019

(가)에 들어갈 내용으로 옳은 것은?

〈상(은) 왕조의 특징〉

- 기원전 1600년경 황허강 중류에서 등장
- 청동으로 된 무기와 제사 도구 제작
- 왕이 죽으면 순장하는 풍습
- 　　　　(가)

① 카스트제 형성
② 중국 기록상 최초의 왕조
③ 점친 내용을 갑골에 기록
④ 왕을 태양신의 아들로 숭배
⑤ 이민족의 침입을 받아 낙읍(뤄양)으로 천도

실력 기출 문제

1 인류의 출현과 선사 문화

020

(가) 인류에 대한 설명으로 옳은 것은?

<인류의 출현>

- 오스트랄로피테쿠스 아파렌시스: 최초의 인류, 간단한 도구 사용
- 호모 에렉투스: 언어로 의사소통, 불 사용
- (가) : 신체 구조와 뇌 용량이 현생 인류와 비슷, 사후 세계에 대한 관념 존재
- 호모 사피엔스: 정교한 석기와 뼈 도구 사용

① 동굴에 벽화를 남겼다.
② 처음으로 직립 보행을 하였다.
③ 현생 인류의 조상으로 여겨진다.
④ 시체를 매장하는 풍습이 있었다.
⑤ 뼈바늘을 이용하여 그물을 제작하였다.

021 빈출

다음 도구를 처음 사용한 사람들의 생활 모습으로 옳은 것만을 〈보기〉에서 고른 것은?

| 보기 |

ㄱ. 문자를 사용하였다.
ㄴ. 동굴이나 막집에 거주하였다.
ㄷ. 돌을 갈아서 도구를 제작하였다.
ㄹ. 주로 채집과 사냥으로 식량을 구하였다.

① ㄱ, ㄴ　　② ㄱ, ㄷ　　③ ㄴ, ㄷ
④ ㄴ, ㄹ　　⑤ ㄷ, ㄹ

2 문명의 형성

022

(가)의 공통적인 특징으로 적절하지 <u>않은</u> 것은?

기원전 3500년경 메소포타미아 지역에서 최초의 (가) 이/가 발생하였습니다. 이후 이집트, 인도, 중국의 큰 강 유역 등 세계 여러 지역에서 (가) 이/가 형성되었습니다.

① 농경이 발달하였다.
② 청동 무기가 사용되었다.
③ 도시와 국가가 등장하였다.
④ 평등한 공동체가 형성되었다.
⑤ 지배층과 피지배층이 구분되었다.

023

(가) 지역에서 발달한 문명에 대한 설명으로 옳은 것만을 〈보기〉에서 고른 것은?

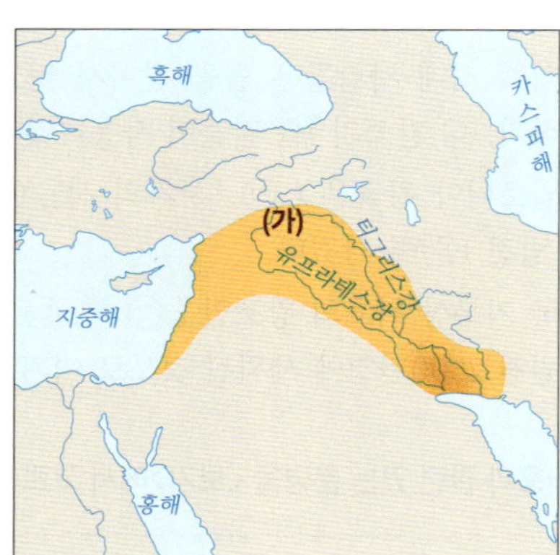

| 보기 |

ㄱ. 10진법을 사용하였다.
ㄴ. 쐐기 문자로 기록을 남겼다.
ㄷ. 거대한 지구라트를 건설하였다.
ㄹ. 지중해를 무대로 해상 무역을 주도하였다.

① ㄱ, ㄴ　　② ㄱ, ㄷ　　③ ㄴ, ㄷ
④ ㄴ, ㄹ　　⑤ ㄷ, ㄹ

024 빈출

다음 법전에 대한 설명으로 옳은 것은?

> 제196조 자유인의 눈을 뺀 자는 그의 눈을 뺀다.
> 제198조 귀족이 평민의 눈이나 다리를 상하게 하면 은화
> 를 지불한다.

① 헤브라이인이 남겼다.
② 천명사상을 강조하였다.
③ 영혼 불멸 사상이 담겨 있다.
④ 파라오의 권위를 뒷받침하였다.
⑤ 보복주의적 성격을 엿볼 수 있다.

025

다음 문자를 사용한 문명에 대한 설명으로 옳은 것만을 〈보기〉에서 고른 것은?

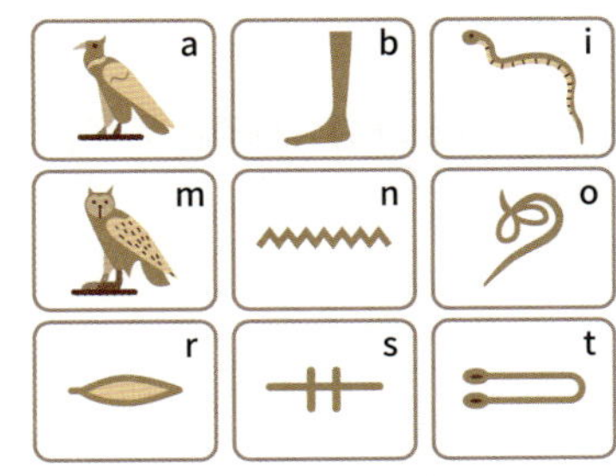

▲ 상형 문자의 소리 대응표

> **| 보기 |**
> ㄱ. 태음력을 사용하였다.
> ㄴ. 파피루스에 기록을 남겼다.
> ㄷ. 현세를 내세보다 중시하였다.
> ㄹ. 왕의 무덤인 피라미드를 건설하였다.

① ㄱ, ㄴ   ② ㄱ, ㄷ   ③ ㄴ, ㄷ
④ ㄴ, ㄹ   ⑤ ㄷ, ㄹ

026

밑줄 친 '왕국'에서 볼 수 있는 모습으로 적절한 것은?

> 나일강의 범람으로 비옥해진 주변 땅에는 여러 도시 국가
> 가 형성되었고, 치수와 관개를 위해 강력한 공동체가 필요
> 해지면서 통일 왕국이 성립되었다.

① 미라를 제작하는 기술자
② 덕치주의를 강조하는 왕
③ 함무라비왕과 논의하는 관리
④ 크노소스 궁전을 건설하는 일꾼
⑤ 「길가메시 서사시」를 읽는 백성

027

다음 도시 유적을 건설한 사람들에 대한 설명으로 옳은 것은?

① 도리스인의 침입을 받았다.
② 메소포타미아 지방과 교역하였다.
③ 나일강 상류를 무대로 활동하였다.
④ 카르타고 등 식민 도시를 건설하였다.
⑤ 『베다』를 만들고 종교 의식을 발전시켰다.

028 빈출

(가) 민족의 이동이 끼친 영향으로 가장 적절한 것은?

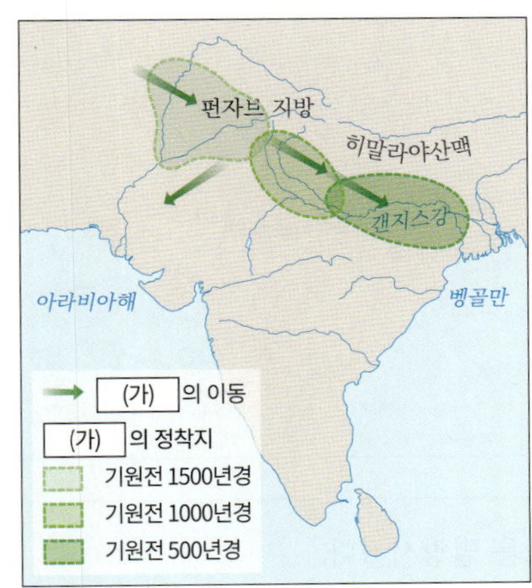

① 하라파가 건설되었다.
② 카스트제가 만들어졌다.
③ 쐐기 문자가 개발되었다.
④ 숫자 0의 개념이 확립되었다.
⑤ 유일신 여호와를 믿는 종교가 탄생하였다.

029 빈출

(가) 국가에 대한 탐구 활동으로 가장 적절한 것은?

자료는 [(가)] 왕이 하늘에 제사를 지내고 그 결과를 적은 것이다. 왕의 점술가는 거북의 배딱지나 소의 어깨뼈를 불에 달궈 갈라지는 금의 모양을 보고 하늘의 뜻을 판단하였다.

① 순장의 풍습에 대해 조사한다.
② 브라만교의 성립 과정을 살펴본다.
③ 크샤트리아의 역할에 대해 알아본다.
④ 시신을 미라로 만든 까닭을 알아본다.
⑤ 창장강 유역의 경제 상황을 파악한다.

030

(가) 국가에 대한 설명으로 옳은 것만을 〈보기〉에서 고른 것은?

┤ 보기 ├
ㄱ. 하 왕조를 멸망시켰다.
ㄴ. 종법제로 봉건제를 뒷받침하였다.
ㄷ. 친족과 공신을 제후로 임명하였다.
ㄹ. 중국 기록상 최초의 왕조로 전해진다.

① ㄱ, ㄴ　　　② ㄱ, ㄷ　　　③ ㄴ, ㄷ
④ ㄴ, ㄹ　　　⑤ ㄷ, ㄹ

| 031~032 |

다음 자료를 읽고 물음에 답하시오.

길가메시여, 당신은 생명을 찾을 수 없을 것입니다. 신들이 인간을 만들 때 죽음도 함께 붙여 주었습니다. …… 밤낮으로 춤추며 즐기십시오. 잔치를 벌이고 기뻐하십시오. …… 왜냐하면 이것도 인간의 운명이니까요.

031

위 서사시를 남긴 문명을 쓰시오.

032

자료에 나타난 세계관의 특징과 형성 배경을 위 문명의 지리적 조건과 관련지어 서술하시오.

| 033~034 |

다음 자료를 보고 물음에 답하시오.

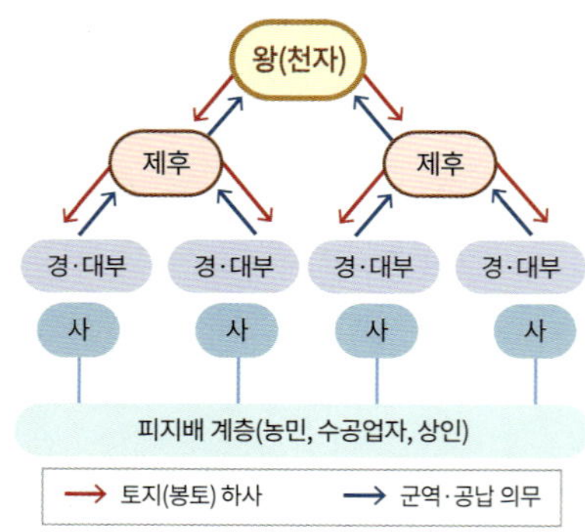

033

위 제도의 명칭을 쓰시오.

034

위 제도를 운용한 국가의 통치 이념을 서술하시오.

내신 1등급을 결정하는 고난도 문제를 수록하였습니다.

1등급 문제

035

(가), (나) 시기 사이에 있었던 사실로 옳은 것은?

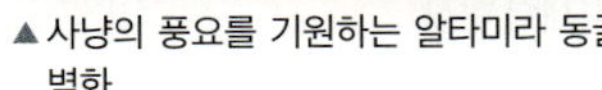
▲ 사냥의 풍요를 기원하는 알타미라 동굴 벽화

▲ 목축을 하는 모습이 그려진 타실리나제 르 동굴 벽화

① 표음 문자가 사용되었다.
② 호모 에렉투스가 등장하였다.
③ 큰 강 유역에 도시 국가가 형성되었다.
④ 마지막 빙하기가 끝나고 기온이 상승하였다.
⑤ 청동제 무기를 이용한 정복 활동이 활발해졌다.

036

(가), (나) 문화유산을 남긴 문명의 공통점으로 옳은 것은?

(가)

(나)

① 태음력이 사용되었다.
② 왕이 신권 정치를 펼쳤다.
③ 도리스인의 침입을 받았다.
④ 「길가메시 서사시」를 남겼다.
⑤ 현세보다 내세를 중시하였다.

037

(가) 계층에 대한 설명으로 옳은 것은?

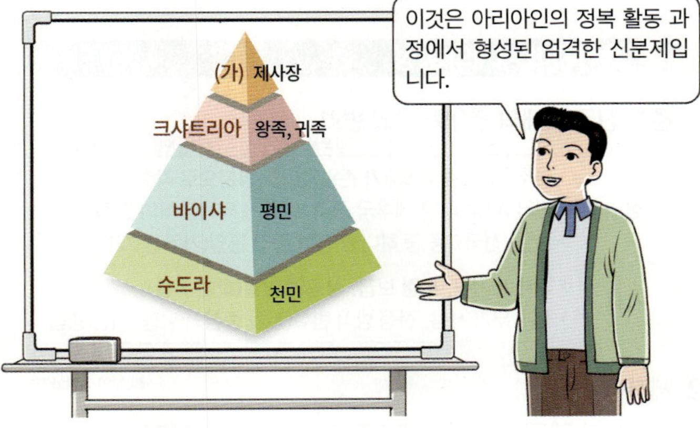

① 시신을 미라로 제작하였다.
② 태양신 '라'의 아들로 여겨졌다.
③ 지구라트라는 신전 건설을 주도하였다.
④ 『베다』를 만들고 종교 의식을 발전시켰다.
⑤ 갑골의 갈라진 금으로 하늘의 뜻을 판단하였다.

038

(가) 국가에 대한 학생들의 발표 내용으로 적절한 것만을 〈보기〉에서 고른 것은?

> [(가)]의 왕이 측에게 말하기를 "오호라, 의(宜) 지역의 제후로 삼으리라. 향료 술 1통, 상에서 전해진 청동제 솥 1개, 붉은 칠을 한 활 1개, 붉은 칠을 한 화살 100개, 검은 칠을 한 활 10개, 검은 칠을 한 화살 1000개를 주노라. …… 토지를 주노라. ……" 하였다.

─ 보기 ─

ㄱ. 유일신을 숭배하였어요.
ㄴ. 하라파에 계획도시를 세웠어요.
ㄷ. 견융의 침입을 받아 천도하였어요.
ㄹ. 천명사상과 덕치주의를 중시하였어요.

① ㄱ, ㄴ   ② ㄱ, ㄷ   ③ ㄴ, ㄷ
④ ㄴ, ㄹ   ⑤ ㄷ, ㄹ

02 동아시아 세계의 문화와 종교·사상

1 동아시아 세계의 형성

1 춘추 전국 시대의 전개와 사회 변화

정치	• 춘추 시대: 춘추 5패가 존왕양이를 명분으로 각축 • 전국 시대: 다른 제후국 공격·병합 → 약육강식의 경쟁 • 통일: 전국 7웅 중 하나인 진이 중국 통일(기원전 221)
사회	• 철제 농기구, 우경 보급, 상공업 발달(화폐 유통) • 철제 무기 사용, 전쟁 방식 변화(전차 중심 → 보병·기병 중심)

추가 낙읍으로 천도한 이후 정세를 이끈 5명의 제후이다.

전쟁에 참여한 백성의 지위가 향상되었다.

2 제자백가

유가	공자: 도덕 정치(인과 예) 중시 → 맹자·순자가 계승
법가	상앙·한비자: 군주 권위 존중, 법률에 따른 엄격한 통치 주장
도가	노자·장자: 무위자연 주장 → 문학·예술에 영향
묵가	묵자: 차별 없는 사랑(겸애)과 평화 강조

3 진의 중국 통일 — 진은 법가 사상을 바탕으로 부국강병을 달성하여 중국을 통일하였다.

시황제의 정책	군현제 시행, 도로 정비, 화폐·도량형·문자·수레바퀴 폭 등 통일, 사상 통제(분서갱유), 만리장성 축성
멸망	가혹한 통치, 대규모 토목 공사(아방궁, 진시황릉 등) → 백성 불만 고조 → 진승·오광의 난 등 각지에서 반란 → 멸망

꼭 나오는 자료 🔗15쪽 64번 문제로 확인

분서갱유
사관이 가지고 있는 문서 중 진(秦)의 기록이 아닌 것은 모두 태우도록 하시고, 감히 『시』, 『서』 및 제자백가의 서적을 소장하고 있으면 모두 태우도록 하십시오. - 『사기』 -

자료 분석 진시황제는 의약, 농업 등 실용적인 학문의 서적을 제외한 책을 불태우는 분서갱유를 단행하여 사상을 통제하였다.

4 한의 성립과 발전

(1) 한의 발전

한 고조	중국 재통일(기원전 202), 군국제 시행, 흉노에 물자 제공
한 무제	• 정치: 군현제 확대, 유교의 통치 이념화(동중서의 건의 수용) • 대외 팽창: 장건을 대월지에 파견한 후 흉노 토벌, 남월(남비엣)과 고조선 멸망 • 경제: 소금·철·술의 전매제, 균수법과 평준법, 오수전 주조
신	전한 멸망, 왕망이 신 건국, 토지 국유화, 노비 매매 금지
후한	• 유수(광무제)가 호족의 지원을 받아 건국, 수도 뤄양 • 통치력 약화 → 황건적의 난 등을 계기로 멸망(220)

(2) 한의 사회·문화

사회	호족 성장(대토지 소유, 향거리선제를 통해 관료로 진출)
문화	• 훈고학 발달, 불교 전래, 태평도·오두미도 성립 • 『사기』(전한 사마천), 『한서』(후한 반고), 채륜이 제지술 개량

2 동아시아 세계의 발전

1 위진 남북조 시대

(1) 삼국 시대: 후한 멸망 → 위·촉·오 경쟁 → 진(晉) 통일

(2) 5호 16국: 5호의 침입 → 진의 강남 이주(동진) - 수도 건강(난징)

(3) 남북조 시대의 전개 균전제는 일정 나이 이상의 남녀에게 토지를 지급한 제도이다.

북조	• 북위: 선비족이 건국, 화북 지방 통일 • 효문제: 균전제 시행, 평성에서 뤄양으로 천도, 한화 정책 추진
남조	• 빈번한 왕조 교체(동진 → 송 → 제 → 양 → 진) • 창장강 유역 개발 → 강남 경제력 향상
사회와 문화	• 문벌 귀족: 9품중정제를 통해 고위 관직 독점, 대토지 소유 • 불교: 북조가 윈강, 룽먼 등지에 대규모 석굴 사원 조성 • 도교: 태평도·오두미도, 도가 사상 결합 북조는 부처의 힘을 빌려 황제의 권위를 높이고자 하였다. • 노장사상과 청담: 남조에서 유행, 현실 도피적 경향

2 수의 성립과 발전

문제	수 건국, 남북조 통일, 과거제 도입, 균전제·조용조·부병제 정비
양제	대운하 건설, 고구려 원정 실패 → 반란으로 멸망

3 당의 성립과 발전

(1) 당의 발전과 멸망

건국	이연(당 고조)이 장안을 수도로 건국(618)
팽창	• 동돌궐 등 복속(태종), 서돌궐 예속 및 백제·고구려 멸망(고종) • 정복지에 도호부 설치, 기미 정책 실시
제도	• 3성 6부(중앙), 주현제(지방), 균전제·조용조·부병제 • 안사의 난 이후 절도사 성장, 장원제·양세법·모병제 시행
멸망	황소의 난 → 주전충에 의해 당 멸망(907)

안사의 난 이후 균전제가 붕괴되면서 조용조와 부병제 대신 양세법과 모병제가 시행되었다.

(2) 당의 경제·사회·문화

경제	• 2년 3작(화북), 비전 유통, 상인 조합인 행(行) 출현 • 국제 무역 발달, 시박사 설치 한자, 유교, 불교, 율령이 공통 요소이다.
사회·문화	• 귀족적·국제적 성격의 문화, 동아시아 문화권 형성 • 『오경정의』 편찬(공영달, 훈고학 집대성), 불교 경전 번역(현장) • 외래 종교(마니교, 네스토리우스교(경교) 등), 당삼채(서역 영향)

4 일본 고대 국가의 발전

야요이 시대	• 신석기 문화: 약 1만 년 전 새끼줄 무늬의 조몬 토기 등 제작 • 기원전 3세기 한반도에서 벼농사, 청동기, 철기 전파 → 소국 연합체 형성(히미코의 야마타이국이 강성)
야마토 정권	4세기경 호족 연합으로 성립, 전방후원분, 아스카 문화, 7세기 견당사 파견, 다이카 개신, 일본 국호·천황 칭호 사용
나라 시대	8세기 초 헤이조쿄 건설(장안성 모방), 율령 체제, 도다이사 건립, 『고사기』·『일본서기』·『만엽집』 편찬
헤이안 시대	• 8세기 말 헤이안쿄로 천도, 귀족과 무사 세력 성장 • 국풍 문화: 고유 문자(가나), 와카 유행

외래 문화를 일본 고유의 풍습에 맞게 소화하려는 문화이다.

기본 기출 문제

핵심 주제를 파악할 수 있는 기출 문제를 수록하였습니다.

핵심 개념 문제

● 빈칸에 들어갈 알맞은 말을 쓰시오.

039 한 무제는 재정 악화 문제를 해결하기 위해 소금 과 철, 술의 (   )을/를 실시하였다.

040 약 1만 년 전 일본 열도에서는 새끼줄 무늬의 (   )(으)로 대표되는 신석기 문화가 나타 났다.

● 다음 내용이 옳으면 ○표, 틀리면 ✕표를 하시오.

041 후한은 호족의 대토지 소유와 횡포가 심해지고 진 승·오광의 난 등 농민 반란이 일어나면서 쇠퇴하 였다. (   )

042 당대 공영달 등은 『오경정의』를 편찬하여 훈고학 을 집대성하였다. (   )

043 4세기경 일본 열도에서는 호족들의 연합으로 야 마토 정권이 성립되었다. (   )

● 제시된 사상가와 주장을 바르게 연결하시오.

044 도가 •　　•　㉠ 무위자연
045 법가 •　　•　㉡ 차별 없는 사랑(겸애)
046 묵가 •　　•　㉢ 법률에 따른 엄격한 통치
047 유가 •　　•　㉣ 인과 예에 기초한 도덕 정치

● 괄호 안에 들어갈 알맞은 말을 고르시오.

048 진시황제는 전국을 36개 군으로 나누어 관리를 파견하는 (㉠ 봉건제, ㉡ 군현제)를 실시하였다.

049 남북조 시대 남조의 지배층은 (㉠ 향거리선제, ㉡ 9품중정제)를 통해 고위 관직을 독점하였다.

050 일본은 8세기 초 나라 지역에 당의 장안성을 모방 하여 (㉠ 헤이조쿄, ㉡ 헤이안쿄)를 세웠다.

● 다음 설명과 관련된 인물을 〈보기〉에서 고르시오.

┌ 보기 ┐
ㄱ. 효문제　　ㄴ. 한 무제　　ㄷ. 진시황제
└───────────────────┘

051 분서갱유를 단행하였다. (   )
052 장건을 서역에 파견하였다. (   )
053 평성에서 뤄양으로 천도하였다. (   )

054

★ 핵심 주제 | 춘추 시대

I

다음 지도의 상황이 나타난 시기에 볼 수 있는 모습으로 가장 적절한 것은?

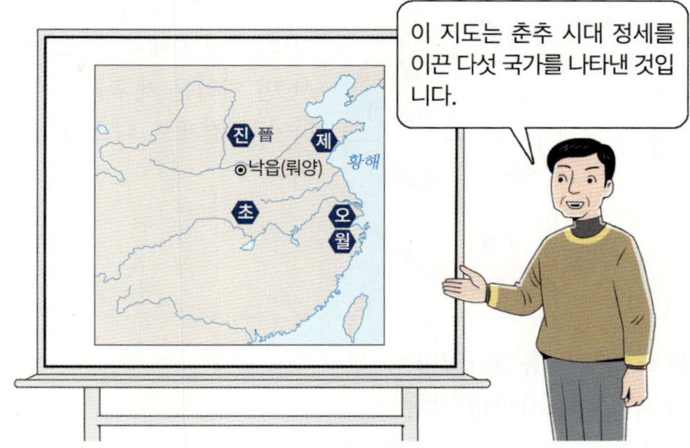

① 아방궁 건설에 동원된 백성
② 갑골을 보고 점을 치는 관리
③ 존왕양이를 내세워 경쟁하는 제후국
④ 반란군을 이끄는 황건적의 우두머리
⑤ 호경에서 업무를 처리하는 주의 국왕

055

★ 핵심 주제 | 진시황제의 정책

다음 정책을 실시한 국가에 대한 설명으로 옳은 것만을 〈보기〉에서 고 른 것은?

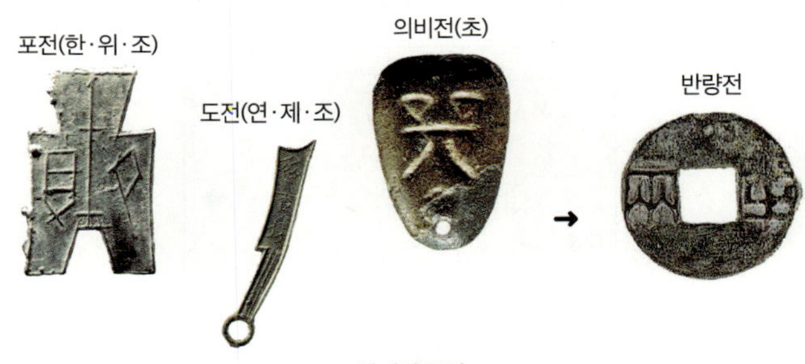

▲ 화폐의 통일

┌ 보기 ┐
ㄱ. 도량형을 통일하였다.
ㄴ. 대월지에 장건을 파견하였다.
ㄷ. 36개 군에 관리를 파견하였다.
ㄹ. 균수법과 평준법을 실시하였다.
└───────────────────────┘

① ㄱ, ㄴ　　　② ㄱ, ㄷ　　　③ ㄴ, ㄷ
④ ㄴ, ㄹ　　　⑤ ㄷ, ㄹ

기본 기출 문제

056

밑줄 친 '이 제도'를 도입한 황제에 대한 설명으로 옳은 것은?

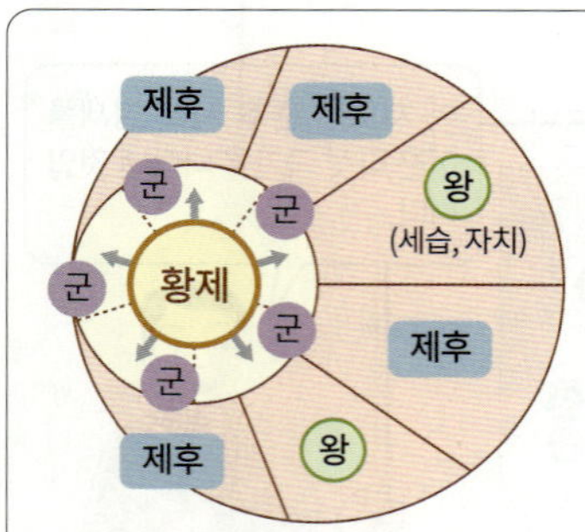

이 제도는 수도와 그 근처 지역은 군현제로, 수도에서 먼 지역은 제후를 임명하여 봉건제로 다스린 것이다.

① 도량형을 통일하였다.
② 시황제를 자처하였다.
③ 유교를 통치 이념으로 채택하였다.
④ 항우를 물리치고 한을 건국하였다.
⑤ 법가를 바탕으로 부국강병을 달성하였다.

057

(가)에 들어갈 지명으로 옳은 것은?

흉노, 선비, 갈, 강, 저의 5호가 대거 화북 지방으로 이동하여 여러 왕조를 세웠다. 이에 진은 창장강 이남 지역으로 이동하여 [(가)]을 도읍으로 삼고 동진을 세웠다.

① 건강　　　② 뤄양　　　③ 호경
④ 평성　　　⑤ 장안

058

(가) 왕조에 대한 설명으로 옳은 것은?

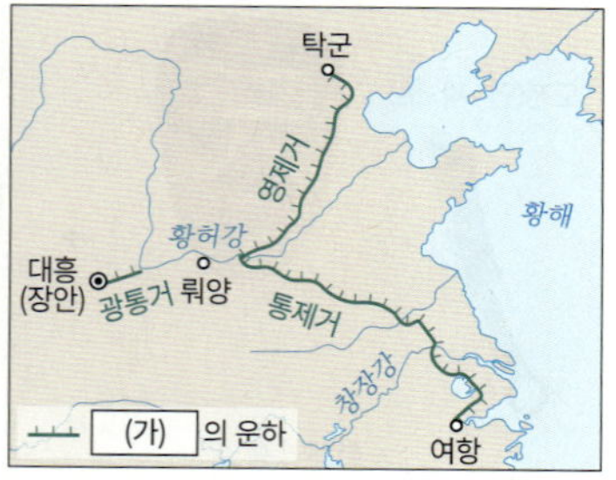

┤ 보기 ├
ㄱ. 5호 16국을 통일하였다.
ㄴ. 9품중정제를 마련하였다.
ㄷ. 고구려 원정에 실패하였다.
ㄹ. 조용조와 부병제를 정비하였다.

① ㄱ, ㄴ　　　② ㄱ, ㄷ　　　③ ㄴ, ㄷ
④ ㄴ, ㄹ　　　⑤ ㄷ, ㄹ

059

(가)에 들어갈 내용으로 옳은 것만을 〈보기〉에서 고른 것은?

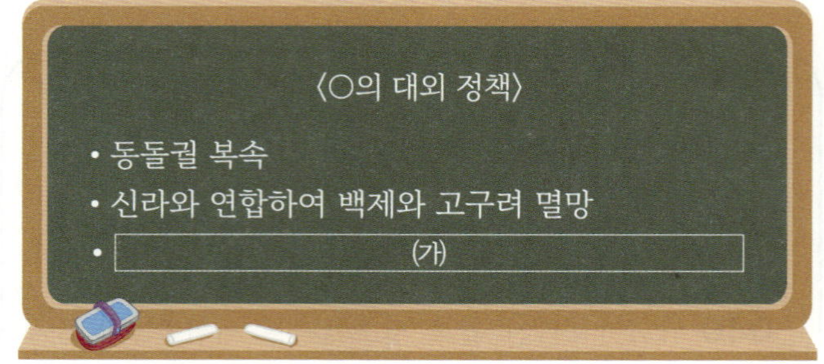

┤ 보기 ├
ㄱ. 남월 정복
ㄴ. 기미 정책 실시
ㄷ. 만리장성 축성에 착수
ㄹ. 정복지에 도호부 설치

① ㄱ, ㄴ　　　② ㄱ, ㄷ　　　③ ㄴ, ㄷ
④ ㄴ, ㄹ　　　⑤ ㄷ, ㄹ

060

다음 토기를 제작한 사람들의 생활 모습으로 옳은 것은?

① 벼농사를 시작하였다.
② 움집을 짓고 정착하였다.
③ 네스토리우스교가 유행하였다.
④ 일본이라는 국호를 사용하였다.
⑤ 청동기와 철기 문화를 받아들였다.

실력 기출 문제

1 동아시아 세계의 형성

061

다음 자료를 활용한 탐구 주제로 가장 적절한 것은?

▲ 고대 중국의 철로 만든 투구와 무기

▲ 고대 중국의 소를 이용한 농사 장면

① 주의 천명사상
② 상 왕조의 통치 정책
③ 동아시아 문화권의 성립
④ 서역과의 교류에 따른 변화
⑤ 춘추 전국 시대의 사회 변화

062 빈출

다음 자료를 보고 학생들이 나눈 대화 내용으로 가장 적절한 것은?

백성의 본성은 힘든 것은 싫어하고 편히 노는 것을 좋아한다. 그들이 편히 놀면 나라가 황폐해진다. 나라가 황폐해지면 사회의 안정을 이룰 수 없다. 상과 벌을 공정하게 실시하지 않으면 나라의 운명이 다하게 된다.

① 상앙 등이 주장하였어.
② 공자에 의해 형성되었어.
③ 무위자연이 반영되어 있어.
④ 차별 없는 사랑을 강조하였어.
⑤ 동중서가 제출한 건의의 토대가 되었어.

063

밑줄 친 '이 인물'에 대한 설명으로 옳은 것은?

① 점친 결과를 갑골에 기록하였다.
② 진승·오광의 난으로 어려움을 겪었다.
③ 견융의 침입으로 낙읍(뤄양)으로 천도하였다.
④ 주 왕실을 받든다는 명분으로 정국을 주도하였다.
⑤ 만리장성, 아방궁 건설 등 토목 공사를 강행하였다.

064 빈출

다음 정책을 실시한 국가에 대한 설명으로 옳은 것만을 〈보기〉에서 고른 것은?

사관이 가지고 있는 문서 중 우리 나라의 기록이 아닌 것은 모두 태우도록 하시고, 감히 『시』, 『서』 및 제자백가의 서적을 소장하고 있으면 관에 바치게 한 후 모두 태우도록 하십시오. …… 『시』, 『서』를 들먹이며 토론하는 자는 저잣거리에서 처형하고, 옛것을 들먹이며 비방하는 자는 일족을 모두 처형하십시오.

┤ 보기 ├
ㄱ. 균수법과 평준법을 마련하였다.
ㄴ. 전국 시대의 분열을 통일하였다.
ㄷ. 천명사상과 덕치주의를 내세웠다.
ㄹ. 법가 사상에 기초한 정책을 추진하였다.

① ㄱ, ㄴ   ② ㄱ, ㄷ   ③ ㄴ, ㄷ
④ ㄴ, ㄹ   ⑤ ㄷ, ㄹ

065

(가) 왕조에 대한 탐구 활동으로 가장 적절한 것은?

> 중원을 통일한 왕조가 무너진 후 유방이 중국을 다시 통일하고 [가] 을/를 세웠다. 그는 수도를 장안으로 정하고 전국을 안정시키기 위해 노력하였다.

① 문자를 통일한 배경을 살펴본다.
② 진시황릉의 건축 경위를 알아본다.
③ 분서갱유를 단행한 이유를 파악한다.
④ 동중서가 제출한 건의의 내용을 분석한다.
⑤ 상 왕조를 무너뜨릴 때 내세운 명분을 찾아본다.

066

(가), (나) 시기 사이에 있었던 사실로 옳은 것은?

> (가) 사마천이 신화시대부터 당시 황제 때까지에 이르는 역사를 기전체로 서술하였다.
> (나) 반고는 정변으로 무너진 직전 왕조의 역사를 정리하여 역사서를 저술하였다.

① 5호가 화북 지방에 진출하였다.
② 묵특 선우가 한의 군대를 물리쳤다.
③ 과거제를 도입하여 관리를 선발하였다.
④ 군국제를 마련하여 지방을 통치하였다.
⑤ 토지를 국유화하고 노비 매매를 금지하였다.

067 빈출

(가) 황제에 대한 설명으로 옳은 것만을 〈보기〉에서 고른 것은?

┤ 보기 ├
ㄱ. 한화 정책을 시행하였다.
ㄴ. 절도사 직책을 마련하였다.
ㄷ. 장건을 대월지에 파견하였다.
ㄹ. 오수전을 주조하여 유통시켰다.

① ㄱ, ㄴ   ② ㄱ, ㄷ   ③ ㄴ, ㄷ
④ ㄴ, ㄹ   ⑤ ㄷ, ㄹ

068

(가) 왕조에 대한 설명으로 옳은 것은?

> [가] 의 군주 탁발굉이 명령을 내려 "북쪽(선비) 사람들은 땅을 일러 탁(拓)이라 하고 임금을 일러 발(拔)이라 하니, [가] 의 황제는 토덕(土德)으로 왕 노릇을 하였기 때문에 탁발씨라 한 것이다. 토는 중앙의 색깔이요, 만물의 시작이니 성을 (한족처럼) 원씨(元氏)로 고쳐야 한다."라고 하였다.

① 과거제를 실시하였다.
② 황건적의 난을 겪었다.
③ 위·촉·오로 분열하였다.
④ 채륜이 제지술을 개발하였다.
⑤ 윈강 등지에 석굴 사원을 조성하였다.

069

(가)에 들어갈 내용으로 가장 적절한 것은?

① 묵가의 등장에 영향을 끼쳤어.
② 문벌 귀족의 성장에 기여하였어.
③ 신권 정치가 유지되는 기반이 되었어.
④ 제후의 권한이 강해지는 토대가 되었어.
⑤ 광무제에 의해 재건된 왕조에서 시작되었어.

070 빈출

다음 천도를 단행한 황제에 대한 설명으로 옳은 것만을 〈보기〉에서 고른 것은?

| 보기 |

ㄱ. 국호를 신으로 정하였다.
ㄴ. 고조선을 공격하여 무너뜨렸다.
ㄷ. 조정에서 선비어 사용을 금지하였다.
ㄹ. 일정 나이 이상의 남녀에게 토지를 지급하였다.

① ㄱ, ㄴ   ② ㄱ, ㄷ   ③ ㄴ, ㄷ
④ ㄴ, ㄹ   ⑤ ㄷ, ㄹ

071

(가) 왕조에서 볼 수 있는 모습으로 적절한 것만을 〈보기〉에서 고른 것은?

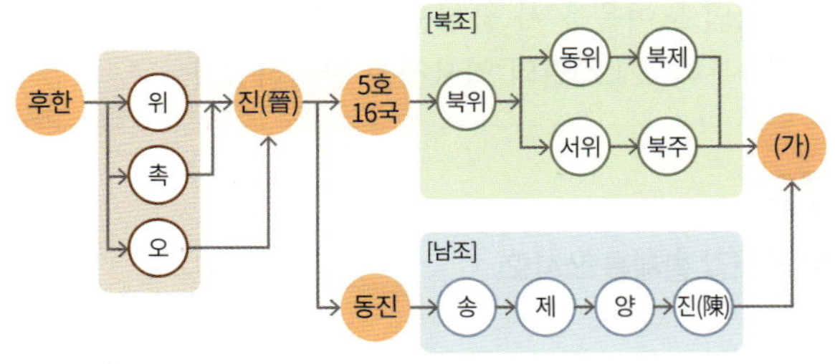

| 보기 |

ㄱ. 균전을 지급받는 농민
ㄴ. 향거리선제로 등용되는 관리
ㄷ. 고구려의 성을 공격하는 군인
ㄹ. 반량전의 주조를 명령하는 황제

① ㄱ, ㄴ   ② ㄱ, ㄷ   ③ ㄴ, ㄷ
④ ㄴ, ㄹ   ⑤ ㄷ, ㄹ

072

다음 상황이 나타난 배경을 알아보기 위한 탐구 활동으로 가장 적절한 것은?

> 양염은 양세법을 만들어 세역 명목을 단일화하도록 청하였다. "…… 빈부에 따라 차등을 두어 징세하십시오. 여름세는 6월까지 걷고 가을세는 11월까지 거두십시오."

① 비전이 유통된 배경을 알아본다.
② 시박사에 대한 기록을 파악한다.
③ 안사의 난 이후의 상황을 조사한다.
④ 9품중정제의 폐지 과정을 살펴본다.
⑤ 효문제의 구체적인 정책을 정리한다.

073

(가) 왕조의 문화에 대한 설명으로 옳지 **않은** 것은?

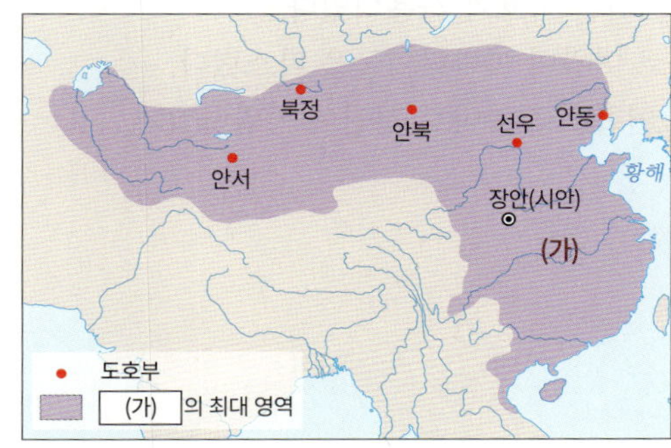

① 당삼채가 유행하였다.
② 현장이 인도를 순례하였다.
③ 태평도가 도교로 발전하였다.
④ 공영달이 『오경정의』를 편찬하였다.
⑤ 마니교 등 외래 종교가 유입되었다.

074

밑줄 친 '태종'에 대한 설명으로 옳은 것은?

◀ 대진 경교 유행 중국비

① 동돌궐을 정복하였다.
② 황소의 난을 진압하였다.
③ 백제와 고구려를 무너뜨렸다.
④ 뤄양을 새로운 도읍으로 삼았다.
⑤ 호족의 지원을 받아 국가를 수립하였다.

075

밑줄 친 '이 유적'이 조성된 시대의 상황으로 적절한 것은?

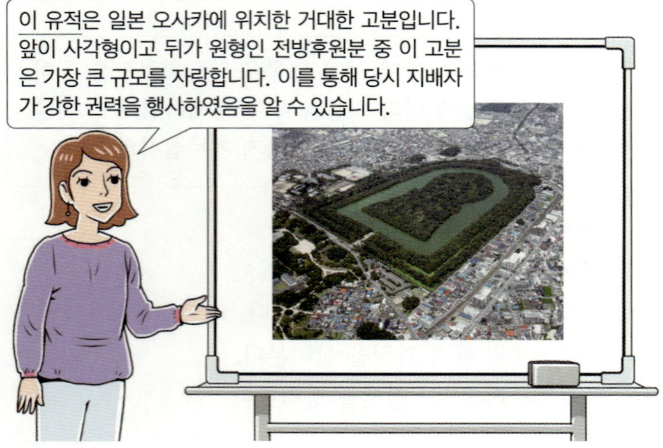

① 헤이조쿄가 조성되었다.
② 다이카 개신이 단행되었다.
③ 일본이라는 국호가 사용되었다.
④ 히미코 여왕이 야마타이국을 다스렸다.
⑤ 호족 연합으로 야마토 정권이 성립하였다.

076

밑줄 친 '이 시대'의 상황으로 옳은 것만을 〈보기〉에서 고른 것은?

> 천황이 헤이안쿄로 수도를 옮기면서 이 시대가 시작되었다. 이 시대에는 장원을 바탕으로 귀족 세력이 성장하였다. 지방에서는 귀족이 장원을 장악하기 위해 무사를 활용하였고, 이 과정에서 성장한 무사 세력이 중앙에도 진출하였다.

⊢ 보기 ⊢

ㄱ. 와카가 유행하였다.
ㄴ. 도다이사가 건립되었다.
ㄷ. 국풍 문화가 발달하였다.
ㄹ. 『고사기』와 『만엽집』이 편찬되었다.

① ㄱ, ㄴ   ② ㄱ, ㄷ   ③ ㄴ, ㄷ
④ ㄴ, ㄹ   ⑤ ㄷ, ㄹ

✍ 1등급을 향한 서답형 문제

| 077~078 |

다음 자료를 읽고 물음에 답하시오.

> 천하에 규제하는 명령이 많아질수록 인간은 더 빈궁해지고, 민간에 예리한 무기가 많아질수록 사회는 더 혼란해진다. 법령이 정비될수록 도적은 더 늘어난다.

077

위의 내용을 주장한 제자백가를 쓰시오.

078

위 사상을 강조한 주요 학자와 주장한 핵심 내용을 서술하시오.

| 079~080 |

다음 자료를 읽고 물음에 답하시오.

> 천하의 역사를 기록하라는 아버지 사마담의 유언을 따라 사마천은 중국의 신화시대부터 ⎡(가)⎦ 때까지의 역사를 다룬 역사서를 편찬하였다. 사마천은 흉노와의 전투에서 어쩔 수 없이 투항한 한의 장수 이릉을 변호하였다가 ⎡(가)⎦의 노여움을 사 궁형을 당하는 어려움을 겪었지만, 이를 극복하고 130권의 역사서를 완성하였다.

079

(가)에 들어갈 황제를 쓰시오.

080

(가) 황제가 추진한 대외 정복의 사례를 흉노와의 관계를 제외하고 <u>두 가지 이상 서술하시오.</u>

적중 1등급 문제

I

081

다음 주장들이 제기된 시기의 상황으로 옳은 것만을 〈보기〉에서 고른 것은?

> • 만약 사람들이 서로 사랑하도록 한다면, 나라와 나라는 공격할 일이 없고 도둑이나 상해도 없어지며 군신, 부자 모두가 공경심이 깊어질 것이다.
> • 힘으로써 남을 복종하게 하면 마음으로부터 복종하는 것이 아니라, 힘이 부족하여 복종하는 것이 된다. 덕으로써 남을 복종하게 하면 마음으로 기뻐하며 진정으로 복종하게 된다.

⊣ 보기 ⊢
ㄱ. 광저우에 시박사가 설치되었다.
ㄴ. 상인들의 조합인 행이 출현하였다.
ㄷ. 도전과 포전 등 여러 화폐가 사용되었다.
ㄹ. 전쟁의 양상이 보병과 기병 중심으로 바뀌었다.

① ㄱ, ㄴ   ② ㄱ, ㄷ   ③ ㄴ, ㄷ
④ ㄴ, ㄹ   ⑤ ㄷ, ㄹ

082

(가) 세력에 대한 탐구 활동으로 가장 적절한 것은?

> 고제(고조)가 몸소 군사를 이끌고 출전하여 　(가)　을/를 공격하였으나, …… 　(가)　의 선우 묵특이 40만 기병을 이끌고 고제를 백등산으로 몰아넣어 포위하였다. …… 고제가 사람을 보내 선우의 부인에게 많은 선물을 주자 …… 포위망 한 곳을 풀어주었다. …… 고제는 돌아간 후에 유경을 사신으로 보내 화친 조약을 맺도록 하였다.

① 남월 정복의 과정을 파악한다.
② 부병제의 시행 배경을 정리한다.
③ 주가 천도하게 된 이유를 살펴본다.
④ 만리장성이 축성된 경위를 조사한다.
⑤ 윈강, 룽먼 석굴 사원의 특징을 찾아본다.

083

다음 자료를 활용한 탐구 주제로 가장 적절한 것은?

> 돌아가련다. / 세상 사람과 교류를 끊고 / 세상과 나는 서로 잊고 말지니 / 다시 한번 관리가 되어도 거기 무슨 구할 것이 있으리오. / 친척과 정겨운 이야기를 나누며 기뻐하고 / 거문고와 책을 즐기며 시름을 지우련다. ……
> － 도연명, 「귀거래사」－

① 9품중정제 폐지의 영향
② 노장사상과 청담의 유행
③ 당삼채에 반영된 서역 문화
④ 사마천과 반고의 역사 서술
⑤ 대진 경교 유행 중국비의 조성

084

밑줄 친 '이 시대'에 볼 수 있는 모습으로 적절한 것만을 〈보기〉에서 고른 것은?

⊣ 보기 ⊢
ㄱ. 『만엽집』을 편찬하는 학자
ㄴ. 『일본서기』를 읽는 지식인
ㄷ. 『겐지 이야기』를 집필하는 작가
ㄹ. 전방후원분의 건설을 명령하는 호족

① ㄱ, ㄴ   ② ㄱ, ㄷ   ③ ㄴ, ㄷ
④ ㄴ, ㄹ   ⑤ ㄷ, ㄹ

03 인도·서아시아 세계의 형성과 발전

1 고대 인도 세계의 발전

1 불교와 자이나교의 출현

배경	크샤트리아·바이샤 성장 → 형식화된 브라만교의 제사 의식 반대, 카스트제 차별 비판
불교	석가모니(고타마 싯다르타)가 창시, 자비·평등·해탈 강조
자이나교	바르다마나(마하비라)가 창시, 금욕 주장, 살생 금지

2 마우리아 왕조와 상좌부 불교의 발전

건국	찬드라굽타 마우리아가 인도 북부 지역 대부분 장악
발전	• 빈두사라왕: 인도 남·동부를 제외한 대부분의 지역 편입 • 아소카왕: 전성기, 인도 대부분 차지(칼링가 왕국 정복)
문화	아소카왕 시기 개인의 해탈을 강조한 상좌부 불교 발달(동남 아시아 전파) → 산치 대탑 등 탑과 석주 건설

불교의 가르침과 법령이 새겨져 있다.

3 쿠샨 왕조와 대승 불교의 발전

건국	이란 계통의 쿠샨족이 건국(1세기경)
발전	• 중국, 서아시아, 로마 제국을 연결하는 중계 무역으로 번영 • 카니슈카왕: 전성기, 최대 영토 확보
문화	중생 구제를 강조하는 대승 불교, 간다라 양식 미술 발달(헬레니즘·인도 문화 융합) → 동아시아로 전파

신의 모습을 조각하는 그리스 문화의 영향을 받아 불상을 제작하였다.

4 굽타 왕조의 성립과 발전

(1) 굽타 왕조의 발전

건국	찬드라굽타 1세가 건국 → 갠지스강 일대 차지(320)
발전	찬드라굽타 2세: 벵골만 차지, 북인도 통일 → 정치 안정
쇠퇴	유목민 에프탈의 침략 → 쇠퇴, 멸망(6세기 중엽)

(2) 인도 고전 문화의 발달

힌두교	• 브라만교를 바탕으로 불교 및 민간 신앙 융합 • 『마누 법전』: 카스트제를 비롯한 의례와 관습 기록
인도 고전 문화	• 문학: 산스크리트 문학 발달(『마하바라타』, 『라마야나』 등) • 굽타 양식: 간다라 양식과 인도의 특색 융합 • 자연 과학: 지구 둘레 추산(원주율 이용), 지구 자전 파악, 숫자 0과 10진법 사용 → 이슬람 세계에 전파

아잔타 석굴 사원, 엘로라 석굴 사원이 대표적이다.

꼭 나오는 자료

🔗 22쪽 104번 문제로 확인

굽타 왕조

◀ 굽타 왕조의 영역

자료 분석 굽타 왕조는 찬드라굽타 2세 때 북인도와 중부 인도의 대부분을 차지하여 전성기를 이루었다. 굽타 왕조 시대에는 산스크리스트어가 공용어로 사용되었으며 인도 고유의 특색이 강조된 문화가 발전하였다.

2 서아시아 세계의 형성과 발전

1 아시리아와 아케메네스 왕조 페르시아의 발전

(1) 아시리아: 기원전 7세기경 철제 무기와 기마병을 앞세워 서아시아 상당 부분 통일, 강압적 통치

(2) 아케메네스 왕조 페르시아

아시리아는 강압적 통치에 대한 피정복 민족의 반발로 멸망하였다.

발전	• 다리우스 1세: 지방에 총독 파견, 감찰관('왕의 눈', '왕의 귀')을 보내 총독 감시, 도로 조성('왕의 길') • 관용 통치: 공납을 받고 피지배 민족의 전통과 신앙 존중
멸망	그리스·페르시아 전쟁 패배, 총독들의 반란 → 알렉산드로스의 침공으로 멸망(기원전 4세기 말)

2 파르티아와 사산 왕조 페르시아의 발전

파르티아	• 이란 계통의 민족이 건국(기원전 3세기) • 로마, 한, 쿠샨 왕조를 연결하는 중계 무역으로 발전 • 로마와의 대립으로 쇠퇴 → 사산 왕조 페르시아에 의해 멸망
사산 왕조 페르시아	• 아케메네스 왕조 페르시아의 부흥을 내걸고 건국 • 로마 제국과 지속적으로 충돌, 동서 교역의 요충지를 장악하여 중계 무역으로 번영 • 비잔티움 제국과의 전쟁, 왕실 내분 등으로 쇠퇴 → 이슬람 세력의 침공으로 멸망(651)

샤푸르 1세는 에데사 전투(260)에서 로마 제국 황제를 사로잡기도 하였다.

3 국제적인 페르시아의 문화

특징	다양한 민족의 문화 수용 → 국제적 성격
아케메네스 왕조 페르시아	• 아람어 등을 공용어로 사용 • 페르세폴리스의 왕궁에 정복한 나라의 문화 반영
사산 왕조 페르시아	유리 공예품과 금속 세공품이 유럽과 이슬람 세계, 동아시아 지역까지 전파, 마니교 출현

4 조로아스터교의 발전

조로아스터교에서는 아후라 마즈다의 상징인 불을 숭배하였다.

특징	조로아스터가 창시 → 선(광명)의 신인 아후라 마즈다가 악(암흑)의 신과 대립하는 공간으로 세상을 인식
확산	• 유대교, 크리스트교, 이슬람교 등에 영향 • 다리우스 1세의 후원으로 확산, 사산 왕조 페르시아의 국교

5 이슬람의 성립과 발전

양국의 충돌로 기존의 육상 중심 동서 교역이 어려워지면서 새로운 교역로가 발달하였다.

배경	사산 왕조 페르시아와 비잔티움 제국의 대립 심화 → 홍해와 아라비아해를 지나는 교역로 성장 → 메카, 메디나 등 번성
성립	메카 상인 무함마드가 창시 → 유일신 알라 숭배, 우상 숭배 배격, 신 앞의 평등 강조 → 민중의 지지
박해	메카 지배 세력이 이슬람교 박해 → 무함마드가 메디나로 피신(헤지라, 622) → 이슬람 공동체 형성 → 교세 확장
팽창	• 메카 탈환 → 아라비아반도 일대로 세력 확대 • 무함마드 사망 이후 칼리프 선출(정통 칼리프 시대) → 시리아·이집트 일대 정복, 사산 왕조 페르시아 멸망

기본 기출 문제

핵심 주제를 파악할 수 있는 기출 문제를 수록하였습니다.

핵심 개념 문제

● **빈칸에 들어갈 알맞은 말을 쓰시오.**

085 기원전 6세기경 고타마 싯다르타가 자비와 평등을 강조하며 (   )을/를 창시하였다.

086 쿠샨 왕조 시대에는 헬레니즘 문화와 인도 문화가 융합된 (   )의 미술이 발달하였다.

087 아케메네스 왕조 페르시아의 (   )은/는 '왕의 길'이라는 도로를 조성하였다.

● **다음 내용이 옳으면 ○표, 틀리면 ✕표를 하시오.**

088 굽타 왕조 시기에는 산스크리트어가 공용어가 되면서 산스크리트 문학이 발달하였다. (   )

089 사산 왕조 페르시아는 알렉산드로스의 침공을 받아 멸망하였다. (   )

090 비잔티움 제국과 아케메네스 왕조 페르시아의 대립이 심화되면서 아라비아반도의 메카 등의 도시가 번성하였다. (   )

● **괄호 안에 들어갈 알맞은 말을 고르시오.**

091 (㉠ 아소카왕, ㉡ 카니슈카왕)은 영토 곳곳에 불교의 가르침이 새겨진 석주를 세웠다.

092 (㉠ 찬드라굽타 1세, ㉡ 찬드라굽타 2세) 때 굽타 왕조가 북인도를 통일하였다.

093 (㉠ 아케메네스 왕조, ㉡ 사산 왕조) 페르시아는 그리스·페르시아 전쟁에서 패배하였다.

094 중계 무역으로 번성하던 (㉠ 파르티아, ㉡ 쿠샨 왕조)는 사산 왕조 페르시아에 의해 멸망하였다.

● **다음 설명과 관련 있는 왕조를 〈보기〉에서 고르시오.**

┌ 보기 ┐
ㄱ. 아시리아   ㄴ. 굽타 왕조   ㄷ. 쿠샨 왕조

095 불교 장려 정책으로 중생 구제를 강조하는 대승 불교가 발전하였다. (   )

096 카스트제를 비롯한 의례와 관습을 기록한 『마누법전』이 정비되었다. (   )

097 기원전 7세기 철제 무기와 기마병을 앞세워 서아시아 대부분을 통일하였다. (   )

098

★ 핵심 주제 **불교와 자이나교**

(가), (나)에 들어갈 종교를 옳게 연결한 것은?

> 크샤트리아와 바이샤는 형식화된 브라만교의 제사 의식을 반대하고 브라만의 횡포와 타락을 비판하였다. 이러한 상황에서 기원전 6세기경 고타마 싯다르타는 [(가)]를 창시하였고, 바르다마나(마하비라)는 [(나)]를 창시하였다.

	(가)	(나)
①	불교	마니교
②	불교	자이나교
③	마니교	불교
④	자이나교	마니교
⑤	자이나교	조로아스터교

099

★ 핵심 주제 **굽타 왕조**

밑줄 친 '왕조'에 대한 탐구 활동으로 가장 적절한 것은?

> 4세기 초 북인도 지역에서 찬드라굽타 1세가 <u>왕조</u>를 세우고 갠지스강 일대를 차지하였다. 그로부터 200여 년 후 유목민 에프탈의 침략을 받아 <u>왕조</u>가 쇠퇴하다가 결국 왕위를 둘러싼 내분으로 멸망하였다.

① 칼링가 왕국의 멸망을 조사한다.
② 벵골만을 차지한 과정을 알아본다.
③ 산치 대탑의 건립 경위를 찾아본다.
④ 모헨조다로 유적의 특징을 분석한다.
⑤ 카니슈카왕의 정복 활동을 파악한다.

100

★ 핵심 주제 **아시리아**

(가)에 들어갈 국가로 옳은 것은?

> 메소포타미아 지역을 중심으로 발전한 [(가)]은/는 뛰어난 철제 무기와 기마병을 앞세워 서아시아 세계의 상당 부분을 통일하고 한때 이집트 지역까지 지배하였다. [(가)]의 멸망 이후 정치적으로 분열된 서아시아 세계는 아케메네스 왕조 페르시아에 의해 다시 통일되었다.

① 아시리아   ② 파르티아
③ 페니키아   ④ 히타이트
⑤ 바빌로니아 왕국

실력 기출 문제

1 고대 인도 세계의 발전

101

(가)에 들어갈 내용으로 가장 적절한 것은?

> ○○ 고등학교 세계사 학습지
>
> 수업 주제: [　　　　(가)　　　　]
>
> 교과서 용어 설명
> • 열반: 번뇌가 소멸된 상태 또는 완성된 깨달음의 상태
> • 해탈: 욕심 등으로 인한 번뇌의 얽매임에서 벗어나는 것

① 제자백가의 활동　　　② 브라만교의 성립
③ 천명사상의 특징　　　④ 불교의 교리와 확산
⑤ 조로아스터교의 영향

102

(가) 왕조에 대한 설명으로 옳은 것만을 〈보기〉에서 고른 것은?

┤ 보기 ├
ㄱ. 칼링가 왕국을 정복하였다.
ㄴ. 상좌부 불교가 발전하였다.
ㄷ. 엘롤라 석굴 사원을 완성하였다.
ㄹ. 윈강과 룽먼 지역에 석굴 사원을 지었다.

① ㄱ, ㄴ　　　② ㄱ, ㄷ　　　③ ㄴ, ㄷ
④ ㄴ, ㄹ　　　⑤ ㄷ, ㄹ

103

(가)에 들어갈 내용으로 가장 적절한 것은?

> 〈○○ 왕조의 발전〉
> - 1세기 중엽 이란 계통의 민족이 건국하였다.
> - 동서 교역로 장악 → 중국과 로마를 연결하는 중계 무역으로 번성하였다.
> - [　　　(가)　　　]

┤ 보기 ├
ㄱ. 에프탈의 침입으로 쇠퇴하였다.
ㄴ. 카니슈카왕 때 전성기를 누렸다.
ㄷ. 중생 구제를 강조하는 대승 불교가 발전하였다.
ㄹ. 『베다』를 만들고 복잡한 종교 의식을 확립하였다.

① ㄱ, ㄴ　　　② ㄱ, ㄷ　　　③ ㄴ, ㄷ
④ ㄴ, ㄹ　　　⑤ ㄷ, ㄹ

104 빈출

(가) 왕조에 대한 설명으로 옳은 것만을 〈보기〉에서 고른 것은?

3세기 중반 사산 왕조 페르시아의 침입 이후 여러 소국으로 분열되어 혼란을 겪던 북인도 지역은 4세기 초 [　(가)　] 이/가 세워지며 다시 통일되었다.

┤ 보기 ├
ㄱ. 청동기 문명을 바탕으로 수립되었다.
ㄴ. 산스크리트어를 공용어로 사용하였다.
ㄷ. 남북을 연결하는 대운하를 건설하였다.
ㄹ. 찬드라굽타 2세가 최대 영토를 확보하였다.

① ㄱ, ㄴ　　　② ㄱ, ㄷ　　　③ ㄴ, ㄷ
④ ㄴ, ㄹ　　　⑤ ㄷ, ㄹ

105

다음 자료를 활용한 탐구 주제로 가장 적절한 것은?

▲ 우주와 세상의 만물을 유지하는
비슈누

▲ 파괴의 신으로 죽음을 관장하는
시바

① 훈고학의 집대성
② 아리아인의 이동
③ 전방후원분의 조성
④ 힌두교의 성립과 발전
⑤ 찬드라굽타 마우리아의 생애

106 빈출

밑줄 친 '이 양식'에 대한 설명으로 옳은 것만을 〈보기〉에서 고른 것은?

이 양식의 불상은 얼굴이나 옷맵시의 표현에서 옷 주름의 선을 완전히 생략하고 인체의 윤곽을 그대로 드러내는 것이 특징이다. 아잔타 석굴의 불상 및 조각 등에서 이러한 특징을 확인할 수 있다.

| 보기 |

ㄱ. 굽타 왕조 시대에 나타났다.
ㄴ. 인도 고유의 특색을 강조하였다.
ㄷ. 헬레니즘 문화에 영향을 끼쳤다.
ㄹ. 이슬람 문화와 융합하여 나타났다.

① ㄱ, ㄴ   ② ㄱ, ㄷ   ③ ㄴ, ㄷ
④ ㄴ, ㄹ   ⑤ ㄷ, ㄹ

107

(가) 왕조에 대한 설명으로 옳은 것은?

사진은 다리우스 1세를 파라오로 묘사한 부조이다. 이를 통해 당시 [(가)] 이/가 정복 전쟁을 통해 이집트 지역까지 진출하였음을 알 수 있다.

① 비잔티움 제국과 대립하였다.
② 로마와의 대립으로 쇠퇴하였다.
③ 아람어를 공용어로 사용하였다.
④ 엘로라 석굴 사원을 조성하였다.
⑤ 아케메네스 왕조 페르시아의 부흥을 내세웠다.

108

밑줄 친 ⊙과 관련 있는 종교에 대한 설명으로 옳은 것만을 〈보기〉에서 고른 것은?

나는 위대한 왕, 왕 중의 왕이다. ⊙ 광명의 신 아후라 마즈다의 높으신 뜻에 따라 왕이 되었다. 아후라 마즈다는 제국을 나에게 주셨다. …… 나는 페르시아, 엘람, 바빌로니아, 이집트, 아라비아 …… 인더스강가, 이 모든 지역을 지배하는 왕이다.

| 보기 |

ㄱ. 카스트제의 정착에 기여하였다.
ㄴ. 『마누 법전』 편찬의 토대가 되었다.
ㄷ. 사산 왕조 페르시아의 국교가 되었다.
ㄹ. 크리스트교와 이슬람교의 교리에 영향을 끼쳤다.

① ㄱ, ㄴ   ② ㄱ, ㄷ   ③ ㄴ, ㄷ
④ ㄴ, ㄹ   ⑤ ㄷ, ㄹ

● 바른답·알찬풀이 8쪽

109

(가) 왕조에서 볼 수 있는 모습으로 가장 적절한 것은?

> 6세기경 ⟨가⟩ 와/과 비잔티움 제국의 대립이 심화되면서 기존 동서 교역로 중에서 경제적 비중이 크지 않았던 홍해와 아라비아해를 지나는 교역로가 주목받기 시작하였다. 이에 따라 아라비아반도의 메카, 메디나 등의 도시가 동서 무역으로 부를 축적하고 번영을 누리게 되었다.

① 마니교를 믿는 사람들
② '왕의 귀'로 불리는 감찰관
③ 『오경정의』를 읽는 지식인
④ 페르세폴리스 건설에 동원된 노동자
⑤ 알렉산드로스의 군대와 교전하는 군인

110

(가), (나) 시기 사이에 있었던 사실로 옳은 것은?

(가) 
(나) 

▲ 무함마드가 천사 지브릴을 통해 신의 계시를 받는 장면
▲ 무함마드가 메카를 탈환하고 우상을 파괴하는 장면

① 칼리프가 선출되었다.
② 헤지라가 단행되었다.
③ '왕의 길'이 건설되었다.
④ 파르티아가 로마와 대립하였다.
⑤ 사산 왕조 페르시아가 멸망하였다.

| 111~112 |

다음 자료를 보고 물음에 답하시오.

> 이 탑은 높이가 17m, 직경이 37m에 달하는 거대한 불탑으로 무덤 형태를 띠고 있다. 남문에는 부처의 탄생 이야기와 탑을 세운 아소카왕의 삶에 관한 이야기가 새겨져 있다.

111

밑줄 친 '이 탑'의 명칭을 쓰시오.

112

위 문화유산이 건설된 시기 불교의 특징을 서술하시오.

| 113~114 |

다음 자료를 읽고 물음에 답하시오.

> ⟨가⟩ 은/는 인도 문화와 헬레니즘 문화가 융합되어 형성된 미술 양식이다. 불교 발생 초기에는 부처를 보리수, 연꽃 등으로 표현하였다. 그러나 헬레니즘 문화가 유입된 후 신의 모습을 조각하는 그리스 문화의 영향으로 불상을 제작하기 시작하였다.

113

(가)에 들어갈 용어를 쓰시오.

114

(가) 불상이 가진 외관상의 특징을 서술하시오.

I

115

밑줄 친 '통치자'에 대한 설명으로 옳은 것은?

┤ 보기 ├
ㄱ. 산치 대탑을 건설하였다.
ㄴ. 대승 불교를 지원하였다.
ㄷ. 칼링가 왕국을 정복하였다.
ㄹ. 자신을 비슈누에 비유하였다.

① ㄱ, ㄴ 　② ㄱ, ㄷ 　③ ㄴ, ㄷ
④ ㄴ, ㄹ 　⑤ ㄷ, ㄹ

116

(가) 왕조에 대한 설명으로 옳은 것은?

① 아람어를 공용어로 사용하였다.
② 벵골만 일대로 영토를 확대하였다.
③ 알렉산드로스의 침공으로 어려움을 겪었다.
④ 로마와 중국을 잇는 중계 무역을 전개하였다.
⑤ 수사에서 사르디스까지 '왕의 길'을 건설하였다.

117

(가) 왕조의 문화에 대한 설명으로 옳은 것만을 〈보기〉에서 고른 것은?

수행평가 보고서

• 주제: (가) 의 대표적인 문화유산 조사하기
• 조사 대상: 아잔타 석굴 사원
• 이유: 인체의 윤곽을 그대로 드러낸 벽화 등 인도 고유의 색채를 보여 준다.
• 수집 자료

┤ 보기 ├
ㄱ. 자이나교가 창시되었다.
ㄴ. 0과 10진법을 사용하였다.
ㄷ. 페르세폴리스에 왕궁이 건설되었다.
ㄹ. 원주율을 이용해 지구 둘레를 계산하였다.

① ㄱ, ㄴ 　② ㄱ, ㄷ 　③ ㄴ, ㄷ
④ ㄴ, ㄹ 　⑤ ㄷ, ㄹ

118

밑줄 친 '왕조'에 대한 학생들의 발표 내용으로 적절한 것은?

에데사 전투(260)에서 샤푸르 1세는 로마 제국의 황제를 포로로 사로잡는 큰 성과를 거두었다. 그는 파르티아를 무너뜨리고 로마 제국을 압박하는 계기를 마련한 아르다시르 1세의 아들로, 왕조의 전성기를 이룩하는 데 기여하였다.

① 선출된 칼리프가 통치하였어요.
② 조로아스터교를 국교로 삼았어요.
③ 이란 계통의 유목민이 건국하였어요.
④ 그리스 세계와의 전쟁으로 쇠퇴하였어요.
⑤ 피지배 민족을 강압적으로 통치하였어요.

04 고대 지중해 세계의 발전

1 고대 그리스 세계의 발전과 헬레니즘 문화

1 폴리스의 성립과 발전

> 그리스는 해안선의 굴곡이 심하고 산지가 많아 오랫동안 통일 국가를 이루지 못하였다.

(1) 폴리스: 해안의 평야에 형성, 아크로폴리스(종교·군사 거점), 아고라(광장), 동족 의식(헬레네스, 올림피아 제전)

(2) 아테네와 스파르타의 발전

아테네의 민주 정치	• 평민층이 중장 보병으로 활약 → 귀족과 대립 • 솔론의 개혁: 재산 정도에 따라 시민의 정치 참여에 차등 • 참주정: 페이시스트라토스 등 참주가 권력 장악 • 클레이스테네스의 개혁: 혈연 중심 부족제를 거주지 중심으로 개편, 500인 평의회 설치, 도편 추방제 마련
스파르타	도리스인에 의해 수립, 예속 농민(헤일로타이)·반자유민(페리오이코이) 존재 _{남성 시민은 군사 훈련을 받으며 통제된 집단생활 → 강력한 군국주의 체제}

2 그리스 세계의 번영과 쇠퇴

번영	• 그리스·페르시아 전쟁에서 승리 • 아테네가 델로스 동맹의 맹주로 강력한 해상 국가로 발전, 페리클레스 주도로 민주 정치 발전
쇠퇴	델로스 동맹과 펠로폰네소스 동맹(스파르타 주도)의 대립 → 스파르타가 패권 장악, 내분 심화 → 마케도니아에 정복

> 관직과 배심원직에 대한 추첨제, 공무 수당제 등이 시행되었다.

3 인간 중심의 합리적인 그리스 문화

문학	호메로스 『일리아스』, 『오디세이아』 등 서사시 저술
연극	소포클레스, 에우리피데스 등 활약
철학	소피스트(진리의 상대성과 주관성), 소크라테스(진리의 보편성과 절대성), 플라톤(이상 국가), 아리스토텔레스(서양 철학과 학문의 토대 마련)
역사	• 헤로도토스: 『역사』(그리스·페르시아 전쟁) 저술 • 투키디데스: 『역사』(펠로폰네소스 전쟁) 저술
건축	조화와 균형의 미 강조 → 파르테논 신전 등

4 알렉산드로스 제국의 형성

> 알렉산드로스의 원정 결과 지중해에서 인도에 이르는 동서 교역로가 열렸다.

(1) 알렉산드로스: 동방 원정(기원전 334) → 페르시아와 이집트 정복, 인더스강 유역까지 진출 → 헬레니즘 시대 전개

(2) 통치 정책: 동방의 전제 군주제 도입, 알렉산드리아 건설, 융합 정책(그리스인 이주, 페르시아인과의 혼인 장려)

(3) 멸망: 알렉산드로스 사후 분열 → 로마에 정복

5 세계 시민주의적인 헬레니즘 문화

특징	개인주의, 세계 시민주의적 성격
철학·과학	스토아학파(욕망 억제, 이성 중시), 에피쿠로스학파(안정과 만족 추구), 물리학, 수학, 천문학 발달
예술	현실적인 아름다움 추구(「밀로의 비너스상」, 「라오콘 군상」)
영향	북인도 지역으로 전파 → 간다라 양식의 성립에 영향

2 로마의 발전과 문화

1 로마 공화정의 성립과 발전

> 로마의 평민이 법률상 귀족과 동등한 권리를 보유하게 되었다.

(1) 공화정 수립: 기원전 8세기 도시 국가에서 시작 → 공화정 수립, 집정관(행정·군사), 원로원(자문 기관), 민회 구성

(2) 평민권 신장: 상공업 발달로 부를 축적한 평민이 중장보병으로 군대의 주력 담당 → 참정권 요구 → 호민관·평민회 신설, 12표법, 리키니우스법, 호르텐시우스법 제정

(3) 팽창: 기원전 3세기 이탈리아반도 통일 → 로마–카르타고 전쟁 승리(서지중해 장악) → 지중해 세계 대부분 지배

2 로마 공화정의 위기

> 노예 노동을 이용한 대농장이다.

배경	유력자의 대토지 소유(라티푼디움), 자영농 몰락
위기	• 그라쿠스 형제의 개혁: 농지법, 곡물법 제정 시도 → 실패 • 정치 혼란: 귀족파와 평민파의 권력 다툼, 스파르타쿠스의 난
삼두 정치	제1차 삼두 정치(카이사르 주도) → 제2차 삼두 정치 → 옥타비아누스가 악티움 해전에서 승리 → 권력 장악

> **꼭 나오는 자료**   🔗 29쪽 141번 문제로 확인

그라쿠스 형제의 개혁

티베리우스 그라쿠스는 군대에 복무한 대중의 이익을 위해 농지법을 제출하였다. …… 그는 반대파의 공격에 맞서 형제와 연대하여 자신의 장인을 콘술직에 앉혀 개혁을 관철시키려 하였다.

> **자료 분석** 티베리우스 그라쿠스는 농지법을 통해 유력자가 공유지를 과도하게 차지하는 것을 제한하고 자영농을 육성하려 하였다. 동생 가이우스 그라쿠스는 곡물법을 통해 빈민층을 부양하려 하였다.

3 로마 제국의 발전과 쇠퇴

> 부자유 소작인에게 토지를 경작하게 한 것이다.

(1) 옥타비아누스: 아우구스투스 칭호, 프린켑스(제1시민) 자처

(2) 5현제 시대: '로마의 평화 시대' _{로마의 재정과 군사권을 장악하고 사실상의 황제로 군림하였다.}

(3) 군인 황제 시대: 이민족 침입과 반란, 콜로나투스 확산

(4) 중흥을 위한 노력: 제국 4분할 통치(디오클레티아누스 황제), 콘스탄티노폴리스로 천도(콘스탄티누스 대제)

(5) 로마의 동·서 분열: 테오도시우스 1세 사후 제국 분열(395)

4 로마의 문화와 크리스트교

(1) 문화: 법률(12표법 → 시민법 → 만민법 → 『유스티니아누스 법전』으로 집대성), 건축(원형 경기장, 도로, 상수도 시설 건설) 등 실용적 문화 발달 _{로마는 그리스와 헬레니즘 문화를 수용하여 서양 고전 문화를 완성하였다.}

(2) 크리스트교

박해	유일신 신봉(황제 숭배 거부) → 로마의 박해
공인	콘스탄티누스 대제의 밀라노 칙령(313)으로 크리스트교 공인, 니케아 공의회(325)로 아타나시우스파의 교리 정통으로 인정
국교	테오도시우스 1세 때 로마의 국교로 선포(392)

기본 기출 문제

핵심 주제를 파악할 수 있는 기출 문제를 수록하였습니다.

핵심 개념 문제

● 빈칸에 들어갈 알맞은 말을 쓰시오.

119 알렉산드로스는 정복지 각지에 자신의 이름을 딴 (　　　　)(이)라는 도시를 건설하였다.

120 기원전 2세기 후반 (　　　　) 형제는 개혁을 위해 농지법과 곡물법 제정을 시도하였다.

121 콘스탄티누스 대제는 (　　　　)을/를 통해 크리스트교를 공인하였다.

● 다음 내용이 옳으면 ○표, 틀리면 ✕표를 하시오.

122 그리스의 소크라테스는 진리의 상대성과 주관성을 강조하였다. (　　　)

123 헬레니즘 미술은 북인도 지역으로 전파되어 간다라 양식이 성립하는 데 영향을 끼쳤다. (　　　)

124 디오클레티아누스 황제는 로마 제국의 중흥을 위해 수도를 콘스탄티노폴리스로 옮겼다. (　　　)

● 괄호 안에 들어갈 알맞은 말을 고르시오.

125 아테네는 (㉠ 델로스 동맹, ㉡ 펠로폰네소스 동맹)을 주도하며 강력한 해상 국가로 발전하였다.

126 헬레니즘 시대에 욕망을 억제하고 이성적인 삶을 추구하는(㉠ 스토아학파, ㉡ 에피쿠로스학파)가 등장하였다.

● 다음 설명과 관련 있는 인물을 〈보기〉에서 고르시오.

보기
ㄱ. 카이사르　　　　ㄴ. 페리클레스 ㄷ. 옥타비아누스　　ㄹ. 클레이스테네스

127 제1차 삼두 정치를 주도하였다. (　　　)

128 배심원직에 대한 추첨제를 실시하였다. (　　　)

129 원로원으로부터 '아우구스투스'라는 칭호를 받았다. (　　　)

130 혈연 중심의 부족제를 거주지 중심의 부족제로 개편하였다. (　　　)

131

(가) 국가의 발전 과정에 대한 탐구 활동으로 가장 적절한 것은?

> 도편 추방제는 참주(독재자)가 될 위험성이 있는 인물을 도기 조각에 적어 투표한 후, 위험인물로 결정되면 10년 동안 외국으로 추방한 　(가)　의 제도이다.

① 쿠시 문명의 특징을 찾아본다.
② 호르텐시우스법의 내용을 파악한다.
③ 500인 평의회의 조직 원리를 조사한다.
④ 콘스탄티노폴리스의 건설 과정을 정리한다.
⑤ 지구라트의 건설 목적을 다룬 논문을 조사한다.

132

(가) 인물의 활동으로 옳은 것은?

① 파르테논 신전을 건립하였다.
② 조로아스터교를 국교로 삼았다.
③ 펠로폰네소스 동맹을 주도하였다.
④ 정복지에 알렉산드리아를 건설하였다.
⑤ 아테네의 민주 정치 전통을 계승하였다.

133

(가)에 들어갈 사실로 옳은 것은?

제1차 삼두 정치	→	(가)	→	5현제 시대

① 로마 제국이 동·서로 분열되었다.
② 크리스트교가 로마의 국교가 되었다.
③ 옥타비아누스가 아우구스투스 칭호를 받았다.
④ 디오클레티아누스 황제가 제국을 넷으로 분할하였다.
⑤ 콘스탄티누스 대제가 콘스탄티노폴리스로 천도하였다.

실력 기출 문제

1 고대 그리스 세계의 발전과 헬레니즘 문화

134

(가), (나)에 들어갈 용어를 옳게 연결한 것은?

폴리스는 거주지인 시가지와 농경 지역으로 구분되었다. 시가지의 언덕에는 성벽을 쌓고 신전과 요새를 만들어 종교와 군사의 거점인 [(가)]로 삼았으며, 중앙에는 집회와 상거래가 이루어지는 [(나)]가 있었다.

	(가)	(나)
①	아고라	헬레네스
②	아고라	아크로폴리스
③	헬레네스	아크로폴리스
④	아크로폴리스	아고라
⑤	아크로폴리스	헬레네스

135

(가)에 들어갈 내용으로 적절한 것만을 〈보기〉에서 고른 것은?

재산 정도에 따라 정치 참여 차등
↓
(가)
↓
관직 추첨제, 공무 수당제 실시

| 보기 |
ㄱ. 평민의 요구로 12표법 제정
ㄴ. 페이시스트라토스의 권력 장악
ㄷ. 부족제를 혈연 중심에서 거주지 중심으로 개편
ㄹ. 평민회의 의결 사항이 원로원 동의 없이 효력 발휘

① ㄱ, ㄴ   ② ㄱ, ㄷ   ③ ㄴ, ㄷ
④ ㄴ, ㄹ   ⑤ ㄷ, ㄹ

136

(가) 국가에서 볼 수 있는 모습으로 적절한 것만을 〈보기〉에서 고른 것은?

아테네를 중심으로 한 일부 폴리스들은 아케메네스 왕조 페르시아의 재침입에 대비하여 델로스 동맹을 결성하였다. 델로스 동맹 결성을 주도한 아테네는 동맹에 참여한 폴리스들로부터 공물을 징수하고 동맹 기금에 대한 관리권을 행사하였다. 당시 [(가)]은/는 이러한 조치에 맞서 펠로폰네소스 동맹의 여러 폴리스를 규합하여 반기를 들었다.

| 보기 |
ㄱ. 농사를 짓는 헤일로타이
ㄴ. 집단생활을 하는 남성 시민
ㄷ. 도편 추방제에 따라 추방되는 권력자
ㄹ. 파르테논 신전에서 제사를 지내는 종교 지도자

① ㄱ, ㄴ   ② ㄱ, ㄷ   ③ ㄴ, ㄷ
④ ㄴ, ㄹ   ⑤ ㄷ, ㄹ

137 빈출

밑줄 친 '그'에 대한 설명으로 옳은 것만을 〈보기〉에서 고른 것은?

필리포스 2세의 뒤를 이어 즉위한 그는 이소스 전투, 가우가멜라 전투에서 승리하여 아케메네스 왕조 페르시아와 이집트를 정복하고 동쪽의 인더스강 유역까지 진출하였다.

| 보기 |
ㄱ. 동방의 전제 군주제 도입
ㄴ. 제국을 넷으로 분할하여 통치
ㄷ. 페르시아인과 그리스인들의 혼인 장려
ㄹ. 펠로폰네소스 전쟁의 승리로 패권 장악

① ㄱ, ㄴ   ② ㄱ, ㄷ   ③ ㄴ, ㄷ
④ ㄴ, ㄹ   ⑤ ㄷ, ㄹ

138

다음 문화유산을 활용한 탐구 주제로 가장 적절한 것은?

① 이집트의 내세관
② 간다라 양식의 전파
③ 조로아스터교의 등장
④ 헬레니즘 문화의 발전
⑤ 소피스트의 그리스 철학

2 로마의 발전과 문화

139

(가), (나)에 들어갈 용어를 옳게 연결한 것은?

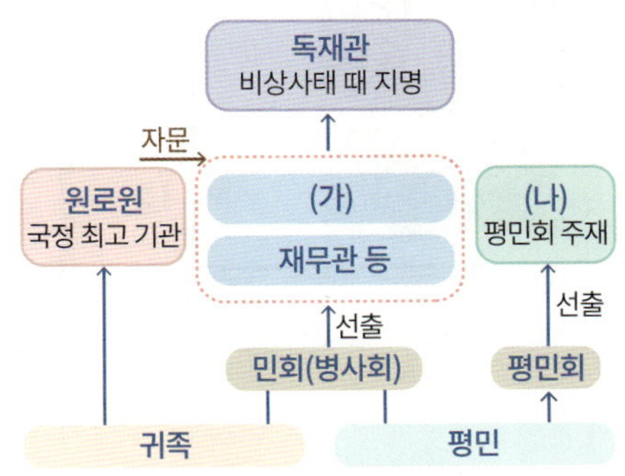

▲ ○○ 공화정의 구조

	(가)	(나)
①	참주	집정관
②	집정관	호민관
③	집정관	프린켑스
④	호민관	참주
⑤	호민관	집정관

140

(가) 전쟁에 대한 설명으로 가장 적절한 것은?

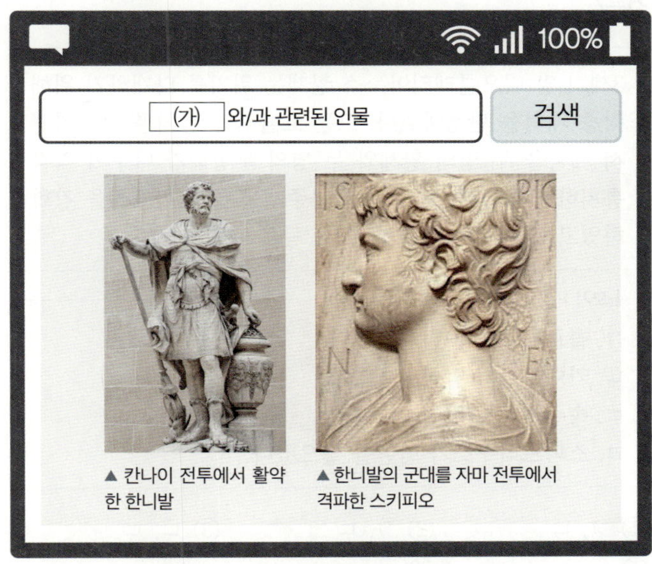

① 리키니우스법이 제정되는 계기가 되었다.
② 아케메네스 왕조 페르시아의 멸망으로 이어졌다.
③ 스파르타가 그리스 세계의 패권을 장악하게 되었다.
④ 로마가 서지중해의 패권을 차지하는 결과를 가져왔다.
⑤ 델로스 동맹과 펠로폰네소스 동맹의 대립에서 비롯되었다.

141 빈출

밑줄 친 '형제'에 대한 설명으로 옳은 것은?

> 티베리우스 그라쿠스는 군대에 복무한 대중의 이익을 위해 농지법을 제출하였다. …… 그의 개혁안은 기존의 관습과 전통을 어지럽히며 분란을 초래하였다. …… 그는 반대파의 공격에 맞서 자신의 형제와 연대하면서 자신의 장인을 콘술직에 앉혀 개혁을 관철시키려 하였다.
>
> - 카시우스 디오, 『로마사』 -

① 크리스트교를 공인하였다.
② 제1차 삼두 정치를 이끌었다.
③ 참주의 자리에 올라 개혁을 추진하였다.
④ 곡물법을 통해 빈민층을 부양하려 하였다.
⑤ 보복주의의 성격이 강한 법전을 편찬하였다.

● 바른답·알찬풀이 10쪽

142

밑줄 친 '위기'에 해당하는 내용으로 옳은 것만을 〈보기〉에서 고른 것은?

> 3세기 말 디오클레티아누스 황제는 <u>위기</u>를 타개하기 위해 각종 개혁을 단행하였다. 그는 효율적인 통치를 모색하면서 제국을 두 명의 황제와 두 명의 부황제가 나누어 각각 통치하게 하였다. 또한 전제 군주제를 통해 황제권을 강화하였고, 군사 개혁과 화폐 개혁 등을 추진하였다.

┤ 보기 ├
ㄱ. 콜로나투스가 확산되었다.
ㄴ. 카이사르가 암살당하였다.
ㄷ. 속주에서 반란이 이어졌다.
ㄹ. 스파르타쿠스가 반란을 일으켰다.

① ㄱ, ㄴ
② ㄱ, ㄷ
③ ㄴ, ㄷ
④ ㄴ, ㄹ
⑤ ㄷ, ㄹ

143

(가) 국가의 문화에 대한 설명으로 옳지 <u>않은</u> 것은?

① 12표법이 시민법으로 발전하였다.
② 아타나시우스파의 교리를 인정하였다.
③ 밀라노 칙령으로 크리스트교를 공인하였다.
④ 철학에서 진리의 상대성과 주관성을 강조하였다.
⑤ 제국 안의 모든 민족에게 만민법을 적용하였다.

| 144~145 |

다음 자료를 읽고 물음에 답하시오.

> 나는 페이시스트라토스와 같은 참주의 등장을 방지하기 위해, 시민의 자유를 억압하는 위험한 인물의 이름을 도자기 파편에 써서 징벌할 수 있는 제도를 마련하였습니다.

144

밑줄 친 '나'에 해당하는 인물을 쓰시오.

145

위 인물이 추진한 개혁을 <u>두 가지</u> 서술하시오.

| 146~147 |

다음 자료를 보고 물음에 답하시오.

146

(가)에 들어갈 황제를 쓰시오.

147

(가) 황제가 시행한 정책 <u>두 가지</u>를 서술하시오.

적중 1등급 문제

148

(가) 국가에 관한 탐구 활동으로 가장 적절한 것은?

> 많은 사람은 공유지 분배와 공무 수당제의 도입으로 가난한 시민도 정치적 권한을 행사하여 부정적 습성에 젖어 들었다고 비판합니다. 평소에 검소하고 자급자족하던 [(가)]의 시민이 이러한 공적인 조치 때문에 거리낌 없이 사치스러운 풍조에 빠졌다고 합니다.   - 플루타르코스 -

① 헤일로타이의 생활 모습을 정리한다.
② 페리오이코이에 대한 기록을 수집한다.
③ 펠로폰네소스 동맹에 참여한 나라를 조사한다.
④ 알렉산드리아가 건설된 지역을 지도에 표시한다.
⑤ 소크라테스에 대한 그리스인들의 평가를 찾아본다.

149

(가) 전쟁에서 볼 수 있는 모습으로 적절한 것만을 〈보기〉에서 고른 것은?

> 헤로도토스는 고대 그리스의 대표적인 역사가이다. 어린 시절 일가족과 함께 사모스섬에 망명하였다가 아테네로 가서 살았다. 이때 페리클레스, 소포클레스 등과 친교를 맺었다. 그는 [(가)] 전쟁을 다룬 역사서를 집필하였는데, 다리우스 1세의 아들인 크세르크세스 1세가 가진 오만함에서 이 전쟁이 비롯되었다고 보았다.

| 보기 |
ㄱ. 알렉산드로스와 토론하는 신하
ㄴ. 마라톤 전투에서 승리를 거두는 군인
ㄷ. 페이시스트라토스의 정책에 불만을 표하는 남성 시민
ㄹ. 살라미스 해전 패배 소식에 분노하는 페르시아의 황제

① ㄱ, ㄴ   ② ㄱ, ㄷ   ③ ㄴ, ㄷ
④ ㄴ, ㄹ   ⑤ ㄷ, ㄹ

150

(가)에 들어갈 내용으로 가장 적절한 것은?

① 간다라 미술의 탄생에 영향을 끼쳤습니다.
② 에피쿠로스학파의 등장으로 이어졌습니다.
③ 판테온 신전의 건축 양식에 반영되었습니다.
④ 산치 대탑 건립의 사상적 토대가 되었습니다.
⑤ 바르다마나가 자이나교를 창시하는 배경이 되었습니다.

151

(가) 인물에 대한 설명으로 옳은 것은?

① 곡물법 제정을 추진하였다.
② 제국을 넷으로 분할하였다.
③ 아우구스투스의 칭호를 받았다.
④ 크리스트교를 국교로 선포하였다.
⑤ 스파르타쿠스의 반란을 진압하였다.

05 유럽 세계의 형성과 동요

1 서유럽 봉건 사회의 성립과 비잔티움 제국

1 서유럽 봉건 사회의 성립

(1) **게르만족의 이동**: 4세기 후반 훈족의 압박 → 로마 제국 영내로 이동해 여러 국가 수립 → 서로마 제국 멸망(476)

(2) **프랑크 왕국의 발전**: 갈리아 지방 중심으로 세력 확대

메로베우스 왕조	• 클로비스: 왕조 개창, 로마 가톨릭교(아타나시우스파) 개종 • 카롤루스 마르텔: 궁재로 실권 장악, 투르·푸아티에 전투(732)에서 이슬람 세력 격퇴
카롤루스 왕조	• 피핀: 왕조 개창, 이탈리아 중부 교황에게 기증 • 카롤루스 대제: 서로마 황제 대관, 정복지에 교회 설립, <u>카롤루스 르네상스</u> – 궁정 학교를 설립하고 고전을 연구하였다.
분열	베르됭 조약(843), 메르센 조약(870)으로 분열

(3) **봉건 사회의 형성과 장원의 구조**

배경	노르만족·이슬람 세력 침입으로 사회 혼란 → 기사 성장
주종제	주군은 봉신에게 봉토 수여, 주군과 봉신 간 쌍무적 계약 관계, 봉신의 불입권 소유(재판권·징세권 행사)
장원제	• 영주 직영지, 농민 보유지로 경작지 구분, 삼포제 운영 • 농노는 부역과 공납 의무 부담, 거주 이전의 자유 제한

2 크리스트교의 성장

(1) **동서 교회 분열**: 성상 숭배 금지령(726) → 로마 가톨릭, 그리스 정교회로 분열(1054)

(2) **교황과 황제의 대립**: 성직자 서임권을 두고 투쟁

카노사의 굴욕(1077)	하인리히 4세(황제)가 그레고리우스 7세(교황)에게 굴복
보름스 협약(1122)	교황이 서임권 확보, 성직자는 황제의 봉신

(3) **교회 개혁 운동**: 10세기 초 클뤼니 수도원의 개혁 운동

꼭 나오는 자료   🔗 34쪽 169번 문제로 확인

보름스 협약

나 하인리히는 …… 서임권을 성스러운 로마 가톨릭교회에 양도하고, 독일 왕국과 신성 로마 제국에 속하는 모든 교회에서 교회법에 기초한 선거 및 자유로운 서임이 이루어지는 것을 승인한다.

자료 분석 보름스 협약으로 교황이 서임권을 차지하고 교황과 황제의 갈등이 일단락되었다.

---

(4) **중세 서유럽의 문화**: 크리스트교 중심 문화 발달

철학	아우구스티누스의 교부 철학(신학의 보조적 역할), 토마스 아퀴나스의 『신학대전』(스콜라 철학, 신앙과 이성의 조화)
교육	교회, 수도원 중심 연구 → 파리·볼로냐 등지에 대학 설립
건축	로마네스크 양식(피사 대성당), 고딕 양식(샤르트르 대성당)

11세기에 유행, 돔, 원형의 아치가 특징   12세기에 유행, 첨탑과 스테인드 글라스가 특징

3 비잔티움 제국

동서 교통의 중심지로 베네치아, 제노바, 이슬람 상인과 교역하며 번영하였다.

(1) **정치**: 황제 교황주의, <u>수도 콘스탄티노폴리스</u>, 유스티니아누스 황제(전성기, 『유스티니아누스 법전』 편찬)

(2) **군사**: 군관구제, 둔전병제 → 자영농 육성, 국방력 강화

(3) **멸망**: 이민족 침입, 십자군 전쟁 발생으로 쇠퇴 → 오스만 제국에 멸망(1453)

(4) **문화**: 그리스 정교 + 그리스·로마 문화 + 헬레니즘 문화

건축	비잔티움 양식(웅장한 돔, 모자이크화) → 성 소피아 성당
영향	동유럽 문화 발전, 르네상스에 기여

유스티니아누스 황제의 명령으로 건설되었다.

└ 동유럽의 슬라브족은 키릴 문자로 번역된 성서를 바탕으로 그리스 정교로 개종하였다.

2 중세 유럽 세계의 변화

1 십자군 전쟁

배경	셀주크 튀르크가 예루살렘 점령 → 비잔티움 제국의 지원 요청 → 교황 우르바누스 2세의 전쟁 호소(클레르몽 공의회)
전개	• 제1차 십자군: 예루살렘 탈환, 예루살렘 왕국 건설 • 제4차 십자군: 콘스탄티노폴리스 점령, 라틴 제국 수립
영향	왕권 강화, 교황권 약화, 이슬람 문화·비잔티움 문화 유입

2 도시의 성장과 장원의 해체

십자군 전쟁 이후 지중해를 통한 무역이 발달하면서 이탈리아 해안 도시가 성장하였다.

도시 성장	• 교역 활발 → 지중해 교역권(베네치아·피렌체), 북유럽 교역권(함부르크·뤼베크, 한자 동맹), 샹파뉴 정기시로 연결 • 도시의 자치권 획득, 상인과 수공업자들이 길드 결성
장원 해체	• 흑사병의 유행 → 노동력 감소 → 농노 처우 개선 • 일부 영주의 속박 강화 → 자크리 난(프랑스)과 와트 타일러 난(영국) 발생

영국과 프랑스의 백년 전쟁(1337~1453) 중에 일어났다.

3 교황권의 쇠퇴

아비뇽 유수	프랑스의 필리프 4세와 교황 보니파키우스 8세가 교회·성직자의 과세 문제로 대립 → 교황 굴복 → 교황청, 아비뇽 이동
교회 대분열	• 로마와 아비뇽에서 각각 교황을 선출하며 대립(1378~1417) • 성서에 기반한 신앙 강조(위클리프, 후스)
콘스탄츠 공의회	• 위클리프를 이단으로 규정, 후스 화형 • 단일 교황 선출(로마 교황의 정통성 인정)

4 르네상스

의미	14~16세기에 전개된 그리스·로마 고전 문화 부흥 운동
이탈리아	• 배경: 비잔티움 학자 이주, 상인들의 학문과 예술 후원 • 페트라르카의 서정시, 보카치오(『데카메론』), 마키아벨리(『군주론』), 레오나르도 다빈치와 미켈란젤로 등
알프스 이북	• 교회의 권위와 봉건 사회의 관습 잔존 → 현실 사회와 교회 비판 등 개혁적 성향 • 에라스뮈스(『우신예찬』), 토머스 모어(『유토피아』), 세르반테스(『돈키호테』) 등

기본 기출 문제

핵심 주제를 파악할 수 있는 기출 문제를 수록하였습니다.

핵심 개념 문제

● **빈칸에 들어갈 알맞은 말을 쓰시오.**

152 게르만족이 건설한 국가 중 (　　　　)은/는 갈리아 지방을 중심으로 세력을 확대하였다.

153 중세 서유럽의 봉건제는 정치적으로는 주종제, 경제적으로는 (　　　　)을/를 특징으로 하였다.

154 (　　　　)의 체결로 교황이 성직자 서임권을 갖게 되었다.

● **다음 내용이 옳으면 ○표, 틀리면 ✕표를 하시오.**

155 비잔티움 제국은 군관구제와 둔전병제를 실시하였다. (　　　)

156 제1차 십자군은 예루살렘을 정복하고 라틴 제국을 수립하였다. (　　　)

157 콘스탄츠 공의회는 위클리프를 이단으로 규정하고 후스를 화형에 처하였다. (　　　)

● **인물과 관련 작품을 바르게 연결하시오.**

158 마키아벨리 •　　　　　• ㉠ 『군주론』

159 세르반테스 •　　　　　• ㉡ 『돈키호테』

160 에라스뮈스 •　　　　　• ㉢ 『우신예찬』

● **괄호 안에 들어갈 알맞은 말을 고르시오.**

161 (㉠ 피핀, ㉡ 클로비스)은/는 이탈리아 중부 지방을 교황에게 기증하였다.

162 피사 대성당은 (㉠ 고딕, ㉡ 로마네스크) 양식을 대표하는 문화유산이다.

163 우르바누스 2세는 (㉠ 콘스탄츠, ㉡ 클레르몽) 공의회에서 십자군 전쟁을 호소하였다.

● **다음 내용과 관련된 인물을 〈보기〉에서 고르시오.**

┌ **보기** ┐
ㄱ. 필리프 4세　　　　ㄴ. 하인리히 4세
ㄷ. 카롤루스 대제　　　ㄹ. 유스티니아누스 황제
└　　　　　　　　　┘

164 카노사의 굴욕을 겪었다. (　　　)

165 성 소피아 성당을 지었다. (　　　)

166 교황과 교회와 성직자에 대한 과세 문제로 대립하였다. (　　　)

167

☆ 핵심 주제 **카롤루스 대제**

밑줄 친 '국왕'에 대한 설명으로 옳은 것은?

> 알비누스(알퀸)는 <u>국왕</u>이 학식 있는 자들을 불러 모은다는 소식을 듣자, 아헨 궁정을 방문하였다. …… <u>국왕</u>은 알퀸을 스승이라 칭송하며, 자신은 알퀸의 제자라고 말하였다. 그에게 투르 근방의 생마르탱 수도원을 관장하도록 명하고, 그곳에서 후학을 양성하도록 허락해 주었다. 이후 그의 가르침은 그 제자들 가운데 큰 결실을 맺어, 마침내 프랑크 왕국은 옛 아테네나 로마에 필적할 정도로 학문의 중심지로 번성하게 되었다.

① 성상 숭배 금지령을 내렸다.
② 카롤루스 왕조를 개창하였다.
③ 서로마 황제의 자리에 올랐다.
④ 마라톤 전투에서 외적을 물리쳤다.
⑤ 카르타고와의 전쟁에서 승리하였다.

168

☆ 핵심 주제 **봉건 사회의 형성**

다음 자료를 활용한 탐구 주제로 가장 적절한 것은?

> 기사 서임식에서 주군은 봉신의 오른쪽 발에 박차를 달아 주었다. 당시 관습에서는 기사를 삼는 자가 그의 발에 박차를 달아 주었다. …… 이어 시종들이 기사의 무장을 도와주고, 주군은 검을 집어 들어 기사의 허리에 채워 주며 그에게 입맞춤을 해주었다.

① 폴리스의 구조
② 중세 유럽의 주종제
③ 천명사상과 덕치주의
④ 올림피아 제전의 개최
⑤ 중장보병과 새로운 계층의 성장

 기본 기출 문제

169 빈출

다음 협약이 체결된 시기를 연표에서 옳게 고른 것은?

> 나 하인리히는 …… 서임권을 성스러운 로마 가톨릭교회에 양도하고, 독일 왕국과 신성 로마 제국에 속하는 모든 교회에서 교회법에 기초한 선거 및 자유로운 서임이 이루어지는 것을 승인한다.

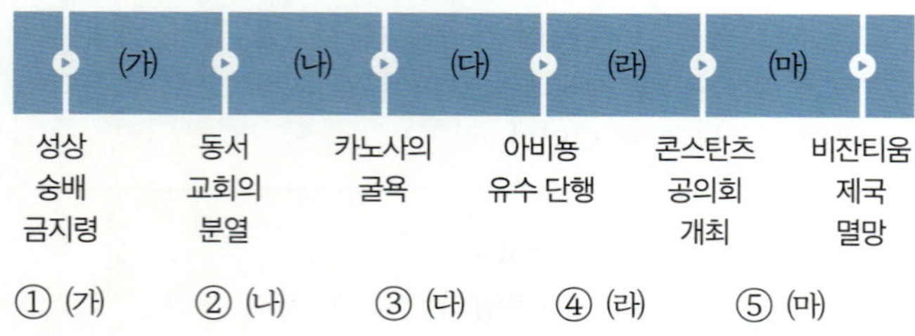

① (가)   ② (나)   ③ (대)   ④ (라)   ⑤ (마)

170

밑줄 친 '이 양식'에 해당하는 건축물로 옳은 것은?

> 이 양식의 예배당에 들어가면 우리는 우리는 스테인드글라스의 찬란한 빛을 마주하며, 마치 미래의 세계인 천상의 예루살렘에 들어온 것으로 착각하게 됩니다.
> － 세르즈 산토스(13세기 생드니 대성당 행정관) －

①

②

③

④

⑤

171

(가) 국가의 발전을 알아보기 위한 탐구 활동으로 가장 적절한 것은?

> 로마의 팽창과 함께 로마 시민권이 확대되면서 시민법은 제국 안의 모든 민족에게 적용되는 만민법이 되었다. 6세기에 이르러 로마법은 [(가)]에서 『유스티니아누스 법전』으로 집대성되었다.

① 가우가멜라 전투의 경과를 정리한다.
② 간다라 양식의 성립 배경을 살펴본다.
③ 군관구제와 둔전병제의 운용 양상을 조사한다.
④ 알렉산드리아가 건설된 위치를 지도에 표시한다.
⑤ 클뤼니 수도원이 주도한 개혁 운동의 내용을 파악한다.

172

밑줄 친 '이교도'로 옳은 것은?

> 최근 이탈리아 피아첸차에서 우르바누스 2세께서 콘스탄티노폴리스의 사절단을 접견하셨다. 이 사절단은 우리 교황에게 동방의 여러 교회를 수호하기 위해서는 군사 지원이 시급함을 호소하고, 이교도들이 콘스탄티노폴리스 성벽 근방까지 쳐들어와 온갖 약탈을 자행하고 있다고 탄원하였다.

① 파르티아   ② 셀주크 튀르크
③ 알렉산드로스 제국   ④ 사산 왕조 페르시아
⑤ 아케메네스 왕조 페르시아

173

(가)에 들어갈 내용으로 가장 적절한 것은?

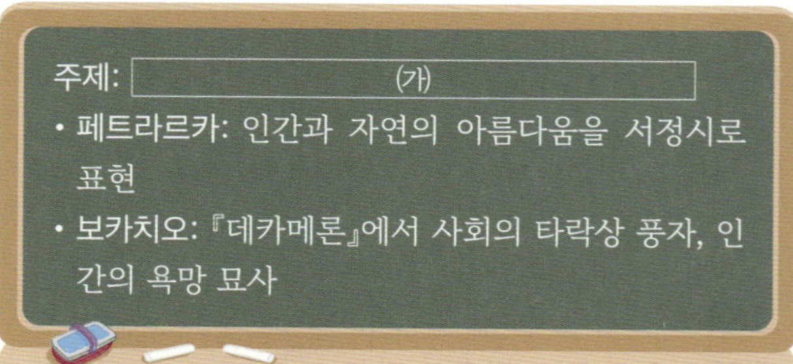

① 스토아학파의 발전   ② 교회 대분열의 배경
③ 이탈리아의 르네상스   ④ 헬레니즘 문화의 등장
⑤ 그리스의 인간 중심적 문화

 학교 시험에서 출제율이 높은 문제를 엄선하여 수록하였습니다.

실력 기출 문제

I

1 서유럽 봉건 사회의 성립과 비잔티움 제국

174

(가)에 들어갈 내용으로 적절한 것만을 〈보기〉에서 고른 것은?

〈○○○ 왕국의 발전〉

- 갈리아 지방을 중심으로 세력 확대
- 로마 가톨릭교로 개종하여 현지 주민과 갈등 줄임.
- (가)

┤ 보기 ├
ㄱ. 키릴 문자 사용
ㄴ. 전국을 군관구로 나누어 관리
ㄷ. 서로마 제국의 영토 상당 부분 회복
ㄹ. 카롤루스 왕조에서 왕국의 전성기 맞이

① ㄱ, ㄴ ② ㄱ, ㄷ ③ ㄴ, ㄷ
④ ㄴ, ㄹ ⑤ ㄷ, ㄹ

175

(가) 인물에 대한 설명으로 옳은 것은?

이슬람 군대가 프랑크 왕국의 교회와 도시를 파괴하기 위해 진군하였다. 이 위기의 순간에 궁재 (가) 이/가 군대의 선두에 나서 용맹하게 싸웠다. 그는 마치 굶주린 늑대가 수사슴을 덮치듯이 맹렬한 기세로 적군을 제압하였다.

① 서로마 제국을 멸망시켰다.
② 메르센 조약을 체결하였다.
③ 페르세폴리스를 건설하였다.
④ 투르·푸아티에 전투에서 승리하였다.
⑤ 이탈리아 중부의 땅을 교황에 기증하였다.

176

(가)에 들어갈 내용으로 가장 적절한 것은?

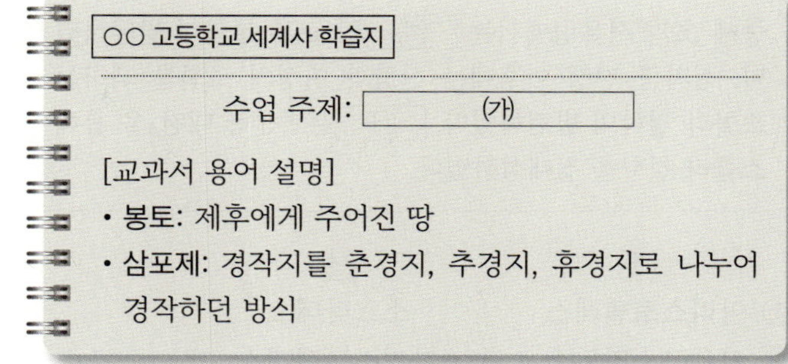

○○ 고등학교 세계사 학습지

수업 주제: (가)

[교과서 용어 설명]
• 봉토: 제후에게 주어진 땅
• 삼포제: 경작지를 춘경지, 추경지, 휴경지로 나누어 경작하던 방식

① 장원의 구조 ② 주종제의 성립
③ 콜로나투스의 확산 ④ 라티푼디움의 방식
⑤ 아크로폴리스의 건설

177

(가) 칙령의 영향으로 가장 적절한 것은?

역사 용어 사전

(가) : 비잔티움 제국 황제 레오 3세가 예수와 성모, 성자의 상을 만들거나 숭배하는 것을 금지한 칙령이다.

① 동서 교회가 분열하였다.
② 보름스 협약이 맺어졌다.
③ 밀라노 칙령이 발표되었다.
④ 니케아 공의회가 개최되었다.
⑤ 크리스트교가 국교가 되었다.

178

(가) 황제에 대한 설명으로 옳은 것은?

최근 나의 아들 (가) 이/가 파견한 사절단이 교황청의 사순절 회의에 참석하였소. 그들은 교회와 성직자 서임권에 관한 교황의 권위를 부정하는 (가) 의 서한을 낭독하였소. 당시 현장에 있던 나는 분노한 교황청 관계자들이 사절단을 끌고 나가는 광경을 지켜볼 수밖에 없었다오.

① 카노사의 굴욕을 겪었다.
② 그리스 정교회를 이끌었다.
③ 서로마 황제로 대관되었다.
④ 성상 숭배 금지령을 내렸다.
⑤ 제국을 넷으로 분할하여 다스렸다.

179

(가), (나)에 들어갈 인물을 옳게 연결한 것은?

> 중세 초기 서유럽에서는 [(가)]의 교부 철학이 발달하였다. 십자군 전쟁 이후에는 신앙과 이성의 조화를 꾀하는 스콜라 철학이 발전하였다. [(나)]는 『신학 대전』을 통해 스콜라 철학을 집대성하였다.

	(가)	(나)
①	아리스토텔레스	소크라테스
②	아우구스티누스	아리스토텔레스
③	아우구스티누스	토마스 아퀴나스
④	토마스 아퀴나스	소크라테스
⑤	토마스 아퀴나스	아우구스티누스

180

(가) 국가에 대한 설명으로 옳은 것은?

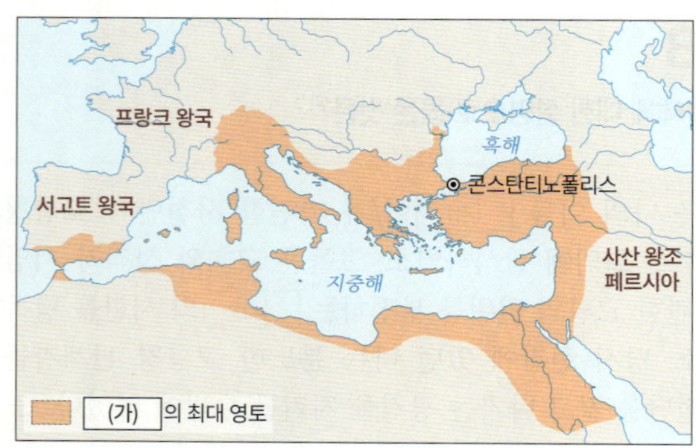

① 델로스 동맹을 주도하였다.
② 황제 교황주의가 발달하였다.
③ 조로아스터교를 국교로 삼았다.
④ 사산 왕조 페르시아를 멸망시켰다.
⑤ 궁정 학교를 세워 고전을 연구하였다.

181 빈출

밑줄 친 '황제'에 대한 설명으로 옳은 것은?

> 콘스탄티노폴리스에는 여러 교회가 있는데, 그중에도 황제가 세운 성 소피아 성당은 지금까지 내가 한 번도 본 적 없는 장엄하고 경이로운 건축물이다.

① 500인 평의회를 설치하였다.
② 악티움 해전에서 승리하였다.
③ 이베리아반도 남부까지 진출하였다.
④ 자신의 이름을 딴 새로운 수도를 건설하였다.
⑤ 그리스인과 페르시아인들의 혼인을 장려하였다.

182 빈출

다음 설명에 해당하는 문화유산으로 옳은 것은?

> • 웅장한 돔과 내부의 모자이크가 특징
> • 로마의 바실리카 양식과 페르시아의 돔 양식 결합

① 
② 
③ 
④ 
⑤ 

2 중세 유럽 세계의 변화

183

(가) 시기에 있었던 사실로 옳은 것은?

> 교황이 클레르몽 공의회에서 성지 회복을 호소하였다.
> ↓
> (가)
> ↓
> 콘스탄티노폴리스에 라틴 제국이 수립되었다.

① 베르됭 조약이 체결되었다.
② 예루살렘 왕국이 세워졌다.
③ 하인리히 4세가 파문되었다.
④ 비잔티움 제국이 멸망하였다.
⑤ 여러 명의 교황이 선출되었다.

184

(가), (나)에 들어갈 도시를 옳게 연결한 것은?

> 11세기경부터 교통의 요지에 시장이 형성되면서 도시가 성장하였다. 십자군 전쟁 이후 원거리 무역이 활발해지면서 도시의 성장은 더욱 촉진되었다. ┌(가)┐ 등 지중해 연안 도시는 동방 무역으로 번성하였고, 피렌체 등은 금융업으로 성장하였다. 특히 함부르크, ┌(나)┐ 등 북독일 도시는 한자 동맹을 맺고 북해와 발트해 연안의 무역을 독점하였다.

	(가)	(나)
①	샹파뉴	파리
②	뤼베크	샹파뉴
③	뤼베크	베네치아
④	베네치아	샹파뉴
⑤	베네치아	뤼베크

185

밑줄 친 '공의회'에 대한 설명으로 옳은 것만을 〈보기〉에서 고른 것은?

> 희생당한 후스는 우리의 참된 스승이자 진정한 성직자로서 모든 오류와 이단을 일관되게 혐오하였다. 보헤미아 등지에서 이단이 발흥한다고 공의회에 참석하여 외쳤던 자야말로 최악의 반역자인 것이다.

| 보기 |

ㄱ. 새로운 단일 교황을 선출하였다.
ㄴ. 위클리프를 이단으로 규정하였다.
ㄷ. 성직자에 대한 서임권을 교황이 차지하였다.
ㄹ. 아타나시우스파의 교리를 정통으로 인정하였다.

① ㄱ, ㄴ   ② ㄱ, ㄷ   ③ ㄴ, ㄷ
④ ㄴ, ㄹ   ⑤ ㄷ, ㄹ

186

밑줄 친 ⑦ 중에 있었던 일로 옳은 것은?

> 나는 ⑦영국과 프랑스의 전쟁으로 극심한 갈등과 대립으로 치닫고 있던 유럽의 평화를 도모하기 위해 많은 노력을 기울여 왔다. …… 아비뇽 유수가 하루속히 종식되어야 한다. 아비뇽의 교황이 로마로 다시 돌아와야만, 비로소 우리는 참된 평화를 맞이할 수 있을 것이다.

① 헤지라가 단행되었다.
② 니케아 공의회가 열렸다.
③ 밀라노 칙령이 발표되었다.
④ 『유스티니아누스 법전』이 편찬되었다.
⑤ 자크리 난 등 농민 봉기가 발생하였다.

187

(가)에 들어갈 내용으로 가장 적절한 것은?

〈조사 보고서〉

- 주제: ___________(가)___________
- 수집 자료

▲「피에타」　　　　▲「비너스의 탄생」

① 위클리프의 활동
② 후스가 처형된 배경
③ 이탈리아의 르네상스
④ 도시의 성장과 장원의 해체
⑤ 알프스 이북 인문주의자의 활동

188

(가), (나)에 해당하는 인물을 옳게 연결한 것은?

> 교회의 도덕적인 타락을 비판한 『우신예찬』은 [(가)]가 영국을 방문한 기간에 [(나)]의 저택에서 집필한 교회 비판서였다. 여기에 자극받은 [(가)]는 화폐와 사유 재산 폐지 등을 주장하며 『유토피아』를 저술하였다.

	(가)	(나)
①	세르반테스	에라스뮈스
②	마키아벨리	세르반테스
③	에라스뮈스	토마스 모어
④	토마스 모어	에라스뮈스
⑤	토마스 모어	마키아벨리

1등급을 향한 서답형 문제

| 189~190 |

다음 자료를 읽고 물음에 답하시오.

> 신의 은총 안에서 하나 된 자들이여, 역병의 그림자가 우리를 엄습하고 있다. …… 이 와중에 아무런 죄도 없는 여성과 아동, 유대인들까지 분노의 표적이 되고 있다. 우리는 이들에 대한 증오와 질시의 시선을 거두어야 신의 징벌인 이 역병에서 온전히 벗어날 수 있다. 아비뇽의 우리 교황께서도 의사들을 통해서 이 역병에 대처할 방안을 마련하고 있다.
> — 아비뇽 교황청의 칙령 —

189

밑줄 친 '역병'에 해당하는 질병을 쓰시오.

190

위 자료의 상황이 유럽 사회에 끼친 영향을 구체적으로 서술하시오.

| 191~192 |

다음 자료를 읽고 물음에 답하시오.

> 성지 회복에 나선 [(가)]은/는 콘스탄티노폴리스로 쳐들어와 진귀한 재화를 약탈하였다. 가난한 이방인 신세였던 저들이 온갖 금은보화와 값비싼 교역품들을 독차지하여 졸지에 벼락부자가 되었다.
> — 귄터, 『역사』 —

191

(가)에 들어갈 용어를 쓰시오.

192

(가)의 활동이 서유럽에 끼친 영향을 세 가지 서술하시오.

적중 1등급 문제

내신 1등급을 결정하는 고난도 문제를 수록하였습니다.

193

(가) 인물에 대한 설명으로 옳은 것만을 〈보기〉에서 고른 것은?

| 보기 |

ㄱ. 궁정 학교를 설립하였다.
ㄴ. 정복지에 교회를 세웠다.
ㄷ. 키릴 문자로 성서를 번역하였다.
ㄹ. 셀주크 튀르크에게 예루살렘을 빼앗겼다.

① ㄱ, ㄴ   ② ㄱ, ㄷ   ③ ㄴ, ㄷ
④ ㄴ, ㄹ   ⑤ ㄷ, ㄹ

194

다음 자료의 상황이 나타난 시기를 연표에서 옳게 고른 것은?

제4차 십자군의 콘스탄티노폴리스 점령 이후 서유럽 지식인들은 고대 그리스 문헌과 직접 접촉할 수 있는 기회를 얻게 되었다. 자신을 해, 황제를 달에 비유했던 당시 교황은 고대 문헌의 라틴어 번역 작업을 독려하였다. 또한 플랑드르의 학자 빌럼은 아퀴나스를 만나, 아랍어를 라틴어로 번역한 아리스토텔레스의 저작물에는 오류가 많으므로 그리스어 원전을 직접 번역하여 연구해야 한다고 강조하였다.

(가)	(나)	(다)	(라)	(마)
메르센 조약 체결	성상 숭배 금지령 발표	카노사의 굴욕	클레르몽 공의회	보름스 협약 체결	아비뇽 유수

① (가)   ② (나)   ③ (다)
④ (라)   ⑤ (마)

195

밑줄 친 '황제'에 대한 설명으로 옳은 것은?

- 나는 황제의 명을 받아 벨리사리우스 장군의 참모로 원정에 나섰다. …… 대군을 이끌고 이탈리아반도, 시칠리아, 북아프리카 일대를 평정하여 오랫동안 이민족의 압제에 신음하던 로마인들을 해방시켰다.
- 지혜롭던 황제는 아첨꾼들의 농락에 넘어가 성 소피아 성당에서 유력 정치인을 암살하게 하는 등 온갖 악행을 저질렀다. …… 이에 분노하신 신의 징벌로 말미암아 큰 역병이 창궐하게 되었다.

① 인더스강 유역까지 영토를 넓혔다.
② 군관구제와 둔전병제를 마련하였다.
③ 로마법을 집대성한 법전을 편찬하였다.
④ 내분에 빠진 그리스 세계를 정복하였다.
⑤ 수사에서 사르디스까지 '왕의 길'을 건설하였다.

196

밑줄 친 '교황'에 대한 설명으로 옳은 것은?

필리프 4세가 은밀히 급파한 병사들이 교황을 포박하였다. 국왕의 하수인이 리옹으로 끌고 가 폐위하고 투옥하겠다고 협박하였다. …… 사악한 병사들은 신성불가침인 종교 지도자의 신체에 함부로 손을 대며 그의 신병을 구속하고 진귀한 귀금속까지 약탈하였다. 적들의 수중에 사로잡힌 교황은 수치심에 고통스러워하면서도 국왕의 요구를 수용할 수밖에 없었다.

① 니케아 공의회를 소집하였다.
② 십자군 전쟁 참여를 호소하였다.
③ 세속 군주의 성직자 서임을 금지하였다.
④ 성직자 과세 문제로 프랑스 왕과 대립하였다.
⑤ 밀라노 칙령을 통해 크리스트교를 공인하였다.

단원 마무리 문제

 **01 현생 인류와 문명의 형성**

197

다음 유물을 제작한 사람들의 생활 모습으로 옳은 것은?

① 농경과 목축을 시작하였다.
② 식량을 찾아 이동 생활을 하였다.
③ 스톤헨지와 같은 거석 유적을 만들었다.
④ 돌낫, 돌도끼와 같은 간석기를 사용하였다.
⑤ 청동제 무기를 사용하여 정복 활동을 벌였다.

198

밑줄 친 '이 지역'에서 제작된 문화유산으로 옳은 것은?

> 티그리스강과 유프라테스강 사이에 위치한 이 지역은 인류 최초로 문명이 발전하였다. 이 지역은 개방적인 지형 조건을 갖추고 있어 교역이 활발하게 전개되었지만 이민족의 침입도 잦았다.

① 
② 
③ 
④ 
⑤ 

199

(가), (나) 국가에 대한 설명으로 옳은 것만을 〈보기〉에서 고른 것은?

> • 아나톨리아 지역에서 성립한 ☐(가)☐ 은/는 기원전 14세기경 철제 무기를 이용하여 활발한 정복 활동을 펼쳤다. 이들의 철기 문화는 서아시아 등지로 전파되었다.
> • 헤브라이인은 기원전 11세기경 예루살렘을 수도로 ☐(나)☐ 을/를 건설하였다. 그러나 이후 이스라엘과 유대로 나뉘었고, 각각 아시리아와 신바빌로니아에 의해 멸망하였다.

| 보기 |
ㄱ. (가) - 카스트제를 확립하였다.
ㄴ. (가) - 바빌로니아를 무너뜨렸다.
ㄷ. (나) - 함무라비 법전을 편찬하였다.
ㄹ. (나) - 솔로몬왕 때 전성기를 누렸다.

① ㄱ, ㄴ   ② ㄱ, ㄷ   ③ ㄴ, ㄷ
④ ㄴ, ㄹ   ⑤ ㄷ, ㄹ

| 200~201 |

다음 자료를 보고 물음에 답하시오.

> ☐(가)☐ 에서 제작한 죽은 사람이 사후 세계에서 어떻게 행동해야 할지를 알려주는 안내서로, 파피루스에 기록하여 무덤에 넣었다. 그림은 죽은 사람이 오시리스 신의 심판을 받는 모습을 나타낸 것이다.

200 〔단답형〕

(가)에 해당하는 문명을 쓰시오.

201 〔서술형〕

(가) 문명의 내세관의 특징과 형성 배경을 (가) 문명의 지리적 조건과 관련지어 서술하시오.

02  동아시아 세계의 문화와 종교·사상

202

(가) 세력에 대한 탐구 활동으로 적절한 것만을 〈보기〉에서 고른 것은?

한 문제가 종실의 여자를 공주로 삼아 선우에게 시집보냈더니, 공주의 호위로 간 중항열은 선우에게 투항하였다. 그 후 한의 사자가 [(가)] 에 오면 중항열이 이렇게 말하였다. "한의 사자는 …… [(가)] (으)로 보내는 비단과 솜과 쌀과 누룩의 수량을 맞추고 품질이 좋도록 살피기나 하면 됩니다. 그렇지 않으면 우리는 말을 달려 당신들이 농사지은 것을 짓밟을 것입니다."

보기
ㄱ. 유수가 봉기한 이유를 조사한다.
ㄴ. 백등산 전투의 경과를 살펴본다.
ㄷ. 대운하 건설이 끼친 영향을 파악한다.
ㄹ. 장건이 대월지에 파견된 이유를 조사한다.

① ㄱ, ㄴ ② ㄱ, ㄷ ③ ㄴ, ㄷ
④ ㄴ, ㄹ ⑤ ㄷ, ㄹ

203

(가), (나) 왕조에 대한 설명으로 옳은 것만을 〈보기〉에서 고른 것은?

균전제는 [(가)] 시기 자영농 육성을 위한 토지 제도로 처음 시행되었다. 이에 따라 농민들은 국가로부터 일정한 면적의 토지를 지급받았다. 이후 균전제는 농민들이 농한기에는 군사 훈련을 받고 전시에는 군대에 복무하도록 하는 부병제, 비단 등의 특산물을 바치는 조용조와 결합되어 운영되었다. 이처럼 균전제에 토대를 둔 통치 체제는 후대 왕조인 수와 [(나)] 에도 계승되었고, 동아시아 각국의 통치 체제에도 영향을 주었다.

보기
ㄱ. (가) – 한화 정책을 시행하였다.
ㄴ. (가) – 반량전으로 화폐를 통일하였다.
ㄷ. (나) – 9품중정제를 실시하였다.
ㄹ. (나) – 재정난 해결을 위해 양세법을 시행하였다.

① ㄱ, ㄴ ② ㄱ, ㄹ ③ ㄴ, ㄷ
④ ㄴ, ㄹ ⑤ ㄷ, ㄹ

204

다음 정책을 추진한 왕조 시기에 볼 수 있는 모습으로 가장 적절한 것은?

대업 원년 황허강 남쪽의 여러 군에서 남녀 백여만 명을 징발하여 통제거를 만들었다. …… 수로를 통해 천하의 물자 운송이 편리해졌다. 대업 4년에 다시 황허강 북쪽의 여러 군에서 백만여 명의 백성을 징발하여 영제거를 만들었는데, 심수를 끌어들여 남쪽으로 황허강에 이르게 하고, 북쪽으로 탁군과 통하게 하였다.

① 『오경정의』를 읽는 유학자
② 고구려 원정에 동원된 군인
③ 지방에서 세금을 걷는 절도사
④ 채륜의 제지술 개량 소식에 기뻐하는 관리
⑤ 네스토리우스교의 교리를 공부하는 지식인

205

교사의 질문에 대한 학생의 답변 내용으로 가장 적절한 것은?

① 무사 세력이 중앙에 진출하였어요.
② 도다이사와 같은 사찰이 건립되었어요.
③ 히미코 여왕이 야마타이국을 다스렸어요.
④ 쇼토쿠 태자가 불교 문화를 발전시켰어요.
⑤ 『고사기』와 『일본서기』 등이 편찬되었어요.

| 206~207 |

다음 지도를 보고 물음에 답하시오.

206  단답형

(가)에 해당하는 왕조를 쓰시오.

207 서술형

(가) 왕조 통치의 기반이 되었던 사상을 쓰고 주요 주장을 서술하시오.

03 인도·서아시아 세계의 형성과 발전

208

(가)에 들어갈 내용으로 가장 적절한 것은?

① 인도 고전 문화의 발달
② 불교와 자이나교의 출현
③ 간다라 양식의 성립과 전파
④ 마우리아 왕조의 상좌부 불교 후원
⑤ 아리아인의 이동에 따른 사회 변화

209

(가) 종교에 대한 설명으로 옳은 것만을 〈보기〉에서 고른 것은?

▲ 아후라 마즈다

 (가) 은/는 세상을 선과 악의 대립으로 보고 광명의 신 아후라 마즈다가 암흑의 신 앙라 마이뉴(아리만)를 물리치고 세상을 구원한다고 믿었다.

┤ 보기 ├
ㄱ. 대진 경교 유행 중국비 건립의 계기가 되었다.
ㄴ. 유대교, 크리스트교, 이슬람교에 영향을 끼쳤다.
ㄷ. 다리우스 1세 등의 후원으로 교세가 확산되었다.
ㄹ. 사산 왕조 페르시아 시기 이단으로 몰려 탄압받았다.

① ㄱ, ㄴ   ② ㄱ, ㄷ   ③ ㄴ, ㄷ
④ ㄴ, ㄹ   ⑤ ㄷ, ㄹ

210

(가)에 들어갈 내용으로 가장 적절한 것은?

무함마드의 사망 이후 이슬람 공동체는 칼리프를 선출하였다. 칼리프는 이슬람 공동체의 종교 지도자이면서 정치적 지배자 역할을 하였다. 칼리프는 제1대부터 제4대까지 선출되었는데, 이 시기를 정통 칼리프 시대라고 한다. 이 시기 이슬람 세력은 _____________ (가) _____________

① 헤지라를 단행하였다.
② 쿠샨 왕조와 무역하였다.
③ 크테시폰을 수도로 삼았다.
④ 페르세폴리스를 건설하였다.
⑤ 시리아와 이집트를 정복하였다.

다음 자료를 읽고 물음에 답하시오.

창조주는 각자의 업을 정하였도다. 브라만에게는 『베다』를 가르치며 제사 지내는 일을, 크샤트리아에게는 백성을 보호하고 다스릴 것을, 바이샤에게는 농사를 짓고 짐승을 기를 것을 명령하셨다. 마지막으로 수드라에게는 앞선 세 신분의 사람들에게 봉사하는 임무를 명령하셨다.

- 『마누 법전』 -

211 단답형

위 자료와 관련 깊은 종교를 쓰시오.

212 서술형

위 종교의 특징과 인도 사회에 끼친 영향을 서술하시오.

04 고대 지중해 세계의 발전

213

다음 자료에 나타난 전쟁이 끼친 영향으로 가장 적절한 것은?

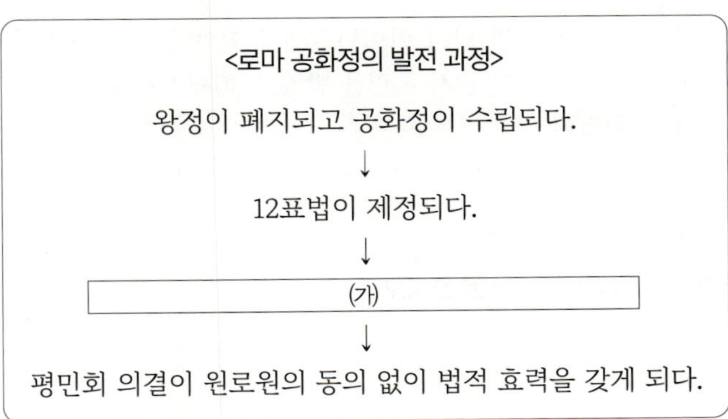

① 미케네 문명이 파괴되었다.
② 아테네가 델로스 동맹을 이끌었다.
③ 페니키아가 카르타고를 건설하였다.
④ 페이시스트라토스가 권력을 장악하였다.
⑤ 필리포스 2세가 그리스 세계를 정복하였다.

214

밑줄 친 '이 시대'의 문화 경향을 보여 주는 문화유산으로 가장 적절한 것은?

그리스 문화와 오리엔트 문화가 융합되어 발전한 <u>이 시대</u>의 문화는 개인적이고 세계 시민주의적인 성격을 띠었다.

①  ② 

③  ④ 

⑤ 

215

(가)에 들어갈 내용으로 옳은 것은?

<로마 공화정의 발전 과정>

왕정이 폐지되고 공화정이 수립된다.
↓
12표법이 제정된다.
↓
(가)
↓
평민회 의결이 원로원의 동의 없이 법적 효력을 갖게 되다.

① 스파르타쿠스의 반란이 일어나다.
② 카르타고와의 전쟁에서 승리하다.
③ 집정관 2명 중 1명이 평민 중에서 선출되다.
④ 옥타비아누스가 안토니우스의 군대를 격파하다.
⑤ 티베리우스 그라쿠스가 호민관의 자리에 오르다.

216

(가) 황제에 대한 설명으로 옳은 것은?

> 어느 날 신께서 [(가)]의 꿈에 나타나 비잔티움에 도시를 건설하되, [(가)]의 이름을 따서 명명하라 하셨다. 이에 황제는 큰 성벽을 쌓아, 각지의 유력자들에게 이곳으로 이주하도록 명령하였다. …… 도시 중심부에 거대한 원형 경기장과 화려한 건축물들을 조성하고, 이 도시를 '새로운 로마'이자 '콘스탄티노폴리스'라고 명명하였다.

① 농지법과 곡물법을 제정하였다.
② 제국을 넷으로 나누어 다스렸다.
③ 크리스트교를 국교로 선포하였다.
④ 아리우스파를 이단으로 규정하였다.
⑤ 『유스티니아누스 법전』을 편찬하였다.

| 217~218 |

다음 자료를 읽고 물음에 답하시오.

> '아고게'는 모든 시민이 이수해야 하는 공교육 제도이다. 교육 기간은 7세에서 20세까지 총 14년이며 주요 과목은 읽기, 쓰기, 음악, 무용, 군사 훈련이다. 교육의 궁극적인 목적은 덕을 겸비한 용감한 전사 양성이다.
>
> 〈해설〉 [(가)]의 남자 아이는 7세가 되면 공동 교육소에서 신체 단련과 군사 훈련을 받았고 30세까지 공동 생활을 하였다.

217 단답형

(가)에 해당하는 폴리스를 쓰시오.

218 서술형

(가) 폴리스에서 위 자료의 교육 제도를 실시한 까닭을 서술하시오.

 **05 유럽 세계의 형성과 동요**

219

(가) 민족에 대한 탐구 활동으로 적절한 것만을 〈보기〉에서 고른 것은?

> 7세기 이슬람 세력의 확장으로 크리스트교의 5대 교구 중에서 로마 교회와 콘스탄티노폴리스 교구만 남게 되었다. 비잔티움 제국의 황제 레오 3세가 성상 숭배 금지령을 내리자, 당시 서유럽 곳곳에 나라를 세웠던 [(가)]에게 포교하기 위해 성상이 필요하였던 로마 교회가 이를 거부하면서 동서 교회의 대립이 격화되었다. 이후 크리스트교는 로마 교황을 중심으로 한 로마 가톨릭교회와 비잔티움 제국의 황제가 통제하는 그리스 정교회로 분열되었다.

| 보기 |

ㄱ. 악티움 해전의 경과를 파악한다.
ㄴ. 서로마 제국의 멸망 과정을 정리한다.
ㄷ. 프랑크 왕국의 수립과 발전을 조사한다.
ㄹ. '왕의 눈'이라 불리는 감찰관의 활동을 알아본다.

① ㄱ, ㄴ　　② ㄱ, ㄷ　　③ ㄴ, ㄷ
④ ㄴ, ㄹ　　⑤ ㄷ, ㄹ

220

다음 자료에 나타난 상황에 대한 설명으로 가장 적절한 것은?

자료는 신성 로마 제국의 황제 하인리히 4세가 카노사의 성주와 클뤼니 수도원장에게 교황과의 화해를 주선해 달라고 부탁하는 모습을 묘사한 그림이다.

① 베르됭 조약이 맺어졌다.
② 인노켄티우스 3세가 교황의 자리에 올랐다.
③ 카노사의 굴욕이라 불리는 사건이 일어났다.
④ 피핀이 이탈리아 중부 지방을 교황에게 기증하였다.
⑤ 카롤루스 대제가 서로마 제국의 황제에 대관되었다.

221

밑줄 친 '이 성당'을 축조한 국가에 대한 설명으로 옳지 <u>않은</u> 것은?

이 성당은 예술적 균형과 조화의 정수이자, 웅장한 건축물이면서도 엄격한 절제미를 갖고 있다. 그 내부는 찬란한 빛의 향연으로 충만하며 풍성한 빛은 성소 안에서 저절로 생성되는 듯하다. 이곳을 더욱 돋보이게 하는 것은 바로 거대한 반구형의 돔이다.

① 게르만족에 의해 멸망하였다.
② 십자군 전쟁으로 쇠퇴하였다.
③ 황제가 직접 교회를 지배하였다.
④ 둔전병제, 군관구제를 시행하였다.
⑤ 옛 로마 제국 영토 대부분을 회복하였다.

222

밑줄 친 '이 시기'에 볼 수 있던 모습으로 가장 적절한 것은?

① 화형을 당하는 후스
② 도편 조각에 이름을 적는 시민
③ 라틴 제국 수립 소식에 놀라는 기사
④ 클레르몽 공의회에 참석하는 성직자
⑤ 샹파뉴 정기시에서 거래하는 상인들

223

다음 자료를 활용한 탐구 주제로 가장 적절한 것은?

- 우신은 나조차도 실소를 금할 수가 없을 때가 있으니, 그것은 거친 언어를 잘 구사할수록 더욱 위대한 신학자가 된다고 교회 학자들이 생각한다는 점이다. 이들은 대중이 이해하지 못하는 말을 하면서도, 이것이 자신들의 심오한 학식에 기인한다고 생각한다. — 『우신예찬』 —
- 돈키호테가 말하였다. "이 세상에는 많은 종류의 책들이 있습니다. 그중에서 꼭 출판되어야 할 책들도 있습니다. 왜냐면 오늘날 죄를 지은 자들이 너무나도 많고, 이렇게 분별력을 상실한 여러 사람을 위해서는 셀 수 없이 많은 빛이 필요하기 때문입니다." — 『돈키호테』 —

① 소크라테스의 영향
② 스콜라 철학의 발달
③ 에피쿠로스학파의 등장
④ 아우구스티누스의 활동
⑤ 알프스 이북 지역의 르네상스

| 224~225 |

다음 자료를 읽고 물음에 답하시오.

예루살렘, 안티오크와 그 밖의 도시들에서 크리스트교가 박해를 받고 있다. 신을 믿지 않는 저들의 침략이 계속되어 마침내 콘스탄티노폴리스에 다다르고 있다. 성지의 형제들을 구하자. …… 그대들이 사는 이 땅은 사람들이 너무 많이 몰려 있어서 빈궁해졌다. …… 예수의 성묘가 있는 곳으로 가지 않겠는가?

224 ┄단답형

밑줄 친 '저들'에 해당하는 국가를 쓰시오.

225 ✏서술형

위 자료의 호소에 따라 일어난 전쟁의 목적이 어떻게 변질되었는지 사례를 들어 서술하시오.

06 이슬람 세계와 몽골 제국

1 이슬람 제국의 형성과 발전

1 이슬람 제국의 변화와 발전

우마이야 왕조 (661~750)	• 시리아 총독 무아위야가 수립, 칼리프 세습 → 시아파와 수니파의 대립 발생 무함마드를 잇는 계승자라는 뜻이다. • 다마스쿠스에 수도, 아랍인이 요직 장악(아랍인 우대), 인더스강에서 이베리아반도까지 영토 확보
아바스 왕조 (750~1258)	• 아바스 가문이 우마이야 왕조를 무너뜨리고 수립 • 바그다드에 수도, 아랍인 특권 폐지(범이슬람 제국으로 발전), 탈라스 전투에서 당군 격파
후우마이야 왕조	우마이야 왕조의 일족이 이베리아반도에서 수립(756, 수도 코르도바) → 11세기 여러 이슬람 국가로 분열
파티마 왕조	10세기 초 북아프리카에서 시아파가 수립(수도 카이로)

2 이슬람의 사회와 문화

사회	『쿠란』이 일상생활을 지배하는 종교 중심 사회 → 돼지고기를 금기시 하는 식생활, 라마단 기간 단식 등
문화	• 신학(아리스토텔레스 저술 번역), 지리학 발달, 문학(『천일야화』), 모스크·아라베스크 무늬 유행 • 천문학, 수학(아라비아 숫자, 영(0) 개념), 화학(연금술), 의학(이븐 시나) 발달 • 이슬람 과학 기술 및 제지법, 화약, 나침반 등을 유럽에 소개 → 유럽의 르네상스와 근대 과학 발달에 영향

3 이슬람 세계의 다원화

'통치자', '권위'를 뜻하는 말로, 이슬람 세계의 정치 지도자이다.

셀주크 튀르크	• 11세기 중엽 바그다드 점령, 아바스 왕조의 칼리프로부터 술탄 칭호를 획득 • 예루살렘 점령, 비잔티움 제국 압박 → 십자군 전쟁 발발
티무르 왕조	14세기 후반 티무르가 건국, 사마르칸트에 수도, 오스만 제국 격파(앙카라 전투) → 티무르 사후 쇠퇴 → 우즈베크인에게 멸망
사파비 왕조	16세기 초 이스마일 1세가 건국, 페르시아 군주 칭호(샤) 사용, 시아파 이슬람교 국교 지정, 아바스 1세 때 전성기, 이스파한 천도

2 송의 건국과 발전

1 송의 발전

(1) 송의 건국과 발전

① 건국(906): 조광윤(태조)이 건국 → 5대 10국 통일(태종)

② 문치주의: 송 태조의 절도사 권한 회수, 황제 군사권 강화 (금군의 황제 직속), 재상권 축소, 전시 정례화 → 국방력 약화, 북방 민족에게 보내는 세폐 부담으로 재정 악화

③ 왕안석의 개혁: 부국강병을 위해 신법 추진 → 보수파의 반대로 실패

④ 남송 성립: 12세기 초 금의 침입으로 임안(항저우)으로 이동하여 남송 수립

---

(2) 송대의 경제와 문화

송대에는 농업 생산력이 증대되면서 창장강 하류 지역이 곡창 지대로 번성하였다.

경제	• 농업: 용골차 사용, 모내기법 확산, 참파 벼 도입 • 상업: 동업 조합(행·작) 결성, 동전 및 지폐(교자, 회자) 발행 • 무역: 해상 교역 발달 → 주요 항구에 시박사 확대 설치 • 사대부 계층 성장(유교적 소양 바탕으로 관료 임용)
문화	• 남송의 주희가 성리학을 집대성(대의명분과 화이론 강조) • 서민 문화 발전, 카이펑과 임안(항저우)이 대도시로 번영

화약, 나침반 등 송의 과학 기술은 유럽에까지 전해졌다.

2 북방 민족의 활동

거란(요)	• 10세기 초 야율아보기가 건국 → 발해 정복, 연운 16주 차지, 송과 전연의 맹약 체결(세폐를 받는 조건으로 화친) • 북면관제(유목민)·남면관제(한족) 실시, 거란 문자 사용
서하	탕구트족의 이원호가 건국, 동서 교역로를 장악하고 송에게 세폐를 받음, 서하 문자 제정, 과거제 시행
금	• 여진의 아구다가 건국 → 요 정복, 화북 지역 차지 • 맹안 모극제(유목민)와 주현제(농경민) 실시, 여진 문자 사용

거란(요), 금 등은 유목민과 농경민에게 다른 지배 방식을 적용하는 이원적 지배 체제를 통해 고유의 전통을 지키고자 하였다.

3 몽골 제국의 발전

1 몽골 제국의 수립과 발전

서하와 금을 공격하고 호라즘 왕국을 정벌하였다.

(1) 건국: 칭기즈 칸(테무친)이 천호제를 바탕으로 정복 활동, 대제국 건설 → 느슨한 울루스 연합체로 변화

(2) 쿠빌라이 칸: 대도(베이징) 천도, 국호를 원으로 정함, 남송 정복, 고려 복속, 베트남 공격, 일본 원정 단행

(3) 몽골 제일주의: 몽골인이 고위직 독점, 색목인 우대

피지배 계층인 한인·남인은 차별을 받았다.

(4) 쇠퇴: 황위 계승 분쟁, 교초 남발(재정 악화) → 홍건적의 난 발생 → 주원장에 의해 만리장성 이북으로 밀려남

2 원대의 경제와 문화

경제	대도를 중심으로 교통망 정비, 주요 항구에 시박사 운영, 교초(지폐)가 널리 유통, 『농상집요』 편찬, 목화 재배 확산
문화	• 서민 문화 발달 → 소설, 희곡(『서상기』, 『두아원』 등) • 다양한 종교 공존, 파스파 문자 제작, 『수시력』 제작
동서 교류	• 제국 통치를 위해 역참 설치 → 물자 수송과 교류에 기여 • 원거리 여행 활발: 마르코 폴로(『동방견문록』), 이븐 바투타(『여행기』), 교황의 사절단(카르피니 등) 등이 몽골 방문

꼭 나오는 자료   🔗52쪽 262번 문제로 확인

몽골 제국의 역참 제도

전국의 모든 역참에는 여인숙이 있는데, …… 해가 지고 저녁이 되면 관리자가 자신의 서기와 함께 여인숙에 와서 전체 투숙객의 이름을 등록하고 일일이 확인 도장을 찍은 후 여인숙 문을 잠근다.

자료 분석   몽골 제국이 설치한 역참은 관리와 군대뿐만 아니라 상인과 서양 선교사, 학자 등에게 숙식과 말을 제공하였다.

핵심 주제를 파악할 수 있는 기출 문제를 수록하였습니다.

기본 기출 문제

핵심 개념 문제

● 빈칸에 들어갈 알맞은 말을 쓰시오.

226 (   )은/는 이슬람교의 경전으로 이슬람 사회의 일상생활을 지배하였다.

227 송의 (   )은/는 국방력 강화와 국가 재정 확보를 위해 신법을 추진하였다.

228 몽골 제국은 제국의 영역에 (   )을/를 설치하여 물자 수송과 서신 전달에 이용하였다.

● 다음 내용이 옳으면 ○표, 틀리면 ×표를 하시오.

229 이스마일 1세는 아바스 왕조로부터 술탄 칭호를 받았다. (   )

230 송대에는 용골차가 사용되고 참파 벼가 도입되어 농업 생산력이 크게 증가하였다. (   )

231 칭기즈 칸은 대도(베이징)로 수도를 옮기고 국호를 원으로 정하였다. (   )

● 제시된 왕조와 수도를 바르게 연결하시오.

232 아바스 왕조 •　　　　　• ㉠ 바그다드

233 티무르 왕조 •　　　　　• ㉡ 다마스쿠스

234 우마이야 왕조 •　　　　• ㉢ 사마르칸트

● 괄호 안에 들어갈 알맞은 말을 고르시오.

235 (㉠ 아바스 왕조, ㉡ 우마이야 왕조)는 비아랍인도 관료와 군대의 요직에 등용하였다.

236 송을 건국한 (㉠ 조광윤, ㉡ 주원장)은 재상권을 약화시키고 과거제의 전시를 정례화하였다.

237 (㉠ 이븐 바투타, ㉡ 마르코 폴로)는 몽골을 방문하고 『동방견문록』을 저술하였다.

● 다음 내용과 관련 있는 국가를 <보기>에서 고르시오.

┌ 보기 ┐
ㄱ. 금　　　　　　　　ㄴ. 송
ㄷ. 거란(요)　　　　　ㄹ. 몽골(원)
└─────────────┘

238 교초 발행 (   )

239 맹안 모극제 시행 (   )

240 5대 10국의 혼란 수습 (   )

241 북면관제·남면관제 시행 (   )

242

핵심 주제 | 우마이야 왕조

(가) 왕조에 대한 설명으로 옳은 것은?

[다큐멘터리 제작 기획서]

　　　(가)　의 등장과 이슬람 세계의 확대

1부: 무아위야, 새로운 칼리프가 되다.
2부: 이슬람교가 수니파와 시아파로 분열하다.
3부: 이슬람 세력이 이베리아반도로 진출하다.

① 연운 16주를 차지하였다.
② 맹안 모극제를 실시하였다.
③ 우즈베크인에게 멸망하였다.
④ 홍건적의 난으로 쇠퇴하였다.
⑤ 다마스쿠스를 수도로 삼았다.

243

핵심 주제 | 셀주크 튀르크

밑줄 친 '이들'에 대한 설명으로 옳은 것은?

이슬람교로 개종한 이들은 세력을 확장하여 부와이 왕조를 공격하고, 바그다드에 입성하여 아바스 왕조의 칼리프를 보호하였다. 이에 아바스 왕조는 이들의 지도자에게 술탄이라는 칭호를 내리고 정치적 실권을 위임하였다.

① 카이로를 수도로 삼았다.
② 비잔티움 제국을 압박하였다.
③ 이베리아반도까지 영토를 넓혔다.
④ 북면관제·남면관제를 실시하였다.
⑤ 천호제를 바탕으로 정복 활동을 펼쳤다.

244

핵심 주제 | 이슬람의 문화

(가) 문화에 대한 설명으로 옳지 않은 것은?

　　　(가)　 문화에서는 페르시아와 인도의 영향으로 자연 과학이 발전하였다. 인도로부터 숫자 영(0)의 개념을 도입하여 아라비아 숫자를 완성하였고, 천체 관측 기구를 활용하여 지구 구형설을 증명하였다.

① 아라베스크 무늬가 유행하였다.
② 파스파 문자가 제작되어 사용되었다.
③ 이븐 시나가 의학 서적을 저술하였다.
④ 메카 순례가 이루어지며 지리학이 발전하였다.
⑤ 아리스토텔레스의 저술이 아랍어로 번역되었다.

245

(가)에 들어갈 내용으로 가장 적절한 것은?

> 송은 요·서하 등 성장한 북방 민족의 압박에 시달렸다. 송은 북방 민족과 충돌하며 막대한 군사비를 지출하였고 이들과 화친 유지를 위해 해마다 보내는 세폐 부담으로 지속적인 재정난에 시달렸다. 이에 송의 신종은 재정 수입 확대와 부국강병을 위해 __________ (가) __________

① 균전제를 실시하였다.
② 아랍인 우월주의를 시행하였다.
③ 두 차례 일본 원정을 단행하였다.
④ 왕안석을 등용하여 신법을 추진하였다.
⑤ 제국을 울루스 체제의 연합으로 구성하였다.

246

(가)에 들어갈 내용으로 옳은 것만을 〈보기〉에서 고른 것은?

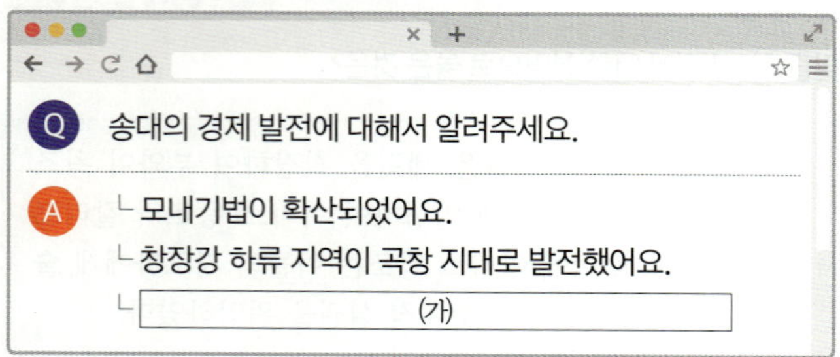

┌ 보기 ┐
ㄱ. 참파 벼가 도입되었어요.
ㄴ. 지폐인 교자가 발행되었어요.
ㄷ. 『농상집요』가 편찬되어 농법이 보급되었어요.
ㄹ. 대도(베이징)를 중심으로 교통망이 정비되었어요.

① ㄱ, ㄴ   ② ㄱ, ㄷ   ③ ㄴ, ㄷ
④ ㄴ, ㄹ   ⑤ ㄷ, ㄹ

247

다음에서 설명하는 국가에 대한 설명으로 옳은 것은?

> • 북면관제·남면관제를 실시하였다.
> • 송에게 매년 막대한 물자를 세폐로 받았다.

① 전시를 정례화하였다.
② 티무르가 건국하였다.
③ 연운 16주를 차지하였다.
④ 탈라스 전투에서 승리하였다.
⑤ 5대 10국의 혼란을 수습하였다.

248

밑줄 친 '그'에 대한 설명으로 옳은 것은?

① 발해를 정복하였다.
② 성리학을 집대성하였다.
③ 천호제를 통해 군사력을 강화하였다.
④ 아바스 왕조로부터 술탄의 칭호를 받았다.
⑤ 문치주의를 실시하여 절도사를 약화시켰다.

249

다음 제도를 운영한 국가에 대한 설명으로 옳은 것은?

> 수도(대도)로부터 각 지방으로 많은 도로가 나 있다. 칸은 사신들이 이 도로를 통행할 때 필요한 물자는 무엇이든 구할 수 있도록 준비해 두고 있다. …… 국내 여러 지방으로 통하는 주요 도로에는 약 40km마다 역참이 배치되어 있다.

① 교초를 발행하였다.
② 서하 문자를 제정하였다.
③ 야율아보기가 건국하였다.
④ 코르도바를 수도로 정하였다.
⑤ 송과 전연의 맹약을 체결하였다.

학교 시험에서 출제율이 높은 문제를 엄선하여 수록하였습니다.

기출 문제

1 이슬람 제국의 형성과 발전

250

(가) 왕조에 대한 설명으로 옳은 것은?

> 시리아 총독 무아위야가 칼리프가 되어 수립한 ⎡ (가) ⎤은/는 이슬람 세계를 확대하였지만, 시리아 지역의 아랍인이 군대와 관료의 요직을 차지하는 등 우대를 받으면서 비아랍인의 불만을 사게 되었다.

① 카이로를 수도로 삼았다.
② 몽골의 침략으로 멸망하였다.
③ 앙카라 전투에서 대승을 거두었다.
④ 두 차례에 걸쳐 일본을 침략하였다.
⑤ 이베리아반도까지 영토를 확장하였다.

251 빈출

밑줄 친 '이 왕조'에 대한 설명으로 옳은 것은?

세계사 신문	751년

이슬람 세력, 비단길의 주도권을 잡다!

당이 중앙아시아로 진출하자, 이 왕조는 군대를 파견하여 탈라스 지역에서 당과 전투를 펼쳤고, 큰 승리를 거두었다. 이 과정에서 당의 군사가 포로로 많이 잡혔는데, 그 가운데에는 제지 기술자도 포함되어 있었다고 한다. 이에 제지술에 대한 관심이 높아지는 가운데 전투 이후 이슬람 상인들 사이에서는 앞으로 동서 교역으로 얻게 될 이익에 대한 기대감이 높아지고 있다.

① 바그다드를 수도로 삼았다.
② 사산 왕조 페르시아를 멸망시켰다.
③ 북아프리카에서 시아파가 수립하였다.
④ 이슬람 공동체가 칼리프를 선출하였다.
⑤ 아랍인 우대 정책을 바탕으로 통치하였다.

252

(가)~(마) 중 적절하지 <u>않은</u> 것은?

> 세계사 산책
>
> **이슬람 제국의 문화 발전**
>
> 〈목차〉
>
> 1. 수학에 도입된 영(0)의 개념 ·············· (가)
> 2. 연금술 연구와 화학 원리의 발견 ·········· (나)
> 3. 모스크와 아라베스크 무늬의 유행 ········· (다)
> 4. 도시의 번영을 그려낸 「청명상하도」 ········· (라)
> 5. 아랍어로 번역된 아리스토텔레스의 저술 ······ (마)

① (가)　　② (나)　　③ (다)
④ (라)　　⑤ (마)

253

밑줄 친 '이 종교'에 대한 탐구 활동으로 가장 적절한 것은?

> 이 종교를 믿는 사람들은 매년 라마단 기간에는 단식을 하였으며, 돼지고기를 금기시하는 식생활을 하였다. 또한 하루에 다섯 번 메카를 향해 예배를 드려야 한다.

① 『동방견문록』의 내용을 분석한다.
② 홍건적의 난이 끼친 영향을 조사한다.
③ 파스파 문자를 제작한 이유를 파악한다.
④ 『쿠란』이 일상생활에 미치는 영향을 알아본다.
⑤ 대의명분과 화이론을 강조한 사상을 찾아본다.

254

(가) 인물에 대한 설명으로 옳은 것은?

① 국호를 원으로 정하였다.
② 티무르 왕조를 개창하였다.
③ 호라즘 왕국을 정복하였다.
④ 아바스 왕조로부터 술탄 칭호를 받았다.
⑤ 페르시아의 군주 칭호인 '샤'를 사용하였다.

255

(가), (나) 왕조에 대한 설명으로 옳은 것은?

우마이야 왕조가 무너지자, 우마이야 가문의 일족은 이베리아반도로 이동하여 (가) 왕조를 수립하였다. 이후 (가) 왕조가 칼리프 칭호를 사용하고, 북아프리카에서도 시아파가 (나) 왕조를 수립하여 4대 칼리프 알리의 정통 후계자임을 내세우며 칼리프 칭호를 사용하였다.

① (가) - 코르도바를 수도로 삼았다.
② (가) - 아바스 1세 때 전성기를 맞이하였다.
③ (나) - 야율아보기가 건국하였다.
④ (나) - 당과 탈라스에서 충돌하였다
⑤ (가), (나) - 몽골의 침입으로 멸망하였다.

256

다음 개혁이 추진된 배경으로 가장 적절한 것은?

- 청묘법: 농민에게 싼 이자로 영농 자금을 융자함
- 시역법: 소상인에게 싼 이자로 자금을 융자함
- 균수법: 정부가 물품을 구매·유통하여 물가 안정과 재정 수입 증대를 도모함
- 보마법: 농가에서 말을 기르게 하여 전쟁 때 군마로 징발함

① 화북 지역을 금에게 빼앗겼다.
② 절도사가 지방의 지배권을 장악하였다.
③ 거란(요), 서하 등에게 세폐를 지급하였다.
④ 교황이 카르피니를 사절단으로 파견하였다.
⑤ 백등산 전투에서 흉노의 선우에게 패배하였다.

257 빈출

밑줄 친 '이 왕조'에서 볼 수 있는 모습으로 가장 적절한 것은?

자료는 장택단이 청명절 풍경을 그린 것으로, 이 왕조의 수도 카이펑의 번화한 도시 풍경이 매우 사실적으로 묘사되어 있다. 그림에는 사람 814명, 가축 83필, 점포 30여채, 수목 180수 등이 그려져 있으며 회화적인 가치와 함께 당시 시대상과 풍속을 알 수 있다는 점에서 중요도가 높다.

① 참파 벼의 도입을 권장하는 관리
② 역참에서 숙식을 제공받는 선교사
③ 교초를 이용하여 물건을 구입하는 상인
④ 이븐 바투타의 『여행기』를 읽고 있는 지식인
⑤ 『농상집요』에 적힌 농법으로 농사를 짓는 농민

258

(가) 국가에 대한 설명으로 옳은 것은?

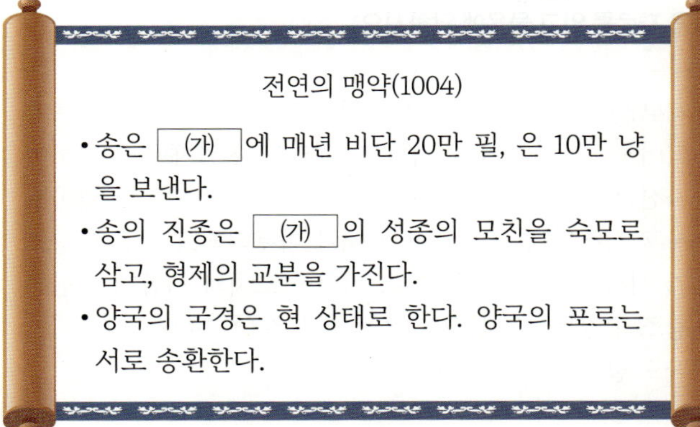

① 서하 문자를 제정하였다.
② 호라즘 왕국을 정복하였다.
③ 9품중정제로 관리를 선발하였다.
④ 북면관제 · 남면관제를 실시하였다.
⑤ 몽골 제일주의로 여러 민족을 통치하였다.

259

(가) 국가에 대한 설명으로 옳은 것은?

① 발해를 멸망시켰다.
② 탕구트족이 건국하였다.
③ 탈라스 전투에 참여하였다.
④ 맹안 모극제를 실시하였다.
⑤ 항저우(임안)로 수도를 옮겼다.

260

(가) 인물에 대한 설명으로 옳은 것은?

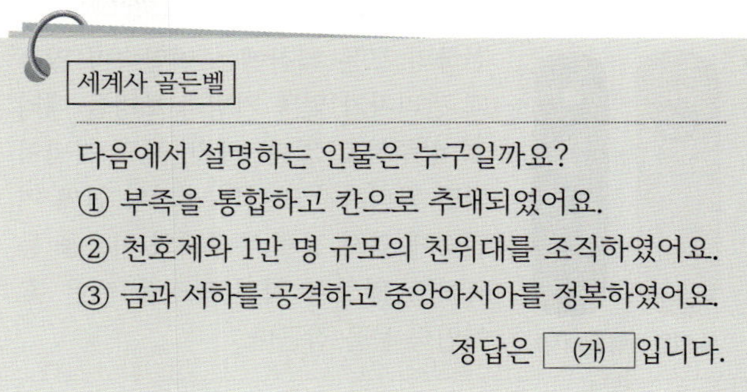

① 남송을 멸망시켰다.
② 호라즘 왕국을 정복하였다.
③ 균수법과 평준법을 추진하였다.
④ 페르시아 군주의 칭호를 사용하였다.
⑤ 몽골 세력을 만리장성 이북으로 몰아냈다.

3 몽골 제국의 발전

261

밑줄 친 '이 왕조'에 대한 탐구 활동으로 가장 적절한 것은?

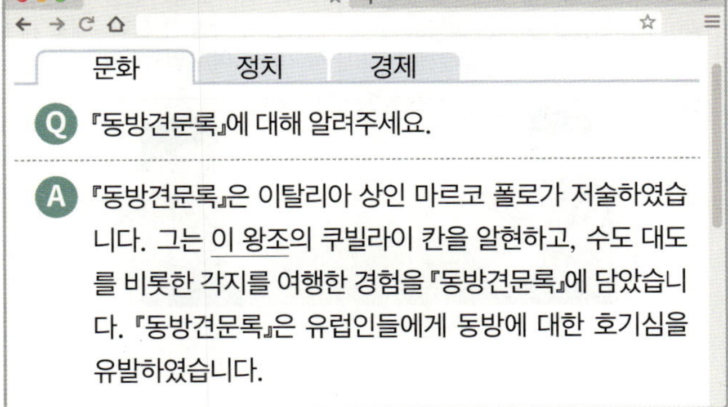

① 맹안 모극제의 내용을 분석한다.
② 앙카라 전투의 전개 과정을 파악한다.
③ 십자군 전쟁이 일어난 계기를 알아본다.
④ 왕안석이 신법을 단행한 목적을 찾아본다.
⑤ 색목인이 관리로 등용된 이유를 조사한다.

262 빈출

다음 제도가 실시된 국가에서 볼 수 있는 모습으로 가장 적절한 것은?

전국의 모든 역참에는 여인숙이 있는데 관리자가 몇몇 기병과 보병을 데리고 상주하고 있다. 해가 지고 저녁이 되면 관리자가 자신의 서기와 함께 여인숙에 와서 전체 투숙객의 이름을 등록하고 일일이 확인 도장을 찍은 후 여인숙 문을 잠근다.

▲ 역참 통행증(패자)

① 당삼채를 제작하는 도공
② 오수전으로 물건을 구입하는 상인
③ 연운 16주를 지배하는 거란의 관리
④ 『수시력』으로 날짜를 확인하는 귀족
⑤ 균전제에 따라 토지를 지급받은 농민

263

밑줄 친 '이 시기'의 사회 모습으로 옳은 것만을 〈보기〉에서 고른 것은?

┌ 보기 ┐
ㄱ. 교초가 널리 유통되었다.
ㄴ. 아라베스크 무늬가 유행하였다.
ㄷ. 『서상기』 등의 희곡이 인기를 끌었다.
ㄹ. 문벌 귀족이 사회 지배층을 형성하였다.

① ㄱ, ㄴ   ② ㄱ, ㄷ   ③ ㄴ, ㄷ
④ ㄴ, ㄹ   ⑤ ㄷ, ㄹ

| 264~265 |

다음 자료를 읽고 물음에 답하시오.

제4대 칼리프인 알리가 피살된 이후 무아위야가 칼리프가 되어 ▢(가)▢ 을/를 수립하고, 칼리프 선출제를 폐지하여 자신의 일족이 칼리프를 세습하게 하였다. 이는 무함마드 사후 시작된 정통 칼리프 시대가 마무리되고 새로운 왕조가 시작되었음을 의미한다. 이러한 조치와 새롭게 수립된 왕조의 정통성을 두고 이슬람 세력은 ㉠수니파와 ㉡시아파로 갈라져 대립하였다.

264

(가) 왕조의 명칭을 쓰시오.

265

밑줄 친 ㉠, ㉡ 세력의 칼리프의 자격에 대한 주장을 각각 서술하시오.

| 266~267 |

다음 자료를 읽고 물음에 답하시오.

송대에는 ㉠농업 생산력이 증가하여 상업의 발달을 촉진하였다. 강남 지방의 쌀이 상품화되었고, 차와 채소, 과일과 같은 상품 작물이 재배되었으며, 상인들이 대운하를 통해 왕래하는 과정에서 큰 규모의 시장이 형성되었다. 또한 원거리 무역과 중개 상인이 늘어나 해상 교역이 크게 성장하였는데, 송은 주요 항구에 ▢(가)▢ 을/를 확대 설치하여 해상 교역에 관한 사무를 담당하게 하였다.

266

(가)에 해당하는 기구를 쓰시오.

267

밑줄 친 ㉠의 상황이 발생한 까닭을 서술하시오.

적중 1등급 문제

내신 1등급을 결정하는 고난도 문제를 수록하였습니다.

268

밑줄 친 ㉠, ㉡ 왕조에 대한 설명으로 옳은 것은?

> 시아파를 중심으로 예언자 무함마드의 후손이 이슬람의 지도자가 되어야 한다는 주장이 거세지는 가운데, 시아파는 새로운 칼리프를 추대하였다. 시아파의 지원을 받은 새 칼리프는 다마스쿠스를 수도로 삼았던 ㉠기존 왕조를 무너뜨리고 ㉡새로운 왕조를 수립하였다. 새 왕조는 관직 등용, 세금 제도 등에서 아랍계와 비아랍계의 차별을 철폐하고 모든 무슬림의 조화와 융합을 추구하여 범이슬람 제국으로 발전하였다.

① ㉠ - 교황의 사절인 카르피니가 방문하였다.
② ㉠ - 셀주크 튀르크에게 술탄의 칭호를 내렸다.
③ ㉡ - 탈라스 전투에서 당군을 격파하였다.
④ ㉡ - 이베리아반도까지 영토를 확장하였다.
⑤ ㉠, ㉡ - 페르시아 군주의 칭호를 사용하였다.

269

(가) 왕조에 대한 설명으로 옳은 것은?

> 이곳은 (가) 의 아바스 1세의 명령으로 조성된 이맘 모스크로 4개의 웅장한 첨탑이 돋보인다. (가) 의 전성기를 이룩한 아바스 1세는 군대를 정비하여 상비군을 유지하고 머스킷 총과 서구식 대포로 무장한 군사 조직을 양성하였다. 또한 각지에 도로와 다리를 건설하고, 상인들의 숙소를 조성하여 경제 부흥을 위해 노력하였다.

① 파스파 문자를 제정하였다.
② 바그다드를 수도로 삼았다.
③ 몽골 제국의 재건을 주장하였다.
④ 시아파 이슬람교를 국교로 삼았다.
⑤ 앙카라 전투에서 티무르 왕조에 패하였다.

270

(가), (나) 국가에 대한 설명으로 옳은 것만을 〈보기〉에서 고른 것은?

> 아구다는 부족을 통일하고 황제라 칭하면서 이름을 민(旻)으로 바꾸었으며, 국호를 (가) (이)라 정하였다. …… 그 땅의 서쪽은 바로 거란이요, 남쪽은 바로 우리 고려 땅이어서 우리 조정을 섬겨왔다. 그리하여 매번 조회하러 올 때마다 우리에게 담비 가죽, 좋은 말 등을 예물로 바쳤으며, 우리 조정에서도 은 등을 후히 주었다. 하지만 이후 (가) 은/는 (나) 의 연합 제의를 받아들여 거란을 공격하여 멸망시켰고, 이어 (나) 을/를 공격하여 황제를 포로로 잡고 화북 지역을 차지하였다.

| 보기 |

ㄱ. (가) - 맹안 모극제를 실시하였다.
ㄴ. (가) - 송과 전연의 맹약을 체결하였다.
ㄷ. (나) - 서하에 세폐를 제공하였다.
ㄹ. (나) - 천호제를 기반으로 군사력을 강화하였다.

① ㄱ, ㄴ   ② ㄱ, ㄷ   ③ ㄴ, ㄷ
④ ㄴ, ㄹ   ⑤ ㄷ, ㄹ

271

밑줄 친 '황제'에 대한 설명으로 옳은 것은?

> 제국의 캄말룩(수도)은 대도(베이징)이다. 제국의 후계자이자 대군주를 계승한 황제는 수도를 대도로 옮겼고, 대도는 칸의 도시인 캄말룩이 되었다. 대도에는 세상 어느 도시에서도 볼 수 없는 가장 비싸고 진귀한 물건들이 몰려든다. 비단을 실은 수레가 매일 1,000량 이상 이 도시로 들어올 정도이다. 대도에서 각지로 향하는 도로마다 25마일 간격으로 역참이 설치되어 있는데, 400마리의 말이 항시 대기하고 있는 역참은 제국의 모든 지방과 영역을 연결하며 중앙의 명령을 구석구석에 전하였다.

① 호라즘 왕국을 정복하였다.
② 문치주의 정책을 추진하였다.
③ 과거제의 전시를 정례화하였다.
④ 신법을 통해 개혁을 추진하였다.
⑤ 두 차례에 걸쳐 일본 원정을 단행하였다.

07 유럽의 신항로 개척과 재정·군사 국가

① 신항로 개척

1 신항로 개척

대서양 연안에 위치하여 지중해 무역에서 소외되었던 에스파냐와 포르투갈이 신항로 개척을 주도하였다.

(1) 배경: 아시아 상품 수요 증가, 동방에 대한 관심 증가(『동방견문록』), 지리학·조선술·항해술 발달, 나침반 사용

(2) 전개: 에스파냐와 포르투갈이 주도

포르투갈 후원	• 바르톨로메우 디아스: 아프리카 남단의 희망봉 도착 • 바스쿠 다 가마: 인도 캘리컷에 도착(인도 항로 개척)
에스파냐 후원	• 콜럼버스: 대서양을 횡단해 아메리카 대륙에 도착 • 마젤란 일행: 세계 일주 성공(지구 구형설 입증)

2 유럽의 팽창

(1) 교역망 확대: 향신료 무역 주도(포르투갈), 아메리카 은광 개발(에스파냐), 교역망이 대서양으로 점차 확대

(2) 가격 혁명: 아메리카의 금, 은이 유럽에 유입 → 유럽 전체의 물가 폭등

(3) 동인도 회사: 영국, 네덜란드가 설립 → 아시아 진출 확대

② 재정·군사 국가의 태동과 종교 전쟁

1 재정·군사 군가의 태동

존왕이 귀족의 권리를 인정한 대헌장을 승인하였다.

영국	대헌장(마그나 카르타) 승인(1215) → 장미 전쟁(왕위 계승 분쟁, 1455~1485) → 헨리 7세가 튜더 왕조 개창(중앙 집권 국가 기틀 마련)
프랑스	잔 다르크의 활약으로 백년 전쟁(1337~1453) 승리 → 프랑스 안의 영국령 확보, 중앙 집권 국가 발전 기반 마련

프랑스 왕위 계승권을 놓고 영국과 프랑스가 충돌하며 일어났다.

2 종교 개혁과 종교 전쟁

(1) 종교 개혁: 교회의 부패와 성직자 타락 비판하며 전개

① 루터: 교황의 면벌부 판매 → 「95개조 반박문」 발표 → 제후들의 지지 → 아우크스부르크 화의(1555)에서 공인

② 칼뱅: 예정설 주장, 『크리스트교 강요』 출간, 근면·성실 강조, 부의 축적 긍정 → 신흥 상공업자의 지지

③ 영국의 종교 개혁: 헨리 8세의 수장법 공포 → 엘리자베스 1세가 통일법을 반포하여 영국 국교회 확립(1559)

영국 국왕이 영국 교회의 수장임을 선언하고 수도원의 재산과 토지를 몰수하였다.

(2) 로마 가톨릭교회의 개혁

① 트리엔트 공의회: 교황의 권위와 교리 재확인

② 예수회: 로욜라 설립, 아시아·아프리카 등에서 선교 활동

(3) 종교 전쟁: 로마 가톨릭교(구교)와 신교의 대립 격화

① 네덜란드: 네덜란드의 신교도가 에스파냐로부터 독립 달성

② 프랑스: 위그노 전쟁 → 앙리 4세가 낭트 칙령 발표(1598)

③ 독일: 30년 전쟁 → 국제 전쟁으로 확대 → 베스트팔렌 조약 체결(1648, 네덜란드 독립 공식 승인, 칼뱅파 인정)

③ 재정·군사 국가의 성립과 발전

1 재정·군사 국가의 성립

(1) 성립: 유럽 각국의 군사 경쟁 → 효율적인 징세, 강력한 군사력, 중앙 집권적 행정 기구를 갖춘 재정·군사 국가 성립

(2) 특징: 강력한 왕권 유지 → 관료제와 상비군 운영, 시민 계급의 상공업 활동 지원, 중상주의 정책 실시

2 유럽의 재정·군사 국가

(1) 에스파냐와 네덜란드

레판토 해전의 승리로 에스파냐는 지중해의 해상권을 장악하였다.

에스파냐	• 펠리페 2세 때 레판토 해전에서 오스만 제국 격파, 포르투갈 병합, 아메리카에서 많은 부 축적 • 네덜란드의 독립 허용, 무적함대가 영국에 패하며 쇠퇴
네덜란드	17세기 동인도 회사를 앞세워 향신료 무역의 주도권 장악

(2) 영국

지주층인 젠트리는 인클로저 운동을 주도하면서 지방의 행정을 장악하였다.

① 엘리자베스 1세: 무적함대 격파, 동인도 회사 설립

② 청교도 혁명(1642): 청교도인 젠트리와 시민 계급 성장 → 제임스 1세와 찰스 1세의 전제 정치 → 권리 청원 → 왕당파와 의회파의 내전 → 찰스 1세 처형, 공화정 수립

③ 크롬웰의 통치: 호국경 취임(청교도 윤리를 앞세운 독재 정치), 아일랜드 정복, 항해법 제정(네덜란드 견제)

④ 명예혁명: 왕정복고 → 찰스 2세의 친가톨릭 정책 → 심사법, 인신 보호법 제정 → 의회가 제임스 2세 폐위(1688) → 공동 왕으로 추대된 메리와 윌리엄이 권리 장전 승인

⑤ 하노버 왕조: 조지 1세 즉위 → 내각 책임제 시행

꼭 나오는 자료　　🔗 55쪽 287번 문제로 확인

권리 장전(1689)

의회의 동의 없이 왕권에 의해 법률이나 법률 집행을 정지시키는 권한을 사칭하는 것은 위법이다. …… 의회의 승인 없이 …… 왕권을 행사하기 위한 돈을 거두어들이는 행위는 위법이다.

자료 분석　권리 장전의 승인으로 영국에서 의회 중심 입헌 군주제의 토대가 마련되었다.

---

(3) 프랑스

① 루이 13세: 행정 체계 구축, 신교도(위그노) 지원

② 루이 14세: 태양왕 자처, 콜베르를 등용하여 중상주의 정책 추진, 베르사유 궁전 증축, 낭트 칙령 폐지

(4) 프로이센과 러시아

동유럽 지역은 도시와 상공업 발달이 부진하여 시민 세력이 성장하지 못하였고, 농노제가 유지되었다.

프로이센	프리드리히 2세 때 슐레지엔 지방 차지, 폴란드 분할에 참여, 상수시 궁전 건축
러시아	표트르 대제 때 서유럽의 문물 수용, 흑해 진출, 스웨덴과의 북방 전쟁에서 승리(발트해 진출), 상트페테르부르크 건설

프리드리히 2세는 계몽사상의 영향을 받아 국가 제일의 심부름꾼을 자처하였다.

기본 기출 문제

핵심 주제를 파악할 수 있는 기출 문제를 수록하였습니다.

핵심 개념 문제

● 빈칸에 들어갈 알맞은 말을 쓰시오.

272 에스파냐의 후원을 받은 (　　　)은/는 아메리카의 서인도 제도에 도착하였다.

273 영국과 네덜란드 등은 (　　　)을/를 설립하여 아시아 진출을 확대하였다.

274 태양왕을 자처한 (　　　)은/는 콜베르를 등용하여 중상주의 정책을 실시하였다.

● 다음 내용이 옳으면 ○표, 틀리면 ×표를 하시오.

275 아우크스부르크 화의의 체결로 네덜란드의 독립이 승인되고 칼뱅파가 인정되었다. (　　)

276 헨리 8세는 수장법을 공포하고 영국 국왕이 교회의 수장임을 선언하였다. (　　)

277 재정·군사 국가의 국왕은 관료제와 상비군을 운영하여 왕권을 강화하였다. (　　)

● 제시된 왕과 정책을 바르게 연결하시오.

278 펠리페 2세 ・　・㉠ 슐레지엔 차지

279 표트르 대제 ・　・㉡ 레판토 해전 승리

280 프리드리히 2세・　・㉢ 상트페테르부르크 건설

● 괄호 안에 들어갈 알맞은 말을 고르시오.

281 (㉠ 마젤란, ㉡ 바스쿠 다 가마)은/는 아프리카 남단의 희망봉을 돌아 인도 서해안의 캘리컷에 도착하였다.

282 (㉠ 루터, ㉡ 칼뱅)은/는 「95개조 반박문」을 발표하여 교황의 면벌부 판매를 비판하였다.

283 (㉠ 러시아, ㉡ 네덜란드)은/는 스웨덴과의 북방 전쟁에서 승리하고 발트해로 진출하였다.

● 다음 사건을 일어난 순서대로 옳게 나열하시오.

> ㄱ. 권리 청원 제출　　　ㄴ. 권리 장전 승인
> ㄷ. 인신 보호법 제정　　ㄹ. 크롬웰의 독재 정치

284 (　　　)-(　　　)-(　　　)-(　　　)

285

★핵심 주제 신항로 개척

다음 항해를 후원한 국가에 대한 설명으로 옳은 것은?

> 콜럼버스는 핀타호 등 3척의 선박을 이끌고 팔로스항을 출발하여 서인도 제도 북부의 산살바도르섬에 도착하였다.

① 슐레지엔 지방을 차지하였다.
② 베르사유 궁전을 건축하였다.
③ 상트페테르부르크를 건설하였다.
④ 베스트팔렌 조약에서 독립이 승인되었다.
⑤ 아메리카의 금과 은을 유럽으로 가져왔다.

286

★핵심 주제 루터의 종교 개혁

다음 글을 발표한 인물에 대한 설명으로 옳은 것은?

> 제21조　설교자들이 교황의 면벌부로 모든 형벌에서 벗어날 수 있다고 주장하는 것은 잘못이다.
>
> 제36조　진실로 회개한 크리스트교도는 면벌부 없이도 벌이나 죄에서 완전히 해방될 수 있다.

① 예수회를 설립하였다.
② 튜더 왕조를 개창하였다.
③ 신앙의 근거는 성서라고 주장하였다.
④ 국가 제일의 심부름꾼을 자처하였다.
⑤ 대헌장(마그나 카르타)을 승인하였다.

287 빈출

★핵심 주제 명예혁명

다음 자료를 활용한 탐구 활동으로 가장 적절한 것은?

> 의회의 동의 없이 왕권에 의해 법률이나 법률 집행을 정지시키는 권한을 사칭하는 것은 위법이다. …… 의회의 승인 없이 …… 왕권을 행사하기 위한 돈을 거두어들이는 행위는 위법이다. …… 의회의 동의 없이 평화 시에 국내에 상비군을 징집하고 유지하는 조치는 위법이다.

① 명예혁명의 전개 과정을 알아본다.
② 항해법이 제정된 목적을 파악한다.
③ 트리엔트 공의회의 결과를 찾아본다.
④ 베스트팔렌 조약의 내용을 조사한다.
⑤ 「95개조 반박문」의 내용을 분석한다.

실력 기출 문제

1 신항로 개척

288

(가)에 들어갈 내용으로 적절한 것만을 〈보기〉에서 고른 것은?

> 콜럼버스는 서쪽으로 계속 항해를 이어간다면 중국과 인도에 도착할 수 있다고 믿었다. 그는 항해 계획을 세우고 여러 국가의 지도자에게 지원 요청을 하였지만 거절당하였고, 결국 이사벨 1세의 후원을 받아 서쪽으로 항해를 이어간 끝에 아메리카 대륙에 도착하여 대서양 신항로를 개척하였다. 콜럼버스의 신항로 개척은 유럽 사회에 많은 변화를 가져와 _______________ (가)

| 보기 |
ㄱ. 주요 항구에 시박사가 설치되었다.
ㄴ. 지중해를 중심으로 한 교역망이 쇠퇴하였다.
ㄷ. 오스만 제국이 동서 교역의 주도권을 장악하였다.
ㄹ. 아메리카의 금, 은이 유입되어 물가가 폭등하였다.

① ㄱ, ㄴ 　② ㄱ, ㄷ 　③ ㄴ, ㄷ
④ ㄴ, ㄹ 　⑤ ㄷ, ㄹ

289

다음 대화의 주제로 가장 적절한 것은?

① 신항로 개척의 전개
② 청교도 혁명의 배경
③ 중상주의 정책의 실시
④ 종교 개혁과 종교 전쟁
⑤ 재정·군사 국가의 발전

2 재정·군사 국가의 태동과 종교 전쟁

290

밑줄 친 '이 전쟁' 중에 발생한 사실로 옳은 것은?

> 영국과 프랑스는 프랑스 안의 영국령과 모직물 공업의 중심지인 플랑드르 지방에 대한 지배권을 놓고 대립하였다. 이러한 상황에서 영국 왕 에드워드 3세가 프랑스의 왕위 계승권을 주장하면서 이 전쟁이 발발하였다. 전쟁 초반에는 영국이 승기를 잡았지만, 결국 프랑스가 승리하면서 프랑스는 중앙 집권 국가의 기반을 마련하였다.

① 잔 다르크가 활약하였다.
② 낭트 칙령이 발표되었다.
③ 권리 청원이 제출되었다.
④ 크롬웰이 호국경에 취임하였다.
⑤ 아우크스부르크 화의가 체결되었다.

291 빈출

밑줄 친 '그'에 대한 설명으로 옳은 것은?

> 스위스 제네바에서 종교 개혁을 주도한 그는 근면하고 성실하게 맡은 일에 종사해야 한다고 주장하였다. 그의 주장은 신흥 상공업자들의 환영을 받아 프랑스(위그노), 영국(청교도), 네덜란드(고이센) 등으로 확산되었다.

① 예정설을 주장하였다.
② 예수회를 설립하였다.
③ 인도 항로를 개척하였다.
④ 낭트 칙령을 폐지하였다.
⑤ 「95개조 반박문」을 발표하였다.

292

(가), (나) 시기 사이에 발생한 사실로 옳은 것은?

> (가) 왕위 계승 문제로 발생한 장미 전쟁의 혼란이 수습되고 새로운 왕조가 개창되었다.
> (나) 엘리자베스 1세가 통일법을 반포하고 영국 국교회를 확립하였다.

① 항해법이 제정되었다.
② 의회가 제임스 2세를 폐위하였다.
③ 헨리 8세가 수장법을 공포하였다.
④ 메리와 윌리엄이 권리 장전을 승인하였다.
⑤ 존왕이 대헌장(마그나 카르타)을 승인하였다.

293 빈출

(가) 국가에 대한 설명으로 옳은 것은?

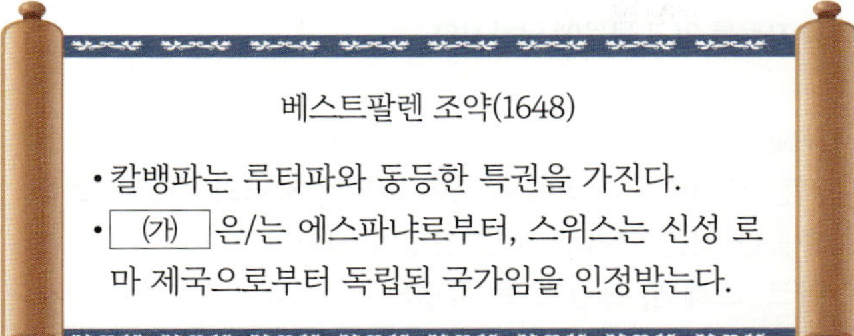

① 베르사유 궁전을 건축하였다.
② 스웨덴과의 북방 전쟁에서 승리하였다.
③ 바르톨로메우 디아스의 항해를 후원하였다.
④ 오스만 제국을 압박하여 흑해로 진출하였다.
⑤ 동인도 회사를 설립해 향신료 무역을 주도하였다.

---

3 재정·군사 국가의 성립과 발전

294

(가)에 들어갈 내용으로 가장 적절한 것은?

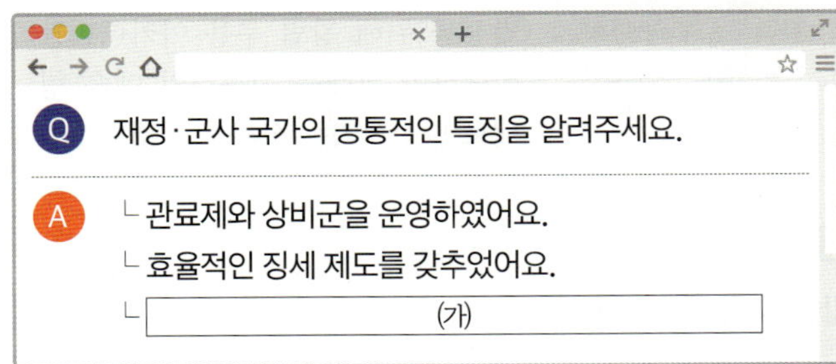

① 농노제를 유지하였어요.
② 내각 책임제가 시행되었어요.
③ 인클로저 운동을 주도하였어요.
④ 중상주의 정책을 실시하였어요.
⑤ 수도원의 토지와 재산을 몰수하였어요.

295

(가) 왕에 대한 설명으로 옳은 것은?

에스파냐는 유럽에서 가장 먼저 재정·군사 국가의 모습을 갖추었다. 특히 (가) 은/는 포르투갈을 병합하여 영토를 확대하고 아메리카 대륙에서의 식민지 경영을 통해 막대한 부를 축적하였다. 하지만 (가) 의 가톨릭 강요 정책에 반발한 네덜란드 지역이 에스파냐로부터 독립하고, 무적함대가 영국에 패하면서 국력은 쇠퇴하였다.

① 태양왕을 자처하였다.
② 튜더 왕조를 개창하였다.
③ 슐레지엔 지방을 차지하였다.
④ 콜베르를 등용하여 중상주의 정책을 펼쳤다.
⑤ 레판토 해전에서 오스만 제국을 격파하였다.

296

(가) 왕에 대한 설명으로 옳은 것만을 〈보기〉에서 고른 것은?

┌ 보기 ┐
ㄱ. 무적함대를 격파하였다.
ㄴ. 상수시 궁전을 건축하였다.
ㄷ. 폴란드 분할에 참여하였다.
ㄹ. 동인도 회사의 설립을 지원하였다.

① ㄱ, ㄴ   ② ㄱ, ㄹ   ③ ㄴ, ㄷ
④ ㄴ, ㄹ   ⑤ ㄷ, ㄹ

 실력 기출 문제

297

(가), (나) 시기 사이에 일어난 사실로 옳은 것은?

> (가) 영국 의회는 가톨릭교도를 포함한 비국교도의 공직 취임을 금지하는 심사법과 불법적인 체포 및 구속을 금지하는 인신 보호법을 제정하여 찰스 2세의 전제 정치에 저항하였다.
>
> (나) 앤 여왕이 후사 없이 죽자, 독일 하노버 가의 조지 1세가 즉위하였다. 조지 1세가 영어를 모르고 영국 사정에 어두워 정치에 관여하지 못하는 관계로 의회 다수당이 내각을 조직하여 정치하는 내각 책임제가 시행되었다.

① 수장법이 공포되었다.
② 권리 청원이 제출되었다.
③ 권리 장전이 승인되었다.
④ 크롬웰에 의해 공화정이 수립되었다.
⑤ 왕당파와 의회파 사이에 내전이 발생하였다.

298

(가)에 들어갈 내용으로 옳은 것은?

① 아일랜드를 정복하였다.
② 낭트 칙령을 폐지하였다.
③ 베르사유 궁전을 증축하였다.
④ 상트페테르부르크를 수도로 삼았다
⑤ 국가 제일의 심부름꾼을 자처하였다.

| 299~300 |

다음 자료를 읽고 물음에 답하시오.

> 구교와 신교의 대립은 종교 전쟁으로 확대되었다. 독일에서는 보헤미아 지역에서 로마 가톨릭 세력과 신교 세력이 충돌한 것을 계기로 30년 전쟁이 일어났다. 이 전쟁은 덴마크, 스웨덴, 프랑스 등 유럽의 주요 국가가 가담하면서 국제 전쟁으로 확대되었으나, ___(가)___ 의 체결로 전쟁이 종결되고 유럽에 종교적 평화가 찾아왔다.

299

(가) 조약의 명칭을 쓰시오.

300

위 조약에서 결정된 내용 두 가지를 서술하시오.

| 301~302 |

다음 자료를 읽고 물음에 답하시오.

▲ 아폴론으로 분장한 국왕의 모습

> 태양왕을 자처한 국왕은 귀족과 백성들에게 권위를 과시할 목적으로 태양의 신 아폴론으로 분장하여 공연에서 춤을 추었다. 그는 태양의 이미지를 통해 왕의 신성함을 드러내고 자신의 힘이 절대적임을 받아들이도록 하였다. 그 과정에서 발레의 발전을 위해 왕립 무용 아카데미를 설립하여 발레를 전문적인 예술 형태로 발전시키는 성과를 남겼다.

301

밑줄 친 '국왕'을 쓰시오.

302

위 국왕이 실시한 정책 세 가지를 서술하시오.

1등급 문제

303

(가), (나) 국가에 대한 설명으로 옳은 것은?

- 마젤란은 [(가)] 국왕의 지원을 받아 5척의 배를 이끌고 인도 항로 개척에 나섰다. 세비야를 출발한 배는 대서양을 건너 태평양을 횡단하여 필리핀에 도착하였다. 마젤란은 필리핀에서 사망하였지만, 생존한 선원들은 귀환에 성공하였다.
- 바스쿠 다 가마는 [(나)] 국왕의 지원으로 4척의 배를 이끌고 리스본을 출발하여 아프리카의 희망봉을 돌아 인도 캘리컷에 도착하였다. 인도 항로를 개척하고 귀국한 바스쿠 다 가마에게 국왕은 인도양의 제독이라는 지위를 하사하였다.

① (가) – 스웨덴과의 북방 전쟁에서 승리하였다.
② (가) – 무적함대가 영국에 패하며 쇠퇴하였다.
③ (나) – 폴란드 영토 분할에 참여하였다.
④ (나) – 베스트팔렌 조약에서 독립이 승인되었다.
⑤ (가), (나) – 왕위 계승을 두고 장미 전쟁을 펼쳤다.

304

다음 문서가 발표된 시기를 연표에서 옳게 고른 것은?

1. 각 영방 제후는 종교를 결정할 권리를 가진다. 영주의 종교에 따라 영민들의 종교가 결정된다.
2. 원칙은 루터파에게만 적용되며, 그 밖의 신교에는 적용되지 않는다.
3. 만약 대주교, 주교 및 수도원장 등 고위 성직자 가운데 루터파로 전향하는 경우에는 영지를 포기하며 가톨릭 교회의 관할에 맡겨야 한다.

(가)	(나)	(다)	(라)	(마)
백년 전쟁 발발	콜럼버스, 아메리카 도착	「95개조 반박문」 게시	낭트 칙령 발표	베스트팔렌 조약 체결	권리 장전 승인

① (가) ② (나) ③ (다)
④ (라) ⑤ (마)

305

(가) 인물에 대한 설명으로 옳은 것은?

사료로 보는 세계사

아시아·아프리카의 각 지역과 섬 …… 잉글랜드와 기타 제국의 식민지에서 생산, 제조된 물자들을 잉글랜드 공화국과 아일랜드 본국 및 여러 속령에서 수입할 때는 본국이나 식민지 국민이 선주인 배로만 한다.

〈해설〉 위 사료는 영국의 항해법이다. 항해법은 공화정을 수립한 [(가)] 이/가 네덜란드를 견제하고 자국 무역을 보호하고자 제정하였다. 이후 항해법은 19세기 초 영국에서 자유주의 무역이 확산되면서 폐지되었다.

① 호국경에 취임하여 독재 정치를 실시하였다.
② 예정설을 주장하며 종교 개혁을 추진하였다.
③ 낭트 칙령을 발표하여 종교 분쟁을 수습하였다.
④ 수장법을 공포하여 영국 교회의 수장이 되었다.
⑤ 레판토 해전의 승리로 지중해 해상권을 장악하였다.

306

다음과 같이 주장한 인물에 대한 설명으로 옳은 것만을 〈보기〉에서 고른 것은?

군주의 가장 중요한 책임은 정의를 실현하는 것이다. 군주가 지배하는 인민에게 무엇보다 중요한 것이 정의이므로, 군주는 자신의 그 어떤 이익보다 정의에 최우선을 두어야 한다. 적나라한 사리사욕과 세력 확장의 추구, 야심 추구와 폭정을 권장하는 마키아벨리는 대체 무엇이란 말인가? 군주는 결코 자기가 지배하고 있는 인민의 절대적인 주인이 아니라, 국가 제일의 심부름꾼에 지나지 않는다.

| 보기 |
ㄱ. 콜베르를 등용하였다.
ㄴ. 상수시 궁전을 건축하였다.
ㄷ. 슐레지엔 지역을 확보하였다.
ㄹ. 상트페테르부르크를 건설하였다.

① ㄱ, ㄴ ② ㄱ, ㄷ ③ ㄴ, ㄷ
④ ㄴ, ㄹ ⑤ ㄷ, ㄹ

08 세계적 상품 교역

1 교역망의 확장

1 이슬람 상인과 인도양 교역망

> 아바스 왕조는 탈라스 전투에서 승리하며 동서 교역로를 장악하였다.

(1) **이슬람 상인의 활동**: 아바스 왕조의 동서 교역로 장악 → 이슬람 상인이 사막길과 바닷길을 이용해 중계 무역 주도

(2) **인도양 교역망**: 동서 교역량의 증가 → 인도양 중심의 해상 무역으로 동서 교역 전개

2 명의 조공 무역과 동아시아 교역망

> 명은 왜구와 국내 반발 세력의 연합을 막고자 건국 초부터 해금 정책을 실시하였다.

(1) **명의 조공 무역**: 명의 해금 정책 → 조공 무역 중심으로 동아시아 교역 전개 → 조공 무역(조선, 류큐), 감합 무역(일본의 무로마치 막부, 동남아시아의 여러 국가)

(2) **조공 체제의 확대**: 영락제 시기 정화의 항해로 명 중심의 조공 질서 확대

3 신항로 개척 이후 유럽의 교역망 확장

교역망 확장	• 포르투갈: 토르데시야스 조약 체결 이후 아시아 진출에 주력 → 믈라카 점령, 향신료 무역 독점, 마카오(중국)와 나가사키(일본)에서 교역 전개 *에스파냐와 포르투갈이 세력 확장 범위를 정하기 위해 체결하였다.* • 에스파냐: 멕시코고원의 아스테카 제국(코르테스)과 안데스고원의 잉카 제국(피사로) 정복 → 아메리카 문명 파괴 → 식민지를 건설하고 금, 은 등을 수탈 *쿠스코가 수도였으며 마추픽추 유적을 남겼다.*
결과	무역 중심지가 지중해에서 대서양으로 이동 → 지중해 무역을 주도하던 이탈리아 도시 국가 쇠퇴, 대서양 연안 국가 번영

2 세계적 교역망의 형성

1 노예 무역의 확대

> 유럽인은 아메리카 원주민을 동원하여 금·은을 채굴하고 상업 작물을 재배하였다.

(1) **노예 무역**: 아메리카 원주민 감소(가혹한 노동, 질병) → 아프리카인 노예 수요 증가 → 노예 무역의 규모 확대

(2) **대서양 삼각 무역**: 유럽(무기, 면제품 등을 아프리카에 판매) - 아프리카(아메리카에 노예 공급) - 아메리카(노예 노동으로 생산한 상업 작물을 유럽에 판매)

2 은의 유통과 세계 교역

(1) **은의 유통**: 아메리카 은광(포토시 은광 등) 개발 → 유럽 상인이 아메리카의 은을 아시아에서 결제 수단으로 활용

(2) **세계적 교역망의 형성**

> 에스파냐인이 개발한 포토시 은광은 세계 최대 규모의 은광이었다.

포르투갈	고아, 믈라카, 마카오, 나가사키 진출 → 일본에 조총, 화약, 비단 등 판매, 중국의 비단과 도자기 등 구입
에스파냐	마닐라를 거점으로 갤리언 무역 전개 → 멕시코산 은으로 중국의 비단과 도자기 등 구입하여 유럽으로 수출
네덜란드	바타비아를 중심으로 중계 무역 주도 → 에도 막부가 포르투갈과의 무역을 중단하자 대신 나가사키에서 일본과의 교역 전개

3 상업 자본주의의 발달

(1) **상업 혁명**: 전 세계적 차원의 교역 활성화 → 금융 제도 발전(주식회사, 보험 제도, 어음) → 상업 자본주의 발전

(2) **결과**: 유럽의 자본 축적 → 산업 혁명이 일어나는 데 중요한 기반

4 동아시아 경제의 변화

일본	은 수요 증가 → 이와미 은광 개발로 은 생산 증가 → 조선의 인삼 구입 및 유럽 상인과의 교역에서 은 사용
중국	유럽 상인이 차와 비단, 도자기 등을 구입하며 은 유입 증가 → 은이 화폐로 사용, 일조편법(명)과 지정은제(청) 시행
조선	인삼 수출과 중국산 비단 중계 교역으로 이익, 은을 확보하여 중국과의 무역에 활용

3 물질과 문화의 교류

1 작물의 전파와 생활 변화

(1) **과정**: 16세기 이후 세계적 교류 증대, 농업과 음식 변화

(2) **작물의 전파**: 향신료, 사탕수수, 커피, 고추, 구황 작물 전파(아메리카 원산지인 감자·고구마·옥수수 등)

> 구황 작물의 보급은 18세기 아시아·유럽의 인구가 증가하는 중요한 원인이 되었다.

2 동서양의 문화 교류

(1) **크리스트교 전파**: 선교사 활동, 아메리카에서 무력을 동원한 강제 개종

(2) **동아시아의 서양 문물 수용**

> 마테오 리치가 제작한 「곤여만국전도」는 동아시아 지식인의 세계관 변화에 영향을 주었다.

① 중국: 예수회 선교사(마테오 리치, 아담 샬 등)가 서양 학문과 과학 기술 소개 → 화포 기술, 천문, 수학 등 발전

② 일본: 네덜란드와 교류하며 서양 학문 수용(난학)

③ 유럽의 중국 문물 수용: 중국풍 문화 유행(시누아즈리)

꼭 나오는 자료 ✎ 65쪽 339번 문제로 확인

일본에 조총을 전한 포르투갈

1543년 다네가시마에 외국 배 한 척이 도착하였다. 이들은 손에 한 가지 물건을 갖고 있었다. 길이는 2~3척으로 형태는 안이 비고 바깥은 일직선이며 무거운 재질이었다. …… 작은 구멍에 불을 붙이면 맞추지 못함이 없다.

자료 분석 포르투갈이 일본에 전한 조총은 기마 부대를 중심으로 한 기존의 전술을 무력화시키며 센고쿠 시대의 전투 양상을 바꾸었다.

---

3 생태환경의 변화

> 유럽인에 의해 퍼진 천연두·홍역 등으로 아메리카 원주민의 약 90%가 사망하였다.

(1) **질병의 확산**: 전염병으로 아메리카 원주민 인구 급감

(2) **생태환경 문제**: 플랜테이션 확대 → 동물 멸종, 삼림 파괴, 환경 문제 발생, 생태계 변화

기본 기출 문제

핵심 주제를 파악할 수 있는 기출 문제를 수록하였습니다.

핵심 개념 문제

● 빈칸에 들어갈 알맞은 말을 쓰시오.

307 명의 (   ) 실시로 동아시아 교역은 명과의 조공 무역을 중심으로 이루어졌다.

308 (   )은/는 멕시코산 은으로 중국의 비단과 도자기를 구입해 유럽으로 수출하는 갤리언 무역을 전개하였다.

309 예수회 선교사 (   )은/는 「곤여만국전도」를 제작하여 동아시아 지식인의 세계관을 변화시켰다.

● 다음 내용이 옳으면 ○표, 틀리면 ✕표를 하시오.

310 세계적 교역망이 형성되면서 투자자에게 배당을 약속하고 자본을 투자받아 설립하는 주식회사가 등장하였다.   (   )

311 예수회 선교사인 아담 샬은 일본에 천문, 수학 등의 학문을 전하였다.   (   )

312 아메리카에서 천연두와 홍역의 확산으로 인구가 크게 증가하였다.   (   )

● 괄호 안에 들어갈 알맞은 말을 고르시오.

313 멕시코고원의 (㉠ 잉카 제국, ㉡ 아스테카 제국)은 코르테스에 의해 정복되었다.

314 아메리카 원주민 인구가 감소하자 (㉠ 아시아인, ㉡ 아프리카인) 노예가 아메리카의 농장과 광산에 투입되었다.

315 아메리카가 원산지인 (㉠ 고구마, ㉡ 사탕수수)는 아시아와 유럽에서 구황 작물로 활용되며 인구 증가에 기여하였다.

● 다음 국가와 관련된 내용을 〈보기〉에서 고르시오.

┌─ 보기 ├─────────────────────
ㄱ. 잉카 제국 정복
ㄴ. 일조편법과 지정은제 시행
ㄷ. 바타비아를 중심으로 중계 무역
└───────────────────────────

316 중국   (   )

317 네덜란드   (   )

318 에스파냐   (   )

319

(가) 국가에 대한 설명으로 옳은 것은?

> 멕시코고원 지역에서는 13세기경 [(가)]이/가 번영하였다. 수도인 테노치티틀란은 '신이 머무는 곳'이라는 뜻으로, 긴 대로와 십자형 수로로 구획된 계획도시로 조성되었다. 이들은 그림 문자를 사용하였고, 피라미드 신전을 지었다.

① 마추픽추를 건설하였다.
② 이와미 은광을 개발하였다.
③ 코르테스에 의해 정복되었다.
④ 일조편법을 시행하여 세금을 거두었다.
⑤ 바타비아를 중심으로 중계 무역을 전개하였다.

320

다음 국가에 대한 설명으로 옳은 것은?

> • 아스테카 제국과 잉카 제국을 정복하였다.
> • 아메리카 대륙에서 막대한 금과 은을 수탈하였다.

① 갤리언 무역을 전개하였다.
② 정화의 항해를 추진하였다.
③ 탈라스 전투에서 승리하였다.
④ 일본에 조총 기술을 전하였다.
⑤ 나가사키에서 네덜란드와 교역하였다.

321

(가)에 들어갈 내용으로 가장 적절한 것은?

> 아메리카가 원산지인 감자와 고구마, 옥수수는 가뭄이나 장마 등 기후의 영향을 적게 받고 비교적 척박한 땅에서도 재배할 수 있어서 구황 작물로 널리 활용되었다. 이러한 작물의 보급으로 18세기에 ________________ (가)

① 크리스트교가 아시아에 전파되었다.
② 아시아와 유럽의 인구가 증가하였다.
③ 이슬람 상인이 동서 교역로를 장악하였다.
④ 아메리카에서 천연두와 홍역이 확산되었다.
⑤ 아프리카인이 아메리카 농장에 노예로 투입되었다.

1 교역망의 확장

322

다음 사건의 영향으로 가장 적절한 것은?

> 중앙아시아의 탈라스강 유역에서 고구려 출신 고선지가 이끄는 당의 군대와 아바스 왕조를 중심으로 한 연합 부대가 충돌하였다. 당의 군대는 탈라스강까지 진군하는 과정에서 많은 전투를 치러 피로가 누적된 가운데 동맹군으로 참전한 유목민들이 아바스 왕조 측으로 돌아서는 악재까지 맞이하였다. 결국 당의 군대는 병력의 열세를 감당하지 못하고 연합 부대에 패배하였다.

① 유럽에서 주식회사가 설립되었다.
② 포르투갈이 일본에 조총을 전하였다.
③ 아메리카에서 감자와 고구마가 전래되었다.
④ 이슬람 상인이 동서 중계 무역을 주도하였다.
⑤ 예수회 선교사가 중국에 크리스트교를 전파하였다.

323

(가) 왕조에 대한 설명으로 옳은 것은?

> [다큐멘터리 기획안]
> ○ 기획 의도: [(가)]의 조공 질서를 확대한 정화의 항해를 재조명한다.
> ○ 방영 순서
>   1. 영락제의 명을 받아 난징을 출발하다.
>   2. 실론의 감폴라 왕국을 정복하다.
>   3. 아프리카 동부 해안에 도착하다.

① 지정은제를 실시하였다.
② 잉카 제국을 파괴하였다.
③ 교자, 회자를 유통하였다.
④ 아메리카에 노예를 공급하였다.
⑤ 일본과 감합 무역을 전개하였다.

324

다음 자료를 활용한 탐구 활동 주제로 가장 적절한 것은?

> • 코르테스는 660여 명의 병력을 이끌고 4만여 명의 원주민 군대에게 승리하였고, 진격을 계속하여 아스테카 제국의 수도 테노치티틀란을 점령하였다.
> • 160여 명의 병사를 거느리고 잉카 제국의 황제 아타우알파와 마주친 피사로는 아타우알파를 사로잡았고, 황제의 몸값으로 막대한 양의 황금을 요구하였다.

① 아메리카 문명의 파괴
② 인도양 교역망의 형성
③ 대서양 삼각 무역의 전개
④ 사막길을 통한 육로 교역
⑤ 동아시아의 서양 문물 수용

2 세계적 교역망의 형성

325 빈출

다음 자료를 활용한 탐구 활동으로 가장 적절한 것은?

> 아메리카에 진출한 유럽인은 원주민을 동원하여 금과 은을 채굴하고 플랜테이션을 실시하며 원주민의 노동력을 가혹하게 착취하였다. 그 결과 가혹한 노동과 질병으로 많은 아메리카 원주민이 목숨을 잃었다.

① 예수회 선교사들의 활동을 조사한다.
② 노예 무역이 전개된 배경을 알아본다.
③ 향신료가 식생활 변화에 미친 영향을 조사한다.
④ 유럽에서 시누아즈리가 유행한 이유를 분석한다.
⑤ 아메리카가 원산지인 구황 작물의 종류를 찾아본다.

326

(가) 국가에 대한 설명으로 옳은 것은?

> 교황의 중재로 에스파냐와 토르데시야스 조약을 체결한 [(가)]은/는 주로 아시아 방면으로 진출하게 되었다. 이후 [(가)]은/는 일본에 조총과 화약, 비단을 판매하고 확보한 은으로 중국의 비단과 도자기 등을 구입해 유럽에 가져갔다.

① 발트해 연안 무역을 독점하였다.
② 서양 문물을 수용해 난학을 발전시켰다.
③ 무적함대를 이끌고 식민지를 확대하였다.
④ 믈라카를 점령하고 향신료 무역을 주도하였다.
⑤ 바타비아를 중심으로 중계 무역을 전개하였다.

327

밑줄 친 '이 나라'에 대한 설명으로 옳은 것만을 <보기>에서 고른 것은?

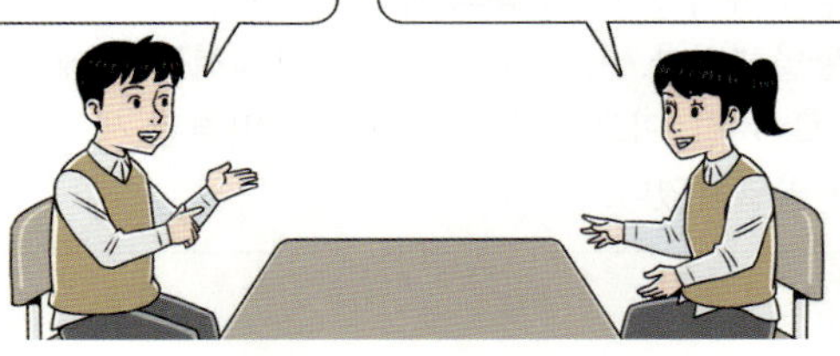

┤ 보기 ├

ㄱ. 동인도 회사를 설립하였다.
ㄴ. 콜럼버스의 항해를 후원하였다.
ㄷ. 나가사키에서 네덜란드와 교역하였다.
ㄹ. 포토시 은광을 개발하여 은을 생산하였다.

① ㄱ, ㄴ   ② ㄱ, ㄷ   ③ ㄴ, ㄷ
④ ㄴ, ㄹ   ⑤ ㄷ, ㄹ

328

(가)에 들어갈 내용으로 가장 적절한 것은?

> 세계사 산책
>
> ### 유럽 상업 자본주의의 발달
>
> 신항로 개척 이후 교역이 활성화되는 가운데 나타난 유럽 상업 자본주의의 발달 양상을 심층적으로 분석한다.
>
> 특집 1. 어음 교환 제도가 발전하다.
> 특집 2. 보험 제도를 통하여 교역의 위험성을 줄이다.
> 특집 3.   (가)

① 해금 정책으로 민간 무역을 금지하다.
② 자본을 모집하여 주식회사를 설립하다.
③ 지정은제를 실시하여 은으로 세금을 걷다.
④ 감자와 고구마가 전해져 인구가 증가하다.
⑤ 역참 제도가 정비되고 동서 교역이 확대되다.

329 빈출

(가)에 대한 설명으로 옳은 것은?

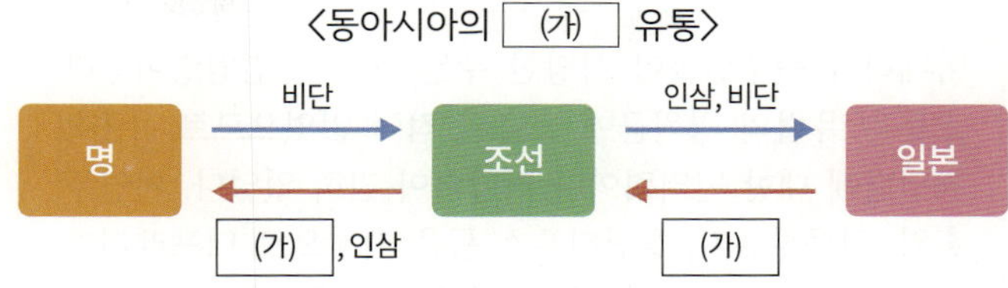

① 구황 작물로 인구 증가에 기여하였다.
② 일조편법에서 세금 납부에 이용되었다.
③ 산업 혁명 이후 영국이 대량으로 생산하였다.
④ 아메리카에서 플랜테이션의 형태로 재배되었다.
⑤ 유럽 상인이 중국에서 주로 구매하는 상품이었다.

3 물질과 문화의 교류

330

밑줄 친 ㉠의 사례로 가장 적절한 것은?

> 로욜라가 하비에르 등과 창설한 예수회는 로마 교황청으로부터 정식으로 인가를 받아 본격적인 활동을 시작하였다. 예수회는 아시아와 아메리카에서의 선교 활동에 주력하였고, 이 과정에서 ㉠많은 선교사가 새로운 문물과 크리스트교를 전파하는 활동을 전개하였다.

① 피사로가 잉카 제국을 정복하였다.
② 이븐 바투타가 『여행기』를 저술하였다.
③ 아담 샬이 중국에 천문과 역법을 전하였다.
④ 마젤란 일행이 대서양을 건너 태평양을 횡단하였다.
⑤ 바르톨로메우 디아스가 아프리카 희망봉에 도착하였다.

331 빈출

다음 자료를 활용한 탐구 활동으로 가장 적절한 것은?

> 아메리카 원주민들이 사망한 주된 요인은 전염병이었다. 그들은 유럽의 병원균에 노출된 적이 없었으므로 유럽의 전염병에 대한 면역력이나 저항력이 전혀 없었다. 천연두, 홍역, 인플루엔자, 발진티푸스 등을 시작으로 디프테리아, 말라리아, 볼거리, 페스트, 결핵 등이 뒤를 이어 아메리카 대륙에 찾아왔다. …… 천연두에 걸린 만단족은 불과 몇 주 사이에 인구가 2,000명에서 40명으로 감소하였다.

① 길드 조직 과정과 운영의 한계를 정리한다.
② 유럽에서 보험 제도가 등장한 배경을 찾아본다.
③ 신항로 개척이 아메리카에 끼친 영향을 알아본다.
④ 세계 교역에서 은이 화폐로 사용된 이유를 분석한다.
⑤ 이슬람 상인이 동서 교역을 주도한 계기를 파악한다.

332

밑줄 친 '이 나라'에 대한 설명으로 옳은 것만을 〈보기〉에서 고른 것은?

> 에도 막부는 크리스트교 선교 문제 등으로 포르투갈과의 교역을 중단하고 사무역을 통제하는 쇄국 정책을 실시하였다. 하지만 크리스트교 포교에 적극적이지 않았던 이 나라와는 예외적으로 나가사키에서 교역을 지속하였고, 이 과정에서 서양의 의학, 천문학 등이 소개되어 일본에서 난학이 발전하였다.

보기

ㄱ. 동인도 회사를 설립하였다.
ㄴ. 마닐라를 주요 교역 거점으로 삼았다.
ㄷ. 바타비아를 거점으로 중계 무역을 펼쳤다.
ㄹ. 에스파냐와 토르데시야스 조약을 체결하였다.

① ㄱ, ㄴ   ② ㄱ, ㄷ   ③ ㄴ, ㄷ
④ ㄴ, ㄹ   ⑤ ㄷ, ㄹ

| 333~334 |

다음 자료를 읽고 물음에 답하시오.

> 아메리카 지역에서 가혹한 노동과 질병으로 원주민의 인구가 감소하여 노예 노동의 수요가 커지자, 노예 무역은 더욱 활발해졌다. 이 과정에서 대서양에서는 노예 무역을 중심으로 유럽, 아프리카, 아메리카가 연결된 <u>새로운 무역</u> 형태가 발달하였다.

333

밑줄 친 '새로운 무역'의 명칭을 쓰시오.

334

위 무역의 전개 양상을 서술하시오.

| 335~336 |

다음 자료를 읽고 물음에 답하시오.

> 에스파냐는 아메리카에서 대량의 [(가)]을/를 생산하여 마닐라로 가져온 뒤 마닐라에서 중국 상인이 가져온 비단, 도자기 등과 교환하였다. 포르투갈도 일본에서 확보한 [(가)]을/를 이용하여 중국 마카오에서 물건을 구입하였다. 아메리카와 아시아, 유럽을 연결하는 무역이 진행되면서 막대한 양의 [(가)]이/가 중국으로 흘러 들어갔고, 이로 인하여 중국에서는 ⊙경제 상황의 변화가 나타나게 되었다.

335

(가)에 들어갈 용어를 쓰시오.

336

밑줄 친 ⊙으로 인해 발생한 현상을 서술하시오.

337

(가) 국가에 대한 설명으로 옳은 것은?

① 쿠스코를 수도로 삼았다
② 코르테스에 의해 정복되었다.
③ 멕시코고원 지역에서 변성하였다.
④ 주변국과 감합 무역을 전개하였다.
⑤ 네덜란드가 중계 무역의 거점으로 삼았다.

338

(가) 국가에 대한 설명으로 옳은 것은?

> 마젤란 일행의 항해로 필리핀을 발견한 (가) 은/는 마닐라를 정복하여 요새를 짓고 무역의 거점으로 삼았다. 이후 마닐라와 멕시코 아카풀코를 잇는 갤리언 무역을 전개하여 멕시코와 페루에서 채굴한 은으로 중국의 비단과 인도의 보석, 동남아시아의 향료 등을 구입하였다.

① 무적함대를 격파하였다.
② 레판토 해전에서 승리하였다.
③ 베스트팔렌 조약에서 독립이 승인되었다.
④ 지중해를 통한 동방 무역으로 번영을 누렸다.
⑤ 동인도 회사를 설립하여 아시아로 진출하였다.

339

(가) 국가에 대한 설명으로 옳은 것은?

사료로 보는 세계사

> 다네가시마에 외국 배 한 척이 도착하였다. 이들은 손에 한 가지 물건을 갖고 있었다. 길이는 2~3척으로 형태는 안이 비고 바깥은 일직선이며 무거운 재질이었다. …… 작은 구멍에 불을 붙이면 맞추지 못함이 없다. …… 다이묘는 그 물건값이 매우 비싼데도 2자루를 사서 가보로 삼았다.

〈해설〉 제시된 사료는 (가) 이/가 일본에 조총을 전하는 장면이다. 조총과 관련 기술이 전해지면서 일본에서는 기마 부대를 중심으로 한 전술이 무력화되었다. 조총을 활용한 오다 노부나가는 센고쿠 시대의 주도권을 잡았고, 후계자인 도요토미 히데요시는 센고쿠 시대를 통일하였다.

| 보기 |

ㄱ. 난학의 발전에 영향을 주었다.
ㄴ. 아메리카의 포토시 은광을 개발하였다.
ㄷ. 나가사키에서 교역하며 은을 확보하였다.
ㄹ. 믈라카를 거점으로 향신료 무역을 독점하였다.

① ㄱ, ㄴ　　② ㄱ, ㄷ　　③ ㄴ, ㄷ
④ ㄴ, ㄹ　　⑤ ㄷ, ㄹ

340

밑줄 친 '그'에 대한 설명으로 옳은 것은?

> 그는 1582년 마카오에 도착한 후 중국에서 활동하기 위해 중국어와 중국 문화를 익혔다. 이후 베이징에 도착한 그는 만력제의 허락을 받아 성당을 세우고 크리스트교 포교 활동을 펼쳤으며, 이지조와 함께 세계 지도인 「곤여만국전도」를 제작하여 동아시아 지식인의 세계관 변화에 영향을 주었다.

① 예수회 선교사로 활동하였다.
② 아스테카 제국을 정복하였다.
③ 교황의 면벌부 판매를 비판하였다.
④ 영락제의 명으로 항해를 단행하였다.
⑤ 희망봉을 돌아 인도 항로를 개척하였다.

단원 마무리 문제

06 이슬람 세계와 몽골 제국

341

(가) 왕조에 대한 설명으로 옳은 것은?

> (가) 을/를 수립한 무아위야는 4대 칼리프인 알리의 아들들에게 했던 약속을 어기고 칼리프직을 자기 아들에게 세습하였다. 이에 반발한 알리의 차남 후세인이 반란을 일으켰지만 카르발라에서 (가) 의 군대에 몰살당하였다. 이를 '카르발라의 참극'이라고 한다.

① 사마르칸트를 수도로 삼았다.
② 페르시아 군주의 칭호를 사용하였다.
③ '왕의 길'로 불리는 도로를 건설하였다.
④ 관료를 등용할 때 비아랍인을 차별하였다.
⑤ 앙카라 전투에서 오스만 제국을 격파하였다

342

밑줄 친 '이 왕조'에 대한 설명으로 옳은 것은?

① 몽골 제국의 재건을 내세웠다.
② 이슬람 공동체가 칼리프를 선출하였다.
③ 헤지라를 단행하여 메디나로 이주하였다.
④ 바타비아를 중계 무역의 거점으로 삼았다.
⑤ 탈라스 전투의 승리로 동서 교역의 주도권을 잡았다.

343

(가) 왕조에 대한 설명으로 옳은 것은?

> 오스만 제국과 맞서며 성장한 (가) 은/는 아바스 1세 시기에 전성기를 맞이하였고, 수도 이스파한은 동서 교역의 중심 도시로 성장하였다.

| 보기 |

ㄱ. 파스파 문자를 제작하였다.
ㄴ. 이스마일 1세가 건국하였다.
ㄷ. 시아파 이슬람교를 국교로 삼았다.
ㄹ. 아바스 왕조로부터 술탄의 칭호를 받았다.

① ㄱ, ㄴ   ② ㄱ, ㄷ   ③ ㄴ, ㄷ
④ ㄴ, ㄹ   ⑤ ㄷ, ㄹ

344

밑줄 친 '황제'에 대한 설명으로 옳은 것은?

> 지공거 이방이 사사로운 인연에 따라 과거 시험의 합격 여부를 결정지었다는 투서가 들어왔다. 이에 황제는 최종 시험에서 낙방한 사람 360명을 일일이 접견하여 그 가운데 195명을 가려 뽑았다. 이들과 합격자들을 모두 강무전에 집결시키고 종이와 붓을 지급하여 따로 시·부의 시험을 실시하였다. …… 이후 전시는 관례가 되었다.

① 문치주의를 채택하였다.
② 성리학을 집대성하였다.
③ 호라즘 왕국을 정복하였다.
④ 『동방견문록』을 저술하였다.
⑤ 고려를 복속시키고 베트남을 공격하였다.

345

다음 자료에 나타난 시기의 경제 상황으로 옳은 것은?

> 강남 지역에 조금만 가뭄이 들어도 농사를 망치는 일이 잦
> 아지자, 황제는 푸젠 지방에서 조생종의 일종으로 알려진
> 참파 벼 3만 가마를 가져와 높은 지대의 논에 심게 하였
> 다. 참파 벼는 가뭄에 잘 견디고 어떤 땅에서도 잘 자랄 수
> 있어서 농업 생산량이 크게 증가하였다.

① 교초가 발행되었다.
② 『농상집요』가 편찬되었다.
③ 소금과 철의 전매제가 시행되었다.
④ 행·작이라는 동업 조합이 결성되었다.
⑤ 대도를 중심으로 교통망이 정비되었다.

346

다음 제도를 시행한 국가에 대한 설명으로 옳은 것은?

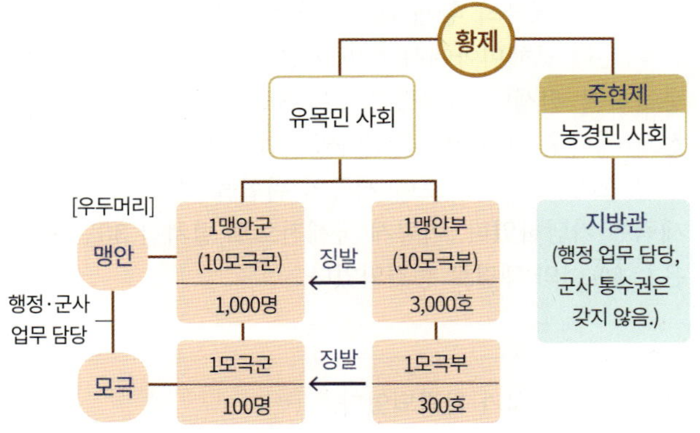

① 탕구트족이 건국하였다.
② 5대 10국의 혼란을 수습하였다.
③ 주요 항구에 시박사를 설치하였다.
④ 두 차례에 걸쳐 일본을 공격하였다.
⑤ 송을 공격하여 화북 지역을 차지하였다.

347

(가), (나) 국가에 대한 설명으로 옳은 것은?

① (가) - 천호제를 실시하였다.
② (가) - 홍건적의 반란으로 쇠퇴하였다.
③ (나) - 몽골의 침입으로 멸망하였다.
④ (나) - 남면관제로 유목민을 통치하였다.
⑤ (가), (나) - 전연의 맹약을 체결하였다.

| 348~349 |

다음 자료를 읽고 물음에 답하시오.

> [(가)]은/는 막냇동생 아리크부카가 귀족들의 지지를 받
> 아 카라코룸에서 칸에 추대되었다는 소식을 듣자, 반대의
> 뜻을 나타냈다. 이후 자신의 근거지인 내몽골의 개평부에
> 서 지지자를 모아 스스로 칸을 칭하고 아리크부카와 충돌
> 하였다. 이후 아리크부카의 항복을 받은 [(가)]은/는 쿠
> 릴타이를 열고 정식으로 칸의 자리에 올랐다. 이어 수도를
> 카라코룸에서 대도로 옮기고, 국호를 원으로 바꾸어 중국
> 식 복식과 의례를 수용하였다.

348 [단답형]

(가)에 들어갈 인물을 쓰시오.

349 [서술형]

(가) 인물의 대외 정복 활동 사례를 세 가지 서술하시오.

 유럽의 신항로 개척과 재정·군사 국가

350

(가) 국가에 대한 설명으로 옳은 것은?

> 바르톨로메우 디아스는 [(가)] 왕의 명령을 받아 3척의 배를 이끌고 아프리카를 돌아 인도 항로 개척에 나섰다. 그는 아프리카 남단의 희망봉에 도착하였지만, 선원들의 요구로 돌아왔다. 이어 바스쿠 다 가마가 [(가)] 왕의 명령으로 4척의 배를 이끌고 리스본을 출발하였다. 바스쿠 다 가마의 함대는 희망봉을 돌아 동아프리카 해안을 따라 항해하였고, 결국 인도의 캘리컷에 도착하면서 인도 항로 개척에 성공하였다.

① 레판토 해전에서 승리하였다.
② 서유럽화 정책을 추진하였다.
③ 아스테카 제국과 잉카 제국을 정복하였다.
④ 항해법을 제정하여 네덜란드를 견제하였다.
⑤ 믈라카를 점령하고 향신료 무역을 전개하였다.

351

(가), (나) 국가에 대한 설명으로 옳은 것은?

> 모직물 공업의 중심지인 플랑드르 지방에 대한 지배권을 두고 대립하던 [(가)], [(나)] 두 국가는 왕위 계승권을 둘러싼 갈등까지 더해지자, 전쟁을 시작하였다. 전쟁 초기에는 [(가)] 이/가 주도권을 잡아 우세를 점하였지만, 결국 잔 다르크의 활약을 앞세운 [(나)] 이/가 전쟁에서 승리를 거두었다.

① (가) - 동인도 회사를 설립하였다.
② (가) - 밀라노 칙령을 발표하였다.
③ (나) - 코르도바를 수도로 삼았다.
④ (나) - 나가사키에서 일본과 교역하였다.
⑤ (가), (나) - 슐레지엔 지방을 차지하였다.

352

밑줄 친 '그'에 대한 설명으로 옳은 것은?

> 사료로 보는 세계사
>
> 우리 주 예수 그리스도께서 너희에게 자비를 베푸시고, 주님의 성스러운 순교로 너희를 용서해 주시기를 기원하노라. 그리고 나 요하네스 테첼은 그리스도의 사도인 베드로와 바울, 그리고 신성한 교황의 권능에 따라 교회로부터의 모든 벌을 면제해 주노라.
>
> <해설> 교황 레오 10세는 성 베드로 성당 건축 비용을 마련하고자 면벌부를 남발하였고, 도미니크 수도회 소속이었던 요하네스 테첼은 면벌부를 대량으로 판매하였다. 이에 독일의 성직자인 그는 「95개조 반박문」을 발표하여 면벌부 판매를 비판하였다.

① 예정설을 주장하며 종교 개혁에 나섰다.
② 근면하고 성실한 직업 생활을 강조하였다.
③ 수장법을 공포하고 영국 교회의 수장이 되었다.
④ 구원이 신앙과 신의 은총에 달려 있다고 주장하였다.
⑤ 상급자에 대한 복종과 교황에 대한 순종을 내세웠다.

353

(가) 조약에 대한 설명으로 옳은 것만을 〈보기〉에서 고른 것은?

> 신성 로마 제국의 황제 페르디난트 2세가 신교를 탄압하는 가운데 보헤미아에서 로마 가톨릭 세력과 신교 세력이 충돌하여 전쟁이 벌어졌다. 그러자 덴마크, 스웨덴 등이 신교 세력을 지원하여 참전하였으며, 로마 가톨릭을 신봉하던 프랑스도 신성 로마 제국의 위협을 견제하고자 신교 세력에 가담하였다. 이렇게 국제전으로 펼쳐진 30년 전쟁은 [(가)] 의 체결로 종결되었다.

| 보기 |

ㄱ. 영국 국교회가 확립되었다.
ㄴ. 네덜란드의 독립을 승인하였다.
ㄷ. 칼뱅파의 종교적 자유를 인정하였다.
ㄹ. 의회 중심 입헌 군주제의 토대를 마련하였다.

① ㄱ, ㄴ 　② ㄱ, ㄷ 　③ ㄴ, ㄷ
④ ㄴ, ㄹ 　⑤ ㄷ, ㄹ

354

다음 문서를 발표한 왕에 대한 설명으로 옳은 것만을 〈보기〉에서 고른 것은?

> 제1조 이 영구적으로 폐기 불가능한 칙령으로 낭트 칙령을 완전히 폐기한다.
> 제2조 자칭 개혁 종교 예배를 일절 금지한다.
> 제4조 개종을 원하지 않는 자칭 개혁 종교 목사들은 이 칙령이 공표되고 15일 이내에 왕국을 떠나야 한다.
> 제7조 자칭 개혁교도의 자녀를 위한 학교 설립을 금지한다.
> 제9조 이 칙령이 공표되기 전에 왕국을 떠나던 자칭 개혁교도가 4개월 이내에 돌아오면 재산을 회복할 수 있다.

| 보기 |
> ㄱ. 태양왕을 자처하였다.
> ㄴ. 베르사유 궁전을 증축하였다.
> ㄷ. 상트페테르부르크를 건설하였다.
> ㄹ. 에스파냐의 무적함대를 격파하였다.

① ㄱ, ㄴ   ② ㄱ, ㄷ   ③ ㄴ, ㄷ
④ ㄴ, ㄹ   ⑤ ㄷ, ㄹ

355

다음 상황이 발생한 시기를 연표에서 옳게 고른 것은?

> 영국 의회의 요청을 받은 제임스 2세의 딸 메리와 메리의 남편 윌리엄이 군대를 이끌고 영국 해협을 건너 런던으로 진격하였다. 제임스 2세는 런던에 억류되었으나 윌리엄의 묵인하에 프랑스로 도망갈 수 있었다. 이후 의회는 제임스 2세의 퇴위를 발표하고, 메리와 윌리엄을 공동 왕으로 승인하였다.

	(가)		(나)		(다)		(라)		(마)	
영국, 동인도 회사 설립		권리 청원 제출		찰스 1세 처형		인신 보호법 제정		권리 장전 승인		하노버 왕조 수립

① (가)   ② (나)   ③ (다)
④ (라)   ⑤ (마)

356

(가) 왕에 대한 설명으로 옳은 것은?

> 이곳은 상수시 궁전이다. 상수시는 프랑스어로 '근심이 없다.'라는 뜻이다. [(가)]은/는 베르사유 궁전을 모방한 상수시 궁전을 세우고 이곳에서 볼테르를 비롯한 계몽사상가와 대화하였다. 그는 계몽사상의 영향을 받아 개혁을 추진하면서 국가 제일의 심부름꾼을 자처하였다.

① 대헌장을 승인하였다.
② 낭트 칙령을 반포하였다.
③ 슐레지엔 지방을 차지하였다.
④ 스웨덴과의 북방 전쟁에서 승리하였다.
⑤ 콜베르를 등용하여 중상주의 정책을 실시하였다.

| 357~358 |

다음 자료를 읽고 물음에 답하시오.

> 찰스 1세가 의회의 동의 없이 과세하고 청교도를 탄압하면서 의회와 국왕의 갈등이 심화되었다. 이러한 상황에서 의회는 찰스 1세에게 권리 청원을 제출하여 국왕이 세금을 부과하기 위해서는 의회의 승인을 받을 것을 요구하였다. 이후 찰스 1세는 스코틀랜드와의 전쟁을 위해 세금을 징수하고자 의회를 소집하였고, 의회는 이에 반대하였다. 결국 의회파와 왕당파 사이에 내전이 벌어졌고, 의회파를 이끈 [(가)]이/가 왕당파 군대를 격파한 후 찰스 1세를 처형하고 공화정을 수립하였다.

357 단답형

(가)에 들어갈 인물을 쓰시오.

358 서술형

(가) 인물이 실시한 정치의 특징을 서술하시오.

08 세계적 상품 교역

359

밑줄 친 '이 왕조'에 대한 설명으로 옳은 것은?

① 해금 정책을 시행하였다.
② 탈라스 전투에서 패배하였다.
③ 천호제로 군사 조직을 정비하였다.
④ 교자, 회자 등의 지폐가 사용되었다.
⑤ 울루스의 느슨한 연합으로 구성되었다.

360

다음 항해의 결과로 가장 적절한 것은?

정화는 함선 62척에 승무원 27,000여 명을 태우고 항해에 나섰다. 정화의 함대는 참파와 수마트라를 지나 말라카와 실론 등을 거쳐 인도 캘리컷에 도착하였다. 이들은 말라카 해협의 해적을 소탕하는 등 세력을 과시하고 귀국하였다. 이후에도 정화는 여러 차례 함대를 이끌고 항해에 나섰고, 인도를 거쳐 아라비아반도, 아프리카 동부 해안까지 진출하였다.

① 대서양 항로가 개척되었다.
② 아스테카 제국이 멸망하였다.
③ 명 중심의 조공 질서가 확대되었다.
④ 이슬람 상인이 사막길을 장악하였다.
⑤ 교황이 카르피니를 사절단으로 파견하였다.

361

(가) 국가에 대한 설명으로 옳은 것은?

① 이와미 은광을 개발하였다.
② 코르테스에 의해 정복되었다.
③ 대서양 삼각 무역을 주도하였다.
④ 고산 지대에 마추픽추를 건설하였다.
⑤ 제국 통치를 위해 역참을 설치하였다.

362

(가) 국가에 대한 설명으로 옳은 것은?

위 그림은 바타비아에 조성된 도시의 풍경이다. (가) 은/는 동인도 회사를 앞세워 아시아 시장에 진출하였고, 오늘날 자카르타 북부 해안에 바타비아를 건설한 후 수도 암스테르담을 본떠 운하를 만들고 창고를 건설하였다. 이후 바타비아를 무역의 거점으로 삼아 인도네시아의 향신료 무역을 독점하였다.

① 왕위 계승 문제로 장미 전쟁이 일어났다.
② 베스트팔렌 조약에서 독립이 승인되었다.
③ 인클로저 운동으로 젠트리가 성장하였다.
④ 폴란드 분할에 참여하여 영토를 확장하였다.
⑤ 에스파냐와 토르데시야스 조약을 체결하였다.

363

(가) 국가에 대한 설명으로 옳은 것만을 <보기>에서 고른 것은?

> 세계사 골든벨
>
> 다음에서 설명하는 국가는 어디일까요?
> ① 마닐라를 거점으로 명과 교역하였습니다.
> ② 아스테카 제국과 잉카 제국을 정복하였습니다.
>
> 정답은 [(가)] 입니다.

| 보기 |

ㄱ. 갤리언 무역을 전개하였다.
ㄴ. 콜럼버스의 항해를 후원하였다.
ㄷ. 일본에 조총 제작 기술을 전해 주었다.
ㄹ. 종교 대립으로 위그노 전쟁이 일어났다.

① ㄱ, ㄴ   ② ㄱ, ㄷ   ③ ㄴ, ㄷ
④ ㄴ, ㄹ   ⑤ ㄷ, ㄹ.

364

(가) 단체에 대한 설명으로 옳은 것은?

> 이탈리아 출신의 마테오 리치는 아시아, 아메리카 등지에서 선교 활동을 전개하는 [(가)]에 가입하였고, 동방 선교를 목적으로 중국으로 향하였다. 명에 도착하여 명의 사대부와 교류하며 포교 활동을 전개하던 마테오 리치는 중국에서는 역법이 매우 중요하다는 사실을 깨달았다. 이에 [(가)]에 편지를 보내 천문과 역법에 정통한 선교사를 파견해 줄 것을 요청하였고, 아담 샬이 파견되어 천문과 역법, 과학 기술을 전하였다.

① 마젤란의 항해를 후원하였다.
② 성지 회복을 위한 전쟁을 호소하였다.
③ 로욜라가 설립하여 교황의 승인을 받았다.
④ 아우크스부르크 화의에서 공식적으로 인정되었다.
⑤ 클뤼니 수도원을 중심으로 교회 개혁 운동을 벌였다.

365

(가)에 대한 탐구 활동으로 가장 적절한 것은?

① 주식회사의 운영 원리를 알아본다.
② 지정은제가 실시된 배경을 분석한다.
③ 유럽인의 식생활에 변화를 준 작물을 찾아본다.
④ 무분별한 동물 사냥이 생태계에 미친 영향을 조사한다.
⑤ 아프리카에서 성비 불균형 문제가 생긴 이유를 파악한다.

| 366~367 |

다음 자료를 읽고 물음에 답하시오.

> 지중해를 통한 무역에서 소외되었던 포르투갈과 에스파냐는 새로운 항로의 개척에 적극적으로 나섰다. 그 결과 신항로의 개척으로 무역의 중심지가 지중해에서 [(가)] 지역으로 이동하였다. 한편 에스파냐는 ⊙ 아메리카에 식민지를 건설한 뒤에 금광과 은광 개발에 몰두하였고, 포르투갈은 아프리카 항로를 개척한 후 노예 무역을 시작하였다.

366 ··· 단답형

(가)에 들어갈 말을 쓰시오.

367 서술형

밑줄 친 ⊙이 유럽 사회에 끼친 영향을 서술하시오.

09 동아시아 세계의 변동

1 명·청의 건국과 발전

1 명의 건국과 발전

원 말 강남 일대에서 반란 세력을 이끌며 세력을 키웠다.

성립	주원장이 난징을 도읍으로 명 건국(1368)
발전	• 태조 홍무제(주원장): 황제권 강화(재상제 폐지, 6부 직접 통솔), 이갑제 실시, 어린도책(토지 대장)과 부역황책(호적 대장) 마련, 한족 문화 부활(학교 설립, 과거제 정비, 육유 반포) • 영락제: 자금성 건설, 베이징 천도, 내각 대학사 설치, 몽골 원정, 왜구 토벌, 정화의 항해(명 중심의 국제 질서 확대)
쇠퇴	• 영락제 사후 북쪽에서 몽골, 남쪽에서 왜구 침입(북로남왜) • 명 말 장거정의 주도로 개혁 시행 → 성과를 거두지 못함
멸망	임진왜란 참전과 후금(청)과의 전쟁(재정난 심화), 각지에서 농민 반란 발생, 이자성의 농민군이 베이징 점령하며 멸망(1644)

2 청의 건국과 발전

성립	누르하치가 팔기제 바탕으로 여진(만주족) 통합, 후금 건국
발전	• 홍타이지: 국호를 '청'으로 변경(1636), 몽골과 조선 공격 • 순치제: 명 멸망 이후 베이징 점령, 중국 전역 장악 • 강희제: 삼번의 난 진압, 타이완의 반청 세력 제압, 러시아와 네르친스크 조약(1689) 체결 • 옹정제: 군기처 설치(황제권 강화), 『대의각미록』 편찬 ┈ 청 왕조의 통치 정당화 • 건륭제: 신장, 티베트, 몽골 등 정복(청의 최대 영토 확보)
쇠퇴	백련교의 난 발생(18세기), 팔기제의 문제점 노출, 국력 약화

3 청이 여러 민족, 문화를 통합한 방식

┈ 만주족 우월주의를 기반으로 한족은 군현제를 통해 직접 지배하고, 소수 민족은 토착 지배자를 통해 간접 지배하였다.

강압책	변발과 호복 강요, 사상 탄압(금서 지정, 문자옥)
회유책	과거제 계속 시행, 만한 병용제 실시, 기존 지배층(신사)의 특권 인정, 대규모 편찬 사업(『사고전서』 간행)

┈ 한족 문화를 보존하고 청 왕조에 대한 비판을 통제하였다.

꼭 나오는 자료   🔗 76쪽 391번 문제로 확인

만한 병용제

내각 대학사는 만주인, 한인 각 2인으로 한다. …… 옹정 8년에 모두 정1품으로 정하였다. 협판 대학사는 만주인, 한인 각 1인으로 한다.

자료 분석   청은 중국 통치 과정에서 한족에 대한 회유책으로 과거제를 계속 시행하고, 주요 관직에 만주족과 한족을 함께 등용하였다.

---

2 명·청 시대의 사회, 경제, 문화

1 명·청대의 사회

고리대, 공공사업 감독, 세금 납부 대행 등으로 사적 이익을 추구하였다.

(1) 신사: 유교적 소양을 갖춘 지식인, 전·현직 관리 등
① 역할: 향촌 사회에서의 백성 교화, 세금 징수, 치안 유지 등
② 특권: 요역 면제, 가벼운 형벌 면책, 대부분 지주층
(2) 서민: 농업과 상공업 발전, 교육 확대 → 서민층 지위 향상

서민층은 소작료 거부 운동(항조)을 벌이거나, 과도한 세금 징수에 반발하여 직용의 변을 일으키기도 하였다.

2 명·청대의 경제와 대외 정책

농업	• 농업 기술 발달, 생산력 증대 → 쌀 생산 지역 확대 • 감자·고구마 등 새로운 작물 전래, 차·담배 등 상품 작물 재배
상공업	• 창장강 하류 지방에서 면직물, 비단, 도자기 산업 발달 • 산시 상인과 휘저우 상인 등의 대상인 출현, 전국적 유통망을 갖춤 → 공소, 회관을 설립하여 이익 도모
대외 정책	• 명: 건국 초 해금 정책 시행(사적인 대외 교역 제한), 주변국과 책봉·조공 관계 → 후기에 해금 정책 완화, 사무역 증가 • 청: 건국 초 해금 정책 시행 → 강희제 때 타이완의 반청 세력 진압 이후 해제, 상인의 해외 진출 허용 → 18세기 중엽 이후 서양 상인은 광저우에서만 교역하게 허용(공행이 서양 상인과의 무역 전담)
세제 개편	• 명: 16세기 서양과의 교역 확대로 중국에 대량의 은 유입 → 말기에 장거정의 개혁 → 일조편법 전국적으로 확대 실시(각종 세금을 지세와 정세로 통합, 은으로 징수) • 청: 지정은제(정세를 지세에 포함, 한꺼번에 은으로 징수)

3 명·청대의 사상과 문화 발달

명	• 성리학: 통치 이념으로 삼고 과거 시험에 활용 • 양명학: 왕수인(왕양명)이 제창, 심즉리와 지행합일 강조 • 실학: 실용과 국가 경영 주목, 『천공개물』·『본초강목』 편찬 • 서민 문화: 희곡, 구어체 소설(『삼국지연의』, 『수호전』 등) • 서양 문물 유입: 예수회 선교사 마테오 리치의 활동(『곤여만국전도』 제작, 서광계와 『기하원본』 간행)
청	• 고증학: 문헌에 근거한 실증적 연구 중시, 대규모 편찬 사업 추진(『강희자전』, 『사고전서』 등 편찬) • 춘추 공양학: 고증학 비판, 시대 변화에 따른 현실 개혁 중시 • 서민 문화: 구어체 소설(『홍루몽』 등) 유행, 경극 유행 • 서양 문물 유입: 아담 샬의 활동(청의 역법 개정 주도)

---

3 무로마치 막부와 에도 막부

1 무로마치 막부와 센고쿠(전국) 시대

무로마치 막부	• 아시카가 다카우지가 교토에서 개창(1336) • 제3대 쇼군인 아시카가 요시미쓰가 남북조 통일 • 명과 정식으로 국교 맺음 → 감합 무역을 통해 교류
센고쿠 시대	15세기 후반 무로마치 막부의 쇠퇴 → 다이묘들의 패권 쟁탈전 → 도요토미 히데요시가 통일 → 조선 침략(임진왜란)

┈ 약 100년간 지속되었다.

2 에도 막부의 성립과 경제·문화

무사와 상공업자(조닌)가 모여 거주하는 조카마치가 성장하였다.

성립	도쿠가와 이에야스가 에도 막부 개창(1603), 막번 체제 확립
특징	산킨코타이 제도로 다이묘 통제, 무사가 농민과 조닌 지배
경제	• 쇄국 정책: 사무역 통제, 크리스트교 포교 금지 • 나가사키의 데지마를 통해 네덜란드 상인들과 교역
문화	• 상공업, 도시 발달 → 조닌 문화 발달(가부키, 우키요에 등) • 네덜란드 상인을 통해 서양의 학문과 기술 수용 → 난학 발달

기본 기출 문제

핵심 주제를 파악할 수 있는 기출 문제를 수록하였습니다.

III

핵심 개념 문제

● 빈칸에 들어갈 알맞은 말을 쓰시오.

368 청의 (   )은/는 삼번의 난을 진압하고 타이완의 반청 세력을 제압하였다.

369 에도 막부는 (   ) 제도를 시행하여 다이묘가 일정 기간 에도와 자신의 영지에서 번갈아 근무하도록 하였다.

370 에도 막부 시대에는 (   )(으)로 불리는 서민 문화가 발달하였다.

● 다음 내용이 옳으면 ○표, 틀리면 ✕표를 하시오.

371 명·청대에는 산시 상인, 휘저우 상인 등이 전국적으로 활동하였다.   (   )

372 아시카가 요시미쓰가 센고쿠 시대의 혼란을 통일하고 무로마치 막부를 개창하였다.   (   )

● 황제와 정책을 바르게 연결하시오.

373 영락제 •   • ㉠ 군기처 설치

374 옹정제 •   • ㉡ 자금성 건설

● 괄호 안에 들어갈 알맞은 말을 고르시오.

375 영락제 사후 북쪽에서는 (㉠ 몽골, ㉡ 흉노), 남쪽에서는 왜구가 침입하면서 명의 국력이 점차 쇠퇴하였다.

376 명 말기 장거정은 잡다한 항목의 세금을 통합하여 은으로 내게 하는 (㉠ 일조편법, ㉡ 지정은제)을/를 확대 실시하였다.

● 다음에서 설명하는 학문을 〈보기〉에서 고르시오.

┤ 보기 ├
ㄱ. 성리학   ㄴ. 양명학
ㄷ. 고증학   ㄹ. 춘추 공양학

377 마음은 곧 하늘이 부여한 이치(심즉리)임을 내세우며 지행합일을 강조하였다.   (   )

378 청 중기 이후에는 시대 변화에 따른 현실 개혁을 중시하는 학문이 등장하였다.   (   )

379

⭐ 핵심 주제 **명의 건국**

(가) 인물에 대한 설명으로 옳은 것만을 〈보기〉에서 고른 것은?

> 중국 각지에서 원의 지배에 저항하는 농민 봉기가 일어나는 상황에서 [(가)]은/는 강남 지방의 반원 세력을 모아 난징을 도읍으로 명을 건국하고 한족 왕조를 부활시켰다.

┤ 보기 ├
ㄱ. 자금성을 건설하였다.
ㄴ. 몽골을 북쪽으로 몰아냈다.
ㄷ. 백성 교화를 위해 육유를 반포하였다.
ㄹ. 팔기제를 바탕으로 부족을 통합하였다.

① ㄱ, ㄴ   ② ㄱ, ㄷ   ③ ㄴ, ㄷ
④ ㄴ, ㄹ   ⑤ ㄷ, ㄹ

380

⭐ 핵심 주제 **명의 발전**

다음 정책을 추진한 황제의 재위 시기에 있었던 사실로 옳은 것은?

> •자금성 건설   •베이징 천도   •내각 대학사 설치

① 정화의 항해가 시작되었다.
② 장건이 서역에 파견되었다.
③ 장거정이 개혁을 추진하였다.
④ 어린도책과 부역황책이 마련되었다.
⑤ 만리장성을 처음 축조하기 시작하였다.

381

⭐ 핵심 주제 **명의 쇠퇴와 멸망**

다음 자료를 활용한 탐구 활동으로 가장 적절한 것은?

> 일개 도적의 우두머리에 불과하였던 이자성이 마침내 베이징을 점령하여 자금성을 차지하고 분수에 넘치게 스스로 황제라 칭하였다. 그러나 궁성에 들어가 제위를 찬탈한 뒤에는 반역의 운세가 다 차서 다시는 일어설 수 없게 되는 법이다. 결국 그는 베이징을 향해 진격할 때의 그 대단한 위세를 상실하고 말았다.
>
> - 조익, 『이십이사차기』 -

① 티무르 왕조와 명의 관계를 알아본다.
② 절도사 세력이 약화된 계기를 조사한다.
③ 왕안석이 개혁을 추진한 배경을 파악한다.
④ 명의 멸망과 청의 중국 장악 과정을 살펴본다.
⑤ 홍건적의 난에 가담한 주원장의 활동을 조사한다.

● 바른답·알찬풀이 31쪽

382

밑줄 친 '강압책'에 해당하는 내용으로 옳은 것만을 <보기>에서 고른 것은?

> 소수의 만주족이 세운 청은 인구의 다수를 차지하는 한족을 다스리기 위해 <u>강압책</u>과 회유책을 병행하였다.

┤ 보기 ├
ㄱ. 신사층의 특권을 인정하였다.
ㄴ. 색목인을 지배층으로 우대하였다.
ㄷ. 변발을 하고 호복을 입도록 강요하였다.
ㄹ. 만주족을 비판하는 서적을 금서로 지정하였다.

① ㄱ, ㄴ　　② ㄱ, ㄷ　　③ ㄴ, ㄷ
④ ㄴ, ㄹ　　⑤ ㄷ, ㄹ

383

(가)에 들어갈 내용으로 옳은 것만을 <보기>에서 고른 것은?

> 명·청 시대에 사회를 주도한 지배층은 유교적 소양을 갖춘 지식인으로, 전·현직 관리를 포함하여 주·부·군·현의 공립 학교 학생과 졸업생 등 관직에 진출할 수 있는 자격을 가진 계층이었다. 그러나 과거 응시 자격자들이 늘어나면서 경쟁이 치열해지자 관직 진출을 포기하고 향촌 사회에서 백성 교화, 세금 징수, 치안 유지 등에 참여하였다. 또한 이들은 ________________ (가)

┤ 보기 ├
ㄱ. 직용의 변을 일으켰다.
ㄴ. 공소, 회관을 설립하여 이익을 도모하였다.
ㄷ. 세금 납부 대행 등으로 사익을 취하기도 하였다.
ㄹ. 요역 면제, 가벼운 형벌 면책 등의 특권을 누렸다.

① ㄱ, ㄴ　　② ㄱ, ㄷ　　③ ㄴ, ㄷ
④ ㄴ, ㄹ　　⑤ ㄷ, ㄹ

384

밑줄 친 '이 막부' 시기에 있었던 사실로 옳은 것은?

> <u>이 막부</u>는 각종 법규와 산킨코타이 제도를 통해 다이묘를 강력하게 통제하는 한편, 천황과 귀족을 정치에서 배제하여 중앙 집권적 봉건제를 실시하였다. 또한 엄격한 신분제를 실시하여 무사 계급이 농민과 조닌(상공업자)을 지배하는 사회를 만들었다.

① 조카마치가 성장하였다.
② 다이카 개신이 단행되었다.
③ 센고쿠 시대가 전개되었다.
④ 두 차례 원의 침입을 받았다.
⑤ 명과 감합 무역이 이루어졌다.

385

밑줄 친 ㉠ 상황이 나타난 시기의 문화에 대한 설명으로 옳은 것은?

> 나는 영국 동인도 회사 소속 상인으로 아그라와 파탈리푸트라, 벵골 지방의 교역 상황을 점검하였다. 그리고 포르투갈이 장악한 마카오에 도착하였다. 이곳에서 나는 일본에서 추방된 포르투갈 선교사들을 만났다. 그들의 말에 따르면 …… 포르투갈은 일본 내 무역 거점을 상실하게 되었다고 한다. …… 이러한 상황에서 ㉠<u>데지마는 네덜란드 상인들의 무역 거점이 되었던 것이다.</u>
>
> — 피터 먼디, 『세계 여행에 관하여』 —

① 도다이사가 설립되었다.
② 우키요에가 유행하였다.
③ 국풍 문화가 발달하였다.
④ 『고사기』, 『일본서기』가 편찬되었다.
⑤ 한자를 변형해 만든 '가나'가 만들어졌다.

실력 기출 문제

학교 시험에서 출제율이 높은 문제를 엄선하여 수록하였습니다.

1 명·청의 건국과 발전

386

다음을 반포한 황제에 대한 설명으로 옳은 것만을 〈보기〉에서 고른 것은?

> • 부모에게 효도하라.
> • 웃어른을 공경하라.
> • 마을 사람들과 화목하라.
> • 자손들을 잘 교육하라.
> • 각자 하는 일에 만족하라.
> • 나쁜 짓을 저지르지 말라.

┤ 보기 ├
ㄱ. 재상제를 폐지하였다.
ㄴ. 이갑제를 실시하였다.
ㄷ. 자유로운 대외 무역을 허용하였다.
ㄹ. 장거정 주도로 개혁을 추진하게 하였다.

① ㄱ, ㄴ   ② ㄱ, ㄷ   ③ ㄴ, ㄷ
④ ㄴ, ㄹ   ⑤ ㄷ, ㄹ

387

(가) 시기에 발생한 사건으로 옳은 것은?

> 명이 해금 정책을 시행하여 사적인 대외 무역을 통제하고 조공 무역만 허용하였다.
>
> ↓
>
> (가)
>
> ↓
>
> 명은 북쪽에서는 몽골, 남쪽에서는 왜구의 침입에 시달리기 시작하였다.

① 자금성이 건설되었다.
② 홍건적의 난이 일어났다.
③ 명군이 임진왜란에 참전하였다.
④ 이자성이 베이징을 점령하였다.
⑤ 장거정이 일조편법을 확대 실시하였다.

388 빈출

밑줄 친 '항해'의 영향으로 가장 적절한 것은?

① 동아시아 문화권이 형성되었다.
② 제지술이 이슬람 세계에 전해졌다.
③ 명 중심의 국제 질서가 확대되었다.
④ 마르코 폴로 등이 중국을 방문하였다.
⑤ 북방 민족이 화북 지방을 점령하였다.

389

(가) 인물의 활동으로 옳은 것은?

① 내각 대학사를 두었다.
② 국호를 청으로 바꾸었다.
③ 『대의각미록』을 편찬하였다.
④ 천호제를 바탕으로 정복 활동을 벌였다.
⑤ 남송을 멸망시켜 중국 전역을 지배하였다.

390

밑줄 친 '황제'의 재위 시기에 있었던 사실로 옳은 것만을 〈보기〉에서 고른 것은?

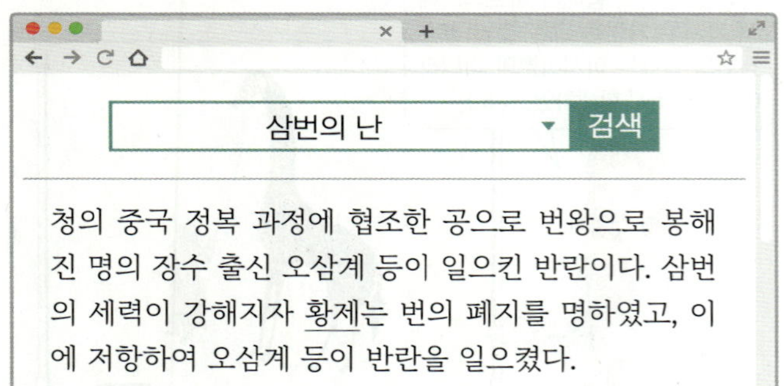

| 보기 |

ㄱ. 군기처가 설치되었다.
ㄴ. 네르친스크 조약이 체결되었다.
ㄷ. 타이완의 반청 세력이 진압되었다.
ㄹ. 신장, 티베트, 몽골 등을 정복하였다.

① ㄱ, ㄴ　　　② ㄱ, ㄷ　　　③ ㄴ, ㄷ
④ ㄴ, ㄹ　　　⑤ ㄷ, ㄹ

391 빈출

다음 자료를 활용한 탐구 주제로 가장 적절한 것은?

- 내각 대학사는 만주인, 한인 각 2인으로 한다. 만주인 1품, 한인 2품이었으나 순치 15년에 이르러 모두 2품으로 하였고, 옹정 8년에 모두 정1품으로 정하였다. 협판 대학사는 만주인, 한인 각 1인으로 한다.
- 11월 갑신일에 사고전서관에 어명("명 말 인사들의 책과 문집에서 본 왕조에 저촉되는 것으로서, 망령되게 함부로 말한 자들의 책은 엄중히 조사하여 모두 없애야 할 것이다.")을 내려 금령(禁令)을 어긴 책들을 상세히 조사하여 파기하도록 하였다.

① 한화 정책의 영향
② 청의 중국 통치 방식
③ 북면관제·남면관제의 특징
④ 몽골인, 색목인, 한인의 역할
⑤ 진시황제가 추진한 통일 정책

392

다음 자료에 나타난 시기의 경제 상황으로 옳지 않은 것은?

> 산시 상인들이 수십 명을 거느리고 상하이에 와서 큰 점포를 마련하여 면포를 수매하였다. 매일 아침 새벽부터 소동문(小東門) 밖에 시장이 열렸다. 면포를 짊어지고 팔러 오는 농촌 사람들의 어깨가 서로 부딪치고 소매가 스칠 정도로 거리는 번화하였다.
>
> - 저화, 『목선보』 -

① 감자, 고구마 등이 재배되었다.
② 수많은 정기 시장이 등장하였다.
③ 상인들이 공소, 회관을 설립하였다.
④ 참파 벼가 도입되어 농업 생산량이 증가하였다.
⑤ 창장강 하류 지방에서 면직물 산업 등이 발달하였다.

393

밑줄 친 '이 시기'에 있었던 사실로 옳은 것은?

① 지정은제가 시행되었다.
② 곽수경이 『수시력』을 편찬하였다.
③ 동전의 주조량이 크게 증가하였다.
④ 정부가 막부에 감합을 발급하였다.
⑤ 해금 정책이 강화되어 사무역이 제한되었다.

394

(가)에 해당하는 왕조 시기에 볼 수 있는 모습으로 가장 적절한 것은?

> 『천공개물』은 [(가)] 시기에 송응성이 편찬한 대표적인 실용 과학 기술 서적으로, 종이 제작 과정 등 중국의 전통 산업 기술을 그림과 함께 소개하였다.

① 경극을 관람하는 관객
② 『홍루몽』을 판매하는 상인
③ 『본초강목』을 읽고 있는 의원
④ 재정을 담당하는 색목인 관리
⑤ 패자를 보여 주고 역참에 들어오는 관리

395 빈출

다음에 해당하는 학문에 대한 설명으로 옳은 것은?

> • 왕수인이 형식화된 성리학을 비판하며 실천을 중시하는 학문을 제창하였다.
> • 마음은 곧 하늘이 부여한 이치(심즉리)임을 내세웠다.

① 지행합일을 강조하였다.
② 통치 이념으로서 관학으로 발전시켰다.
③ 문헌에 근거한 실증적 연구를 중시하였다.
④ 시대 변화에 따른 현실 개혁을 중시하였다.
⑤ 우주의 원리와 인간의 심성 탐구에 집중하였다.

396

다음 글을 저술한 인물의 활동으로 옳은 것은?

> 중국인들은 내가 서광계와 함께 번역한 『기하원본』의 내용에 많은 관심을 보이며 나를 직접 찾아와 가르침을 구하였다. 이들은 유럽인처럼 서양의 수학, 과학 이론을 대단히 빨리 습득하였는데, 특히 엄밀함이 요구되는 수학적 증명 과정에서도 정확하고 민첩한 사고력을 발휘하였다.

① 파스파 문자를 만들었다.
② 『오경정의』를 편찬하였다.
③ 청의 역법 개정을 주도하였다.
④ 「곤여만국전도」를 제작하였다.
⑤ 카이펑의 모습을 담은 「청명상하도」를 그렸다.

397

다음 내용을 뒷받침하는 사례로 옳은 것은?

> 명·청 시대에는 상품 화폐 경제의 발달로 도시 인구가 대폭 증가하며 서민층 중심의 문화가 발달하였다. 부유해진 서민이 문화의 주 소비층으로 성장하면서 희곡, 구어체 소설이 유행하였다. 인쇄술의 발달로 다양한 서적이 보급되었고 이를 계기로 문화 수준도 높아졌다.

① 이국적인 당삼채가 유행하였다.
② 『서상기』 등의 희곡이 만들어졌다.
③ 이백, 두보 등의 시인이 이름을 날렸다.
④ 『삼국지연의』, 『서유기』 등이 인기를 끌었다.
⑤ 『강희자전』, 『사고전서』 등의 서적이 편찬되었다.

---

3 무로마치 막부와 에도 막부

398

(가) 시기에 있었던 사실로 옳은 것은?

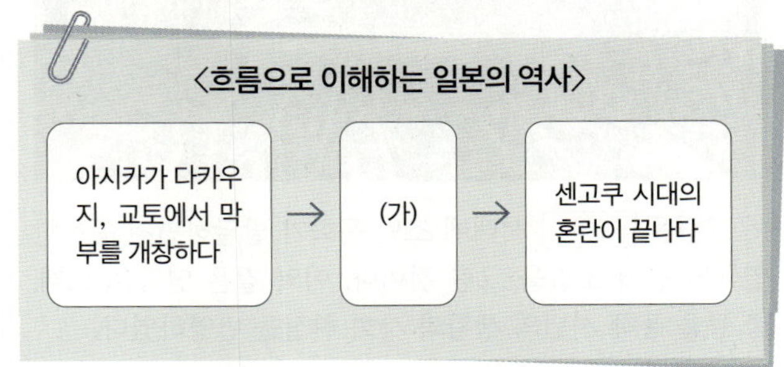

① 조닌 문화가 발달하다
② 다이카 개신이 단행되다
③ 다이묘들이 패권 쟁탈전을 벌이다
④ 도요토미 히데요시, 조선을 침략하다
⑤ 서양의 학문과 기술을 토대로 난학이 발달하다

399 빈출

다음 법령과 관련된 막부에 대한 설명으로 옳은 것만을 〈보기〉에서 고른 것은?

> 제2조 다이묘(大名)와 쇼묘(小名)는 자신의 영지와 에도에 교대로 거주하도록 정하였으니, 매년 4월에 참근(參勤) 해야 한다.
> 제3조 다이묘가 새로 성곽을 쌓는 것을 엄히 금지한다.
>
> - 「무가제법도」 -

| 보기 |
> ㄱ. 교토에서 개창되었다.
> ㄴ. 막번 체제를 확립하였다.
> ㄷ. 엄격한 신분제를 실시하였다.
> ㄹ. 센고쿠 시대의 혼란을 통일하였다.

① ㄱ, ㄴ   ② ㄱ, ㄷ   ③ ㄴ, ㄷ
④ ㄴ, ㄹ   ⑤ ㄷ, ㄹ

400

(가) 시대의 경제와 사회에 대한 설명으로 옳지 <u>않은</u> 것은?

이 그림은 (가) 시대에 조닌 문화가 발달하면서 등장한 연극의 공연 모습을 그린 것이다. 이와 같은 연극은 노래, 춤 등을 통해 서민의 생활과 사회 현실을 반영하였다.

① 조카마치가 성장하였다.
② 전국의 도로망이 정비되었다.
③ 크리스트교 포교가 금지되었다.
④ 명과 감합 무역을 통해 교류하였다.
⑤ 상공업이 발전하여 각지에 도시가 발달하였다.

| 401~402 |

다음 자료를 읽고 물음에 답하시오.

▲ 『사고전서』

이 황제 때 약 8만 권에 이르는 서적을 경전, 역사서, 철학서, 문학서의 4부로 분류하여 편찬하였다. 이러한 대규모 편찬 사업은 한족 지식인의 포섭과 학문 진흥을 위한 것이기도 했지만, 한편으로는 __________ (가)

401

밑줄 친 '이 황제'를 쓰시오.

402

(가)에 들어갈 내용을 서술하시오.

| 403~404 |

다음 자료를 읽고 물음에 답하시오.

> 진명하는 순치제의 변발령을 거부하며 한족의 복식을 회복해야 한다는 주장을 고수하다가 결국 극형에 처해졌다. 또한 명 복식의 복원을 촉구하던 한 학자도 처형되었다. 이러한 조치는 통치 기강을 바로잡기 위한 (가) 왕조의 일관된 방침으로서 ㉠한족 출신의 관인들에게 강제적인 의무 사항이었고, 이에 대해 어떠한 문제 제기나 반발도 용납되지 않았다.
>
> - 에드워드 로즈, 『만주족과 한족』 -

403

(가)에 들어갈 왕조를 쓰시오.

404

밑줄 친 ㉠을 대상으로 실시된 강압책의 사례를 위 자료의 내용을 제외하고 서술하시오.

내신 1등급을 결정하는 고난도 문제를 수록하였습니다.

405

다음 제도를 도입한 황제가 실시한 정책으로 옳지 <u>않은</u> 것은?

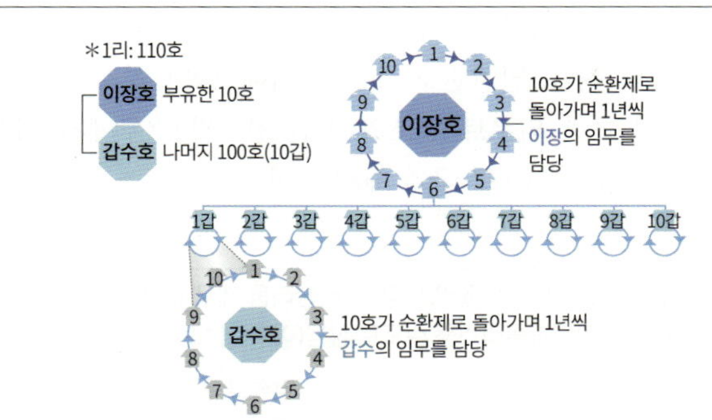

110호를 1리로 편성하고 그중 부유한 10호를 이장호, 나머지 100호는 갑수호로 하였다. 갑수호는 1갑에 10호씩 총 10갑으로 편성하였다.

① 육유를 반포하였다.
② 재상제를 폐지하였다.
③ 어린도책을 마련하였다.
④ 6부를 황제에 직속시켰다.
⑤ 과거에 전시를 정례화하였다.

406

밑줄 친 ㉠~㉤ 중 옳은 것은?

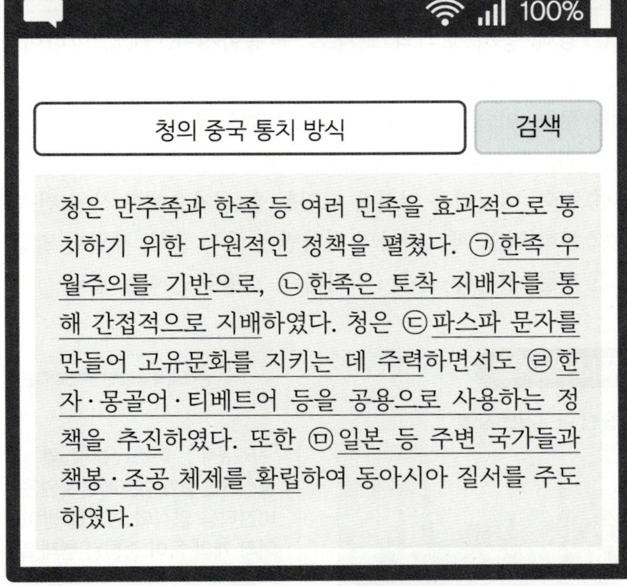

① ㉠   ② ㉡   ③ ㉢
④ ㉣   ⑤ ㉤

407

(가), (나) 정책이 시행된 시기 사이에 있었던 사실로 옳은 것은?

(가) 일조편법의 시행 지역이 호광 지방까지 그 범위가 확대되었고, 만력 9년에 이르러 전국적으로 시행되었다. 이로 인해 일반 백성과 빈곤층 등은 혜택을 보았고, 서리나 탐관오리들에게는 괴로운 법이 되었다.

　　　　　　　　　　　　　　 - 『흠정고금도서집성』 -

(나) 인정은 늘더라도 토지는 늘지 않으니 현재의 세역 장부에 등재된 인정 수를 늘리거나 줄이지 말고 영구히 고정하라. 그리고 지금 이후 태어나는 인정은 꼭 정세를 거둘 필요가 없다.

　　　　　　　　　　　　　　 - 『성조실록』 -

① 홍건적의 난이 일어났다.
② 『사고전서』가 편찬되었다.
③ 정화의 항해가 추진되었다.
④ 명이 임진왜란에 참전하였다.
⑤ 신장, 티베트, 몽골 등을 정복하였다.

408

밑줄 친 ㉠~㉣에 대한 학생의 해석으로 옳은 것만을 <보기>에서 고른 것은?

나는 ㉠네덜란드 상관의 의사로 근무하면서 학원을 열어 일본인에게 ㉡서양의 과학 지식을 전수해 줄 기회를 얻게 되었다. …… 매년 한 번씩 네덜란드 상관장을 비롯한 사절단이 ㉢나가사키에서 에도로 상경하여 쇼군을 알현하고 헌상품을 바치곤 하였다. 때마침 나는 이 사절단의 일원으로 참여할 수 있었다. …… 에도에 도착하여 여장을 풀었다. 도로망이 비교적 잘 정비되어 있어 ㉣여행길에 별다른 어려움은 없었다. 한 달 남짓 체류하면서 에도의 발전상을 직접 목격할 수 있었다.

　　　　　　　　　　　　　　 - 지볼트, 『일본 여행기』 -

| 보기 |

ㄱ. ㉠ - 나가사키의 데지마에 위치하였어요.
ㄴ. ㉡ - 네덜란드 상인을 통해 의학 등이 전해졌어요.
ㄷ. ㉢ - 산킨코타이 제도에 따라 이동한 것이에요.
ㄹ. ㉣ - 막부에서 슈인장을 발급해 주었기 때문이에요.

① ㄱ, ㄴ   ② ㄱ, ㄷ   ③ ㄴ, ㄷ
④ ㄴ, ㄹ   ⑤ ㄷ, ㄹ

10 무굴 제국과 오스만 제국

1 인도의 이슬람화와 무굴 제국

1 인도의 이슬람화와 델리 술탄 왕조

(1) 이슬람 세력의 인도 진출: 8세기경 진출 → 10세기 후반 가즈니 왕조 수립, 12세기 구르 왕조가 인도 내륙으로 진출

(2) 델리 술탄 왕조

성립	13세기 초 아이바크가 이슬람 왕조 개창 → 이후 300여 년 동안 델리를 수도로 한 이슬람 계통의 다섯 왕조가 이어짐
관용 정책	지즈야(인두세)를 납부하면 자신의 종교 유지 가능, 카스트제에 불만을 가진 일부 힌두교도가 이슬람교로 개종

└ 구르 왕조의 맘루크(용병) 출신이었다.

2 무굴 제국의 성립과 발전

건국	바부르가 델리 술탄 왕조를 무너뜨리고 수립(1526)
아크바르 황제	• 데칸고원 이남을 제외한 인도 대부분 통일 • 아그라를 수도로 삼음, 관료제와 중앙 집권 체제 확립 • 지즈야 폐지, 힌두 세력 통합 노력(관용 정책)
아우랑제브 황제	• 데칸고원을 넘어 인도 남부의 상당 부분 차지 • 지나친 정복 활동으로 재정 악화, 이슬람 제일주의 지향, 지즈야 부활, 힌두교 사원 파괴 등 비이슬람교도 탄압 → 시크교도(펀자브 지방), 마라타족(중부 힌두교도), 라지푸트족(북서부 힌두교도)의 반란 → 위기를 틈타 서양 세력이 인도 내륙으로 침투 → 이후 무굴 제국 점차 쇠퇴

└ 티무르의 후손으로 알려졌다.

시크교는 16세기경 나나크가 창시하였다.

3 무굴 제국의 경제

(1) 국내: 농업·상공업 발달, 대도시 성장(델리, 아그라 등)

(2) 대외 교역: 면직물과 향신료 등 수출, 중국·동남아시아·서아시아·지중해를 연결하는 인도양 무역 주도

유럽 동인도 회사와 교섭하며 전개되었으나 점차 무굴 제국은 무역의 주도권을 빼앗겼다.

4 인도(힌두)·이슬람 문화의 발전

특징	인도 문화와 이슬람 문화의 융합 → 인도·이슬람 문화 발전
종교	힌두교와 이슬람교가 융합된 시크교 발전(펀자브 지방)
언어	• 페르시아어: 공식 문서나 외교에서 사용(공용어) • 우르두어: 힌두어에 페르시아어·아랍어 합쳐짐, 일상 사용
회화	무굴 회화 발달(전통적 인도 양식과 페르시아 세밀화의 조화)
건축	왕궁·성·모스크 건축 → 인도·이슬람 양식의 타지마할 조성

2 오스만 제국

1 오스만 제국의 발전

(1) 성립: 튀르크계의 오스만족이 국가 수립(1299), 14세기 후반 유럽 진출, 발칸반도 대부분 지배, 술탄 칭호 사용 → 15세기 초반 티무르 왕조와 벌인 앙카라 전투에서 패배, 위기를 맞았으나 곧 국가 체제 정비

(2) 발전

메흐메트 2세	콘스탄티노폴리스 점령, 비잔티움 제국 멸망(1453) → 콘스탄티노폴리스를 수도로 삼음(이후 이스탄불로 불림)
셀림 1세	사파비 왕조 제압, 이집트의 맘루크 왕조 정복, 메카와 메디나의 보호권 차지(이슬람 세계의 지배자로 등극)
술레이만 1세	헝가리 정복, 오스트리아의 빈 포위 공격, 유럽의 연합 함대 격퇴, 지중해 교역의 해상권 장악 → 전성기 이룩

(3) 쇠퇴: 신항로 개척 이후 지중해의 중요성 축소, 레판토 해전 패배(1571), 제2차 빈 포위 공격 실패, 헝가리 상실 → 오스만 제국의 세력 약화

2 오스만 제국의 사회, 경제, 문화

(1) 통치 정책: 넓은 영토를 효율적으로 다스리기 위한 목적

티마르 제도	술탄의 직할지를 제외한 지역의 군인에게 토지에 대한 징세권(티마르) 부여, 그 대가로 전쟁 발생 시 군 복무
데브시르메 제도	크리스트교도 청소년 징집 → 이슬람교로 개종, 술탄의 행정관이나 직속 상비군인 예니체리 등으로 육성
관용 정책	• 다른 민족의 언어·종교·전통 인정 • 비이슬람교도라도 지즈야만 납부하면 종교 공동체인 밀레트를 만들어 자치를 누리도록 허용

(2) 경제: 동서 교역의 교차로 → 동아시아, 인도, 아라비아 상인과 교류 → 상업 도시 발달, 수도 이스탄불 번성

(3) 문화: 이슬람 문화를 바탕으로 튀르크 문화, 페르시아 문화, 비잔티움 제국의 문화 융합

① 건축: 비잔티움 양식을 도입한 술탄 아흐메트 사원 건축

② 문학, 미술: 페르시아의 영향받은 궁정 문학, 세밀화 발달

③ 학문: 천문학·수학·지리학 등 실용적인 학문 발달

꼭 나오는 자료   *83쪽 427번 문제로 확인*

타지마할

자료 분석   무굴 제국의 제5대 황제이자 아우랑제브 황제의 아버지인 샤자한이 조성하였다. 왕비인 뭄타즈 마할을 추모하여 세운 묘당으로, 이슬람 양식(돔형 지붕과 아치)과 인도 양식(연꽃 문양)이 조합되어 있다.

꼭 나오는 자료   *84쪽 432번 문제로 확인*

술탄 아흐메트 사원

자료 분석   이스탄불에 있는 모스크인 술탄 아흐메트 사원은 비잔티움 양식의 영향을 받아 여러 개의 돔이 중첩된 형태로 건축되었다. 내부가 푸른색 타일로 장식되어 있어서 '블루 모스크'라고도 불린다.

핵심 주제를 파악할 수 있는 기출 문제를 수록하였습니다.

기본 기출 문제

핵심 개념 문제

● 빈칸에 들어갈 알맞은 말을 쓰시오.

409 아크바르 황제는 비이슬람교도에게 부과하는 인두세인 (　　　　)을/를 폐지하였다.

410 오스만 제국의 술탄 (　　　　)은/는 헝가리를 정복하고 오스트리아의 빈을 포위 공격하였다.

411 오스만 제국은 데브시르메 제도를 통해 술탄의 친위 부대인 (　　　　)와/과 관료를 육성하였다.

● 다음 내용이 옳으면 ○표, 틀리면 ×표를 하시오.

412 델리 술탄 왕조는 비이슬람교도에 대해 관용적인 정책을 실시하였다. (　　　)

413 아우랑제브 황제는 힌두교도를 관료로 임명하며 힌두 세력을 통합하고자 하였다. (　　　)

● 종교와 관련 인물 또는 민족을 바르게 연결하시오.

414 시크교　•　　　　　• ㉠ 나나크

415 힌두교　•　　　　　• ㉡ 아이바크

416 이슬람교 •　　　　　• ㉢ 마라타족

● 괄호 안에 들어갈 알맞은 말을 고르시오.

417 티무르의 후손으로 알려진 (㉠ 바부르, ㉡ 아이바크)는 델리 술탄 왕조를 무너뜨리고 무굴 제국을 세웠다.

418 (㉠ 타지마할, ㉡ 성 소피아 성당)은 무굴 제국의 제5대 황제인 샤자한이 왕비를 추모하여 조성한 묘당이다.

● 다음에서 설명하는 제도를 〈보기〉에서 고르시오.

┌ 보기 ┐
ㄱ. 밀레트　　ㄴ. 티마르 제도　　ㄷ. 데브시르메 제도

419 술탄의 직할지를 제외한 지역의 군인에게 토지에 대한 징세권을 부여하였다. (　　　)

420 크리스트교도 청소년을 징집하여 이슬람교로 개종하도록 한 후 교육과 훈련을 하였다. (　　　)

421

★ 핵심 주제 델리 술탄 왕조

밑줄 친 '다섯 왕조'의 시기에 있었던 사실로 옳은 것만을 〈보기〉에서 고른 것은?

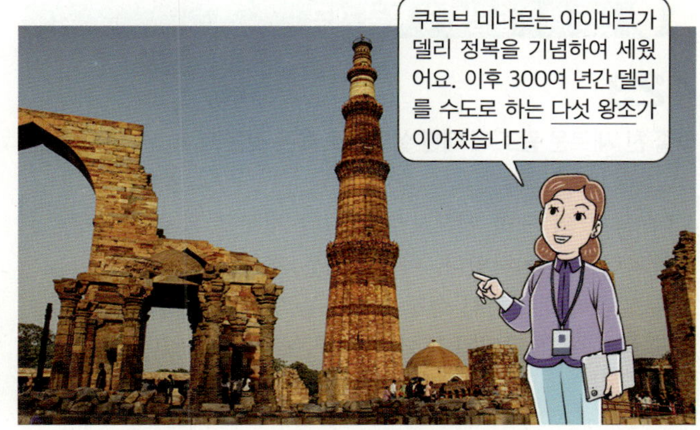

┌ 보기 ┐
ㄱ. 지즈야(인두세)가 폐지되었다.
ㄴ. 힌두교도인 마라타족이 반란을 일으켰다.
ㄷ. 이슬람교로 개종하는 힌두교도가 늘어났다.
ㄹ. 비이슬람교도에 대한 관용 정책이 실시되었다.

① ㄱ, ㄴ　　　② ㄱ, ㄷ　　　③ ㄴ, ㄷ
④ ㄴ, ㄹ　　　⑤ ㄷ, ㄹ

422

★ 핵심 주제 오스만 제국의 발전

(가) 인물의 활동으로 옳은 것은?

콘스탄티노폴리스를 점령한 ⌐(가)⌐은/는 '로마 제국의 카이사르(황제)'라는 칭호를 사용하였다. 그는 로마 제국의 후계자로서, 과거 콘스탄티누스 황제가 건설한 새로운 수도에서 탁월한 통치자의 반열에 등극할 것이라고 공언하였다.

－ 데이비드 니콜, 『1453년 콘스탄티노폴리스』 －

① 헝가리를 정복하였다.
② 맘루크 왕조를 정복하였다.
③ 비잔티움 제국을 멸망시켰다.
④ 메카와 메디나의 보호권을 차지하였다.
⑤ 앙카라 전투에서 티무르 왕조에 패배하였다.

실력 기출 문제

학교 시험에서 출제율이 높은 문제를 엄선하여 수록하였습니다.

1 인도의 이슬람화와 무굴 제국

423

밑줄 친 '새로운 왕조'에 대한 설명으로 옳은 것은?

> 아이바크의 델리 정복으로 수립된 <u>새로운 왕조</u>는 탁월한 통치력을 발휘하였다. 아이바크를 계승한 델리의 술탄들은 알라께서 명하신 성전을 행하는 데 주력하면서도, 힌두교 등 다른 종교와의 평화로운 공존을 모색하였다.
>
> – 지아우딘 바라니, 『국가의 통치에 대해』 –

① 엄격한 카스트제를 강요하였다.
② 전국에 칙령을 새긴 석주를 세웠다.
③ 가즈니 왕조가 약화되자 인도 내륙으로 진출하였다.
④ 지즈야를 내면 자신의 신앙을 유지할 수 있게 하였다.
⑤ 사산 왕조 페르시아에 인더스강 서쪽 지역을 빼앗겼다.

424

(가) 인물에 대한 설명으로 옳은 것만을 〈보기〉에서 고른 것은?

> [역사 인물 카드]
>
> (가)
>
> • 무굴 제국을 세운 바부르의 손자로 제3대 황제이다.
> • 관료제와 지방 행정 구역을 정비하였다.
> • 힌두교도도 관료로 임명하였다.
> • 라지푸트족 출신의 여성과 결혼하였다.

| 보기 |
ㄱ. 아그라를 수도로 삼았다.
ㄴ. 이슬람 제일주의를 내세웠다.
ㄷ. 지즈야(인두세)를 폐지하였다.
ㄹ. 무굴 제국의 영토를 최대로 확장하였다.

① ㄱ, ㄴ　　② ㄱ, ㄷ　　③ ㄴ, ㄷ
④ ㄴ, ㄹ　　⑤ ㄷ, ㄹ

425

다음 대화의 상황이 일어난 배경으로 가장 적절한 것은?

① 알렉산드로스가 침입하였다.
② 이슬람 왕조가 처음 등장하였다.
③ 비이슬람교도에 대한 탄압이 강화되었다.
④ 구르 왕조의 맘루크 출신이 델리를 정복하였다.
⑤ 브라만교를 바탕으로 다양한 민간 신앙이 융합되었다.

426

밑줄 친 ㉠을 활용한 탐구 활동으로 가장 적절한 것은?

> 무굴 제국은 농업과 상공업이 발달하였고 경제적 번영을 이루었다. 내륙 지역에서는 델리, 아그라 등 대도시가 성장하고 해안 지역에서는 대외 무역항이 발달하면서 무굴 제국에서 생산된 면직물과 향신료 등은 대표적인 수출품으로서 ㉠유럽 등지에서 인기를 끌었다.

① 한자 동맹의 활동 지역을 살펴본다.
② 콜럼버스가 개척한 항로를 조사한다.
③ 정화의 항해가 가져온 결과를 파악한다.
④ 불교의 전파 경로를 지도에서 확인한다.
⑤ 유럽 동인도 회사의 교역 물품을 살펴본다.

427 빈출

다음 문화유산에 대한 설명으로 옳은 것은?

황제는 각지의 숙련된 기술자들을 불러들여 많은 심사숙고 끝에 이들의 지혜를 모아 눈부신 묘당을 조성하였다. 그들 중에는 특별히 콘스탄티노폴리스에서 온 탁월한 건축가들도 있었다고 한다.

– 압둘 하미드 라호리, 『파드샤나마』 –

① '블루 모스크'라고 불렸다.
② 델리 정복을 기념하여 세웠다.
③ 성당을 모스크로 개조한 것이다.
④ 인도·이슬람 양식의 건축물이다.
⑤ 비잔티움 양식을 반영하여 건축되었다.

428

밑줄 친 ㉠의 사례로 옳은 것만을 〈보기〉에서 고른 것은?

중앙아시아의 이슬람 세력이 북인도로 진출하면서 아랍의 전통문화, 페르시아 문화, 튀르크인들의 풍습 등이 인도에 전해졌다. 이에 언어, 종교, 건축 등에서 ㉠인도 문화와 이슬람 문화가 융합된 문화가 발전하였는데, 이러한 경향은 무굴 제국 시기에도 계속되었다.

┤ 보기 ├
ㄱ. 자이나교가 창시되었다.
ㄴ. 간다라 불상이 제작되었다.
ㄷ. 우르두어가 널리 사용되었다.
ㄹ. 펀자브 지방에서 시크교가 발전하였다.

① ㄱ, ㄴ   ② ㄱ, ㄷ   ③ ㄴ, ㄷ
④ ㄴ, ㄹ   ⑤ ㄷ, ㄹ

429

(가) 국가에 대한 설명으로 옳은 것만을 〈보기〉에서 고른 것은?

│ (가) │은/는 셀주크 튀르크가 멸망한 이후 소아시아 지역에서 수립되었다. │ (가) │의 메흐메트 2세는 콘스탄티노폴리스를 점령하고, 비잔티움 제국을 멸망시켰다.

┤ 보기 ├
ㄱ. 술탄의 칭호를 사용하였다.
ㄴ. 데칸고원 이남 지역까지 영역을 확대하였다.
ㄷ. 앙카라 전투에서 티무르 왕조에게 패배하였다.
ㄹ. 중국, 동남아시아, 서아시아, 지중해를 연결하는 인도양 무역을 주도하였다.

① ㄱ, ㄴ   ② ㄱ, ㄷ   ③ ㄴ, ㄷ
④ ㄴ, ㄹ   ⑤ ㄷ, ㄹ

430

(가)에 들어갈 내용으로 가장 적절한 것은?

① 무적함대를 격파하였어.
② 사마르칸트를 도읍으로 삼았어.
③ 이집트의 맘루크 왕조를 정복하였어.
④ '왕의 길'로 불리는 도로를 건설하였어.
⑤ 셀주크 튀르크에 술탄 칭호를 부여하였어.

● 바른답·알찬풀이 34쪽

431

(가) 제도에 대한 탐구 활동으로 가장 적절한 것은?

왼쪽 그림은 크리스트교도 청소년들이 (가) 제도를 통해 징발되는 모습이다. 징발된 청소년은 이슬람교로 개종한 후 궁정 학교에서 교육과 훈련을 받았다. 이들은 이후 관료 등으로 임명되었다.

① 마라타족이 반란을 일으킨 배경을 파악한다.
② 이슬람 제일주의가 반영된 정책을 알아본다.
③ 술탄의 직속 상비군이 선발되는 과정을 조사한다.
④ 16세기경 창시되었고 펀자브 지방에 확산된 종교를 알아본다.
⑤ 군사령관에게 사법권, 행정권 등을 부여한 제도를 알아본다.

432 빈출

다음 문화유산을 건축한 국가에 대한 설명으로 옳지 <u>않은</u> 것은?

▲ 내부 모습

비잔티움 양식을 도입해 건축된 모스크로, 현재의 이스탄불에 있다. 여러 개의 돔이 중첩되어 있으며, 내부를 푸른색 타일로 장식하여 '블루 모스크'라는 이름으로 알려져 있다.

① 다양한 민족의 언어, 종교, 전통을 인정하였다.
② 이슬람 문화를 바탕으로 다양한 문화가 융합되었다.
③ 천문학, 수학, 지리학 등 실용적인 학문이 발달하였다.
④ 동서 교역로를 장악하여 많은 상업 도시가 발달하였다.
⑤ 제2차 빈 포위 공격에 성공하면서 해상권을 장악하였다.

| 433~434 |

다음 자료를 읽고 물음에 답하시오.

폐하, 장기간 홍수와 혹한이 거듭되고 기근까지 엄습하여 신민은 큰 고통 속에 있습니다. 이런 상황에서 폐하께서 지즈야를 다시 부과하는 것은 온당치 못합니다. 백성에게 참된 안식을 선사해 주신 선대 황제와 어찌하여 다른 길을 가려 하십니까? 혹여 폐하께서 우리 힌두교도에게 억압의 족쇄를 채우려는 것은 아닌지 심히 우려됩니다.
- 마라타족의 수장 시바지 -

433

밑줄 친 '폐하'가 가리키는 황제를 쓰시오.

434

위 상황으로 일어난 반란 이후 무굴 제국이 쇠퇴하게 된 대외적 원인을 서술하시오.

| 435~436 |

다음 자료를 읽고 물음에 답하시오.

교황 피우스 2세가 이르노라. " (가) 이/가 유럽의 심장부, 즉 우리의 영토이자 삶의 터전인 콘스탄티노폴리스를 점령하였다. 일찍이 아랍인이 이베리아반도를 장악하고, 셀주크 튀르크가 비잔티움 제국을 침공한 적은 있었다. 그러나 이번처럼 콘스탄티노폴리스와 같은 주요 도시를 우리가 상실한 적은 없었다."
- 에릭 존스, 『유럽과 이슬람』 -

435

(가)에 들어갈 국가를 쓰시오.

436

(가) 국가의 세력이 약화된 배경을 <u>두 가지</u> 서술하시오.

적중 1등급 문제

내신 1등급을 결정하는 고난도 문제를 수록하였습니다.

437

(가) 황제의 재위 시기에 있었던 사실로 옳은 것은?

> 콜베르가 파견한 베베르 등은 프랑스 동인도 회사의 대표단 자격으로 ___(가)___ 황제를 알현하고 루이 14세의 국서를 바쳤다. 그 주요 내용은 "폐하께서 정복하신 데칸고원 일대로 최근 마라타족의 반란 등 일련의 소요 사태들이 확산되고 있는 실정입니다. 따라서 귀국께서 우리 프랑스 상인들에 대한 보호 조치를 취해 주시길 간곡하게 청하옵니다."라는 것이었다.
>
> — 카스토네 드 포셰, 『프랑스의 인도 진출』 —

① 쿠트브 미나르가 세워졌다.
② 힌두교 사원이 파괴되었다.
③ 아그라가 새로운 수도가 되었다.
④ 이슬람 세력이 인도에 진출하기 시작하였다.
⑤ 황제가 라지푸트족 출신 여성과 결혼하였다.

438

밑줄 친 '황제'의 재위 시기에 있었던 사실로 가장 적절한 것은?

> 사료로 보는 세계사
>
> 우리 일행은 수라트를 거쳐 아그라의 황궁에 이르는 과정에서 기아와 역병으로 죽어 가는 많은 백성을 목격하였다. 수년간 홍수와 혹한이 거듭되면서, 흉작과 기근이 구자라트 등지로 확산되었다. 이러한 사태를 더욱 악화시킨 것은 뭄타즈 마할의 죽음을 슬퍼하던 황제의 갑작스러운 결정이었다. 황제가 묘당 건설을 위해 굶주린 백성에게 많은 세금을 부과하자, 각지에서 반란이 빈발하고 황실에서도 내분이 벌어졌다.
>
> — 피터 먼디, 『세계 여행에 관해』 —
>
> <해설> 연이어 자연재해가 발생한 상황에서 타지마할을 건설하면서 큰 반발이 일어났다.

① 지즈야를 부활시켰다.
② 시크교도가 반란을 일으켰다.
③ 수도인 이스탄불이 번성하였다.
④ 종교 공동체인 밀레트가 운영되었다.
⑤ 유럽 동인도 회사를 통해 향신료 등을 수출하였다.

439

(가) 국가에 대한 설명으로 옳은 것은?

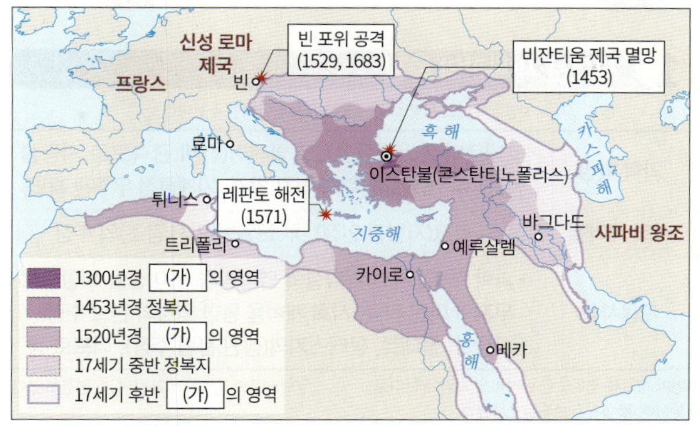

① 티무르의 후손으로 알려진 인물이 세웠다.
② 델리를 수도로 한 다섯 왕조가 300여 년간 이어졌다.
③ 한때 비이슬람교도에게 부과하는 지즈야를 폐지하였다.
④ 칭기즈 칸 계승을 내세우며 몽골 제국의 부활을 천명하였다.
⑤ 직할지 외 영토를 군인에게 나누어 주고 징세권을 부여하였다.

440

(가)에 들어갈 내용으로 옳은 것만을 <보기>에서 고른 것은?

| 보기 |
ㄱ. 맘루크 왕조를 정복하였다.
ㄴ. 유럽의 연합 함대를 무찔렀다.
ㄷ. 콘스탄티노폴리스를 점령하였다.
ㄹ. 오스트리아의 빈을 포위 공격하였다.

① ㄱ, ㄴ   ② ㄱ, ㄷ   ③ ㄴ, ㄷ
④ ㄴ, ㄹ   ⑤ ㄷ, ㄹ

11 시민 혁명과 국민 국가의 형성

❶ 새로운 세계관의 등장

개인들이 사회 계약을 맺어 국가가 출현한다는 주장이다.

과학 혁명	코페르니쿠스(지동설), 갈릴레이(천체 관측으로 지동설 입증), 뉴턴(만유인력의 법칙 발견, 기계론적 우주관 확립)
사회 계약설	홉스, 로크(저항권 인정), 루소(일반 의지 강조)의 주장
계몽사상	• 과학 혁명, 사회 계약설의 영향받음 → 이성을 바탕으로 무지와 미신 타파, 사회 개혁을 통한 역사의 진보 주장 • 사상가: 볼테르, 몽테스키외(삼권 분립 주장), 디드로 등

개인이 정치적 권리를 군주에게 양도해야 한다고 주장하며 절대 군주제를 옹호하였다.

달랑베르와 함께 『백과전서』를 편찬하였다.

❷ 미국 혁명과 프랑스 혁명

1 미국 혁명

영국은 프랑스와의 전쟁으로 재정이 악화되자 북아메리카 식민지에 차세 등 세금을 부과하며 비용을 충당하려 하였다.

(1) 배경: 영국의 중상주의 정책 강화 → 보스턴 차 사건(1773)

(2) 전개: 제1차 대륙 회의 → 렉싱턴과 콩코드에서 충돌(독립 전쟁 시작) → 제2차 대륙 회의, 독립 선언문 발표(1776) → 요크타운 전투 승리 → 파리 조약으로 독립 인정(1783)

(3) 결과: 연방 헌법 제정, 워싱턴을 초대 대통령으로 선출 → 연방주의, 공화주의, 삼권 분립에 기초한 미합중국 수립

2 프랑스 혁명

(1) 배경: 구제도의 모순 심화, 왕실 재정 악화(계속된 전쟁과 흉년 등), 시민 계급 성장(계몽사상과 미국 혁명의 영향)

(2) 전개

루이 16세는 재정 문제를 해결하기 위해 신분제 회의인 삼부회를 소집하였다.

국민 의회, 입법 의회	삼부회 소집 → 국민 의회 구성, 테니스코트의 서약 → 루이 16세의 무력 탄압 시도, 파리 민중의 바스티유 습격 → 봉건적 특권 폐지 선언, 「인간과 시민의 권리선언(인권 선언)」 발표 → 헌법 제정(1791, 입헌 군주제, 제한 선거제) → 입법 의회 소집, 혁명전쟁 발발, 민중의 왕궁 습격(왕권 정지)
국민 공회	국민 공회 성립, 공화정 선포 → 루이 16세 처형 → 자코뱅파와 로베스피에르의 공포 정치(혁명 재판소, 공안 위원회 통해 반대 세력 처형), 새로운 헌법 제정(1793, 공화제, 보통 선거제), 최고 가격제·징병제·의무 교육 실시 → 테르미도르의 반동(로베스피에르 처형)
총재 정부, 통령 정부	총재 정부 수립(5인의 총재가 통치) → 사회 혼란 지속, 군대의 영향력 강화 → 나폴레옹의 쿠데타, 통령 정부 수립

꼭 나오는 자료

🔗 88쪽 455번 문제로 확인

「인간과 시민의 권리선언(인권 선언)」(1789)

제1조　사람들은 자유롭게, 그리고 평등한 권리를 갖고 태어나며 또 그렇게 존속한다.

제3조　모든 주권의 원리는 본질적으로 국민에게 있다.

제11조　사상과 의견의 자유로운 소통은 인간의 가장 고귀한 권리 중 하나이다.

자료 분석　국민 의회는 1789년 자유와 평등, 국민 주권 등 혁명의 기본 이념을 담은 「인간과 시민의 권리선언(인권 선언)」을 발표하였다.

❸ 정치·사회적 운동의 전개와 시민 사회의 형성

1 나폴레옹 시대, 빈 체제와 자유주의의 확산

보수적인 국제 질서를 유지하고자 결성하였다.

나폴레옹 시대	• 통령 정부: 프랑스 은행 설립, 『나폴레옹 법전』 편찬 • 제1제정(1804): 트라팔가르 해전 패배, 신성 로마 제국 해체, 대륙 봉쇄령 실시, 러시아 원정 실패 → 몰락
빈 체제	• 빈 회의(메테르니히 주도), 신성 동맹과 4국 동맹 결성 • 독일 부르셴샤프트, 이탈리아 카르보나리당(단)의 저항
프랑스의 7월 혁명, 2월 혁명	• 7월 혁명(1830): 샤를 10세의 전제 정치 → 루이 필리프를 왕으로 추대(7월 왕정 수립, 입헌 군주제) • 2월 혁명(1848): 제2공화정 수립 → 2월 혁명의 영향으로 오스트리아에서 3월 혁명이 일어나 빈 체제 붕괴 • 제2제정: 루이 나폴레옹의 황제 즉위(나폴레옹 3세) • 파리 코뮌: 파리 시민과 노동자들의 자치 정부(진압됨)
영국의 자유주의 개혁	심사법 폐지, 가톨릭 해방법 제정, 제1차 선거법 개정(부패 선거구 폐지 등, 1832) → 노동자들의 차티스트 운동(인민헌장 발표), 곡물법 폐지, 항해법 폐지

2 이탈리아의 통일, 독일의 통일

(1) 이탈리아: 분열 상태, 북부는 오스트리아의 간섭받음

마치니	청년 이탈리아당을 중심으로 통일 운동 전개 → 실패
사르데냐 왕국	재상인 카부르 주도로 군대 개편 등 개혁 추진, 이탈리아 중북부 지역 통합(프랑스 지원으로 오스트리아에 승리)
가리발디	의용군(붉은 셔츠대) 조직, 시칠리아와 나폴리 등 점령 후 사르데냐 왕국에게 바침 → 이탈리아 왕국이 수립됨(1861)
통일	베네치아 병합, 로마 교황령 점령 → 통일 완성(1870)

(2) 독일: 프로이센과 오스트리아 중심으로 연방을 이룬 상태

경제 통합	프로이센 주도로 관세 동맹 체결
영토 통합	프로이센의 재상인 비스마르크의 군비 확장 정책(철혈 정책) → 오스트리아와의 전쟁 승리(북독일 연방 결성), 프랑스와의 전쟁 승리(남독일 여러 나라를 연방에 참여시킴)
통일	빌헬름 1세가 황제로 즉위하고 독일 제국 성립 선포(1871)

3 미국과 러시아의 발전

(1) 미국의 발전: 독립 이후 서부 개척 추진, 산업 혁명 전개

남북 전쟁	남부·북부 대립(노예제 둘러싼 갈등) → 링컨의 대통령 당선 → 남북 전쟁 발발, 노예 해방 선언 발표 → 북부 승리
전쟁 이후	국민 단합 노력, 대륙 횡단 철도 개통(1869), 이민자 유입

(2) 러시아의 발전: 차르의 전제 정치와 농노제 지속

① 데카브리스트의 봉기(1825): 자유주의의 영향을 받은 청년 장교 등이 입헌 군주제를 지향하며 봉기 → 실패

② 알렉산드르 2세의 개혁: 농노 해방령 발표(1861), 지방 의회 설립 등 내정 개혁 → 농민들의 삶이 개선되지 않음

③ 브나로드 운동: 지식인의 농민 계몽 운동(성과 거두지 못함)

기본 기출 문제

핵심 주제를 파악할 수 있는 기출 문제를 수록하였습니다.

핵심 개념 문제

● 빈칸에 들어갈 알맞은 말을 쓰시오.

441 (　　　　)은/는 일반 의지에 따른 국가 운영을 주장하며 인민 주권의 원리를 제시하였다.

442 북아메리카 식민지 군대는 (　　　　) 전투에서 영국군에 결정적인 승리를 거두었고, 이후 파리 조약을 통해 독립을 인정받았다.

443 자코뱅파의 지도자인 (　　　　)은/는 혁명 재판소와 공안 위원회를 통해 공포 정치를 주도하였다.

● 다음 내용이 옳으면 ○표, 틀리면 ✕표를 하시오.

444 마치니는 붉은 셔츠대라 불린 의용군을 이끌고 이탈리아 남부를 원정하여 시칠리아와 나폴리 등을 점령하였다.　　　　　　　　　(　　　)

445 프로이센의 재상 비스마르크는 철혈 정책을 내세우며 군비 확장 정책을 추진하였다.　(　　　)

● 혁명과 관련 사건을 바르게 연결하시오.

446 미국 혁명　　•　　　　　•　㉠ 보스턴 차 사건
447 프랑스 혁명　•　　　　　•　㉡ 테니스코트의 서약

● 괄호 안에 들어갈 알맞은 말을 고르시오.

448 사회 혼란이 지속되는 상황에서 나폴레옹이 쿠데타를 일으켜 (㉠ 총재 정부, ㉡ 통령 정부)를 수립하였다.

449 샤를 10세가 전제 정치를 실시하자 자유주의자 등이 (㉠ 2월 혁명, ㉡ 7월 혁명)을 일으켰다.

● 다음에서 설명하는 사상을 〈보기〉에서 고르시오.

┌─ 보기 ┐
ㄱ. 지동설　　　ㄴ. 계몽사상　　　ㄷ. 사회 계약설
└─────┘

450 자연 상태의 개인들이 사회 계약을 맺어 국가가 출현한다는 주장이다.　　　　　　　　　(　　　)

451 인간의 이성을 바탕으로 무지와 미신을 타파하고자 하였고, 사회 개혁을 통해 역사가 진보할 수 있다고 주장하였다.　　　　　　　　　(　　　)

452

밑줄 친 ㉠의 사례로 옳은 것만을 〈보기〉에서 고른 것은?

> 르네상스 이후 유럽인은 이슬람 과학 등의 영향 속에서 자연 과학을 꾸준히 발전시켰고, 정확한 관찰과 실험을 위해 망원경, 현미경 등을 발명하였다. 이를 기반으로 16~17세기 무렵 과학 분야에서 ㉠중요한 업적이 나타났다.

┌─ 보기 ┐
ㄱ. 갈릴레이가 천체를 관측하였다.
ㄴ. 뉴턴이 만유인력의 법칙을 발견하였다.
ㄷ. 프톨레마이오스가 천동설을 주장하였다.
ㄹ. 나침반을 이용한 항해 기술이 발전하였다.
└─────┘

① ㄱ, ㄴ　　　　② ㄱ, ㄷ　　　　③ ㄴ, ㄷ
④ ㄴ, ㄹ　　　　⑤ ㄷ, ㄹ

453

밑줄 친 ㉠에 의해 확산된 사상에 대한 설명으로 옳지 <u>않은</u> 것은?

> 프랑스에서 ㉠베일, 퐁트넬, 볼테르, 몽테스키외, 그리고 이 저명한 사람들이 형성한 학파는 각자가 박학다식, 철학, 정신, 글재주 등을 이성의 무기로 갖추면서 진실을 위하여 투쟁하였다. …… 또한 그들은 이성의 독립과 글을 쓰는 자유 등을 인류의 권리이자 복지라고 주장하였으며, …… 이성, 관용, 인간성 등을 구호로 채택하면서 진실을 위해 투쟁하였다.
> ─ 콩도르세, 『인간 정신의 진보에 관한 역사적 개요』 ─

① 시민 혁명에 영향을 끼쳤다.
② 과학 혁명과 사회 계약설의 영향을 받았다.
③ 이성을 바탕으로 무지와 미신을 타파하고자 하였다.
④ 사회 개혁을 통해 역사가 진보할 수 있다고 주장하였다.
⑤ 개인의 권리를 군주에 양도하여 사회 혼란을 막아야 한다고 강조하였다.

● 바른답·알찬풀이 37쪽

454

★핵심 주제 미국 혁명의 배경

(가), (나) 시기 사이에 있었던 사실로 옳은 것은?

> (가) 17세기부터 많은 영국인이 종교의 자유와 경제적 부를 얻기 위해 북아메리카로 이주하였고, 그 결과 북아메리카 동부 해안에 식민지가 건설되었다. 식민지인은 독자적인 의회를 설치하여 실질적인 자치를 누렸다.
>
> (나) 영국은 북아메리카 식민지에 설탕세, 인지세, 차세 등을 부과하였다. 식민지인은 "대표 없는 곳에 과세할 수 없다."라고 주장하며 강하게 저항하였다.

① 영국 국교회가 확립되었다.
② 클레르몽 공의회가 개최되었다.
③ 영국이 7년 전쟁에 개입하였다.
④ 교황이 프랑스 왕의 영향력 아래 놓이게 되었다.
⑤ 영국과 프랑스가 플랑드르 지방을 두고 갈등하였다.

455 빈출

★핵심 주제 프랑스 혁명

다음 선언을 발표한 의회에 대한 설명으로 옳은 것은?

> 제1조 사람들은 자유롭게, 그리고 평등한 권리를 갖고 태어나며 또 그렇게 존속한다. 사회적 차별은 오직 공동의 유용성에 입각할 때만 가능하다.
>
> 제2조 모든 정치적 결사의 목적은 자유, 소유, 안전 그리고 압제에 대한 저항이라는, 그 무엇도 침해할 수 없는 인간의 자연권을 보존하는 데 있다.
>
> 제3조 모든 주권의 원리는 본질적으로 국민에게 있다. 명백하게 국민으로부터 유래하지 않은 권위는 어떠한 단체나 개인도 행사할 수 없다.
>
> 제11조 사상과 의견의 자유로운 소통은 인간의 가장 고귀한 권리 중 하나이다.
>
> 제17조 소유권은 불가침의 신성한 권리이므로, 누구도 합법적으로 확인된 공공의 필요성이 명백히 존재하는 경우가 아니고서는 …… 빼앗길 수 없다.

① 루이 16세를 처형하였다.
② 봉건적 특권 폐지를 선언하였다.
③ 삼부회(삼신분회)를 소집하였다.
④ 오스트리아에 선전 포고를 하였다.
⑤ 파리 민중이 바스티유를 습격한 이후 구성되었다.

456

★핵심 주제 나폴레옹 시대

다음 법령을 공포한 인물의 활동으로 옳은 것은?

> 1. 영국 여러 섬에 대한 봉쇄를 선포한다.
> 2. 영국과의 모든 교역과 서신 왕래를 금지한다.

① 무적함대를 격파하였다.
② 테르미도르의 반동으로 실각하였다.
③ 쿠데타를 일으켜 통령 정부를 세웠다.
④ 제2차 대륙 회의에서 총사령관으로 임명되었다.
⑤ 오스트리아에서 일어난 3월 혁명으로 몰락하였다.

457

★핵심 주제 빈 체제

밑줄 친 '이 회의'를 통해 형성된 국제 질서에 대한 설명으로 옳은 것만을 〈보기〉에서 고른 것은?

> 나폴레옹 몰락 이후 오스트리아의 주도로 열린 이 회의에서 오스트리아, 영국, 프로이센 등 유럽 각국은 나폴레옹 체제의 몰락을 공표하고, 전후 처리 문제를 협의하였다.

| 보기 |

ㄱ. 프랑스 혁명의 정신을 계승하였다.
ㄴ. 신성 동맹과 4국 동맹을 결성하였다.
ㄷ. 유럽 각국의 자유주의 운동을 탄압하였다.
ㄹ. 프랑크푸르트 국민 의회에서 통일 방안을 논의하였다.

① ㄱ, ㄴ ② ㄱ, ㄷ ③ ㄴ, ㄷ
④ ㄴ, ㄹ ⑤ ㄷ, ㄹ

458

★핵심 주제 영국의 자유주의 개혁

다음 자료가 발표된 배경으로 가장 적절한 것은?

> 우리는 자유인의 의무를 수행하고 있고, 우리는 자유인의 특권을 가져야 합니다. 그러므로 우리는 보통 선거권을 요구합니다. …… 공공의 안전과 대중의 신뢰를 잃지 않기 위해서는 선거가 자주 실시될 필요가 있으므로 우리는 의회 선거를 매년 실시할 것을 요구합니다.
>
> - 인민헌장 -

① 심사법이 폐지되었다.
② 가톨릭 해방법이 제정되었다.
③ 곡물법과 항해법이 폐지되었다.
④ 1차 인클로저 운동이 전개되었다.
⑤ 노동자들이 투표권을 얻지 못하였다.

실력 기출 문제

학교 시험에서 출제율이 높은 문제를 엄선하여 수록하였습니다.

1 새로운 세계관의 등장

459

다음 자료를 저술한 인물에 대한 설명으로 옳은 것은?

> 나는 이 책이 철학의 수학적 원리에 관한 것이라고 생각한다. 왜냐하면 철학의 모든 문제가 바로 이러한 힘들에 관한 것이기 때문이다. …… 제1, 2권에서 제시한 수학적인 명제들을 가지고 제3권에서는 천체 현상으로부터 물체를 태양이나 행성의 중심으로 낙하시키는 힘, 즉 중력을 유도해 냈다. 그리고 이 중력과 다른 수학적 명제들을 사용해서 행성, 혜성, 달의 운동과 조수 간만 현상을 연역할 수 있다.
>
> — 『프린키피아』 —

① 기계론적 우주관을 확립하였다.
② 세계 지도인 「곤여만국전도」를 제작하였다.
③ 이슬람의 영향을 받아 『수시력』을 만들었다.
④ 망원경으로 목성의 위성을 관측하고 문서를 남겼다.
⑤ 『천체의 회전에 관하여』를 통해 지동설을 주장하였다.

460

다음 두 주장의 공통점으로 옳은 것만을 <보기>에서 고른 것은?

> • 정부가 야심, 두려움, 부패로 인해 인민의 생명, 자유, 재산에 대한 독단적인 권력을 차지하려 하거나 다른 자들에게 넘겨주려 하면서 사회의 기본적인 규칙을 침해하면 인민이 위임했던 정부의 권력은 계약 위반으로 상실하게 되고, 권력은 인민에게 이전된다.
> • 사회 계약은 정부에게 모든 구성원을 다스릴 절대적인 힘을 부여한다. 일반 의지로 관리되는 이 힘이 바로 주권이라는 것이다. …… 사회 계약의 성질상 주권의 모든 행위, 즉 일반 의지의 정당한 행위는 모든 시민에게 평등하게 의무를 부과하거나 혜택을 베푼다.

| 보기 |
ㄱ. 사회 계약설을 제시하였다.
ㄴ. 절대 군주제를 옹호하였다.
ㄷ. 미국 혁명과 프랑스 혁명에 영향을 끼쳤다.
ㄹ. 교회의 부패와 성직자의 타락을 비판하였다.

① ㄱ, ㄴ   ② ㄱ, ㄷ   ③ ㄴ, ㄷ
④ ㄴ, ㄹ   ⑤ ㄷ, ㄹ

461

밑줄 친 '이 책'에 대한 설명으로 옳지 않은 것은?

> 디드로, 달랑베르의 주도로 출판된 이 책은 과학적이고 실생활에 유용한 지식을 체계적으로 정리하였으며 볼테르, 몽테스키외 등 여러 사상가의 글이 담겨 있다.

① 계몽사상의 확산에 기여하였다.
② 사회 비판적인 내용을 포함하였다.
③ 정부가 금서로 규정하고 탄압하였다.
④ 그리스·로마 고전 문화의 부흥을 추구하였다.
⑤ 이성을 바탕으로 무지와 미신을 타파하고자 하였다.

2 미국 혁명과 프랑스 혁명

462

(가), (나) 시기 사이에 있었던 사실로 옳은 것은?

① 보스턴 차 사건이 일어났다.
② 영국이 7년 전쟁에 참전하였다.
③ 삼부회(삼신분회)가 소집되었다.
④ 파리 조약으로 독립을 인정받았다.
⑤ 요크타운 전투에서 식민지 군대가 승리하였다.

463

다음 선언문이 발표된 혁명에 대한 설명으로 옳은 것은?

> 우리는 다음과 같은 것을 자명한 진리라고 생각한다. 즉 모든 인간은 평등하게 창조되었다는 것, 그들은 창조주로부터 양도할 수 없는 일정한 권리를 부여받았고 …… 이러한 권리를 확보하기 위해 정부를 수립하였으며, 정부의 정당한 권력은 국민의 동의에서 발생한다는 것이다. 또한 어떠한 형태의 정부라도 이러한 목적을 파괴할 때는 언제든지 그 정부를 바꾸거나 없애고, …… 새로운 정부를 조직하는 것이 국민의 권리이다.
>
> — 독립 선언문(1776) —

① 빈 체제의 성립을 가져왔다.
② 라틴 아메리카의 독립에 영향을 끼쳤다.
③ 많은 영국인이 북아메리카로 이주하게 되었다.
④ 데카브리스트의 봉기가 일어나는 배경이 되었다.
⑤ 전개 과정에서 「인간과 시민의 권리선언」이 발표되었다.

464

다음 선언이 발표된 계기로 가장 적절한 것은?

> 제1조 국민 의회는 봉건적 특권을 완전히 폐지한다.
> 제4조 모든 영주 법정(재판권)은 보상 없이 폐지된다.
> 제9조 …… 징세는 모든 시민과 모든 부동산에 대해서 같
> 은 방식과 같은 형태로 이루어질 것이다. 올해 하
> 반기 징세를 위해서도 모든 세금의 공평한 납부를
> 위한 계획이 수립될 것이다.

① 루이 14세가 낭트 칙령을 폐지하였다.
② 총재 정부 시기 사회 혼란이 지속되었다.
③ 신성 동맹이 자유주의 운동을 탄압하였다.
④ 혁명 재판소와 공안 위원회가 운영되었다.
⑤ 농민이 지방에서 귀족을 공격하여 장원 문서를 불태웠다.

465

(가)에 들어갈 내용으로 옳은 것은?

> 입법 의회는 오스트리아에 선전 포고를 하고 혁명전쟁에
> 나섰다. 전쟁으로 인해 물가가 상승하고 실업자가 증가하
> 면서 식량이 부족해졌다. 이러한 상황에서 파리 민중(상퀼
> 로트)은 _______________ (가)

① 제1차 대륙 회의를 개최하였다.
② 왕궁을 습격하여 왕권을 정지시켰다.
③ 조지 워싱턴을 총사령관에 임명하였다.
④ 「인간과 시민의 권리선언」을 발표하였다.
⑤ 입헌 군주제, 제한 선거제를 규정한 헌법을 제정하였다.

466

(가) 시기의 사건으로 옳은 것만을 〈보기〉에서 고른 것은?

국민 의회 → 입법 의회 → (가) → 총재 정부

┤ 보기 ├
ㄱ. 최고 가격제가 적용되었다.
ㄴ. 프랑스 은행이 설립되었다.
ㄷ. 징병제, 의무 교육이 시행되었다.
ㄹ. 영국을 고립시키고자 대륙 봉쇄령을 내렸다.

① ㄱ, ㄴ   ② ㄱ, ㄷ   ③ ㄴ, ㄷ
④ ㄴ, ㄹ   ⑤ ㄷ, ㄹ

467

(가)에 들어갈 내용으로 적절하지 **않은** 것은?

> 〈주제 탐구 보고서〉
> • 탐구 주제: 빈 체제에 대한 저항과 자유주의의 확산
> • 조사 내용
> - 1모둠: 데카브리스트의 봉기
> - 2모둠: (가)

① 그리스의 독립 전쟁
② 신성 동맹과 4국 동맹 결성
③ 카르보나리당(단)의 민족주의 운동
④ 볼리바르, 산마르틴의 라틴 아메리카 독립운동
⑤ 독일 지역 학생 조합(부르셴샤프트)의 자유주의 운동

468

다음 칙령에 나타난 정책의 영향으로 가장 적절한 것은?

> 신의 은총으로 프랑스 왕이 된 샤를이 아래의 여러 조항을
> 너희 백성들에게 명하노니 공손하게 받아들일지어다.
> • 정기 간행물 발행의 자유는 정지된다. ……
> • 의원은 해산한다. ……
> • 선거 자격과 피선거 자격은 오직 소정의 납세액에 의해
> 결정된다.
> — 7월 칙령 —

① 삼부회(삼신분회)가 소집되었다.
② 미국이 먼로 선언을 발표하였다.
③ 나폴레옹이 러시아 원정에 나섰다.
④ 루이 필리프가 왕으로 추대되었다.
⑤ 파리 민중이 바스티유를 습격하였다.

469 빈출

밑줄 친 ㉠의 결과로 옳은 것은?

① 부패 선거구가 없어졌다.
② 프랑크푸르트 국민 의회가 개최되었다.
③ 오스트리아의 메테르니히가 실각하였다.
④ 농촌과 광산의 노동자가 선거권을 얻었다.
⑤ 도시의 신흥 상공업자에게 선거권이 부여되었다.

470

(가)에 들어갈 내용으로 옳은 것은?

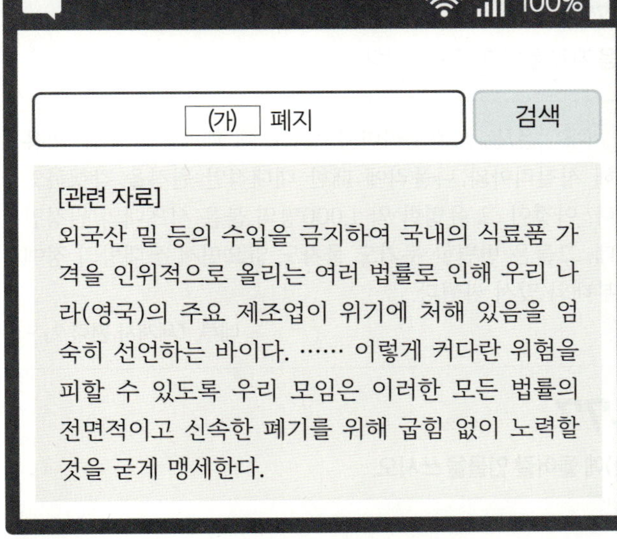

① 항해법
② 곡물법
③ 심사법
④ 지즈야
⑤ 가톨릭 해방법

471

(가)에 들어갈 왕국에 대한 설명으로 가장 적절한 것은?

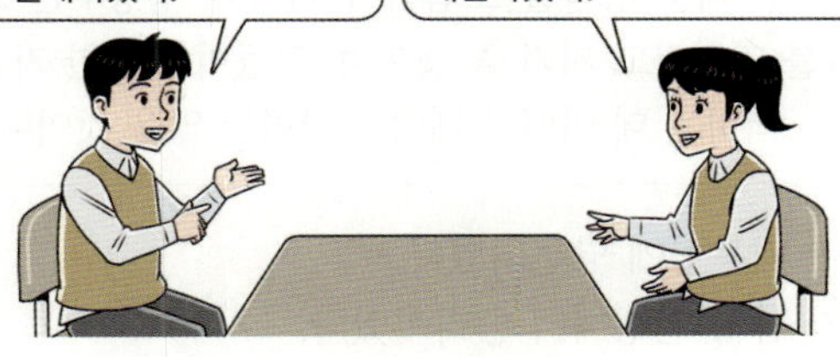

① 나폴레옹에 의해 해체되었다.
② 시칠리아와 나폴리 등을 점령하였다.
③ 트라팔가르 해전에서 넬슨에게 패하였다.
④ 로마 교황령을 점령하여 통일을 완성하였다.
⑤ 프랑스의 지원을 받아 오스트리아와의 전쟁에서 승리하였다.

472

밑줄 친 '우리'에 해당하는 국가에 대한 설명으로 옳은 것만을 〈보기〉에서 고른 것은?

> 프랑스는 우리와 전쟁을 벌일 준비를 하지 못했고, 우리는 (철혈 정책을 통해) 프랑스에 비해 군사적인 우위를 점하고 있다. 따라서 프랑스가 우리와 단독으로 전쟁을 벌인다면 패배할 수밖에 없을 것이다.
>
> – 비스마르크, 『회고록』 –

│ 보기 │
ㄱ. 파리에 자치 정부를 수립하였다.
ㄴ. 농노 해방령을 선포하고 지방 의회를 설립하였다.
ㄷ. 베르사유 궁전에서 독일 제국의 성립을 선포하였다.
ㄹ. 관세 동맹을 체결하여 독일의 경제 통합을 주도하였다.

① ㄱ, ㄴ   ② ㄱ, ㄷ   ③ ㄴ, ㄷ
④ ㄴ, ㄹ   ⑤ ㄷ, ㄹ

473 빈출

다음 선언의 영향을 받아 나타난 사실로 옳은 것은?

> 현재 미국에 대하여 반란 상태에 있는 주, 또는 주 일부의 노예들은 1863년 1월 1일 이후부터 영원히 자유의 몸이 될 것이다. 육·해군 당국을 포함하여 미국의 행정부는 그들의 자유를 인정하고 지켜 줄 것이며, 그들이 진정한 자유를 얻고자 노력하는 데 어떠한 제약도 가하지 않을 것이다.

① 링컨이 대통령에 당선되었다.
② 북부가 남북 전쟁에서 승리하였다.
③ 남부 여러 주가 연방을 탈퇴하였다.
④ 노예 무역으로 아프리카인들이 아메리카로 끌려갔다.
⑤ 영국 군대와 식민지 민병대가 렉싱턴에서 충돌하였다.

474

다음 법령이 발표된 국가에 대한 설명으로 옳은 것만을 〈보기〉에서 고른 것은?

> 농노는 일정 기간이 지나면 법에 의해 자유 농민의 모든 권리를 부여받을 것이다. …… 동시에 농노에게 토지를 구매할 권리가 부여된다. …… 그리고 구매한 땅의 지주에 대한 의무에서 해방되어 자유 농민이 된다.

┤ 보기 ├
ㄱ. 차르의 전제 정치가 이루어지고 있었다.
ㄴ. 서부 개척으로 영토가 태평양 연안까지 확장되었다.
ㄷ. 지식인과 청년 장교가 입헌 군주제를 지향하며 봉기를 일으켰다.
ㄹ. 흑인 노예 노동을 이용하여 목화를 재배하는 대농장이 발달하였다.

① ㄱ, ㄴ 　② ㄱ, ㄷ 　③ ㄴ, ㄷ
④ ㄴ, ㄹ 　⑤ ㄷ, ㄹ

| 475~476 |

다음 자료를 읽고 물음에 답하시오.

> 루이 필리프 아래에서 18년 동안 프랑스의 여러 업무를 이끌어 왔던 관리들은 ㉠루이 필리프를 왕좌에서 몰아낸 파국의 원인이 바로 그의 실정이라는 사실을 쉽게 인정할 수가 없었다. …… 지난 30년 동안 산업 혁명은 파리를 프랑스 제1의 제조업 도시로 만들었고 완전히 새로운 노동자 집단을 파리 성벽 안으로 끌어들였다. 여기에 인클로저로 인해 당장 일거리가 없어진 농사꾼들이 가세하였다.
>
> - 알렉시 드 토크빌, 『회고록』 -

475

밑줄 친 ㉠에 해당하는 사건을 쓰시오.

476

밑줄 친 ㉠에 해당하는 사건의 영향을 서술하시오.

| 477~478 |

다음 자료를 읽고 물음에 답하시오.

> ⎡(가)⎦은/는 오스트리아가 프랑스에 패배한 기회를 이용해 시칠리아와 나폴리에 대한 대대적인 원정을 감행하였다. 이것이 그 유명한 약 1,000명의 붉은 셔츠대의 원정인데, 그들은 변변한 무기도 물자도 없으면서 상대방의 정예 부대와 맞서 싸웠다.
>
> - 네루, 『세계사 편력 2』 -

477

(가)에 들어갈 인물을 쓰시오.

478

(가)의 원정이 이탈리아의 통일에 끼친 영향을 서술하시오.

적중 1등급 문제

내신 1등급을 결정하는 고난도 문제를 수록하였습니다.

479

다음 주장이 제기된 배경으로 가장 적절한 것은?

> 어떤 사람은 아메리카가 영국과의 연계 속에서 번성하였고, 그 연계가 아메리카의 장래 번영에 필요하며 동일한 결과를 가져다줄 것이라고 말한다. 이러한 주장보다 거짓된 것은 없다. …… 내가 분리와 독립을 주장하게 된 것은 자만이나 당파심, 원한 때문이 아니다. 나는 그렇게 되는 것이야말로 아메리카 대륙의 진정한 이익이라는 점을 분명히, 적극적이고 양심적으로 확신하고 있다.
>
> - 토마스 페인, 『상식』 -

① 독립 선언문이 발표되었다.
② 파리 조약으로 식민지가 독립을 인정받았다.
③ 연방주의, 공화주의에 기초한 미합중국이 수립되었다.
④ 식민지 군대가 요크타운 전투에서 영국군에 승리하였다.
⑤ 영국 정부가 식민지인들의 권리를 제한하는 법을 제정하였다.

480

(가), (나) 시기 사이에 있었던 사실로 옳은 것은?

> (가) 혁명의 전파를 우려한 오스트리아와 프로이센 등이 프랑스를 위협하자 의회는 오스트리아에 선전 포고를 하였다.
> (나) 공화정이 선포되었고 급진파의 주도로 루이 16세를 처형하였다. 이후 급진파는 온건파인 지롱드파를 제거하고 정권을 장악하였다.

① 테르미도르의 반동이 일어났다.
② 파리 민중이 바스티유를 습격하였다.
③ 민중이 왕궁을 습격하여 왕권을 정지시켰다.
④ 「인간과 시민의 권리선언(인권 선언)」이 발표되었다.
⑤ 삼권 분립, 연방주의 등을 기초로 한 국가가 세워졌다.

481

밑줄 친 ㉠ 시기에 있었던 사실로 옳은 것은?

> 다시 왕좌에 복귀한 부르봉 왕정은 대혁명이 낳은 제도와 법을 언제나 계속해서 위협하였다. 구제도의 세대는 아직 사라지지 않았다. …… 특권이 소멸되고 영지를 잃은 옛 귀족이 존재하는 곳에서는 어디서나 불만과 분노가 잠재해 있었다. 바로 이런 상황이 지난 ㉠15년 동안 끊이지 않고 계속된 투쟁을 설명해 준다. …… 이 줄기찬 투쟁의 마지막 종착역이 바로 7월 혁명이었다. 그 결과가 단순한 왕조의 교체를 넘어서 진정한 혁명이 된 것은 바로 이런 의미에서다.
>
> - 아쉴 드 볼라벨, 『두 복고 왕정의 역사』 -

① 이탈리아 왕국이 수립되었다.
② 미국에서 남북 전쟁이 발발하였다.
③ 프랑크푸르트 국민 의회가 시작되었다.
④ 볼리비아가 에스파냐로부터 독립하였다.
⑤ 영국에서 제1차 선거법 개정이 이루어졌다.

482

이탈리아 왕국이 다음 영역을 확보하게 된 계기로 가장 적절한 것은?

① 관세 동맹으로 경제 통합을 이루었다.
② 비스마르크가 철혈 정책을 추진하였다.
③ 카르보나리당(단)이 자유주의 운동을 전개하였다.
④ 사르데냐 왕국이 프랑스와의 전쟁에서 승리하였다.
⑤ 가리발디가 의용군을 이끌고 남부 지역을 점령하였다.

12 산업 혁명, 제국주의, 국민 국가 건설 운동

1 산업 혁명과 산업 사회

1 영국의 산업 혁명

늘어난 노동력을 이용하여 선대제 수공업과 매뉴팩처가 확산되었다.

배경	신항로 개척 이후 상품 수요 급증, 자본주의적 생산 방식 발달
전개	국내외 시장 확보, 풍부한 노동력과 지하자원 → 방적기와 방직기 발명, 제임스 와트의 증기 기관 개량 → 면직물 대량 생산

2 산업 혁명의 확산

변화	공장제 기계 공업의 확산(기술 진보) → 산업 자본주의 발달
영향	• 도시의 인구 증가: 위생 문제, 환경 오염, 전염병 확산 • 산업 자본가와 임금 노동자로 분화, 노동 문제 발생(저임금·장시간 노동, 아동 노동) → 기계 파괴 운동(러다이트 운동) 전개, 노동조합 결성, 사회주의 사상 등장

마르크스, 엥겔스가 제시하였다.

2 제국주의의 출현

1 제국주의의 특징

원료 공급지와 상품을 판매할 시장으로서 식민지를 확보하려 하였다.

의미	서양 열강이 군사력과 경제력을 앞세워 대외 팽창 정책 추진
특징	사회 진화론, 인종주의, 침략적 민족주의 → 식민 지배 정당화

2 열강의 아프리카 분할

포르투갈은 앙골라와 모잠비크를 식민지로 삼았다.

파쇼다 사건(1898)으로 충돌하였다.

영국	종단 정책(카이로~케이프타운을 남북으로 연결)
프랑스	횡단 정책(알제리~마다가스카르를 동서로 연결)
독일	• 독일령 동아프리카, 카메룬, 토고 등 식민지화 • 모로코를 둘러싸고 프랑스와 두 차례 충돌(모로코 사건)
벨기에	레오폴드 2세가 콩고를 식민지화
결과	에티오피아와 라이베리아를 제외한 모든 지역이 식민지화

영국이 프랑스를 지지하자 독일이 물러났다.

3 열강의 아시아·태평양 분할

독일은 비스마르크 제도와 마셜 제도 등을 차지하였다.

네덜란드	동인도 회사 앞세워 인도네시아 식민지화, 플랜테이션 운영
영국	플라시 전투(1757) 승리로 벵골 지역의 통치권 차지, 미얀마를 식민지화하여 영국령 인도 제국에 병합, 말레이반도와 보르네오섬 북부 차지, 오스트레일리아와 뉴질랜드 자치령화
프랑스	베트남의 지배권 장악 → 1887년 베트남과 캄보디아를 합쳐 프랑스령 인도차이나 연방 수립(이후 라오스 편입)
미국	필리핀 차지(1898), 하와이와 괌섬 차지

미국이 에스파냐와의 전쟁에서 승리하고 식민지로 삼았다.

3 국민 국가 건설 운동

1 중국의 국민 국가 건설 운동

개항	• 제1차 아편 전쟁: 영국과 난징 조약 체결(1842) • 제2차 아편 전쟁: 톈진 조약, 베이징 조약 체결

추가 항구 개항, 외국 공사의 베이징 주재 허용, 크리스트교 포교 승인 등의 내용이 담겨 있다.

홍수전이 상제회를 조직하고 일으켰다.

천조전무 제도를 공포하였다.

태평천국 운동	'멸만흥한', 평등 사회 건설, 토지 균등 분배 주장
양무운동	'중체서용'을 바탕으로 부국강병 추구(서양의 과학 기술 도입) → 군수 공장 건설, 근대적 해군 창설 등
변법자강 운동	일본의 메이지 유신을 본뜬 근대적 제도 개혁 추진
의화단 운동	'부청멸양', 교회와 철도 파괴, 반제국주의 운동 → 8개국 연합군의 진압 → 신축조약 체결(1901)
청의 신정과 신해혁명	• 청의 신정: 신식 군대 창설, 「흠정 헌법 대강」 반포 • 신해혁명: 쑨원 주도, 우창 봉기, 중화민국 수립

삼민주의를 내세우며 1905년 중국 동맹회를 결성하였다.

외국 군대의 베이징 주둔을 허용하였다.

> **꼭 나오는 자료**   🔗 96쪽 498번 문제로 확인
>
> **난징 조약(1842)**
>
> 제2조   영국인이 광저우·샤먼 …… 등 다섯 항구에 거주하면서 아무 방해 없이 무역 통상에 나설 수 있도록 허용한다.
>
> 제3조   홍콩섬을 영국에 넘겨주고, …… 다스리도록 허용한다.
>
> **자료 분석**   청이 영국과 맺은 난징 조약은 5개 항구 개항, 홍콩섬 할양, 공행 무역 폐지 등의 내용이 담겨 있는 불평등 조약이었다.

2 일본의 국민 국가 건설 운동

개항, 막부 타도	미일 화친 조약(1854), 미일 수호 통상 조약(1858) → 존왕양이 운동 → 막부를 타도하고 메이지 정부 수립(1868)
메이지 유신	번을 폐지하고 현 설치(폐번치현, 1871), 신분제 개혁, 징병제 실시, 근대적 조세 제도 마련, 이와쿠라 사절단 파견
자유 민권 운동	1870년대부터 헌법 제정과 의회 설치 요구 → 메이지 정부는 자유 민권 운동을 탄압하면서도 점진적으로 수용해 일본 제국 헌법 공포(1889), 제국 의회 개설
대외 침략	• 청일 전쟁 승리: 타이완 차지(시모노세키 조약) • 러일 전쟁 승리: 만주·한반도의 이권 차지(포츠머스 조약)

3 인도, 동남아시아의 국민 국가 건설 운동

동인도 회사의 지배권을 박탈하고 영국령 인도 제국을 세웠다.

인도	• 세포이의 항쟁 → 영국의 진압, 인도 통치 개선법 제정 • 브라흐마 사마지 운동, 인도 국민 회의 결성 → 벵골 분할령(1905) 발표 이후 인도 국민 회의를 중심으로 반영 운동 전개
베트남	판보이쩌우의 동유 운동, 베트남 유신회·베트남 광복회 조직
필리핀	호세 리살의 저항, 아기날도의 무장 투쟁
타이	외교적 노력으로 독립 유지, 라마 5세의 근대적 개혁 추진

4 서아시아, 아프리카의 국민 국가 건설 운동

오스만 제국	탄지마트(근대적 개혁, 성과 미흡), 헌법 제정(1876) → 헌법 폐지, 전제 정치 부활 → 청년 튀르크당의 무장봉기
서아시아	아라비아반도에서 와하브 운동, 이란의 입헌 혁명(1906)
아프리카	• 이집트: 아라비 파샤 주도의 혁명(헌법 제정과 의회 개설 요구) → 영국군의 진압, 영국의 보호국화 • 에티오피아: 메넬리크 2세의 근대적 개혁, 독립 유지

기본 기출 문제

핵심 주제를 파악할 수 있는 기출 문제를 수록하였습니다.

핵심 개념 문제

● 빈칸에 들어갈 알맞은 말을 쓰시오.

483 제임스 와트가 개량한 (　　　)이/가 기계의 동력으로 이용되면서 산업 혁명이 본격화되었다.

484 홍수전은 크리스트교 신앙을 바탕으로 상제회를 조직하고 (　　　)을/를 일으켰다.

485 영국은 인도의 힌두교도와 이슬람교도의 분열을 꾀하기 위해 1905년 (　　　)을/를 발표하였다.

● 다음 내용이 옳으면 ○표, 틀리면 ×표를 하시오.

486 오랫동안 오스만 제국의 지배를 받던 아라비아반도에서는 브라흐마 사마지 운동이 전개되었다.
　　　　　　　　　　　　　　　　　　(　　)

487 에티오피아는 메넬리크 2세의 근대적 개혁을 토대로 이탈리아를 물리치고 독립을 유지하였다.
　　　　　　　　　　　　　　　　　　(　　)

● 사건과 관련 내용을 바르게 연결하시오.

488 모로코 사건 •　　　• ㉠ 영국과 프랑스의 갈등

489 파쇼다 사건 •　　　• ㉡ 독일과 프랑스의 갈등

● 괄호 안에 들어갈 알맞은 말을 고르시오.

490 제1차 아편 전쟁의 결과 (㉠ 난징 조약, ㉡ 베이징 조약)이 체결되었다.

491 의화단은 (㉠ 멸만흥한 , ㉡ 부청멸양)을 내세우며 교회와 철도를 파괴하고 베이징까지 진출하여 외국 공사관을 습격하였다.

● 다음에서 설명하는 조약을 〈보기〉에서 고르시오.

보기
ㄱ. 포츠머스 조약　　ㄴ. 미일 화친 조약 ㄷ. 시모노세키 조약　　ㄹ. 미일 수호 통상 조약

492 시모다, 하코다테를 개항하고 미국에 최혜국 대우를 인정한다.　　　　　　　　　　(　　)

493 러시아는 한국에 대한 일본의 지도와 보호 및 감리를 승인한다.　　　　　　　　　(　　)

494

(가)에 대한 설명으로 옳은 것만을 〈보기〉에서 고른 것은?

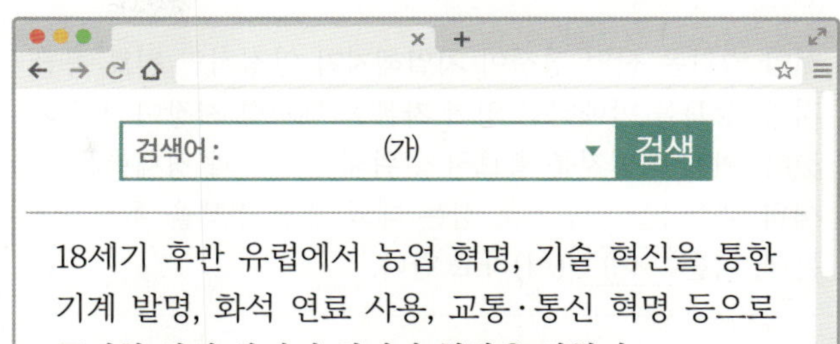

18세기 후반 유럽에서 농업 혁명, 기술 혁신을 통한 기계 발명, 화석 연료 사용, 교통·통신 혁명 등으로 급격한 산업 발전이 일어난 현상을 말한다.

보기
ㄱ. 새로운 동력 기관의 사용이 배경이 되었다. ㄴ. 선대제 수공업을 중심으로 한 생산이 지속되었다. ㄷ. 러시아에서 시작되어 독일과 미국으로 확산되었다. ㄹ. 공장제 기계 공업의 발달로 대량 생산이 가능해졌다.

① ㄱ, ㄴ　　② ㄱ, ㄹ　　③ ㄴ, ㄷ
④ ㄴ, ㄹ　　⑤ ㄷ, ㄹ

495

밑줄 친 ㉠의 영향으로 옳은 것만을 〈보기〉에서 고른 것은?

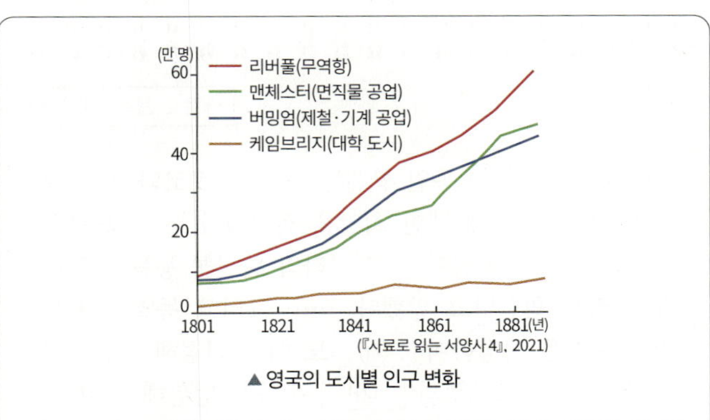

▲ 영국의 도시별 인구 변화

위 도표는 산업 혁명이 진행되면서 영국 주요 도시의 인구수가 급격히 증가하고 있음을 보여 준다. 도시에 공장이 세워지고 노동자들이 모여들면서 ㉠다양한 사회 문제가 대두되었다.

보기
ㄱ. 협동조합과 노동조합이 결성되었다. ㄴ. 기계 파괴 운동(러다이트 운동)이 전개되었다. ㄷ. 자본가의 단결을 주장하는 사상이 등장하였다. ㄹ. 유럽에 아메리카의 은이 유입되기 시작하였다.

① ㄱ, ㄴ　　② ㄱ, ㄷ　　③ ㄴ, ㄷ
④ ㄴ, ㄹ　　⑤ ㄷ, ㄹ

496

핵심 주제 제국주의의 특징

(가)에 대한 설명으로 옳지 <u>않은</u> 것은?

> 서양 열강은 산업 경쟁이 치열해지자 안정적인 원료 공급지와, 상품을 판매하고 잉여 자본을 투자할 시장이 필요해졌다. 이에 식민지를 확보하기 위해 군사력과 경제력을 앞세워 약소국을 식민지로 삼는 대외 팽창 정책을 추진하였는데, 이를 (가) (이)라고 한다.

① 배타적이고 침략적인 민족주의를 내세웠다.
② 마르크스와 엥겔스의 주장을 기반으로 하였다.
③ 독점 자본주의가 등장한 상황에서 확산되었다.
④ 사회 진화론과 인종주의로 침략을 정당화하였다.
⑤ 식민지 쟁탈전으로 서양 열강이 각지에서 충돌하였다.

497

핵심 주제 열강의 아프리카 분할

(가) 국가에 대한 설명으로 옳은 것은?

> 사료로 보는 세계사
>
> (모로코에 도착한) 독일 황제는 …… (모로코와 독일 사이의) 자유 무역에 대한 희망을 전달했다. …… 모로코와의 무역에서 독일이 다른 나라와 완전히 동등한 권리를 누리길 원한다고 말했다. …… 그리고 독일 황제는 이런 주장은 정당하며 (가) 도 이를 인정해야 한다고 말했다. 이에 모로코의 (가) 총독은 당황해 하며 안색이 창백해졌다.
>
> <해설> (가) 이/가 전략적 요충지인 모로코를 지배하고자 세력을 확장하고 있을 무렵 독일의 황제 빌헬름 2세가 모로코에 방문하였다. 빌헬름 2세가 독일이 무역에서 동등한 권리를 누려야 한다고 주장하면서 모로코를 둘러싼 (가) 와(과)의 갈등이 심화되었다.

① 콩고를 식민지로 삼았다.
② 카메룬과 토고를 차지하였다.
③ 아프리카 종단 정책을 추진하였다.
④ 알제리, 마다가스카르 등을 식민지로 삼았다.
⑤ 동인도 회사를 앞세워 인도네시아를 침략하였다.

498 빈출

핵심 주제 아편 전쟁과 중국의 개항

다음 조약이 체결되면서 종결된 전쟁에 대한 설명으로 옳은 것은?

> 제2조 영국인이 광저우·샤먼(아모이)·푸저우·닝보·상하이 등 다섯 항구에 거주하면서 아무 방해 없이 무역 통상에 나설 수 있도록 허용한다.
> 제3조 홍콩섬을 영국에 넘겨주고, 영국이 정하는 법에 따라 다스리도록 허용한다.

① 애로호 사건을 빌미로 일어났다.
② 영국과 프랑스 연합군이 일으켰다.
③ 청 정부의 아편 단속 조치가 계기가 되었다.
④ 태평천국 운동이 전개되던 시기에 일어났다.
⑤ 러시아가 연해주를 차지하는 결과를 가져왔다.

499

핵심 주제 일본의 개항 배경

(가)에 들어갈 내용으로 옳은 것은?

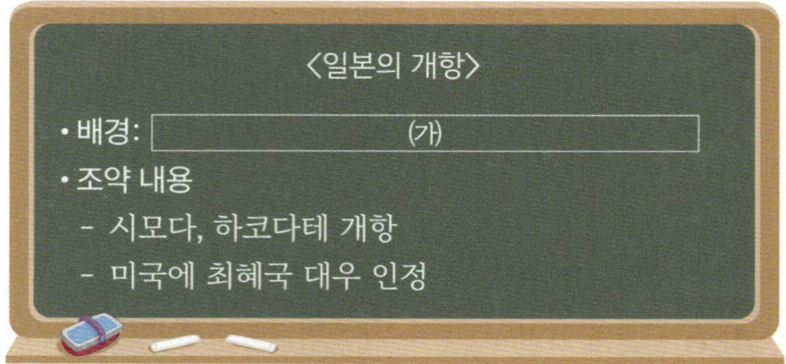

① 존왕양이 운동이 일어났다.
② 자유 민권 운동이 일어났다.
③ 페리 함대가 개항을 요구하였다.
④ 영국이 일본에 통상 요구를 하였다.
⑤ 러시아, 독일, 프랑스가 랴오둥반도 반환을 압박하였다.

500

핵심 주제 인도의 식민지화

다음 법령이 제정된 배경으로 가장 적절한 것은?

> 제1조 동인도 회사가 점유하거나 통치한 영토와 그것과 관련된 모든 권리는 영국 여왕 폐하에게 귀속된다.
> 제3조 국무 위원 중 한 사람은 동인도 회사가 가졌던 권한과 의무를 갖고 실행한다.

① 세포이의 항쟁이 일어났다.
② 영국이 무적함대를 격파하였다.
③ 영국령 인도 제국이 성립되었다.
④ 인도의 면직물 수출량이 늘어났다.
⑤ 동인도 회사가 벵골 통치권을 장악하였다.

실력 기출 문제

학교 시험에서 출제율이 높은 문제를 엄선하여 수록하였습니다.

1 산업 혁명과 산업 사회

501

다음과 같은 기술 발전이 가져온 변화로 옳은 것만을 〈보기〉에서 고른 것은?

제임스 와트가 개량한 증기 기관은 이전보다 석탄을 적게 쓰면서 강한 동력을 공급하였다. 또한 점차 성능이 향상되면서 다양한 산업 분야에 활용되었다.

▲ 제임스 와트의 증기 기관

┤ 보기 ├
ㄱ. 석탄 채굴량이 줄어들었다.
ㄴ. 철강 생산량이 크게 늘어났다.
ㄷ. 면직물 공업의 쇠퇴를 가져왔다.
ㄹ. 원료와 제품을 수송하기 위한 교통수단이 발달하였다.

① ㄱ, ㄴ　　② ㄱ, ㄷ　　③ ㄴ, ㄷ
④ ㄴ, ㄹ　　⑤ ㄷ, ㄹ

502

다음 자료를 통해 파악할 수 있는 사실로 적절하지 <u>않은</u> 것은?

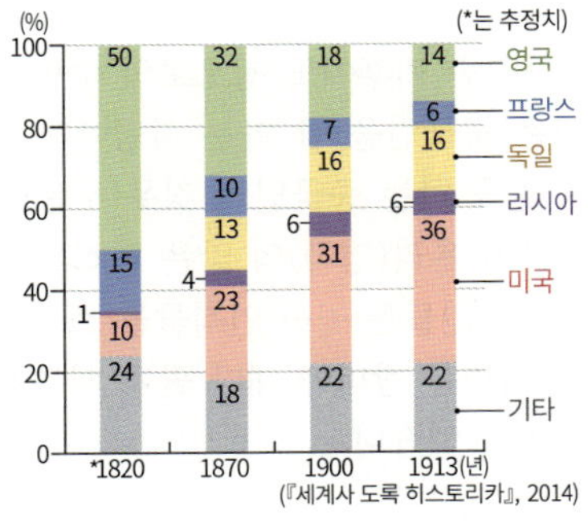

▲ 주요 국가의 공업 생산 비율

① 산업 혁명이 유럽 전역으로 확산되었다.
② 독일에서는 통일 이후 산업 혁명이 진행되었다.
③ 독일에서는 농업을 중심으로 산업화가 이루어졌다.
④ 유럽 각국은 영국의 기계와 기술을 적극 도입하였다.
⑤ 19세기 후반에 러시아에서도 산업 혁명이 진행되었다.

503

(가)에 들어갈 내용으로 가장 적절한 것은?

① 곡물법이 폐지되었어.
② 공장법이 제정되었어.
③ 항해법이 폐지되었어.
④ 가톨릭 해방법이 제정되었어.
⑤ 차티스트 운동이 전개되었어.

504

(가)에 들어갈 내용으로 가장 적절한 것은?

① 러다이트 운동의 전개
② 보스턴 차 사건의 발생
③ 협동조합과 노동조합의 결성
④ 마르크스와 엥겔스의 주장과 사상
⑤ 하천의 오염과 콜레라 등 전염병의 확산

2 제국주의의 출현

| 505~506 |

다음 자료를 읽고 물음에 답하시오.

> 후일 ㉠케이프 식민지 총독이 되는 세실 로즈의 글
>
> 우리(앵글로·색슨인)가 세계에서 가장 훌륭한 인종이며 우리가 세계 곳곳에서 살수록 인류에게 더 유익할 것이라고 나는 주장한다. 지금 가장 비루한 인종들이 살고 있는 지역이 앵글로·색슨인의 영향 아래 있었다면 어떤 변화가 생겨났을지 상상해 보라.

505 빈출

위 주장에 담긴 사상에 대한 설명으로 가장 적절한 것은?

① 시민 혁명에 영향을 끼쳤다.
② 제국주의적 침략을 정당화하였다.
③ 인간 사회에 보편타당한 법칙과 원리가 있다고 보았다.
④ 개인들이 사회 계약을 맺어 국가가 출현한다고 보았다.
⑤ 인간의 이성을 바탕으로 무지와 미신을 타파하려 하였다.

506

밑줄 친 ㉠을 식민지로 삼은 국가에 대한 설명으로 옳은 것은?

① 마다가스카르를 점령하였다.
② 앙골라, 모잠비크를 점령하였다.
③ 파쇼다에서 프랑스와 충돌하였다.
④ 중앙아프리카의 콩고를 식민지로 삼았다.
⑤ 모로코를 둘러싸고 독일과 두 차례 충돌하였다.

507

(가)~(다)에 해당하는 국가를 옳게 연결한 것은?

> 〈열강의 아시아·태평양 분할〉
> • (가) : 자와섬 등에서 플랜테이션 운영
> • (나) : 필리핀 식민지화, 하와이와 괌섬 차지
> • (다) : 비스마르크 제도 점령

	(가)	(나)	(다)
①	독일	미국	네덜란드
②	미국	독일	네덜란드
③	미국	네덜란드	독일
④	네덜란드	독일	미국
⑤	네덜란드	미국	독일

508

밑줄 친 '이 국가'와 관련하여 (가)에 들어갈 내용으로 옳은 것은?

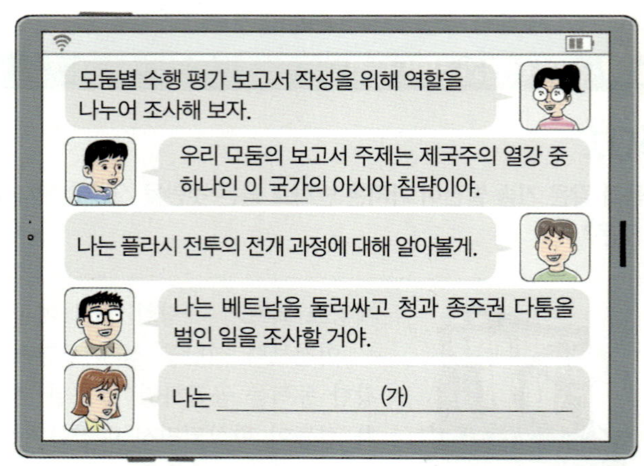

① 카메룬과 토고의 식민지화를 조사할게.
② 인도차이나 연방 수립의 과정을 알아볼게.
③ 미얀마, 말레이반도 점령 과정을 찾아볼게.
④ 에티오피아와 라이베리아의 상황에 대해 알아볼게.
⑤ 오스트레일리아를 자치령으로 삼은 과정을 찾아볼게.

3 국민 국가 건설 운동

509

다음 자료를 활용한 탐구 주제로 가장 적절한 것은?

> 난징 조약을 체결한 이후에도 청으로의 수출이 그다지 늘지 않은 결과는 중국인을 잘 아는 사람에게는 당연한 일입니다. 우선 일을 하는 중국인의 경우 두툼하고 질긴 의복을 입기 때문에 우리(영국)의 얇은 면직물은 필요가 없습니다. 그리고 농민들은 …… 면직물을 스스로 만들어 입고, 남는 것은 가까운 장터에 내다 팔기 때문에 우리 제품을 굳이 살 이유가 없습니다.
>
> - 「미첼 보고서」 -

① 우창 무장봉기의 영향
② 직용의 변이 발생한 계기
③ 제2차 아편 전쟁 발발의 원인
④ 외국 군대의 베이징 주둔 계기
⑤ 서태후 등 보수파의 정변 추진

510

다음 개혁안이 발표된 민족 운동에 대한 설명으로 옳은 것은?

> 토지를 분배할 때는 사람 수를 기준으로 하고 남녀의 차별 없이 가족 수를 계산하여 나눈다. …… 어떤 사람이든 모두 균등하게 하여 한 사람도 빠짐없이 따뜻하게 입고 배불리 먹을 수 있게 한다.
> — 「천조전무 제도」 —

① 만주족 정권 타도를 내세웠다.
② 청일 전쟁의 패배를 계기로 시작되었다.
③ 크리스트교 포교가 허용되는 계기가 되었다.
④ 증국번, 이홍장 등의 한인 관료가 주도하였다.
⑤ 메이지 유신을 본뜬 근대적 개혁을 추진하였다.

511

다음을 주장한 세력에 대한 설명으로 가장 적절한 것은?

> 일본이 매우 신속한 성공을 거둔 것은 …… 조치가 아주 합리적이었기 때문입니다. 오로지 핵심은 …… 제도국을 열고 헌법을 정하는 것이었습니다. …… 일본의 강함은 바로 여기에서 시작되었습니다.
> — 캉유웨이의 상소문 —

① 군수 공장을 설립하였다.
② 입헌 군주제를 지향하였다.
③ 근대적 해군을 창설하였다.
④ 변발과 전족을 금지하였다.
⑤ 교회, 철도 등을 공격하였다.

512

(가)에 들어갈 내용으로 옳은 것은?

> 청 정부가 민간 철도를 국유화하고, 이를 담보로 외국에서 차관을 도입하려 하였다.
>
> ↓
>
> (가)
>
> ↓
>
> 각 성의 대표는 난징에서 쑨원을 임시 대총통으로 선출하고 중화민국을 수립하였다.

① 중국 동맹회가 결성되었다.
② 청 황제를 강제 퇴위시켰다.
③ 「흠정 헌법 대강」이 반포되었다.
④ 우창의 신군이 무장봉기를 일으켰다.
⑤ 군벌 중심의 베이징 정부가 수립되었다.

513 빈출

밑줄 친 '개혁'의 내용으로 옳은 것만을 〈보기〉에서 고른 것은?

사료로 보는 세계사

> 조서 반포 이후 불만이 일었으나 번주(다이묘)는 수백 명이나 되는 세습 가신을 소집해서 번주를 향한 충성심 대신 애국심을 가질 것을 명하였다. 다음 날 아침, 번주는 조상 대대로 물려받은 성을 뒤로한 채 모든 권력을 내려놓고 도쿄로 떠났다.
> — 그리피스, 「천황의 제국」 —

<해설> 메이지 정부는 서양과 같은 근대 국민 국가 수립을 목표로 개혁을 추진하였다. 이 과정에서 1871년 전국의 번을 폐지하고 현을 설치하였다(폐번치현).

⌐ 보기 ⌐
ㄱ. 징병제를 시행하였다.
ㄴ. 토지 가격을 기준으로 세금을 징수하였다.
ㄷ. 사쓰마번과 조슈번이 외국 함대를 공격하였다.
ㄹ. 미국과 협정 관세 등을 규정한 조약을 체결하였다.

① ㄱ, ㄴ   ② ㄱ, ㄷ   ③ ㄴ, ㄷ
④ ㄴ, ㄹ   ⑤ ㄷ, ㄹ

514

밑줄 친 '이 전쟁'에 대한 탐구 활동으로 가장 적절한 것은?

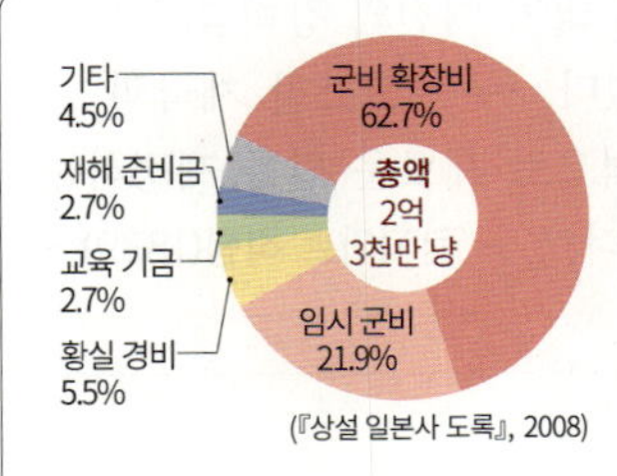

일본이 이 전쟁으로 받은 배상금의 사용 내역이다. 일본은 이 전쟁을 종결짓는 시모노세키 조약을 체결하여 랴오둥반도와 타이완 할양, 배상금 지급 등을 약속받았다.

① 삼국 간섭이 일어난 배경을 파악한다.
② 존왕양이 운동이 끼친 영향을 살펴본다.
③ 일본 제국 헌법이 공포된 시기를 조사한다.
④ 자유 민권 운동에서 내세운 요구를 알아본다.
⑤ 일본이 미국과 영국에게 받은 지원을 알아본다.

● 바른답·알찬풀이 41쪽

515 빈출

밑줄 친 '이 사건'의 영향으로 가장 적절한 것은?

① 브라흐마 사마지 운동이 시작되었다.
② 영국이 무굴 제국 황제를 폐위하였다.
③ 영국이 인도에 아편 재배를 강제하였다.
④ 영국이 벵골 지역의 통치권을 장악하였다.
⑤ 영국이 인도에 면직물을 대량 수출하였다.

516

다음 민족 운동을 전개한 인물로 옳은 것은?

> 베트남 유신회를 조직하고 청년들의 의식을 일깨우기 위해 일본으로 유학을 보내는 동유 운동을 전개하였다.

① 틸라크
② 아기날도
③ 캉유웨이
④ 라마 5세
⑤ 판보이쩌우

517 빈출

밑줄 친 ㉠에 해당하는 사건으로 옳은 것만을 〈보기〉에서 고른 것은?

> ㉠지난 150년간 연이은 우환과 여러 가지 이유로 존귀한 이슬람 율법이 지켜지지 않게 되어 이전의 강력함과 번영은 무력함과 빈곤으로 바뀌었다. …… 오스만 제국과 그 영토를 잘 다스리기 위한 목적으로 새로운 법을 제정하는 것은 필요하고도 중요한 일이다. - 탄지마트 칙령(1839) -

| 보기 |
ㄱ. 그리스가 독립하였다.
ㄴ. 유럽 영토 대부분을 상실하였다.
ㄷ. 이란에서 입헌 혁명이 일어났다.
ㄹ. 청년 튀르크당이 무장봉기를 일으켰다.

① ㄱ, ㄴ
② ㄱ, ㄷ
③ ㄴ, ㄷ
④ ㄴ, ㄹ
⑤ ㄷ, ㄹ

✎ **1등급을 향한 서답형 문제**

| 518~519 |

다음 자료를 읽고 물음에 답하시오.

> 사료로 보는 세계사
>
> 제조업의 성공에는 세 가지 중요한 요인이 있는데 바로 수력, 연료, 철이다. …… 제조업에 중요한 것은 풍부한 (가) 이다. 이 광물은 증기 기관을 작동시키고 가장 강력한 에너지를 제공한다. …… 영국의 정치적·도덕적 이점 …… 즉 자유와 평화도 제조업 발흥에 기여했다. 다른 어떤 나라도 영국만큼 자유와 평화가 오랫동안 잘 유지된 곳이 없다. - 에드워드 베인스 -
>
> <해설> 19세기 후반 영국의 정치인 에드워드 베인스는 영국에서 산업 혁명이 성공할 수 있었던 여러 요인을 제시하였다. 그는 영국의 풍부한 자원, 기술 혁신과 새로운 기계의 발명, 정치적인 안정 등을 성공 요인으로 설명하였다. 또한 대외 전쟁의 승리를 통해 ______ (나)

518

(가)에 해당하는 광물을 쓰시오.

519

(나)에 들어갈 내용을 서술하시오.

| 520~521 |

다음 자료를 읽고 물음에 답하시오.

> 중국의 문물제도는 바다 건너 야만의 풍속과는 전혀 다르고, 나라를 잘 다스리고 제업(제왕의 업적)의 튼튼한 기초를 다지는 방법은 당연히 원래부터 존재하고 있었습니다. 하지만 위기를 안정으로 돌리고 허약함을 강력함으로 바꾸는 길은 전적으로 (서양의) 기계를 모방하여 제조하는 데서 비롯됩니다. - 이홍장의 상소문(1865) -

520

위 주장을 토대로 추진된 중국의 근대화 운동을 쓰시오.

521

위 근대화 운동의 한계를 서술하시오.

적중 1등급 문제

내신 1등급을 결정하는 고난도 문제를 수록하였습니다.

522

밑줄 친 '이 정책'에 대한 탐구 활동으로 적절한 것만을 <보기>에서 고른 것은?

▲「백인의 짐」

영국인과 미국인이 중국인, 인도인, 쿠바인, 필리핀인 등을 짊어지고 '문명'이라는 여신을 향해 올라가고 있다. 이 그림에는 서양 열강이 식민지를 확보하기 위해 군사력과 경제력을 앞세워 추진한 이 정책을 정당화하려는 의도가 담겨 있다.

| 보기 |
ㄱ. 엥겔스의 사회주의 사상을 조사한다.
ㄴ. 파쇼다 사건이 일어난 배경을 조사한다.
ㄷ. 공장법 제정과 선거법 개정의 배경을 알아본다.
ㄹ. 영국이 청으로부터 홍콩을 할양받은 과정을 알아본다.

① ㄱ, ㄴ ② ㄱ, ㄷ ③ ㄴ, ㄷ
④ ㄴ, ㄹ ⑤ ㄷ, ㄹ

523

(가)에 해당하는 민족 운동이 내세운 주장으로 가장 적절한 것은?

신축조약에서는 먼저 공사관 구역에 대한 공격과 크리스트교도에게 가해진 위해에 대한 처벌을 다루었다. 제1조는 독일 공사 케텔러 살해 사건에 대해 청이 특사를 독일 제국에 파견하여 독일 황제에게 "슬프고 안타깝다."라는 뜻을 표하고, 공사가 살해된 장소에 청 황제의 안타까운 마음을 표시하는 기념비를 조성한다고 규정하였다. 제2조에서는 ____(가)____ 의 주모자로 지목된 황족과 고위 관료들을 사형시키거나 유배 보내고, 이 운동에 반대하다가 서태후에게 처형된 자들을 복권하는 것으로 하였다.

① 공화정을 수립하자.
② 만주족 정권을 타도하자.
③ 청을 도와 서양 세력을 몰아내자.
④ 일본을 본떠 입헌 군주제를 도입하자.
⑤ 중국의 체제를 기반으로 서양 기술을 받아들이자.

524

다음 조약 내용에 대한 학생들의 발표 내용으로 적절하지 않은 것은?

제2조 러시아는 한국에 대한 일본의 지도, 보호, 감리를 승인한다.
제5조 뤼순·다롄의 조차권과 그 부속의 이권을 일본에 양도한다.
제9조 북위 50° 이남의 사할린섬과 부속 섬들을 일본에 양도한다.

① 미국의 중재로 양국이 조약을 맺게 되었어요.
② 배상금 조항이 없어 일본인들의 불만이 컸어요.
③ 조약 체결 이후 일본은 대한 제국을 강제 병합하였어요.
④ 일본이 확보한 영토를 독일, 프랑스 등의 압력으로 반환하였어요.
⑤ 일본이 영국, 미국의 지원을 받아 승리한 전쟁의 결과 체결된 것이에요.

525

다음 주장이 제기된 직접적 원인으로 가장 적절한 것은?

그것은 영국인의 잔인하고도 어리석은 행동입니다. 이러한 어리석은 행동은 언젠가는 바로잡힐 것입니다. …… 나는 '스와데시'가 경제적 혼란 상태에 있는 인도에서 강력해질 필요가 있다고 생각합니다. 인도인의 희생과 빈곤을 대가로 외국인의 봉급과 연금 등은 매년 2억 루피 정도 제공됩니다. 이 때문에 인도의 경제 상황이 빈궁한 상태로 머물러 있습니다.

- 나오로지의 연설문 -

① 악습인 사티의 폐지를 추구하였다.
② 영국의 벵골 분할령이 발표되었다.
③ 인도 남부에 포르투갈이 진출하였다.
④ 영국 동인도 회사가 인도를 지배하였다.
⑤ 영국이 명목상 인도인의 자치권을 인정하였다.

 **09 동아시아 세계의 변동**

526

밑줄 친 '이 황제'에 대한 설명으로 옳은 것은?

▲ 자금성

중국의 베이징에 있는 명·청 시대의 궁궐이다. 이 황제는 자금성을 건설하여 베이징으로 수도를 옮겼다. 자금성은 명·청 시대를 거치면서 500여 년간 중국 역사의 중심이었다.

① 육유를 반포하였다.
② 재상제를 폐지하였다.
③ 팔기제를 토대로 여진을 통합하였다.
④ 정화에게 대규모 항해를 지시하였다.
⑤ 네르친스크 조약을 체결하여 국경을 확정하였다.

527

(가)에 들어갈 내용으로 옳은 것은?

① 변발과 호복 강요
② 절도사의 권한 회수
③ 분서갱유를 통한 사상 통제
④ 법가 사상에 따른 가혹한 통치
⑤ 선비족의 언어 사용과 복장 금지

528

밑줄 친 ㉠이 전국적으로 활동하던 시기의 상황으로 옳은 것만을 〈보기〉에서 고른 것은?

일거리가 없었던 타이후호의 부녀들도 최근 직포 방법을 습득하게 되면서 번화한 거리가 들어섰다. 누가 이렇게 했는지 묻자, 그들은 "㉠휘저우 상인들이 직접 와서 여러 여공을 모아 기술을 가르쳤고, 솜과 방차(紡車), 직기도 나누어 주었다."라고 말하였다.

- 왕완, 『요봉문초』 -

┤ 보기 ├
ㄱ. 상인들이 공소, 회관을 설립하였다.
ㄴ. 교자와 회자 등의 지폐가 발행되었다.
ㄷ. 대운하가 건설되어 남과 북을 연결하였다.
ㄹ. 은으로 세금을 납부하는 제도가 실시되었다.

① ㄱ, ㄴ
② ㄱ, ㄹ
③ ㄴ, ㄷ
④ ㄴ, ㄹ
⑤ ㄷ, ㄹ

529

(가) 인물의 활동으로 옳은 것은?

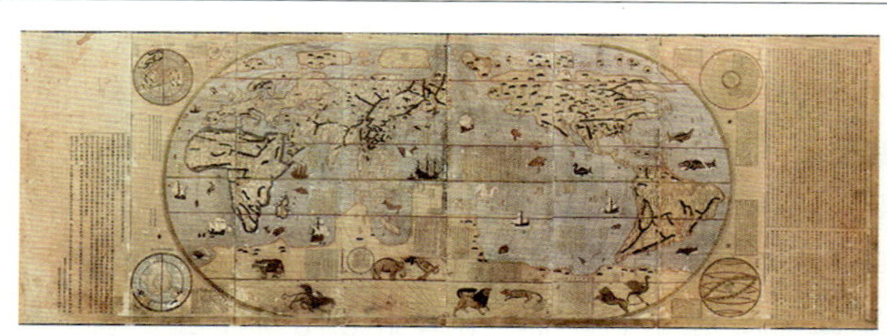

이 지도는 세계를 유럽, 아프리카, 아시아, 아메리카, 메카라니카(오세아니아)로 구분한 세계 지도이다. 예수회 선교사인 [(가)] 이/가 제작하였으며, 중국인의 세계관 확대에 기여하였다.

① 제지술을 개량하였다.
② 청의 역법 개정을 주도하였다.
③ 성리학을 비판하며 양명학을 제창하였다.
④ 서광계와 함께 『기하원본』을 간행하였다.
⑤ 실용 과학 서적인 『천공개물』을 편찬하였다.

530~531

다음 자료를 읽고 물음에 답하시오.

> 에도 막부 시기에는 쇼군의 막부와 다이묘의 번으로 구성된 막번 체제가 확립되었다. 에도 막부는 다이묘들이 자신의 영지와 에도를 정기적으로 왕복하게 한 [(가)]을/를 통해 다이묘를 강력하게 통제하는 한편, 천황과 귀족을 정치에서 배제하여 중앙 집권을 강화하였다. 이 시기에는 상공업자가 성장하며 문화를 주도하였고, ㉠이들의 문화가 다른 계층으로 퍼져 나갔다.

530 단답형

(가)에 들어갈 제도를 쓰시오.

531 서술형

밑줄 친 ㉠의 사례를 서술하시오.

10 무굴 제국과 오스만 제국

532

밑줄 친 '황제'의 재위 시기에 있었던 사실로 옳은 것은?

> 황제는 고아에 체류하던 우리 예수회 선교사들을 황궁으로 초빙하였다. 황제는 유럽의 문화와 종교에 관해 많은 학식을 지녔으며, 영국과 프랑스 등 주요국 간의 역학 관계에 각별한 관심을 보였다. …… 그는 당시 지즈야 폐지 등 관용 정책을 통해 오랜 갈등과 분열로 요동치던 제국 내의 분란을 수습한 탁월한 통치자였다.
> — 안토니 드 몬세라트, 『회고록』 —

① 쿠트브 미나르가 건립되었다.
② 아그라로의 천도가 이루어졌다.
③ 무굴 제국 최대의 영토가 확보되었다.
④ 시크교도와 마라타족이 반란을 일으켰다.
⑤ 델리 술탄 왕조 시대가 종식되고 새 왕조가 수립되었다.

533

㉠~㉣에 대한 설명으로 옳은 것만을 <보기>에서 고른 것은?

> 베네치아 상인 출신인 나는 교역 거점을 확보하기 위해 이스파한을 거쳐 아그라의 황궁을 방문하였다. ㉠전대 황제가 ㉡뭄타즈 마할을 추모하기 위해 세운 거대한 묘당을 둘러보고, 갠지스강을 통해 벵골 지방의 수공업 중심지에 도착하였다. 이곳에서는 좋은 직물 원료가 생산되었고 숙련된 직공들이 많이 있어, 영국과 ㉢네덜란드의 동인도회사가 황제의 허가를 받아 설립한 작업장에서 고품질 직물이 생산되고 있었다. …… 한편 고아의 상인들로부터 황제의 군대가 ㉣데칸고원을 넘어 남인도 상당 부분을 정복하는 과정에서 경제적 손실을 입었다는 소식을 접하였다.
> — 니콜로 마누치 —

┌ 보기 ┐
ㄱ. ㉠ - 16세기 초반 델리를 중심으로 이슬람 왕조를 세웠다.
ㄴ. ㉡ - 인도·이슬람 양식의 건축물이다.
ㄷ. ㉢ - 서양 세력들 중 인도에 처음 무역 거점을 마련하였다.
ㄹ. ㉣ - 아우랑제브 황제에 의해 정복되었다.

① ㄱ, ㄴ　　② ㄱ, ㄷ　　③ ㄴ, ㄷ
④ ㄴ, ㄹ　　⑤ ㄷ, ㄹ

534

(가)에 들어갈 국가에 대한 설명으로 옳지 않은 것은?

> [(가)]은/는 삼면이 바다로 둘러싸인 콘스탄티노폴리스를 함락하기 위해 쇠사슬로 막힌 *골든혼 입구를 거치지 않고, 산으로 군함을 이동시켰다. 군함을 이동하는 데 성공한 [(가)]은/는 대포를 동원하여 콘스탄티노폴리스를 공격하고 결국 점령하였다.
>
> *골든혼(Golden Horn): 현재의 이스탄불을 끼고도는 해협 어귀의 이름이다.

① 맘루크 왕조를 정복하였다.
② 레판토 해전에서 승리하였다.
③ 오스트리아의 빈을 포위 공격하였다.
④ 티무르 왕조와 벌인 앙카라 전투에서 패배하였다.
⑤ 이슬람교 성지인 메카와 메디나의 보호권을 차지하였다.

| 535~536 |

다음 자료를 읽고 물음에 답하시오.

> 오스만 제국은 데브시르메 제도를 통해 술탄의 친위 부대
> 인 (가) 와/과 관료를 육성하였다. 그리고 다양한 민족
> 의 ㉠종교를 인정하는 관용 정책을 펼쳐 제국을 안정시켰
> 다. 이로 인해 다양한 민족과 종교가 공존하면서 발전하게
> 되었다.

535 단답형

(가)에 들어갈 용어를 쓰시오.

536 서술형

밑줄 친 ㉠의 사례를 서술하시오.

11 시민 혁명과 국민 국가의 형성

537

(가), (나) 주장에 대한 설명으로 옳은 것은?

> ㈎ 정부가 사회의 기본적인 규칙을 침해하면 인민이 위임
> 했던 정부의 권력은 계약 위반으로 상실하게 되고, 권
> 력은 인민에게 이전된다고 주장하였다.
> ㈏ 사회 계약은 정부에게 모든 구성원을 다스릴 절대적인
> 힘을 부여하며, 일반 의지로 관리되는 그 힘이 바로 주
> 권이라고 주장하였다.

① ㈎ - 기계론적 우주관을 확립하였다.
② ㈎ - 『백과전서』를 통해 계몽사상 확산에 기여하였다.
③ ㈏ - 인민 주권의 원리를 제시하였다.
④ ㈏ - 자연 상태를 '만인에 대한 만인의 투쟁'으로 파악하
　　였다.
⑤ ㈎, ㈏ - 프랑스 혁명의 영향을 받았다.

538

(가)에 들어갈 내용으로 옳은 것은?

〈혁명의 전개 과정〉

> 제3신분은 국민 의회를 구성하고, 헌법을 제정하기 전에는
> 해산하지 않겠다고 서약하였다.

↓

> (가)

↓

> 입헌 군주제와 재산에 따른 제한 선거제를 규정한 헌법이 제
> 정되자 국민 의회가 해산되고 입법 의회가 소집되었다.

① 루이 16세가 처형되었다.
② 나폴레옹이 대륙 봉쇄령을 내렸다.
③ 「인간과 시민의 권리선언」이 발표되었다.
④ 상퀼로트가 왕궁을 습격하여 왕권을 정지시켰다.
⑤ 로베스피에르가 테르미도르의 반동으로 실각하였다.

539

다음 정책이 끼친 영향으로 가장 적절한 것은?

> 프랑스에서 부르봉 왕조가 부활하였다. 루이 18세에 뒤이어
> 즉위한 샤를 10세는 1830년에 의회를 해산하고 선거권을 제
> 한하는 내용의 칙령을 발표하여 전제 정치를 실시하였다.

① 빈 체제가 사실상 무너졌다.
② 차티스트 운동이 전개되었다.
③ 파리 시민이 7월 혁명을 일으켰다.
④ 나폴레옹이 러시아 원정에 나섰다.
⑤ 자코뱅파가 새로운 헌법을 제정하였다.

540

(가) 인물에 대한 설명으로 옳은 것은?

> 프로이센의 ___(가)___ 은/는 이탈리아와 동맹을 맺고 오스트리아와 벌일 전쟁 준비에 박차를 가했다. 사실 그의 정치적 입지는 매우 불안하였다. ___(가)___ 을/를 재상 자리에 앉힌 헌법 투쟁은 아직 종결되지 않은 상태였으며 독일 내에서는 반프로이센 감정이 고조되고 있었다. ___(가)___ 에게 전쟁은 이 모든 문제를 한꺼번에 해결할 수 있는 유일한 방법이었다.

① 붉은 셔츠대로 불린 의용군을 이끌었다.
② 로마 교황령을 점령하여 통일을 완성하였다.
③ 철혈 정책을 내세워 군비 확장을 추진하였다.
④ 빈 회의를 주도하며 전후 처리 문제를 협의하였다.
⑤ 외국산 곡물의 수입을 제한한 곡물법을 폐지하였다.

541

밑줄 친 '이 선언'에 대한 설명으로 옳은 것은?

① 프랑스 혁명에 영향을 끼쳤다.
② 제2차 대륙 회의에서 발표되었다.
③ 영국의 인지세, 차세 부과에 반발하였다.
④ 북부가 여론의 지지를 얻고 승리하는 계기가 되었다.
⑤ 유럽 전역에 자유주의 이념이 확산하는 데 기여하였다.

---

12 산업 혁명, 제국주의, 국민 국가 건설 운동

542

다음 법이 제정된 배경으로 가장 적절한 것은?

> 18세 이하의 누구도 면 공장, 모직 공장, 견직물 공장 등에서 밤(20시 30분부터 5시까지)에 일하는 것을 금한다. 그리고 18세 이하의 미성년 노동자가 하루에 12시간 이상, 일주일에 69시간 이상 노동하는 것을 금지한다. …… 견직물 공장을 제외하고 11세 미만의 어린이를 고용하는 것은 불법이다.
>
> — 영국 공장법(1833) —

① 노동자들이 차티스트 운동을 전개하였다.
② 기후변화와 생태환경 문제가 발생하였다.
③ 남부 여러 주가 노예제에 반대하며 연방을 탈퇴하였다.
④ 자유주의의 영향으로 데카브리스트의 봉기가 일어났다.
⑤ 노동자가 노동 환경 개선을 요구하며 노동조합을 결성하였다.

543 📝 서술형

다음 지도의 (가) 사건이 일어난 배경을 서술하시오.

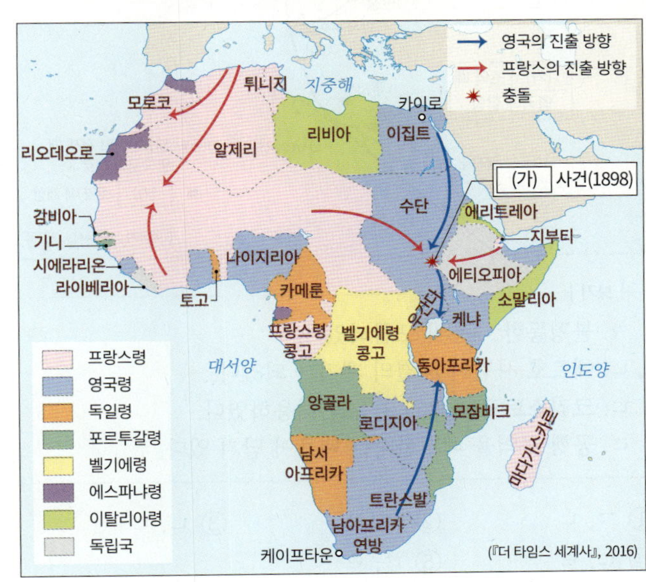

544

밑줄 친 '우리'에 해당하는 국가에 대한 설명으로 옳은 것은?

> 우리의 해군은 바다 위의 정박지, 요새, 병참 기지가 없으면 안 됩니다. 인도차이나반도, 마다가스카르, 튀니지에 대한 진출이 우리 항해의 안전을 위해 필요한 과정인지 아닌지 말씀해 주시기를 바랍니다. 여러분, 오늘날 유럽에서 어떤 나라는 육군이나 해군의 육성을 통해서, 어떤 나라는 끊임없는 발전을 통해서 우리와 경쟁하고 있습니다. 이러한 세계에서 평화나 포기를 추구하는 정책은 쇠퇴의 길로 접어드는 지름길입니다.
>
> — 하원 의원 쥘 페리의 의회 연설 —

① 사르데냐 왕국의 전쟁을 지원하였다.
② 항해법을 폐지하여 규제를 완화하였다.
③ 태평양의 하와이와 괌섬을 차지하였다.
④ 보르네오섬 일부와 말레이반도를 차지하였다.
⑤ 동인도 회사를 앞세워 인도네시아에 진출하였다.

545

(가) 조약에 대한 설명으로 옳은 것만을 〈보기〉에서 고른 것은?

| 보기 |

ㄱ. 불평등한 내용이 포함되었다.
ㄴ. 애로호 사건이 체결의 계기가 되었다.
ㄷ. 크리스트교 포교의 자유를 허용하였다.
ㄹ. 공행 무역을 폐지한다는 내용이 담겨 있다.

① ㄱ, ㄴ　　　② ㄱ, ㄹ　　　③ ㄴ, ㄷ
④ ㄴ, ㄹ　　　⑤ ㄷ, ㄹ

546

(가) 단체의 활동으로 옳은 것은?

이것은 프랑스 언론에 실린 그림으로, 철도를 파괴하고 있는 [(가)]의 모습이 그려져 있다. 열강의 제국주의적 이권 침탈이 극심한 상황에서 산둥에서 봉기한 [(가)]은/는 당시 민중의 폭넓은 지지를 받았다.

① 베이징의 외국 공사관을 습격하였다.
② 만주족 정권 타도(멸만흥한)를 주장하였다.
③ 토지의 균등 분배 등의 개혁안을 발표하였다.
④ 서태후 등 보수파가 일으킨 정변으로 좌절되었다.
⑤ 삼민주의를 지도 이념으로 삼고 각지에서 무장봉기를 일으켰다.

547

다음 헌법이 공포된 시기를 연표에서 옳게 고른 것은?

> • 군주의 권한
> 제1조 청 황제는 청 제국을 통치하며, 만세 일계로 영원히 존중받아야 한다.
> 제3조 법률은 의회에서 의결하지만, 황제의 비준 명령을 받아 공포되지 않은 법률은 시행할 수 없다.
>
> • 신민의 권리와 의무
> 제1조 법령이 정하는 자격을 갖춘 사람은 문무 관리나 의원이 될 수 있다.
> 제2조 신민은 법률의 범위 내에서 언론, 저작, 출판, 집회, 결사의 자유가 허용된다.

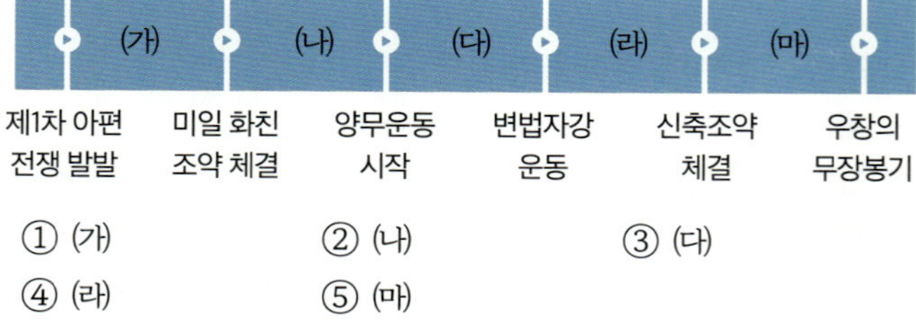

① (가)　　　② (나)　　　③ (다)
④ (라)　　　⑤ (마)

548

(가)에 들어갈 내용으로 가장 적절한 것은?

① 존왕양이 운동이 일어났어요.
② 일본 제국 헌법이 공포되었어요.
③ 미일 수호 통상 조약이 체결되었어요.
④ 데지마를 통해 네덜란드와 교류하였어요.
⑤ 미국이 페리 함대를 보내 개항을 요구하였어요.

549

(가)에 들어갈 민족 운동으로 옳은 것은?

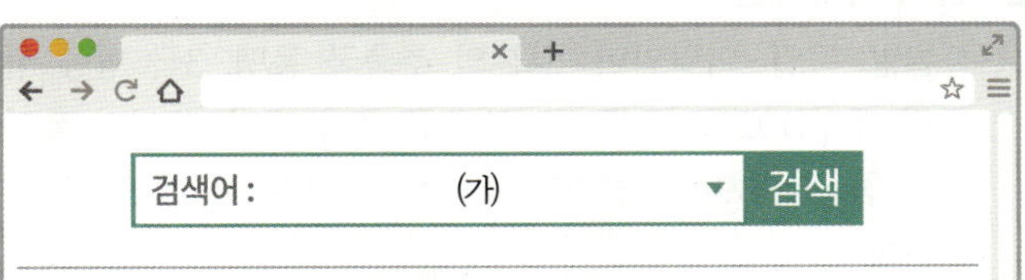

영국이 인도를 수탈하고 인도의 종교적 전통을 무시하자, 동인도 회사에 고용된 인도인 용병의 불만이 쌓여갔다. 그런 와중에 탄약 주머니에 힌두교에서 신성시하는 소와, 이슬람교에서 부정하다고 여기는 돼지의 기름이 발라져 있다는 소문이 퍼지면서 불만이 폭발하였다.
• 연관 검색어: 인도 통치 개선법

① 입헌 혁명
② 동유 운동
③ 와하브 운동
④ 세포이의 항쟁
⑤ 브라흐마 사마지 운동

550

다음 정책에 대해 인도인들이 전개한 대응으로 옳은 것은?

인도 총독은 벵골주가 면적이 넓고 인구가 많다는 명분을 내세우며 행정의 효율성을 위해 벵골주를 분할한다고 발표하였다. 이는 힌두교도가 다수인 서벵골과 이슬람교도가 다수인 동벵골로 벵골주를 양분함으로써, 민족 운동이 거센 벵골 지역의 주민을 분리하고 종교적 대립을 조장하려한 영국의 의도가 담겨 있었다.

① 세포이의 항쟁이 일어났다.
② 인도 국민 회의가 결성되었다.
③ 악습인 사티의 폐지를 주장하였다.
④ 스와라지, 스와데시 등을 결의하였다.
⑤ 라지푸트족과 마라타족이 반란을 일으켰다.

551

밑줄 친 ㉠이 실시된 배경으로 옳은 것만을 〈보기〉에서 고른 것은?

사료로 보는 세계사

• 술탄의 권한 일부를 의회에 넘기고, 의회는 술탄의 승인을 얻어서 법을 제정한다.
• 모든 백성의 생명·명예·재산을 법으로 보호한다.
• 조세 징수에 관한 원칙을 마련한다.

〈해설〉 18~19세기에 걸쳐 점차 쇠퇴하게 된 오스만 제국은 위기의식을 갖고 1839년 ㉠근대적 개혁을 단행하였다.

| 보기 |

ㄱ. 청년 튀르크당이 결성되었다.
ㄴ. 이집트가 자치권을 확보하였다.
ㄷ. 영국 등 서양 열강의 압박을 받았다.
ㄹ. 오스만 제국이 레판토 해전에서 패배하였다.

① ㄱ, ㄴ   ② ㄱ, ㄷ   ③ ㄴ, ㄷ
④ ㄴ, ㄹ   ⑤ ㄷ, ㄹ

13 제1·2차 세계 대전

1 제1차 세계 대전과 이후의 세계

1 제1차 세계 대전
독일은 3B 정책(베를린·비잔티움·바그다드 연결)을 추진하여 영국의 3C 정책(카이로·케이프타운·콜카타 연결)과 대립하였다.

(1) 배경: 3국 동맹(독일, 오스트리아·헝가리 제국, 이탈리아)과 3국 협상(영국, 프랑스, 러시아)의 대립, 범게르만주의와 범슬라브주의의 대립
발칸 반도의 상황이다.

(2) 전개: 사라예보 사건 → 오스트리아·헝가리 제국의 선전 포고 → 동맹국과 협상국 참전 → 독일의 무제한 잠수함 작전, 치머만 전보 사건을 계기로 미국 참전, 11월 혁명으로 러시아가 전쟁에서 이탈

(3) 종결: 동맹국 항복 → 킬 군항 해군의 봉기, 독일 항복

(4) 특징: 총력전 전개, 참호전으로 전쟁 장기화, 신무기 등장(탱크, 전투기, 잠수함, 독가스 등 사용)

2 러시아 혁명
러시아에서 사회주의 사상이 확산되는 가운데 1905년에는 피의 일요일 사건이 일어나기도 하였다.

러시아 혁명 (1917)	• 3월 혁명: 제1차 세계 대전 장기화 → 노동자·병사 소비에트 혁명 → 니콜라이 2세 퇴위, 임시 정부 수립 • 11월 혁명: 임시 정부가 전쟁 지속 → 레닌 중심의 볼셰비키가 임시 정부 타도, 소비에트 정부 수립
혁명 이후의 러시아	• 레닌: 전쟁 이탈(브레스트리토프스크 조약), 사회주의 개혁, 코민테른 조직, 신경제 정책(NEP) 추진 → 소비에트 사회주의 공화국 연방(소련) 수립(1922) • 스탈린: 경제 개발 5개년 계획 추진, 독재 체제 강화

3 베르사유 체제와 평화 구축 노력

(1) 베르사유 체제: 파리 강화 회의(윌슨의 평화 원칙 14개조 채택) → 전승국의 이익 보장, 독일 응징의 내용을 담은 베르사유 조약 체결(1919) → 베르사유 체제 성립

꼭 나오는 자료   🔗 112쪽 577번 문제로 확인

베르사유 조약(1919)

제119조   독일은 해외에 보유하고 있는 모든 식민지에 대한 권리와 지위를 포기한다.

제235조   독일은 연합국의 청구액이 확정되기 전에 우선적으로 1921년 4월까지 200억 마르크 금화에 해당하는 금액을 지불한다.

자료 분석   베르사유 조약으로 독일은 모든 식민지를 상실하고, 알자스-로렌 지방을 프랑스에 양도하였다. 또한 군비를 축소하고 연합국에 막대한 배상금을 지불하게 되었다.

국제 연맹은 미국 불참, 독일과 소련의 가입 배제, 군사적 제재 수단 부재 등의 한계가 있었다.

(2) 평화 구축을 위한 노력: 국제 연맹 창설(1920), 워싱턴 회의(1921~1922, 해군 군비 감축), 로카르노 조약(1925), 켈로그·브리앙 조약(1928, 전쟁 포기 합의)

(3) 민주주의의 발전: 유럽 각지에서 공화국 수립, 보통 선거권 확산으로 노동자 계층과 여성에게 참정권 확대

4 민족 운동의 전개
일본의 21개조 요구 철폐, 산둥반도의 이권 반환 등을 요구하였다.

(1) 중국의 민족 운동: 신문화 운동 → 5·4 운동(1919) → 제1차 국공 합작(1924) → 장제스의 국민 혁명 완수(1928) → 만주 사변(1931), 공산당의 대장정 → 시안 사건(1936), 중일 전쟁 발발(1937) → 제2차 국공 합작(1937)

(2) 인도, 동남아시아, 서아시아의 민족 운동

인도	간디의 비폭력·불복종 운동, 네루의 반영 저항 운동 → 영국이 인도인의 자치권 인정(신인도 통치법, 1935)
동남아시아	• 베트남: 호찌민이 프랑스에 맞서 베트남 공산당 결성 • 인도네시아: 수카르노가 네덜란드의 지배에 저항
서아시아	• 오스만 제국: 무스타파 케말이 튀르키예 공화국 수립 • 영국의 맥마흔 선언(아랍인 독립 보장 약속), 밸푸어 선언(유대인 국가 건설 지지) → 이후 팔레스타인 분쟁

2 제2차 세계 대전

1 대공황 발생과 전체주의의 대두

(1) 대공황: 제1차 세계 대전 이후 미국의 호황 속 과잉 생산, 소비 위축, 미국 주가 대폭락 → 세계적인 경제 침체

(2) 각국의 대응: 미국 – 루스벨트의 뉴딜 정책 실시, 영국과 프랑스 – 블록 경제 형성
자유방임주의 경제 원칙을 일부 포기하고, 정부 지출을 늘려 소비를 촉진하는 정책

(3) 전체주의의 대두

이탈리아	무솔리니의 파시스트당 결성, 로마 진군(1922) → 정권 장악
독일	히틀러와 나치당의 집권, 반유대 정책 추진, 재무장 선포
일본	만주 사변, 군부 쿠데타로 군국주의 강화, 중일 전쟁 도발

2 제2차 세계 대전

(1) 발발: 독일·이탈리아·일본의 추축국 동맹, 3국 방공 협정 체결(1937) → 독·소 불가침 조약 체결, 독일의 폴란드 침공(1939) → 영국과 프랑스가 독일에 선전 포고

(2) 전개
파리가 점령되자 드골 등은 영국에서 망명 정부(자유 프랑스)를 세우고 프랑스 국내의 저항 운동을 지도하였다.

① 초반 추축국의 우세: 독일의 파리 점령(비시 정부 수립), 이탈리아의 그리스·북아프리카 침공 → 유럽 대부분 장악

② 전쟁의 확대: 독일의 소련 침공(1941), 일본의 미국 하와이 진주만 기습(아시아·태평양 전쟁, 1941)

③ 연합국의 반격과 종전: 미국의 미드웨이 해전 승리, 소련의 스탈린그라드 전투 승리 → 이탈리아 항복(1943) → 노르망디 상륙 작전(1944) → 독일 항복(1945. 5.) → 미국이 일본에 원자 폭탄 투하 → 일본 항복(1945. 8.)

(3) 전후 처리 논의: 전쟁 중 카이로, 얄타, 포츠담 회담 개최

(4) 전쟁 범죄 처벌: 뉘른베르크, 도쿄에서의 국제 군사 재판

(5) 국제 연합: 대서양 헌장(1941)에서 창설 합의, 총회와 안전 보장 이사회 설치, 무력 제재 가능(국제 연합군 파견)
안전 보장 이사회의 결의를 총회보다 우선시하였고, 안전 보장 이사회의 5대 상임 이사국(미·소·영·프·중)은 거부권을 가졌으며, 강대국의 이해와 냉전 논리에 좌우되었다는 한계를 보였다.

기출 문제

핵심 개념 문제

● 빈칸에 들어갈 알맞은 말을 쓰시오.

552 오스트리아·헝가리 제국의 황태자 부부가 암살된 (　　　　)을/를 계기로 제1차 세계 대전이 시작되었다.

553 인도에서는 (　　　　)이/가 롤럿법 폐지와 완전한 자치를 요구하며 비폭력·불복종 운동을 전개하였다.

554 미국의 (　　　　) 대통령은 대공황 극복을 위해 뉴딜 정책을 실시하였다.

555 연합국은 1944년 (　　　　) 상륙 작전을 전개하여 파리를 해방시켰다.

● 제시된 국가와 관련된 내용을 옳게 연결하시오.

556 독일 　·　　　　·㉠ 5·4 운동
557 중국 　·　　　　·㉡ 11월 혁명
558 러시아 ·　　　　·㉢ 나치당 집권

● 괄호 안에 들어갈 알맞은 말을 고르시오.

559 파리 강화 회의는 (㉠ 윌슨, ㉡ 레닌)이 제안한 평화 원칙 14개조에 근거하여 진행되었다.

560 (㉠ 로카르노 조약, ㉡ 베르사유 조약)에서 독일의 모든 식민지 상실과 군비 축소, 배상금 지불이 결정되었다.

561 베트남에서는 (㉠ 호찌민, ㉡ 수카르노)이/가 프랑스의 지배에 맞서 베트남 공산당을 결성하고 저항하였다.

562 제2차 세계 대전 종전 이후 국제 평화와 안전 유지 등을 목적으로 (㉠ 국제 연맹, ㉡ 국제 연합)이 창설되었다.

● 다음 사건을 일어난 순서대로 나열하시오.

> ㄱ. 스탈린그라드 전투　　ㄴ. 독일의 폴란드 침공
> ㄷ. 일본의 진주만 기습　　ㄹ. 미국의 원자 폭탄 투하

563 (　　　) - (　　　) - (　　　) - (　　　)

● 바른답·알찬풀이 47쪽

564
핵심 주제 제국주의 열강의 경쟁

다음과 관련된 국가에 대한 설명으로 옳은 것은?

> • 카이로, 케이프타운, 콜카타를 잇는 3C 정책 추진
> • 프랑스, 러시아와 함께 3국 협상을 맺고 독일 팽창 견제

① 인도를 식민 지배하였다.
② 3국 방공 협정을 체결하였다.
③ 일본에 원자 폭탄을 투하하였다.
④ 미국의 진주만을 기습 공격하였다.
⑤ 베르사유 조약으로 알자스 – 로렌 지방을 차지하였다.

565
핵심 주제 제1차 세계 대전

밑줄 친 '전쟁' 중에 있었던 사실로 옳은 것은?

> 오스트리아·헝가리 제국이 보스니아·헤르체고비나를 병합하자 세르비아는 강하게 반발하였다. 발칸반도에서 대립이 고조되는 가운데 보스니아의 사라예보를 방문한 오스트리아·헝가리 제국의 황태자 부부를 세르비아 청년이 암살하는 사건이 일어났다. 이에 오스트리아·헝가리 제국은 세르비아에 선전 포고를 하였고, 독일 등 동맹국이 가담하였다. 한편 영국, 프랑스, 러시아 등의 협상국이 세르비아의 편으로 참전하면서 전쟁이 시작되었다.

① 대서양 헌장이 발표되었다.
② 미드웨이 해전이 전개되었다.
③ 일본이 만주 사변을 일으켰다.
④ 독일에서 나치당이 집권하였다.
⑤ 러시아에서 11월 혁명이 일어났다.

566
핵심 주제 러시아 혁명

(가), (나) 시기 사이에 발생한 사실로 옳은 것은?

> (가) 노동자·병사 소비에트가 혁명을 일으켜 니콜라이 2세가 퇴위하고 임시 정부가 수립되었다.
> (나) 레닌은 신경제 정책(NEP)을 추진하여 시장 경제 요소를 일부 도입하는 등 경제 활성화를 시도하였다.

① 피의 일요일 사건이 발생하였다.
② 볼셰비키가 소비에트 정부를 수립하였다.
③ 뉘른베르크 국제 군사 재판이 개최되었다.
④ 독일과 소련이 불가침 조약을 체결하였다.
⑤ 스탈린이 경제 개발 5개년 계획을 수립하였다.

● 바른답·알찬풀이 **47쪽**

567

(가)에 들어갈 내용으로 가장 적절한 것은?

> 제1차 세계 대전은 유례가 없는 총력전으로 전개되었다. 노동자 계층은 전방에서 군인으로 참여하였고, 여성들도 후방에서 군수 물자 생산에 동원되었다. 그 영향으로 전쟁이 끝난 후에 유럽 각국에서는 ________ (가) ________

① 소비에트 정부가 수립되었다.
② 반유대주의 정책이 추진되었다.
③ 극동 국제 군사 재판이 개최되었다.
④ 노동자와 여성에게 참정권이 확대되었다.
⑤ 주가가 대폭락하고 실업률이 급증하였다.

568

다음 선언이 발표된 민족 운동에 대한 설명으로 옳은 것은?

> 지금 일본은 파리 강화 회의에서 칭다오를 삼키고 산둥의 모든 권리를 관리하는 데 성공하려 한다. …… 이는 곧 중국 영토가 파괴되는 것이며, 바로 중국이 망하는 것을 뜻한다.

① 프랑스의 식민 지배에 저항하였다.
② 로마 진군을 통해 권력을 장악하였다.
③ 일본의 21개조 요구 철폐를 주장하였다.
④ 제2차 국공 합작이 성사되는 계기가 되었다.
⑤ 임시 정부를 타도하고 소비에트 정부를 수립하였다.

569

밑줄 친 '그'에 대한 설명으로 옳은 것은?

> 1932년 대통령에 취임한 그는 기존의 자유방임주의 경제 원칙을 일부 포기하고 정부가 경제에 적극 개입하는 방식을 통해 대공황을 극복하고자 하였다. 이를 위해 농업 조정법, 전국 산업 부흥법을 제정하였고, 테네시강 유역 개발 사업을 통해 지역 개발과 노동 시장의 확대를 도모하였다.

① 뉴딜 정책을 실시하였다.
② 파시스트당을 조직하였다.
③ 베트남 공산당을 결성하였다.
④ 평화 원칙 14개조를 제시하였다.
⑤ 극단적인 인종주의와 국가주의를 내세웠다.

570

(가) 인물에 대한 설명으로 옳은 것은?

> **세계사 골든벨**
>
> 다음에서 설명하는 인물은 누구일까요?
> ① 독일의 재무장을 선언하였습니다.
> ② 베르사유 조약의 폐기를 요구하였습니다.
> ③ 나치당의 지도자로 총통에 취임하였습니다.
>
> 정답은 [(가)] 입니다.

① 얄타 회담에 참여하였다.
② 에티오피아를 침공하였다.
③ 반유대주의 정책을 실시하였다.
④ 튀르키예 공화국 수립을 주도하였다.
⑤ 킬 군항 해군의 반란으로 황제에서 물러났다.

571

밑줄 친 '이 전쟁'에 대한 설명으로 옳은 것만을 〈보기〉에서 고른 것은?

| 보기 |

ㄱ. 사라예보 사건을 발단으로 시작되었다.
ㄴ. 국제 연합(UN)이 창설되는 계기가 되었다.
ㄷ. 전쟁 중에 노르망디 상륙 작전이 전개되었다.
ㄹ. 전후 처리를 위해 베르사유 조약이 체결되었다.

① ㄱ, ㄴ   ② ㄱ, ㄷ   ③ ㄴ, ㄷ
④ ㄴ, ㄹ   ⑤ ㄷ, ㄹ

실력 기출 문제

학교 시험에서 출제율이 높은 문제를 엄선하여 수록하였습니다.

1 제1차 세계 대전과 이후의 세계

572

(가) 국가에 대한 설명으로 옳은 것은?

> ## 세계사 신문
>
> **독일 외무 장관의 비밀 전보가 공개되다**
>
> 독일의 외무 장관 치머만이 멕시코 주재 독일 대사에게 암호로 작성하여 보낸 전보가 공개되었다. 이 문서에는 멕시코가 (가) 을/를 공격한다면 독일이 재정적 지원뿐만 아니라 영토 회복을 적극 도와줄 것이라고 제안하는 내용이 담겨 있다. 이 내용이 알려지자 (가) 에서는 참전의 목소리가 높아지고 있다.

① 일본에 원자 폭탄을 투하하였다.
② 소련과 불가침 조약을 체결하였다.
③ 네덜란드의 식민 지배에 저항하였다.
④ 프랑스, 러시아와 함께 3국 협상에 참여하였다.
⑤ 동맹국과 브레스트리토프스크 조약을 체결하였다.

573

(가) 인물에 대한 설명으로 옳은 것은?

① 평화 원칙 14개조를 제시하였다.
② 괴뢰 국가인 만주국을 수립하였다.
③ 경제 개발 5개년 계획을 추진하였다.
④ 나치당의 총선 승리 이후 총통에 취임하였다.
⑤ 군국주의를 강화하고 에티오피아를 침공하였다.

574 빈출

(가) 전쟁 중에 볼 수 있는 모습으로 가장 적절한 것은?

> 사라예보 사건을 계기로 (가) 이/가 시작되자 독일은 '슐리펜 계획'을 수립하여 6주 만에 서부 전선을 정리하고 러시아와의 동부 전선에 집중할 계획을 세웠다. 하지만 독일의 예상과 달리 서부 전선에서는 솜 전투와 마른 전투 등에서 프랑스의 거센 저항에 부딪히며, 전쟁이 장기화되었다.

① 히틀러 총통 취임식에 참여한 상인
② 국제 연합 창설 소식을 보도하는 기자
③ 킬 군항 해군의 봉기에 가담하는 병사
④ 중국 공산당의 대장정에 참여하는 농민
⑤ 루스벨트의 뉴딜 정책을 홍보하는 관리

575

밑줄 친 '임시 정부'에 대한 설명으로 옳은 것은?

> 노동자·병사 소비에트의 지지를 받은 임시 정부는 사회 혁명당의 지도자인 케렌스키가 주도하였다. 하지만 볼셰비키의 지도자 레닌은 소비에트가 모든 권력을 가져야 한다고 주장하였고, 결국 볼셰비키의 무장봉기로 임시 정부가 붕괴되었다.

① 카이로 회담에 참여하였다.
② 동맹국과의 전쟁을 지속하였다.
③ 피의 일요일 사건을 초래하였다.
④ 신경제 정책(NEP)을 추진하였다.
⑤ 스탈린그라드 전투에서 승리하였다.

576

(가)~(마) 중 적절하지 않은 것은?

> **탐구 보고서**
>
> ### 제1차 세계 대전 이후
> **평화 구축을 위해 전개된 다양한 노력**
>
> 〈목차〉
> 1. 평화 유지를 위해 국제 연맹이 창설되다 ·········· (가)
> 2. 뉘른베르크 재판에서 전범을 처벌하다 ·········· (나)
> 3. 워싱턴 회의에서 해군 군비를 감축하다 ·········· (다)
> 4. 로카르노 조약으로 안전 보장을 확인하다 ·········· (라)
> 5. 켈로그·브리앙 조약을 체결하다 ·········· (마)

① (가)　　② (나)　　③ (다)　　④ (라)　　⑤ (마)

577 빈출

다음 조약을 활용한 탐구 활동으로 가장 적절한 것은?

> 제119조 독일은 해외에 보유하고 있는 모든 식민지에 대한 권리와 지위를 포기한다.
> 제235조 독일은 연합국의 청구액이 확정되기 전에 우선적으로 1921년 4월까지 200억 마르크 금화에 해당하는 금액을 지불한다.

① 대서양 헌장의 영향을 분석한다.
② 제1차 세계 대전의 결과를 알아본다.
③ 모로코 사건의 전개 과정을 조사한다.
④ 제2차 국공 합작이 이루어진 계기를 찾아본다.
⑤ 영국이 파운드 블록을 형성한 이유를 파악한다.

578

(가), (나) 시기 사이에 발생한 사실로 옳은 것은?

> (가) 산둥반도에 대한 이권 반환 요구가 파리 강화 회의에서 거부되었다는 소식이 전해지자, 베이징의 대학생을 중심으로 반제국주의 시위가 전개되었다.
> (나) 장제스는 북벌군을 이끌고 북상하여 베이징의 군벌 정부를 타도하고 국민 혁명을 완수하였다.

① 중일 전쟁이 발발하였다.
② 신문화 운동이 전개되었다.
③ 제1차 국공 합작이 단행되었다.
④ 중국 공산당이 대장정을 시작하였다.
⑤ 일본이 중국에 21개조 요구를 제시하였다.

579

다음 사건의 결과로 옳은 것은?

> 동북군 지휘관인 장쉐량은 공산군 토벌을 격려하러 온 장제스를 체포할 것을 지시하였고 장제스가 머무르고 있던 시안의 화청지를 습격하였다. 장제스는 뒷산으로 피신하였지만 장쉐량의 군대에 의해 곧 체포되었다. 장쉐량은 체포된 장제스를 감금하고 일치단결을 통한 항일 투쟁을 요구하였다.

① 신해혁명이 본격화되었다.
② 자유 민권 운동이 전개되었다.
③ 랴오둥반도가 청에 반환되었다.
④ 3국 협상과 3국 동맹이 대립하였다.
⑤ 내전이 중단되고 제2차 국공 합작이 단행되었다.

580

(가)~(다) 지역에서 전개된 민족 운동에 대한 설명으로 옳은 것은?

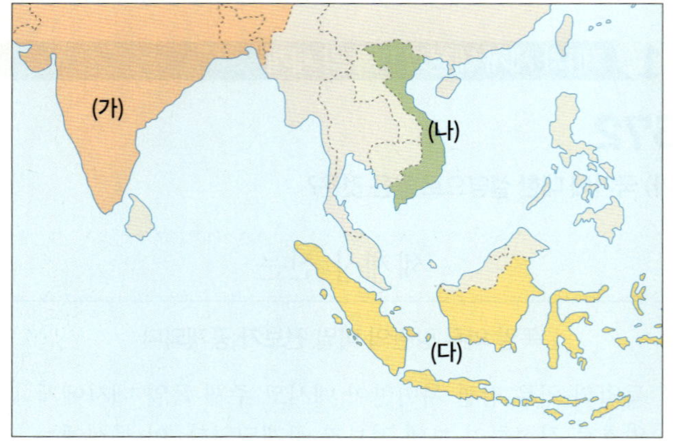

① (가) - 수카르노가 저항 운동을 주도하였다.
② (가) - 간디가 비폭력·불복종 운동을 전개하였다.
③ (나) - 브라흐마 사마지 운동을 전개하였다.
④ (다) - 호찌민이 공산당을 결성하였다.
⑤ (나), (다) - 영국의 식민 지배에 저항하였다.

581

(가), (나) 시기에 발생한 사건을 옳게 연결한 것은?

① (가) - 국제 연합이 창설되었다.
② (가) - 사라예보 사건이 발생하였다.
③ (나) - 무제한 잠수함 작전이 전개되었다.
④ (나) - 테네시강 유역 개발 공사가 설립되었다.
⑤ (나) - 소비에트 사회주의 공화국 연방이 창설되었다.

582

다음 상황이 일어난 이후 각국의 대응으로 가장 적절한 것은?

> 1929년 10월 24일 아침, 미국 뉴욕 증권 거래소가 혼란에 빠졌다. 주식 가격이 역대 최악의 수준으로 폭락한 것이다. 이에 기업과 은행이 연이어 파산하면서 실업자가 증가하였고, 소비가 줄어드는 악순환이 지속되었다. 공장과 상점에는 재고가 쌓이는데, 거리에는 굶주린 사람들이 쓰레기통을 뒤지고 있었다.

① 러시아에서 소비에트 정부가 수립되었다.
② 영국과 프랑스가 블록 경제를 형성하였다.
③ 미국의 윌슨이 평화 원칙 14개조를 제시하였다.
④ 튀르키예 공화국에서 근대화 개혁이 추진되었다.
⑤ 독일에서 철혈 정책을 내세워 군비를 확장하였다.

2　제2차 세계 대전

583

(가) 국가에 대한 설명으로 옳은 것은?

① 3국 방공 협정에 참여하였다.
② 미국의 하와이 진주만을 기습하였다.
③ 제1차 세계 대전에 동맹국으로 참전하였다.
④ 독일에게 알자스 – 로렌 지방을 양도받았다.
⑤ 맥마흔 선언을 통해 아랍인의 독립을 보장하였다.

584

(가) 국가에 대한 설명으로 옳은 것은?

> 총통 귀하
>
> 귀하의 서한에 감사합니다. 나는 [(가)]와/과 소련 간에 체결된 불가침 조약을 계기로 양국 간의 정치적 관계가 개선되었으면 합니다. 양국의 국민들은 평화로운 관계가 필요합니다. [(가)] 정부가 불가침 조약에 합의하기로 한 사실은 정치적 갈등의 제거와 양국 간의 평화와 협력을 구축할 계기가 될 것입니다. 우리 정부는 귀국 외상의 모스크바 방문에 동의한다는 것을 귀하께 알립니다.
>
> － 이오시프 스탈린 －

① 폴란드를 침공하였다.
② 난징 대학살을 자행하였다.
③ 범슬라브주의를 강조하였다.
④ 신인도 통치법을 제정하였다.
⑤ 아시아 · 태평양 전쟁을 일으켰다.

585 빈출

밑줄 친 '이 전쟁' 중에 있었던 사실로 옳은 것은?

> 이 전쟁은 유럽, 아시아, 태평양 등지에서 추축국과 연합국 사이에 벌어진 세계적 규모의 전쟁이다. 전쟁으로 수많은 사람이 목숨을 잃었고, 살아남은 사람도 큰 고통을 겪었다. 특히 독일은 폴란드의 아우슈비츠를 비롯하여 유럽의 점령지 곳곳에 집단 수용소를 만들고, 수백만 명의 유대인을 몰아넣은 후 집단 학살하였다.

① 국제 연합이 창설되었다.
② 켈로그 · 브리앙 조약이 체결되었다.
③ 미국이 미드웨이 해전에서 승리하였다.
④ 독일에서 바이마르 공화국이 수립되었다.
⑤ 워싱턴 회의에서 군비 감축을 논의하였다.

 기출 문제

586

다음 선언이 발표된 시기를 연표에서 옳게 고른 것은?

> 미·영·중 3대 동맹국은 …… 일본군이 1914년 제1차 세계 대전 개시 이후에 탈취 또는 점령한 태평양 도서 일체를 박탈할 것과 일본국이 청국으로부터 빼앗은 지역 일체를 중화민국에 반환할 것을 결의한다. 또한 일본국은 폭력과 탐욕으로 약탈한 다른 일체의 지역으로부터 쫓겨날 것이다. 아울러 우리는 한국민의 노예 상태에 유의하여 적당한 시기(in due course)에 맹세코 한국을 자유롭게 독립시킬 것을 결의한다.

(가)	(나)	(다)	(라)	(마)
사라예보 사건	국제 연맹 창설	만주 사변	중일 전쟁 발발	일본의 진주만 기습	제2차 세계 대전 종결

① (가) ② (나) ③ (다)
④ (라) ⑤ (마)

587 빈출

(가) 기구에 대한 설명으로 옳은 것은?

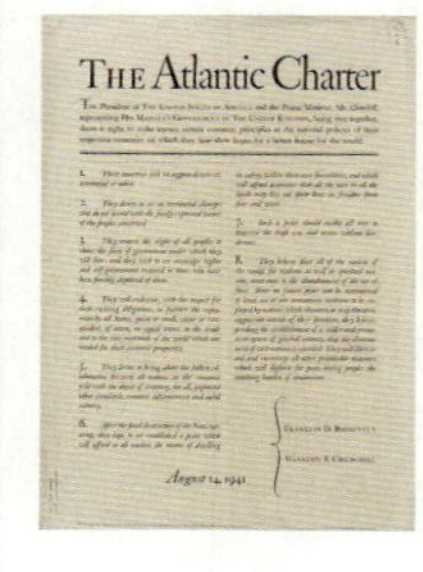

이 문서는 미국의 루스벨트와 영국의 처칠이 발표한 대서양 헌장으로 [(가)] 창설을 결정하는 내용을 담고 있다. 전쟁 후인 1945년 10월 24일 51개국의 서명으로 [(가)] 이/가 공식 출범하였고, 1949년 1월 6일에는 영국 런던에서 총회와 안전 보장 이사회가 처음으로 개최되었다.

① 일본의 만주 침략을 비판하였다.
② 창설을 주장한 미국이 불참하였다.
③ 무스타파 케말의 주도로 수립되었다.
④ 국제 분쟁에 무력 개입이 가능하였다.
⑤ 창설 초반에 독일과 소련이 배제되었다.

| 588~589 |

다음 자료를 읽고 물음에 답하시오.

> 5. 식민지 주권 문제를 결정할 때는 그 주민들의 이익은 앞으로 지위가 결정될 정부의 정당한 권리 주장과 동등하게 중요한 것으로 다룬다는 원칙을 엄격히 준수하며, 모든 식민지의 요구들에 대해 자유롭고 편견 없고 또한 절대적으로 공평하게 조정한다.
> 14. 정치적 독립과 영토 보전을 상호 보장할 목적으로 특별한 규약 아래 전체 국가의 연맹체가 결성되어야 한다.

588

제1차 세계 대전이 끝날 무렵에 위 원칙을 제안한 인물을 쓰시오.

589

위 원칙의 영향을 받아 일어난 역사적 사실을 사례를 들어 서술하시오.

| 590~591 |

다음 자료를 읽고 물음에 답하시오.

> (가) 국가에 대한 파시스트의 개념은 모든 것을 포괄합니다. 국가를 떠나서는 어떤 인간적이거나 정신적인 가치도 유효하지 않을 뿐만 아니라 존재할 수도 없는 것입니다. …… 요컨대 국가를 떠나서는 어떤 개인도 어떤 집단도 존재할 수 없습니다.
> (나) 유대인은 독창적이고 창조적인 힘과 능력이라고는 찾아보기 힘든 족속입니다. 그 민족은 교활하고 투기적인 경제 영역에만 정통합니다. 인종으로서 유대인은 비상한 자기 보존 능력을 갖추고 있지만 인간으로 볼 때는 능력이 전혀 없습니다.

590

(가), (나)를 주장한 인물을 각각 쓰시오.

591

(가), (나)를 주장한 인물이 경제 위기를 극복하고자 추진한 정책의 공통점을 서술하시오.

592

밑줄 친 '이 전쟁'에 대한 설명으로 옳은 것은?

> 독일 제국 정부는 모든 법적·인도적 제한에서 벗어나 잠수함을 이용해 독일의 적국들에 접근하려 하는 선박들을 격침시킬 것이라 선언한 바 있습니다. …… 이에 나는 미국 국민의 안전을 책임져야 할 의무가 있는 미국 대통령으로서 독일 제국 정부를 항복시키고 이 전쟁을 종식시키기 위한 즉각적인 조치를 의회가 취해줄 것을 권고합니다.

① 전체주의 국가의 도발로 시작되었다.
② 이탈리아가 연합국 측으로 참전하였다.
③ 카이로 회담이 개최되는 계기가 되었다.
④ 국제 연합이 창설되는 결과를 가져왔다.
⑤ 전쟁 중에 스탈린그라드 전투가 전개되었다.

594

(가), (나) 국가에 대한 설명으로 옳은 것은?

> 뉴욕 증권 거래소에서 주가가 폭락하여 많은 은행과 기업이 도산하고 실업자가 속출하였다. 이는 곧 유럽을 비롯한 세계 경제로 확산되어 대공황으로 이어졌다. 대공황 극복을 위해 유럽의 주요 국가들은 블록 경제를 추진하였다. ⃞(가)⃞ 에서는 식민지인 인도 등과 본국을 연결하는 파운드 블록을 형성하여 보호 무역을 실시하였다. ⃞(나)⃞ 에서는 사회당이 중심이 되어 인민 전선을 조직하고, 본국과 식민지인 베트남 등을 연결하는 프랑 블록을 형성하여 대공황에서 벗어나고자 하였다.

① (가) – 3국 동맹에 참여하였다.
② (가) – 무제한 잠수함 작전을 전개하였다.
③ (나) – 히로시마에 원자 폭탄을 투하하였다.
④ (나) – 밸푸어 선언으로 유대인 국가 건설을 지지하였다.
⑤ (가), (나) – 국제 연합의 안전 보장 이사회에 상임 이사국으로 참여하였다.

593

다음 사건이 발생한 시기를 연표에서 옳게 고른 것은?

> 상트페테르부르크에서 노동자들이 '빵을 달라'고 외치며 전쟁 중지와 전제 정치 타도를 내걸고 행진하였고, 민중들이 이에 가담하였다. 시위대 진압 명령을 받은 군인들은 오히려 시위에 가담하여 노동자·병사 소비에트가 결성되었다. 니콜라이 2세는 동생인 미하일 대공에게 양위한다고 선언하였지만 미하일 대공은 황제 계승을 거부하였고, 결국 니콜라이 2세는 폐위되었다.

	(가)		(나)		(다)		(라)		(마)	
러일 전쟁 발발		제1차 세계 대전 발발		11월 혁명		신경제 정책(NEP) 시작		소비에트 사회주의 공화국 연방 수립		스탈린 집권

① (가)　　　② (나)　　　③ (다)
④ (라)　　　⑤ (마)

595

밑줄 친 '전쟁' 중에 있었던 사실로 옳은 것은?

> 봄이 가는 동안 우리가 지내고 있는 아우슈비츠 수용소에 유대인들이 계속해서 호송되어 왔다. 그리하여 다섯 달 전에 들어온 우리는 아우슈비츠에서 고참에 속하게 되었다. 우리는 이곳에 오기 전 삶에 대한 기억을 간직하고 있었지만, 기억은 흐릿하고 아득하였다. 수용소에 들어오는 순간 전혀 다른 날카로운 기억들이 시작되었다. 전쟁에서 연합군이 노르망디에 상륙했다는 것과 소련이 독일을 공격했다는 소식들은 거센 파도와 같은 희망을 불러왔지만 일시적이었다.

① 대서양 헌장이 발표되었다.
② 국제 군사 재판이 개최되었다.
③ 무솔리니가 파시스트당을 결성하였다.
④ 윌슨이 평화 원칙 14개조를 제시하였다.
⑤ 브레스트리토프스크 조약이 체결되었다.

14 냉전 ~ 지구적 과제와 인류의 노력

1 냉전 체제의 전개와 제3세계

1 냉전 체제의 전개

(1) **성립**: 미국 중심의 자본주의 진영(트루먼 독트린, 마셜 계획, 북대서양 조약 기구)과 소련 중심의 공산주의 진영(코민포름, 코메콘, 바르샤바 조약 기구)의 대립

(2) **주요 분쟁**: 베를린 봉쇄(1948~1949), 6·25 전쟁(1950~1953), 베트남 전쟁, 베를린 장벽 건설(1961), 쿠바 미사일 위기(1962) 소련이 쿠바에 미사일 기지 설치를 시도하면서 미국과 소련의 대립이 심화되었다.

2 냉전 체제의 변화

(1) **제3세계의 형성**

등장	아시아와 아프리카의 신생 독립 국가들이 비동맹 중립주의와 독자 노선을 표방 _{반둥 회의라고도 한다.}
활동	• 평화 5원칙(1954): 인도의 네루와 중국의 저우언라이가 발표 • 평화 10원칙(1955): 아시아·아프리카 회의에서 채택 • 제1차 비동맹 회의(1961): 제3세계의 협력과 결속 강화 선언

(2) **냉전의 완화**

① 소련: 흐루쇼프가 평화 공존 추구(미국 방문 등)

② 미국: 닉슨 독트린 발표(1969), 닉슨의 중국 방문 → 소련과 전략 무기 제한 협정(SALT) 체결(1972, 1979), 베트남 전쟁 철수(파리 평화 협정), 중국과 국교 수립(1979)

③ 다극화: 서독의 총리 빌리 브란트의 동방 정책, 중국과 소련의 국경 분쟁 _{동독과 교류하고 바르샤바에 있는 유대인 희생자 추모비를 방문해 사죄하였다.}

꼭 나오는 자료　　　　　　🔗 118쪽 617번 문제로 확인

닉슨 독트린(1969)

내부 안보의 문제, 군사 방위 문제의 경우 핵무기와 관련된 강대국의 위협을 제외하고는, 미국은 앞으로 아시아 국가들 스스로가 처리하고 또한 그 문제에 책임감을 갖도록 장려하고 기대할 것입니다.

자료 분석 냉전의 양극화 체제가 완화되는 가운데 미국의 닉슨 대통령은 아시아의 내란, 침략에 개입하지 않겠다는 방침을 발표하였다. 이에 따라 미국은 베트남 전쟁에서 철수하였다.

---

2 사회주의 체제의 변화와 세계 질서 재편

1 소련의 해체와 동유럽 사회의 변화

(1) **소련의 해체와 독일의 통일**

소련	• 고르바초프의 개혁: 페레스트로이카(개혁)·글라스노스트(개방) 정책 추진, 동유럽 국가에 대한 불간섭 선언 • 해체: 독립 국가 연합(CIS)이 출범하며 소련 해체(1991)
독일	베를린 장벽 붕괴(1989) → 동독의 자유 총선거 → 동독이 독일 연방에 가입하는 방식으로 독일 통일(1990)

(2) **동유럽 사회의 변화**

폴란드	바웬사가 이끄는 자유 노조가 총선에서 승리
헝가리	다당제와 시장 경제 제도를 기반으로 한 공화국 수립
루마니아	차우셰스쿠의 독재 정권 붕괴
체코슬로바키아	민주화 운동을 주도한 하벨이 대통령으로 선출

2 중국의 변화

(1) **중화 인민 공화국 수립(1949)**: 국공 내전에서 공산당 승리 → 사회주의 경제 정책 시행 _{1950년대 후반 농업과 공업의 대규모 증산을 위해 대약진 운동을 추진하였다.}

(2) **문화 대혁명(1966~1976)**: 대약진 운동의 실패 → 사회주의 경제 수정 요구 → 정치적 위기에 몰린 마오쩌둥이 홍위병을 앞세워 반대파 숙청, 중국의 전통 문화유산 파괴

(3) **중국의 경제 성장**

① 개혁·개방 정책: 덩샤오핑의 흑묘백묘론 → 시장 경제 체제 일부 도입, 경제특구 설치 → 남순 강화(1992)

② 톈안먼 사건(1989): 민주화 요구 시위를 무력 진압

③ 1990년대 이후: 홍콩(1997)·마카오(1999) 중국에 반환, 세계 무역 기구(WTO) 가입(2001)

3 탈냉전 시대의 갈등과 세계 질서의 재편

(1) **탈냉전 시대의 전개**

① 몰타 회담(1989): 미국의 부시, 소련의 고르바초프가 냉전 체제의 종식 선언

② 새로운 대립과 갈등: 민족, 인종, 종교, 영토 등 다양한 원인으로 국제 분쟁 발생 _{인도와 파키스탄 사이의 카슈미르 분쟁, 유대인과 아랍인 사이의 팔레스타인 분쟁 등이 있다.}

(2) **전후 경제 질서의 재편**: 브레턴우즈 회의(1944) → 관세 및 무역에 관한 일반 협정(GATT) 체결 → 우루과이 라운드 협상 → 자유 무역 확대를 목적으로 세계 무역 기구(WTO) 설립(1995)

(3) **지역화와 블록화**

① 자유 무역 확대 → 경제 협력을 위해 지역 간 협력체 구성

② 동남아시아 국가 연합(ASEAN), 아시아·태평양 경제 협력체(APEC), 유럽 연합(EU) 등 경제 공동체 형성 _{마스트리흐트 조약의 체결로 유럽 연합 창설이 결정되었다(1993).}

3 지구적 과제와 인류의 노력

민주주의와 평화	• 여성, 소수자 등에 대한 차별을 극복하려는 운동 전개 • 인종과 종교 갈등 발생 → 개방적인 태도 필요
세계화와 경제적 불평등	신자유주의의 확산 → 세계화의 가속화 현상 → 개인·기업·국가 간의 빈부 격차 심화 → 남북 문제 발생
과학 기술의 발달과 생태환경	• 재생 에너지 개발, 의학과 생명 공학 발달 • 산업화로 에너지 고갈, 환경 파괴, 기상 이변 심화 → 리우 선언, 교토 의정서, 파리 협정 등 발표

리우 선언을 통해 '지속가능한 발전' 개념이 채택되었고, 교토 의정서에서는 온실가스 의무 감축을 약속하였다. 이후 파리 협정에서는 온실가스 감축 의무를 정하고 이행하기로 하였다.

기본 기출 문제

핵심 주제를 파악할 수 있는 기출 문제를 수록하였습니다.

핵심 개념 문제

● 빈칸에 들어갈 알맞은 말을 쓰시오.

596 미국은 (　　　　)을/를 추진하여 서유럽에 경제 재건 자금을 지원하였다.

597 인도네시아 반둥에서 열린 아시아·아프리카 회의에서 (　　　　)이/가 발표되었다.

598 서독의 총리 (　　　　)은/는 동방 정책을 추진하여 동독과 교류하였다.

599 소련의 (　　　　)은/는 페레스트로이카(개혁)·글라스노스트(개방) 정책을 추진하였다.

● 다음 내용이 옳으면 ○표, 틀리면 ✕표를 하시오.

600 인도의 네루와 중국의 저우언라이가 평화 5원칙을 발표하였다.　　　　(　　　)

601 고르바초프의 뒤를 이은 옐친이 유럽 공동체(EEC)를 창설하면서 소련이 해체되었다.　　　　(　　　)

602 국공 내전에서 승리한 국민당은 중화 인민 공화국을 수립하였다.　　　　(　　　)

● 제시된 국가와 관련된 내용을 옳게 연결하시오.

603 폴란드　　　•　　•⑦ 하벨 대통령 선출
604 루마니아　　　•　　•ⓛ 바웬사의 총선 승리
605 체코슬로바키아 •　　•ⓒ 차우셰스쿠 정권 붕괴

● 괄호 안에 들어갈 알맞은 말을 고르시오.

606 소련이 (⑦ 쿠바, ⓛ 베트남)에 미사일 기지 설치를 시도하자 미국이 반발하면서 미·소의 대립이 격화되었다.

607 대약진 운동 실패 후 (⑦ 덩샤오핑, ⓛ 마오쩌둥)은 문화 대혁명을 일으켜 반대파를 숙청하였다.

608 (⑦ 제네바 협정, ⓛ 마스트리흐트 조약)의 체결을 통해 유럽 연합(EU)이 창설되었다.

609 (⑦ 리우 선언, ⓛ 교토 의정서)을/를 통해 온실가스 의무 감축을 약속하였다.

610

★ 핵심 주제 **냉전 체제의 성립**

(가)에 들어갈 내용으로 가장 적절한 것은?

> 제2차 세계 대전 이후 동유럽 곳곳에서 공산주의 정부가 수립되자 미국은 트루먼 독트린을 발표하고, 서유럽 경제를 재건하고자 마셜 계획을 추진하였다. 또한 서유럽 국가와 군사 방위 체제를 구축하고자 ＿＿＿＿（가）＿＿＿＿

① 코민포름을 설립하였다.
② 파리 평화 협정을 체결하였다.
③ 바르샤바 조약 기구(WTO)를 창설하였다.
④ 북대서양 조약 기구(NATO)를 결성하였다.
⑤ 소련과 전략 무기 제한 협정(SALT)을 체결하였다.

611

★ 핵심 주제 **제3세계의 형성**

(가)에 들어갈 내용으로 가장 적절한 것은?

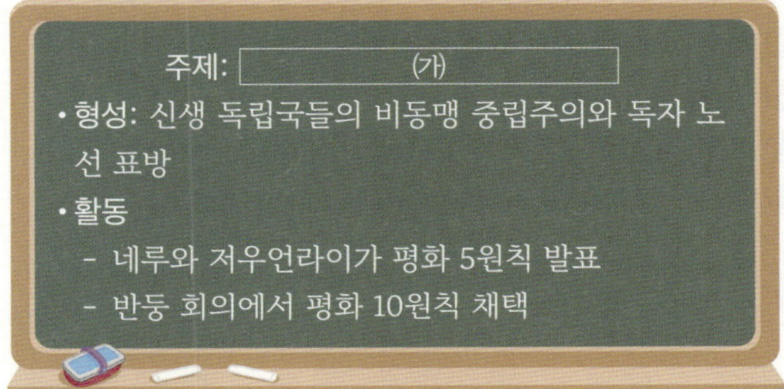

① 전후 경제 질서의 재편
② 제3세계의 형성과 활동
③ 동유럽 공산 국가의 변화
④ 냉전 체제의 형성과 전개
⑤ 중국의 개혁·개방 정책 추진

612

★ 핵심 주제 **고르바초프의 개혁**

다음과 같이 주장한 인물에 대한 설명으로 옳은 것은?

> 페레스트로이카의 주요한 업적은 민주화와 글라스노스트이고 이것은 우리 앞에 놓인 개혁의 길에 중요한 의의가 있습니다. 현재 진정한 민주주의 제도가 창설되고 있으며 법치 국가의 기반이 형성되고 있습니다.

① 문화 대혁명을 일으켰다.
② 트루먼 독트린을 발표하였다.
③ 동방 정책을 내세워 동독과 교류하였다.
④ 쿠바에 미사일 기지 설치를 시도하였다.
⑤ 동유럽 국가에 대한 불간섭을 선언하였다.

실력 기출 문제

 **1 냉전 체제의 전개와 제3세계**

613

다음 자료를 활용한 탐구 활동으로 가장 적절한 것은?

사진은 미국에서 제작된 정책 선전 포스터로 풍차 날개에 유럽 각국의 국기가 그려져 있고, '날씨에 상관없이 우리는 반드시 함께 움직여야만 한다.'라는 문구가 담겨 있다. 제2차 세계 대전 이후 미국은 공산주의의 확산을 저지하고자 폐허가 된 유럽에 막대한 재정적 지원을 단행하였다.

① 닉슨 독트린의 영향을 찾아본다.
② 평화 10원칙의 내용을 분석한다.
③ 마셜 계획의 추진 과정을 알아본다.
④ 유럽 연합(EU)의 창설 배경을 파악한다.
⑤ 덩샤오핑의 개혁·개방 정책을 조사한다.

614

밑줄 친 '귀국'에 대한 설명으로 옳은 것은?

존경하는 의장 각하, 저는 귀하의 편지를 매우 주의 깊게 읽고 이 문제에 대한 즉각적인 해결을 찾고자 하는 귀하의 성명을 환영합니다. 그러나 먼저 해결해야 할 것은 <u>귀국</u>이 쿠바에서 진행하는 공격용 미사일 기지 설치 작업을 중단하고, 쿠바의 모든 무기가 공격용으로 사용되지 않도록 국제 연합(UN)의 조정 아래 두는 것입니다. …… 귀하가 국제 연합의 적절한 감시와 감독 아래 쿠바에서 이러한 무기를 철수하는 데 동의하고, 앞으로 이와 같은 무기가 바로 쿠바로 유입되지 않도록 보장하는 것입니다.

┤ 보기 ├

ㄱ. 베를린 봉쇄를 단행하였다.
ㄴ. 북대서양 조약 기구(NATO)를 결성하였다.
ㄷ. 제네바 협정 체결 이후 남북으로 분단되었다.
ㄹ. 미국과 전략 무기 제한 협정(SALT)을 체결하였다.

① ㄱ, ㄴ　　　② ㄱ, ㄹ　　　③ ㄴ, ㄷ
④ ㄴ, ㄹ　　　⑤ ㄷ, ㄹ

615

(가), (나) 시기 사이에 있었던 사실로 옳은 것은?

㈎ 베트남은 프랑스와의 전쟁에서 승리하였으나 북베트남과 남베트남으로 나뉘어 대립하기 시작하였다.
㈏ 남베트남의 수도 사이공이 함락되면서 전쟁은 북베트남의 승리로 마무리되었고, 이듬해에 베트남 사회주의 공화국이 수립되었다.

① 닉슨 독트린이 발표되었다.
② 브레턴우즈 회의가 개최되었다.
③ 미국이 중국과 국교를 수립하였다.
④ 독립 국가 연합(CIS)이 출범하였다.
⑤ 세계 무역 기구(WTO)가 설립되었다.

616

밑줄 친 '발표'가 있었던 시기를 연표에서 옳게 고른 것은?

미국 중심의 자본주의 진영과 소련 중심의 공산주의 진영이 대립하는 가운데 아시아·아프리카의 여러 나라는 자본주의와 공산주의 어느 쪽에도 속하지 않는 비동맹주의를 추구하였다. 이 국가들은 인도네시아 반둥에서 열린 아시아·아프리카 회의에서 공동 선언문을 <u>발표</u>하였다.

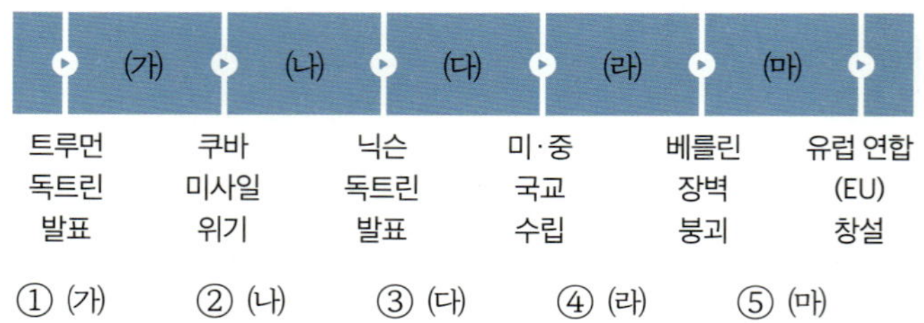

(가)	(나)	(다)	(라)	(마)
트루먼 독트린 발표	쿠바 미사일 위기	닉슨 독트린 발표	미·중 국교 수립	베를린 장벽 붕괴	유럽 연합 (EU) 창설

① (가)　　② (나)　　③ (다)　　④ (라)　　⑤ (마)

617 빈출

다음과 같이 주장한 인물에 대한 설명으로 옳은 것은?

내부 안보의 문제, 군사 방위 문제의 경우 핵무기와 관련된 강대국의 위협을 제외하고는, 미국은 앞으로 아시아 국가들 스스로가 처리하고 또한 그 문제에 책임감을 갖도록 장려하고 기대할 것입니다.

① 중국을 방문하였다.
② 남순 강화를 발표하였다.
③ 제1차 비동맹 회의에 참여하였다.
④ 쿠바 미사일 기지 철수를 요구하였다.
⑤ 글라스노스트(개방) 정책을 주도하였다.

618

(가), (나) 시기 사이에 발생한 사실로 옳은 것은?

▲ 베를린 장벽 건설

▲ 베를린 장벽 붕괴

① 독립 국가 연합(CIS)이 창설되었다.
② 빌리 브란트가 동방 정책을 추진하였다.
③ 뉘른베르크 국제 군사 재판이 개최되었다.
④ 독일이 소련과 불가침 조약을 체결하였다.
⑤ 동독이 독일 연방에 가입하여 통일이 이루어졌다.

2 사회주의 체제의 변화와 세계 질서 재편

619

(가) 인물에 대한 설명으로 옳은 것만을 <보기>에서 고른 것은?

| 보기 |

ㄱ. 독립 국가 연합(CIS)을 출범시켰다.
ㄴ. 페레스트로이카 정책을 실시하였다.
ㄷ. 몰타 회담에서 냉전 체제 종식을 선언하였다.
ㄹ. 저우언라이와 함께 평화 5원칙을 발표하였다.

① ㄱ, ㄴ   ② ㄱ, ㄷ   ③ ㄴ, ㄷ
④ ㄴ, ㄹ   ⑤ ㄷ, ㄹ

620

(가)에 들어갈 내용으로 옳은 것은?

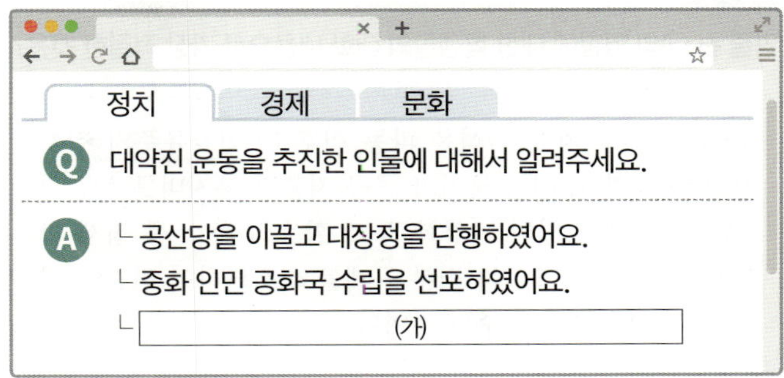

① 문화 대혁명을 일으켰어요.
② 톈안먼의 시위대를 무력으로 진압하였어요.
③ 북벌을 단행하여 국민 혁명을 완수하였어요.
④ 흑묘백묘론을 내세워 개혁·개방을 추진하였어요.
⑤ 중국의 세계 무역 기구(WTO) 가입을 주도하였어요.

621

밑줄 친 '그'에 대한 설명으로 옳은 것은?

> 그는 1979년 미국을 방문하고 돌아와 "검은 고양이든 흰 고양이든 쥐만 잘 잡으면 된다."라고 하였다. 그는 이를 토대로 개혁·개방 정책을 실시하여 고도성장을 달성하였다.

① 코민포름을 창설하였다.
② 동방 정책을 추진하였다.
③ 유럽에 군사·경제 지원을 약속하였다.
④ 자유 노조를 이끌고 총선에서 승리하였다.
⑤ 외국 자본과 기술 도입을 위해 경제특구를 설치하였다.

622

(가)에 들어갈 기구에 대한 탐구 활동으로 가장 적절한 것은?

〈유럽의 경제 공동체 형성 과정〉

유럽 경제 공동체(EEC) → 유럽 공동체(EC) → (가)

① 닉슨 독트린의 영향을 파악한다.
② 빌리 브란트의 정책을 조사한다.
③ 마스트리흐트 조약의 내용을 분석한다.
④ 세계 무역 기구의 설립 목적을 알아본다.
⑤ 제1차 비동맹 회의에 참여한 인물을 찾아본다.

623

밑줄 친 ㉠의 영향에 대한 학생들의 대화 내용으로 가장 적절한 것은?

> 1970년대 두 차례의 석유 파동 이후 ㉠신자유주의 정책이 확산되었다. 이는 국가가 공공 지출과 복지비를 삭감하고, 국·공영 기업의 민영화, 노조 활동의 축소 등 경제 활동에 관한 국가 개입과 정부 규제를 최소화하여 민간에 최대의 자유를 보장해 주는 것이다.

① 남북문제가 해결되었어.
② 지구촌의 환경 문제가 심각해졌어.
③ 국가 내의 빈부 격차가 심화되었어.
④ 종교에 따른 국가 간 갈등이 심해졌어.
⑤ 국가 간 인력과 물자, 정보의 이동이 어려워졌어.

624

다음 자료를 활용한 탐구 활동으로 가장 적절한 것은?

> 산업화가 일으킨 가장 큰 폐해는 환경 파괴와 이에 따른 기후변화이다. 무분별한 개발로 석유, 석탄, 천연가스 등 에너지 자원이 고갈되고 산림이 파괴되고 있다. 하천과 해양, 대기가 오염되면서 지구 대기를 둘러싼 오존층이 파괴되었고, 온실가스 배출로 인해 지구 온난화 현상이 지속되고 있다. 이에 따라 세계 곳곳에서 가뭄과 홍수, 혹한과 폭염, 폭설 등 기상 이변이 빈번하게 발생하고 있다.

① 미국의 흑백 갈등 사례를 찾아본다.
② 국경 없는 의사회의 활동을 조사한다.
③ 교토 의정서를 발표한 이유를 알아본다.
④ 바르샤바 조약 기구(WTO)의 결성 목적을 파악한다.
⑤ 전략 무기 제한 협정(SALT)의 주요 내용을 분석한다.

| 625~626 |

다음 자료를 읽고 물음에 답하시오.

> 1. 기본적인 인권 존중
> 2. 모든 국가의 영토 및 주권 존중
> 3. 모든 인종·국가 간 평등 인정
> 4. 타국의 내정 불간섭
> 5. 모든 국가의 자위권 존중
> 6. 강대국에 순종하는 집단 안보 배제
> 7. 영토 보존이나 정치적 독립에 반하는 무력 사용 삼가
> 8. 국제 분쟁의 평화적 해결
> 9. 상호 이익과 협력 촉진
> 10. 정의와 국제적 의무 존중
>
> — 평화 10원칙 —

625

위 원칙을 발표한 국제 회의를 쓰시오.

626

위 원칙을 발표한 국가들이 추구한 대외 정책의 방향을 서술하시오.

| 627~628 |

다음 자료를 읽고 물음에 답하시오.

> 자유 무역이 확대되면서 각국은 국가 간 상호 경제 협력을 위해 국경을 넘어 지역 간 경제 협력체를 구성하게 되었다. 즉 지리적으로 가까운 나라끼리 경제 공동체나 협력체를 만들기 위해 노력하는 ㉠지역화와 블록화가 급속하게 진행되었다. 이후 자유 무역을 강화하고자 1995년에 ___(가)___ 이/가 결성되었다.

627

(가)에 들어갈 기구를 쓰시오.

628

밑줄 친 ㉠ 현상에 해당하는 사례 중 우리나라가 소속된 대표적인 경제 공동체에 대해 서술하시오.

적중 1등급 문제

내신 1등급을 결정하는 고난도 문제를 수록하였습니다.

629

(가), (나) 발표 사이에 있었던 사실로 옳은 것만을 <보기>에서 고른 것은?

> (가) 오늘날 공산주의자들이 그리스의 생존을 위협하고 있습니다. 튀르키예도 우리의 도움을 필요로 합니다. 그래서 미국은 그리스와 튀르키예 등을 위한 재정적 지원을 계획하고 있습니다.
>
> (나) 쿠바섬에 소련의 공격용 미사일 기지가 건설 중인 것으로 확인되었습니다. …… 쿠바에서 발사된 핵미사일이 서반구의 특정 국가를 타격하게 되면, 이를 소련이 미국을 공격하는 행위로 간주한다고 공언합니다.

| 보기 |

ㄱ. 제1차 비동맹 회의가 개최되었다.
ㄴ. 미국과 중국이 국교를 수립하였다.
ㄷ. 북대서양 조약 기구가 결성되었다.
ㄹ. 동독에서 자유 총선거가 실시되었다.

① ㄱ, ㄴ ② ㄱ, ㄷ ③ ㄴ, ㄷ
④ ㄴ, ㄹ ⑤ ㄷ, ㄹ

630

밑줄 친 '회의'에 대한 설명으로 옳은 것은?

> 냉전이 심화되는 상황에서 비동맹주의를 표방하는 국가들이 인도네시아의 반둥에 모여 회의를 열었다. 인도네시아의 대통령 수카르노는 개막 연설을 통해 "인류 역사상 최초로 유색인들이 대륙을 넘어 회합을 가졌고 침묵하던 사람들이 목소리를 다시 찾았다. 현대적인 포장을 한 모든 식민주의를 타파하자."라며 목소리를 높였다. 인도의 총리 네루도 수많은 아시아·아프리카 국가들이 식민지 상태를 벗어나 독립한 이후에도 여전히 식민주의 때문에 어려움을 겪고 있다고 강조하며 회의에 참가한 국가들의 협력을 호소하였다.

① 평화 10원칙을 발표하였다.
② 냉전 체제의 종식을 선언하였다.
③ 일본의 주권 회복을 결정하였다.
④ 마스트리흐트 조약에 따라 창설되었다.
⑤ 관세 및 무역에 관한 일반 협정(GATT)을 체결하였다.

631

다음 자료의 공연이 개최된 시기를 연표에서 옳게 고른 것은?

세계사 신문

베를린 자선 공연 대성황에 열려

베를린에서 열린 자선 공연에 20만 명의 음악 팬이 몰려들어 대성황을 이루었다. 이번 공연에서는 신디 로퍼를 비롯한 세계적인 팝스타들이 참여하여 히트곡을 열창하였고, 핑크 플로이드의 대표 앨범인 'The Wall(벽)'에 나오는 곡들을 함께 불렀다. 공연장 주위에는 안전을 위해 작년에 붕괴된 장벽을 상징하는 모조 장벽이 세워졌다. 하지만 관계자들은 표를 구하지 못한 팬들의 성화에 못 이겨 모조 장벽을 철거하면서 베를린에서는 또 다른 장벽 철거가 이루어졌다.

(가)	(나)	(다)	(라)	(마)
미·중 국교 수립	고르바초프 서기장 취임	톈안먼 사건 발생	독립 국가 연합(CIS) 출범	유럽 연합(EU) 창설

세계 무역 기구(WTO) 설립

① (가) ② (나) ③ (다)
④ (라) ⑤ (마)

632

다음 자료를 활용한 탐구 활동으로 가장 적절한 것은?

> 1984년 나는 광둥에 와 본 적이 있습니다. 당시 농촌은 개혁이 추진된 지 몇 년 되지 않았고, 경제특구도 이제 막 시작한 초보 단계였습니다. 이제 8년이 지났는데, 이번에 와 보니 선전과 주하이 경제특구, 그리고 기타 몇몇 지방은 내가 전혀 예상하지 못할 정도로 발전이 빠릅니다. 보고 난 다음 나는 믿음이 더 늘었습니다. …… 사회주의 기본 제도가 확립된 다음, 생산력의 발전을 속박하는 경제 체제를 근본적으로 바꾸어 생기와 활력에 찬 사회주의 경제 체제를 건립하고, 생산력의 발전을 촉진하는 것이 개혁입니다.
>
> - 중국 남부 지역을 시찰하며 발표한 담화문 -

① 대약진 운동의 결과를 찾아본다.
② 바웬사의 활동 내용을 찾아본다.
③ 코메콘의 설립 과정을 파악한다.
④ 덩샤오핑의 개혁·개방 정책을 조사한다.
⑤ 페레스트로이카 정책의 추진 결과를 알아본다.

단원 마무리 문제

13 제1·2차 세계 대전

633

밑줄 친 '전쟁'에 대한 탐구 활동으로 가장 적절한 것은?

이 사진은 이 <u>전쟁</u> 당시 미군 입대를 독려하기 위해 만든 포스터이다. 독일의 무제한 잠수함 작전과 치머만 전보 사건을 계기로 미국이 <u>전쟁</u>에 참전하면서 전세는 연합국 측으로 기울었다. 동맹국의 국가들이 연이어 항복하는 가운데 독일에서 수립된 공화국 정부가 연합국과 휴전 조약을 체결하면서 <u>전쟁</u>은 막을 내렸다.

① 사라예보 사건의 영향을 알아본다.
② 미드웨이 해전의 전개 과정을 파악한다.
③ 베를린 장벽이 붕괴된 이유를 알아본다.
④ 닉슨 독트린이 발표된 배경을 조사한다.
⑤ 뉘른베르크 국제 군사 재판의 내용을 분석한다.

634

(가) 국가에 대한 설명으로 옳은 것은?

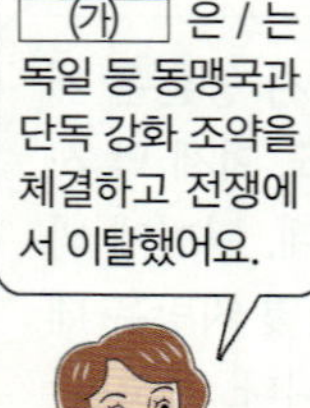

• 독일 제국, 오스트리아·헝가리 제국, 불가리아 왕국, 오스만 제국으로 구성된 동맹국 측은 (가) 와/과 전쟁이 종식되었음을 선언한다.
• (가) 은/는 과거 영토 중 일부에 더 이상 주권을 행사할 수 없다. 새로이 결정된 국경선의 정확한 위치는 추후 독일 제국 주도의 위원회가 논의해서 결정할 것이다.

① 하와이 진주만을 기습 공격하였다.
② 소련과 불가침 조약을 체결하였다.
③ 11월 혁명으로 소비에트 정부를 수립하였다.
④ 파운드 블록을 형성하여 대공황에 대응하였다.
⑤ 마셜 계획으로 서유럽에 경제 재건 자금을 지원하였다.

635

다음 두 선언이 발표된 배경으로 가장 적절한 것은?

• 아덴과 시리아 서쪽 지역을 제외한 모든 아랍 지역의 독립을 지지한다. …… 영국은 다양한 지역에 가장 적당한 형태의 정부가 수립되도록 아랍인에게 조언하고 도움을 줄 것이다.
• 우리 정부(영국)는 팔레스타인에 유대인을 위한 국가를 건설하는 데에 호의를 보이며, 이 목적을 쉽게 달성할 수 있도록 최선을 다할 것이다.

① 제2차 국공 합작이 단행되었다.
② 미국과 중국이 국교를 수립하였다.
③ 반둥에서 평화 10원칙이 발표되었다.
④ 윌슨이 평화 원칙 14개조를 제시하였다.
⑤ 오스만 제국이 제1차 세계 대전에 참전하였다.

636

(가) 국가에 대한 설명으로 옳은 것은?

그림은 제1차 세계 대전에서 패배한 (가) 이/가 승전국인 영국, 프랑스 등과 체결한 강화 조약을 풍자한 것이다. 파리 강화 회의의 결과 강화 조약이 체결되어 (가) 은/는 해외의 모든 식민지를 상실하고 연합국에 막대한 배상금을 지불하게 되었다.

┤ 보기 ├
ㄱ. 베트남을 식민지로 삼았다.
ㄴ. 3국 방공 협정에 참여하였다.
ㄷ. 노르망디 상륙 작전을 전개하였다.
ㄹ. 알자스-로렌 지역을 프랑스에 양도하였다.

① ㄱ, ㄴ   ② ㄱ, ㄷ   ③ ㄴ, ㄷ
④ ㄴ, ㄹ   ⑤ ㄷ, ㄹ

637

(가) 인물이 집권한 시기에 있었던 사실로 옳은 것은?

이탈리아는 제1차 세계 대전의 승전국임에도 불구하고 큰 보상을 받지 못하였다. 종전 후 물가가 폭등하고 실업자가 증가하면서 사회가 혼란해지자 ﹍(가)﹍ 은/는 파시스트당을 결성하고 로마 진군을 통해 정권을 장악하였다. 이후 ﹍(가)﹍ 은/는 파시스트 일당 독재 체제를 구축하고 국가 지상주의와 군국주의를 강화하였다.

① 미드웨이 해전이 전개되었다.
② 사라예보 사건이 발생하였다.
③ 파리 강화 회의가 개최되었다.
④ 브레스트리토프스크 조약이 체결되었다.
⑤ 북대서양 조약 기구(NATO)가 결성되었다.

| 638~639 |

다음 자료를 읽고 물음에 답하시오.

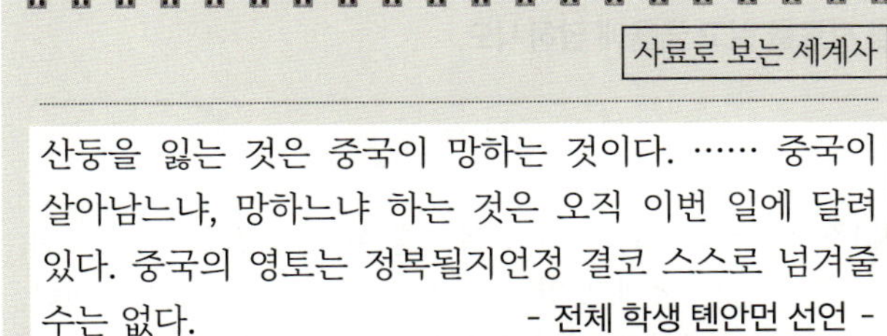

638 단답형

(가) 운동의 명칭을 쓰시오.

639 서술형

위 운동이 전개된 배경을 서술하시오.

640

밑줄 친 '민족 운동'에 대한 설명으로 옳은 것은?

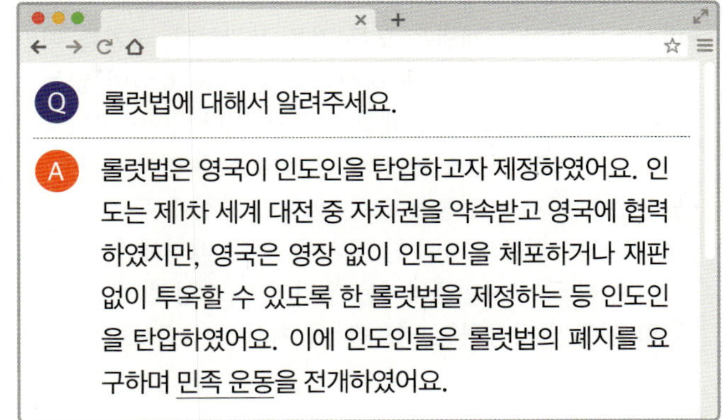

① 차우셰스쿠의 독재 정권을 붕괴시켰다.
② 간디가 비폭력·불복종 운동을 전개하였다.
③ 무스타파 케말이 튀르키예 공화국을 수립하였다.
④ 고르바초프가 페레스트로이카 정책을 추진하였다.
⑤ 호찌민이 공산당을 결성하여 식민 지배에 저항하였다.

641

다음 상황이 발생한 시기를 연표에서 옳게 고른 것은?

뉴욕 월스트리트에 위치한 증권 거래소에 매도 주문이 급증하기 시작하더니 곧 눈덩이처럼 늘어났다. 이날 다우존스 산업 평균 지수는 20% 하락하였고, 이날 하루 거래된 주식은 1,290만 주였다. 이는 종전 하루 최대 거래량인 400만 주의 3배가 넘었으며, 시카고와 버팔로 주식 거래소는 낮 12시 30분에 문을 닫았다. 도산 위기에 몰린 은행들은 대출을 회수하려 하였지만 대량 예금 인출 사태가 벌어지면서 결국 문을 닫았다.

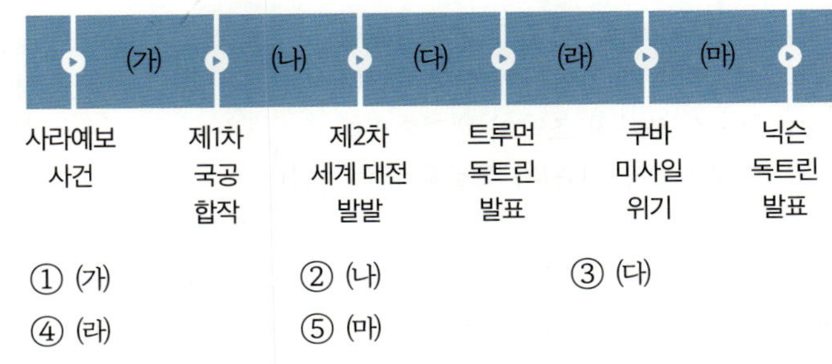

① (가)
② (나)
③ (다)
④ (라)
⑤ (마)

IV

642

다음 자료를 활용한 탐구 활동으로 가장 적절한 것은?

> • 파시스트의 국가 개념은 모든 것을 포괄한다. 국가를 떠나서는 어떤 인간이거나 정신적인 가치도 효력이 없는 것은 말할 것도 없고 존재할 수조차 없다. …… 국가를 떠나서는 어떤 개인도, 어떤 집단도 있을 수 없다.
> • 민족주의 국가는 인종을 모든 생활의 중심에 두어야 한다. 국가는 인종의 순수한 유지를 위해 배려해야 한다. …… 우리 국가 사회주의자는 우리의 외교 정책, 목표, 즉 독일 민족에 상응하는 영토를 이 지상에서 확보하는 것을 고수해야 한다.

① 로카르노 조약의 내용을 분석한다.
② 베트남 전쟁의 전개 과정을 찾아본다.
③ 전체주의의 등장 배경과 특징을 조사한다.
④ 소련의 해체와 동유럽 사회의 변화를 파악한다.
⑤ 미국이 제1차 세계 대전에 참전한 이유를 알아본다.

643

(가), (나) 시기 사이에 일어난 사건으로 옳은 것만을 〈보기〉에서 고른 것은?

> (가) 일본이 동남아시아를 침략하자 미국은 일본으로의 석유 등 각종 원자재의 수출을 금지하였다. 이에 일본은 선전 포고 없이 미국 하와이의 진주만 기지를 기습 공격하였다.
> (나) 연합국은 6,500여 척의 선박과 1만 2,000여 대의 공군 비행기 등을 이끌고 노르망디 해안을 기습 공격하였다. 그 결과 첫날에만 17만 명에 달하는 병력이 상륙하는 등 작전은 성공적으로 마무리되었다.

| 보기 |

ㄱ. 스탈린그라드 전투가 전개되었다.
ㄴ. 이탈리아가 연합국에 항복하였다.
ㄷ. 독·소 불가침 조약이 체결되었다.
ㄹ. 미국이 일본에 원자 폭탄을 투하하였다.

① ㄱ, ㄴ   ② ㄱ, ㄷ   ③ ㄴ, ㄷ
④ ㄴ, ㄹ   ⑤ ㄷ, ㄹ

644

(가) 국가에 대한 설명으로 옳은 것은?

① 괴뢰 국가인 만주국을 수립하였다.
② 파리를 점령하고 비시 정부를 수립하였다.
③ 민주화를 주도한 하벨이 대통령으로 선출되었다.
④ 독일 등과 브레스트리토프스크 조약을 체결하였다.
⑤ 소련과 전략 무기 제한 협정(SALT)을 체결하였다.

| 645~646 |

다음 자료를 읽고 물음에 답하시오.

> **(가) 헌장**
>
> 제1조 국제 평화와 안전 유지를 위하여 평화에 대한 위협을 없애고 침략 행위와 그 밖의 평화를 파괴하는 행위를 진압하기 위하여 효과적인 집단적 조치를 취한다.
> 제24조 (가) 의 신속하고 효과적인 조치를 확보하기 위하여 회원국은 국제 평화와 안전의 유지를 위한 일차적 책임을 안전 보장 이사회에 부여한다.
> 제42조 안전 보장 이사회는 정해진 조치로는 불충분하다고 추정되거나 불충분한 것으로 판명된 경우, 국제 평화와 안전을 유지하고 회복하는 데 필요한 육·해·공군에 기반한 행동을 취할 수 있다.

645 단답형

(가)에 들어갈 기구를 쓰시오.

646 서술형

위 기구의 한계점을 서술하시오.

 **14** 냉전~지구적 과제와 인류의 노력

647

(가), (나) 국가에 대한 설명으로 옳은 것은?

패전 후 독일은 ⎡(가)⎤, 영국, 프랑스, ⎡(나)⎤ 등 4개 연합국에 의해 분할 점령되었고, 수도 베를린도 공동 관리 구역으로 들어가 4개국에 의해 나뉘어졌다. 이런 가운데 독일의 극심한 인플레이션을 막기 위해 ⎡(가)⎤, 영국, 프랑스가 새로운 화폐를 유통시키자, ⎡(나)⎤ 은/는 자신들이 발행한 화폐가 정통이라고 주장하며 베를린 봉쇄를 단행하였다.

① (가) - 제1차 비동맹 회의에 참여하였다.
② (가) - 쿠바에 미사일 기지 설치를 시도하였다.
③ (나) - 빌리 브란트가 동방 정책을 추진하였다.
④ (나) - 마셜 계획을 통해 유럽에 경제 자금을 지원하였다.
⑤ (가), (나) - 몰타 회담에서 냉전 체제의 종식을 선언하였다.

| 648~649 |

다음 자료를 읽고 물음에 답하시오.

지금 그리스에서 활동 중인 미국 경제 사절단이 보내온 예비 보고서와 그리스 주재 미국 대사가 보내온 보고서는 그리스가 자유 국가로 살아남기 위해서는 원조가 절대적으로 필요하다는 그리스 정부의 주장이 타당하다는 사실을 확인시켜 주고 있다. …… 이 세계의 많은 국가의 국민은 최근 그들의 의사와는 반대되는 전체주의적인 정권들이 그들에게 강요되어 왔다. 미국 정부는 폴란드, 루마니아, 그리고 불가리아에서 벌어지는 압제와 협박에 대하여 자주 항의해 왔다.

648 ····단답형

위 내용을 담은 미국의 외교 정책 원칙을 일컫는 용어를 쓰시오.

649 ✎서술형

위 원칙에 따라 미국이 실시한 경제 정책의 내용과 목적을 서술하시오.

650

밑줄 친 '회의'에 대한 설명으로 옳은 것은?

① 평화 10원칙을 발표하였다.
② 국제 연합 창설에 합의하였다.
③ 온실가스 의무 감축을 약속하였다.
④ 세계 무역 기구 설립에 합의하였다.
⑤ 유로를 단일 화폐로 사용하기로 결정하였다.

651

다음 발표 이후의 상황으로 옳은 것만을 〈보기〉에서 고른 것은?

세계사 신문

닉슨, 새로운 외교 정책을 발표하다

미국 대통령 닉슨이 "핵무기와 관련된 강대국의 위협을 제외하고는 미국은 앞으로 아시아 국가들 스스로가 처리하고 또한 그 문제에 책임감을 갖도록 기대할 것입니다."라고 발표하였다. 이는 아시아인의 방위는 아시아의 힘으로 한다는 원칙을 선언한 것으로, 미국의 정책이 앞으로 어떻게 전개될지 세계 각국의 관심이 집중되고 있다.

| 보기 |

ㄱ. 6·25 전쟁이 발발하였다.
ㄴ. 미국이 중국과 국교를 수립하였다.
ㄷ. 독일이 서독과 동독으로 분단되었다.
ㄹ. 베트남 사회주의 공화국이 수립되었다.

① ㄱ, ㄴ   ② ㄱ, ㄷ   ③ ㄴ, ㄷ
④ ㄴ, ㄹ   ⑤ ㄷ, ㄹ

652

(가) 국가에서 있었던 사실로 옳은 것은?

> 독일의 [(가)] 침략으로 시작된 제2차 세계 대전 시기에 나치 독일은 아우슈비츠 등에 강제 수용소를 만들어 유대인과 공산주의자, 집시 등을 몰아넣은 후 이들을 학살하였다. 1969년 서독의 총리가 된 빌리 브란트는 동방 정책을 추진하며 [(가)]의 수도 바르샤바를 방문하여 유대인 희생자 추모비 앞에 무릎을 꿇고 사죄하였다.

① 문화 대혁명이 일어났다.
② 피의 일요일 사건이 일어났다.
③ 바이마르 공화국이 수립되었다.
④ 자유 노조가 총선에서 승리하였다.
⑤ 레닌이 소비에트 정부를 수립하였다.

653

(가) 인물에 대한 설명으로 옳은 것은?

> 세계사 골든벨
>
> 다음에서 설명하는 인물은 누구일까요?
> ① 동유럽 국가에 대한 불간섭 정책을 추진하였어요.
> ② 미국의 부시 대통령과의 몰타 회담을 통해 냉전의 종식을 선언하였어요.
>
> 정답은 [(가)]입니다.

① 베를린 장벽을 설치하였다.
② 바르샤바 조약 기구를 결성하였다.
③ 페레스트로이카(개혁)를 추진하였다.
④ 독립 국가 연합의 출범을 주도하였다.
⑤ 미국과 전략 무기 제한 협정을 체결하였다.

| 654~655 |

다음 자료를 읽고 물음에 답하시오.

> 1989년 9월 25일 동독의 라이프치히에서 8천여 명의 시민이 모여 민주화를 요구하는 시위를 펼친 이후 매주 월요일마다 대규모 시위가 이어졌다. 하지만 동독의 지도자인 호네커는 10월 5일 동독 정부 수립 40주년 행사를 개최하며 이들의 요구를 묵살하였다. 하지만 시위는 계속되었고, 다른 도시로 번져나갔다. 마침내 11월 4일 베를린에서 100만 명에 가까운 시민들이 민주화와 자유화를 요구하는 시위를 펼쳤다. 이런 가운데 11월 9일 동독이 발표한 '통행 자유화 정책'을 계기로 [(가)]이/가 무너지며 독일의 통일 논의가 활발하게 전개되었다.

654 단답형

(가)에 들어갈 용어를 쓰시오.

655 서술형

자료의 상황 이후 독일의 통일 과정을 서술하시오.

656

다음 상황이 발생한 시기를 연표에서 옳게 고른 것은?

> 폴란드 대통령 선거 결선 투표에서 승리한 바웬사가 오늘 대통령에 공식 취임하였다. 이로써 야루젤스키 현 대통령은 임기를 마감했으며 바웬사는 제2차 세계 대전 이후 최초의 폴란드 민선 대통령이 되었다. 바웬사는 이날 폴란드 의회에서 거행된 취임 행사에서 "헌법에 계속 충실하고 인민의 존엄성과 국가의 주권, 안보를 변함없이 지킬 것"이라고 다짐하였다.

	(가)	(나)	(다)	(라)	(마)
트루먼 독트린 발표	반둥 회의 개최	닉슨 독트린 발표	미·중 국교 수립	고르바초프 서기장 취임	유럽 연합(EU) 창설

① (가)
② (나)
③ (다)
④ (라)
⑤ (마)

657

(가), (나) 시기 사이에 일어난 사실로 옳은 것만을 <보기>에서 고른 것은?

> (가) 마오쩌둥의 뒤를 이어 국가 주석에 오른 류샤오치는 농촌에 큰 피해를 입힌 대약진 운동을 강하게 비판하고 시장 경제 정책을 도입할 것을 주장하였다.
> (나) 후야오방 전 공산당 총서기가 사망하자 베이징의 대학생을 중심으로 민주화를 요구하는 시위가 톈안먼 광장에서 전개되었다.

| 보기 |
ㄱ. 문화 대혁명이 일어났다.
ㄴ. 제2차 국공 합작이 단행되었다.
ㄷ. 덩샤오핑이 개혁·개방 정책을 추진하였다.
ㄹ. 장제스가 베이징을 점령하고 북벌을 완수하였다.

① ㄱ, ㄴ ② ㄱ, ㄷ ③ ㄴ, ㄷ
④ ㄴ, ㄹ ⑤ ㄷ, ㄹ

658

다음 자료를 활용한 탐구 활동으로 가장 적절한 것은?

> **마스트리흐트 조약**
>
> • 내부 경계를 없애고 경제 및 사회의 일체성을 강화하여 궁극적으로 단일 통화를 포함한 경제 통화 연합을 달성하고 경제적·사회적 진보와 높은 수준의 고용을 촉진할 것.
> • 최종적으로는 공동 방위를 할 수 있도록 공통의 외교 정책과 안전 보장 정책을 시행해 나감으로써 국제 무대에서 스스로의 정체성을 주장할 것.
> • 사법 및 치안 문제에서 긴밀한 협조를 발전시킬 것.

① 뉴딜 정책의 목적을 찾아본다.
② 대서양 헌장의 내용을 분석한다.
③ 유럽 연합의 창설 과정을 조사한다.
④ 닉슨 독트린이 발표된 배경을 알아본다.
⑤ 파리 강화 회의의 기본 원칙을 알아본다.

659

(가)에 들어갈 용어로 가장 적절한 것은?

① 지역화
② 탈냉전
③ 전체주의
④ 다문화주의
⑤ 신자유주의

660

다음 상황을 해결하기 위한 노력으로 가장 적절한 것은?

> • 지구 온난화에 따른 기후변화의 영향으로 기록적인 한파와 폭설이 이어졌다. 미국 중서부에서 '폭탄 사이클론'으로 강력한 눈과 한파까지 겹치면서 미국 전역에 걸쳐 21일부터 나흘간 최소 23명이 사망하였다.
> • 미국 알래스카주의 주노에서 빙하가 녹아 발생한 홍수로 주택이 강물에 휩쓸려 붕괴하고 긴급 주민 대피령이 내려졌다. 미국 기상청에 따르면 홍수는 지구 온난화에 따라 빙하가 녹고 강이나 호수의 수위가 높아지면서 발생하였다고 한다.

① 코민포름이 설립되었다.
② 교토 의정서가 채택되었다.
③ 브레턴우즈 회의가 열렸다.
④ 카이로 선언이 발표되었다.
⑤ 세계 무역 기구가 설립되었다.

MEMO

빠른답 체크

Speed Check

세계사 660제

빠른답 체크 후 틀린 문제는
바른답·알찬풀이에서 꼭 확인하세요.

---

01 현생 인류와 문명의 형성

001 오스트랄로피테쿠스 아파렌시스
002 메소포타미아　003 파라오　004 ○
005 ✕　006 ○　007 ㉡　008 ㉢
009 ㉠　010 ㉡　011 ㉡　012 ㉠
013 ㄷ　014 ㄹ　015 ㄴ　016 ㄱ
017 ④　018 ④　019 ③　020 ④
021 ④　022 ④　023 ③　024 ⑤
025 ④　026 ①　027 ②　028 ②
029 ①　030 ③　031 메소포타미아 문명
032 해설 참조　033 봉건제
034 해설 참조　035 ④　036 ②
037 ④　038 ⑤

02 동아시아 세계의 문화와 종교·사상

039 전매제　040 조몬 토기　041 ✕
042 ○　043 ○　044 ㉠　045 ㉢
046 ㉡　047 ㉣　048 ㉡　049 ㉡
050 ㉠　051 ㄷ　052 ㄴ　053 ㄱ
054 ③　055 ②　056 ④　057 ①
058 ⑤　059 ④　060 ②　061 ⑤
062 ①　063 ⑤　064 ④　065 ④
066 ⑤　067 ⑤　068 ⑤　069 ②
070 ⑤　071 ②　072 ③　073 ③
074 ①　075 ⑤　076 ②　077 도가
078 해설 참조　079 한 무제
080 해설 참조　081 ⑤　082 ④
083 ②　084 ①

03 인도·서아시아 세계의 형성과 발전

085 불교　086 간다라 양식
087 다리우스 1세　088 ○　089 ✕
090 ✕　091 ㉠　092 ㉡　093 ㉠
094 ㉠　095 ㄷ　096 ㄴ　097 ㄱ
098 ②　099 ②　100 ①　101 ④
102 ①　103 ③　104 ④　105 ④
106 ①　107 ③　108 ⑤　109 ①
110 ②　111 산치 대탑
112 해설 참조　113 간다라 양식
114 해설 참조　115 ②　116 ④
117 ④　118 ②

04 고대 지중해 세계의 발전

119 알렉산드리아　120 그라쿠스
121 밀라노 칙령　122 ✕　123 ○
124 ✕　125 ㉠　126 ㉠　127 ㄱ
128 ㄴ　129 ㄷ　130 ㄹ　131 ③
132 ④　133 ③　134 ④　135 ③
136 ①　137 ②　138 ④　139 ②
140 ④　141 ④　142 ②　143 ④
144 클레이스테네스　145 해설 참조
146 콘스탄티누스 대제　147 해설 참조
148 ⑤　149 ④　150 ①　151 ③

05 유럽 세계의 형성과 동요

152 프랑크 왕국　153 장원제
154 보름스 협약　155 ○　156 ✕
157 ○　158 ㉠　159 ㉡　160 ㉢
161 ㉠　162 ㉡　163 ㉡　164 ㄴ
165 ㄹ　166 ㄱ　167 ③　168 ②

비록

아무도 과거로 돌아가

새 출발을 할 순 없지만

누구나

지금 시작해

새 엔딩을 만들 수 있다.

-레오나르도 다빈치-

빠른답 체크 후 틀린 문제는
바른답·알찬풀이에서 꼭 확인하세요.

Mirae N 에듀

2022 개정
교육과정에서는
1등급
만들기 가
더 중요합니다.

각양각색의 학교 시험에서도
꼭 출제되는 유형이 있습니다.
『1등급 만들기』는 고빈출 유형을 분석하여,
1등급을 만드는 비결을 전수합니다.

1200개 학교의 고빈출 유형을
치밀하게 분석했습니다.

정리하기 어려운 개념과 문제를
단계별로 제시했습니다.

1등급을 가르는 고난도 유형까지
시험 직전 실전력을 점검할 수 있습니다.

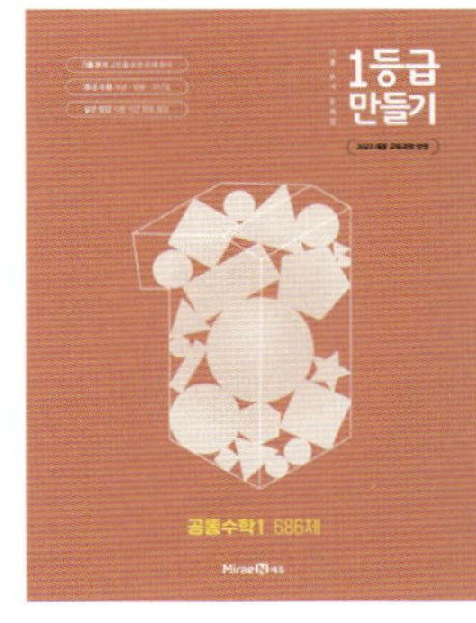

1등급
만들기
공통수학1 686제
Mirae N 에듀

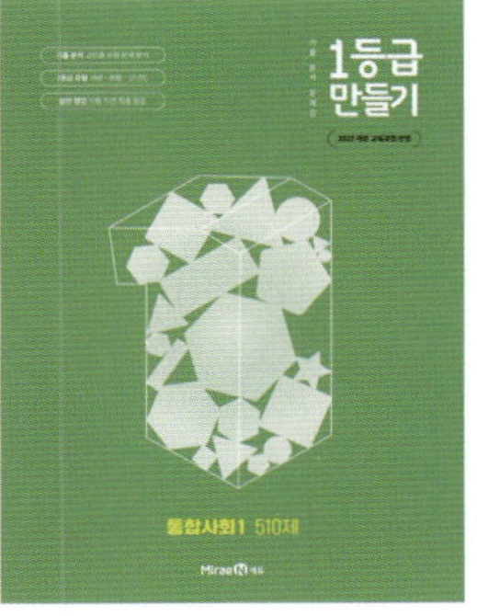

1등급
만들기
통합사회1 510제
Mirae N 에듀

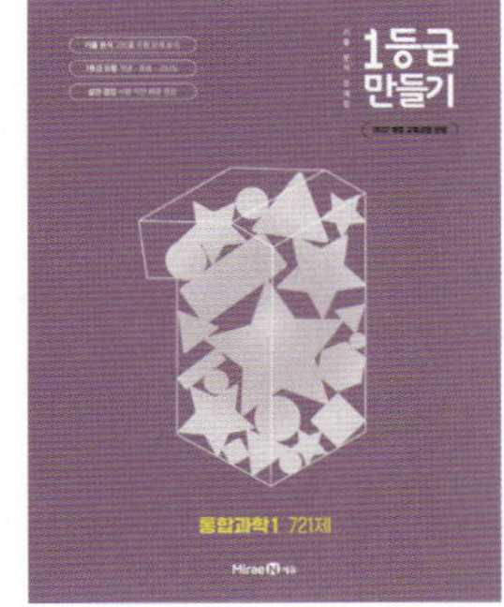

1등급
만들기
통합과학1 721제
Mirae N 에듀

고등 도서 안내

문학 입문서

손쉬운

작품 이해에서 문제 해결까지
손쉬운 비법을 담은 문학 입문서

현대 문학, 고전 문학

비주얼 개념서

룩 LOOK

이미지 연상으로 필수 개념을 쉽게 익히는
비주얼 개념서

국어   문법
영어   분석독해

수학 개념 기본서

수학중심

개념과 유형을 한 번에 잡는 강력한
개념 기본서

수학Ⅰ, 수학Ⅱ, 확률과 통계, 미적분, 기하

수학 문제 기본서

유형중심

체계적인 유형별 학습으로 실전에서 강력한
문제 기본서

수학Ⅰ, 수학Ⅱ, 확률과 통계, 미적분

사회·과학 필수 기본서

개념 학습과 유형 학습으로 내신과 수능을 잡는
필수 기본서

[2022 개정]
사회   통합사회1, 통합사회2*, 한국사1, 한국사2*
과학   통합과학1, 통합과학2, 물리학*, 화학*, 생명과학*,
      지구과학*

*2025년 상반기 출간 예정

[2015 개정]
사회   한국지리, 사회·문화, 생활과 윤리, 윤리와 사상
과학   물리학Ⅰ, 화학Ⅰ, 생명과학Ⅰ, 지구과학Ⅰ

기출 분석 문제집

완벽한 기출 문제 분석으로 시험에 대비하는 1등급 문제집

1등급 만들기

[2022 개정]
수학   공통수학1, 공통수학2, 대수, 확률과 통계*, 미적분Ⅰ*
사회   통합사회1, 통합사회2*, 한국사1, 한국사2*,
      세계시민과 지리, 사회와 문화, 세계사, 현대사회와 윤리
과학   통합과학1, 통합과학2

*2025년 상반기 출간 예정

[2015 개정]
국어   문학, 독서
수학   수학Ⅰ, 수학Ⅱ, 확률과 통계, 미적분, 기하
사회   한국지리, 세계지리, 생활과 윤리, 윤리와 사상,
      사회·문화, 정치와 법, 경제, 세계사, 동아시아사
과학   물리학Ⅰ, 화학Ⅰ, 생명과학Ⅰ, 지구과학Ⅰ,
      물리학Ⅱ, 화학Ⅱ, 생명과학Ⅱ, 지구과학Ⅱ

기출 분석 문제집
1등급
만들기
세계사
660제
바른답·
알찬풀이
Mirae N 에듀

바른답 •
알찬풀이

기출 분석 문제집

1등급 만들기

세계사 660제

바른답·알찬풀이

Mirae N 에듀

I 지역 세계의 형성

 현생 인류와 문명의 형성

 **기본** 기출 문제 ──────────── ● 7쪽

핵심 개념 문제

001 오스트랄로피테쿠스 아파렌시스 **002** 메소포타미아
003 파라오 **004** ○ **005** × **006** ○ **007** ㉤
008 ㉢ **009** ㉠ **010** ㉡ **011** ㉡ **012** ㉠ **013** ㄷ
014 ㄹ **015** ㄴ **016** ㄱ

017 ④ **018** ④ **019** ③

017

자료는 라스코 동굴 벽화와 빌렌도르프의 비너스상으로 구석기 시대의 유물이다. 구석기 시대 사람들은 다산과 풍요를 빌며 풍만한 여인상을 조각하여 남기거나 사냥의 성공을 빌며 동물을 그린 동굴 벽화를 남겼다. 또한 먹을 것을 찾아 이동 생활을 하였다.

바로잡기 ① 청동기 시대 이후 문자가 사용되었다. ②, ③, ⑤ 신석기 시대에 대한 설명이다.

018

자료의 문화유산은 지구라트로, 메소포타미아 문명에서 만들어졌다. 메소포타미아 문명을 발전시킨 수메르인들은 태음력을 사용하였고, 쐐기 문자로 기록을 남겼다.

바로잡기 ① 인도의 카스트제에서 제사를 담당한 브라만은 『베다』를 제작하고 브라만교를 발전시켰다. ② 이집트 문명에서는 태양신 '라'를 숭배하였고 파라오가 신권 정치를 펼쳤다. ③ 사후 세계에 관심을 가진 이집트 문명에서는 죽은 자를 위한 안내서인 「사자의 서」를 제작하였다. ⑤ 헤브라이는 이스라엘과 유대로 분열되었다.

019

자료는 중국 문명의 상(은) 왕조에 대한 내용이다. 상의 왕은 점을 쳐서 신의 뜻을 해석하고 이를 바탕으로 국가의 중대사를 결정하는 신권 정치를 펼쳤으며 각종 청동 도구를 통해 제사 의식을 주관하였다. 점친 내용은 갑골에 기록하였는데 이는 한자의 원형이 되었다.

바로잡기 ① 인도 문명, ② 하 왕조, ④ 이집트 문명에 해당한다. ⑤ 상을 무너뜨린 주는 이민족의 침입을 받아 낙읍(뤄양)으로 천도하였다.

 **실력** 기출 문제 ──────────── ● 8쪽 ~ 10쪽

020 ④ **021** ④ **022** ④ **023** ③ **024** ⑤ **025** ④
026 ① **027** ② **028** ② **029** ① **030** ③

1등급을 향한 서답형 문제

031 메소포타미아 문명 **032** 예시 답안 메소포타미아 지역은 개방적인 지형 조건을 갖추고 있어 교역이 활발한 동시에 이민족의 침입도 빈번하였다. 그 결과 내세보다는 현세를 중요하게 여겼다.

033 봉건제 **034** 예시 답안 주는 덕이 있는 자가 천명을 받아 나라를 다스린다는 덕치주의와 천명 사상을 강조하였다.

020

(가)는 호모 네안데르탈렌시스이다. 호모 네안데르탈렌시스가 시체를 매장한 것으로 보아 이들이 사후 세계에 대한 관념이 있었음을 짐작할 수 있다.

바로잡기 ①, ③ 호모 사피엔스, ② 오스트랄로피테쿠스 아파렌시스에 해당한다. ⑤ 뼈바늘은 신석기 시대에 사용된 도구이다.

021

자료는 구석기 시대에 사용한 뗀석기인 찍개와 주먹도끼이다. 구석기 시대 사람들은 동굴이나 막집에 거주하면서 먹을 것을 찾아 이동하였고, 주로 채집과 사냥으로 식량을 구하였다.

바로잡기 ㄱ. 청동기 시대에 문자를 사용하기 시작하였다. ㄷ. 신석기 시대에는 돌을 갈아 간석기를 만들어 사용하였다.

022

(가)는 문명이다. 청동기 시대에 큰 강 유역에서는 문명이 형성되었다. 문명의 성립 과정에서 지배자가 등장하였고, 청동기를 이용한 정복 활동이 활발해지면서 계급 분화가 촉진되었다.

바로잡기 ④ 평등한 공동체는 구석기 시대와 신석기 시대에 해당한다.

023

(가)는 메소포타미아 문명이 발생한 지역이다. 기원전 3500년경 티그리스강과 유프라테스강 사이의 지역에서 발생한 메소포타미아 문명은 쐐기 문자로 기록을 남겼고, 지구라트를 건설하였다.

바로잡기 ㄱ. 이집트 문명에서 10진법을 사용하였다. ㄹ. 페니키아는 지중해를 무대로 해상 무역을 전개하였다.

024

자료는 바빌로니아 왕국의 함무라비왕이 편찬한 함무라비 법전의 주요 내용이다. 함무라비 법전에는 '눈에는 눈, 이에는 이'에 입각한 보복주의적 성격이 드러나 있다.

바로잡기 ① 함무라비 법전은 바빌로니아 왕국에서 남겼다. ② 천명사상은 하늘이 덕이 있는 자를 군주로 삼아 다스리게 한다는 사상으로 중국 문명에서 왕권에 정당성을 부여하였다. ③, ④ 이집트 문명과 관련 있다.

025

자료는 이집트 문명에서 사용한 상형 문자에 대한 것이다. 이집트인은 파피루스에 상형 문자로 기록을 남겼으며, 왕의 무덤으로 거대한 피라미드를 조성하였다.

바로잡기 ㄱ. 이집트 문명은 태양력을 사용하였다. ㄷ. 이집트인은 내세를 중요하게 여겨 시신을 미라로 만들고 죽은 사람을 위한 안내서인 「사자의 서」를 제작하였다.

026

밑줄 친 '왕국'은 나일강 유역에서 성립된 이집트 왕국이다. 이집트인들은 시신을 미라로 만들었고, 죽은 사람을 위한 안내서인 「사자의 서」를 제작하였다.

바로잡기 ② 중국의 주는 천명사상과 덕치주의를 강조하였다. ③ 함무라비는 바빌로니아 왕국의 왕이다. ④ 에게 문명의 크레타 문명은 크노소스 궁전 등을 건설하였다. ⑤ 「길가메시 서사시」 등에 메소포타미아 문명 사람들의 현세를 중시하는 세계관이 드러나 있다.

1등급 정리 노트	메소포타미아 문명과 이집트 문명

메소포타미아 문명	이집트 문명
• 기원전 3500년경 메소포타미아 지역에서 발생 • 태음력, 쐐기 문자, 60진법 사용 • 개방적인 지형으로 교역 활발, 이민족 침입 빈번 • 내세보다 현세 중시(「길가메시 서사시」)	• 기원전 3000년경 나일강 유역에서 발생 • 태양력, 상형 문자, 10진법 사용 • 사막과 바다로 둘러싸인 지역으로 오랫동안 통일 국가 유지 • 내세적 신앙, 영혼 불멸 사상(미라, 「사자의 서」)

027

자료는 인도 문명의 중심지였던 모헨조다로 유적이다. 기원전 2500년경 모헨조다로를 건설한 사람들은 메소포타미아 지역과도 교류하였고, 청동제 도구와 무기, 옷감 등을 사용하였다.

바로잡기 ① 미케네 문명, ③ 쿠시 문명, ④ 페니키아에 해당한다. ⑤ 아리아인의 이동 이후 카스트제가 만들어지고 「베다」가 제작되었다.

028

지도는 아리아인의 인도 이동을 나타낸 것이다. 아리아인은 펀자브 지방을 정복한 후 점차 동쪽으로 이동하여 기원전 1000년경에는 갠지스강 유역까지 근거지를 넓혔다. 아리아인의 정복 활동 과정에서 엄격한 신분제인 카스트제가 만들어졌다.

바로잡기 ① 아리아인의 이동 이전에 해당한다. ③ 메소포타미아 문명에 해당한다. ④ 마야 문명에 해당한다. ⑤ 헤브라이에서는 유일신 여호와를 믿는 유대교가 창시되었다.

029

자료는 갑골문으로, (가) 국가는 상 왕조이다. 상 왕조에서는 점을 쳐 국가의 중대사를 결정하고 점친 결과를 갑골에 기록하였다. 또한 왕이 죽으면 많은 사람을 같이 매장하는 순장 풍습이 있었다.

바로잡기 ②, ③ 인도 문명, ④ 이집트 문명에 해당한다. ⑤ 상 왕조는 황허강 유역에서 성립·발전하였다.

030

호경에서 낙읍(뤄양)으로 천도한 점을 통해 (가) 국가가 주임을 알 수 있다. 주는 친족과 공신을 제후로 임명하여 지방을 다스리는 봉건제를 실시하였고, 이를 종법제로 뒷받침하였다.

바로잡기 ㄱ, ㄹ. 기록상 중국 최초의 왕조는 하 왕조이고, 이를 무너뜨린 것이 상 왕조이다.

031

자료는 메소포타미아 문명에서 남긴 「길가메시 서사시」이다.

032

채점 기준	수준
개방적 지형, 이민족 침입, 현세 중시를 모두 서술한 경우	상
개방적 지형과 이민족 침입 중 하나를 쓰고 현세 중시를 서술한 경우	중
현세 중시만 서술한 경우	하

033

자료는 주대에 시행된 봉건제를 나타낸 도표이다.

034

채점 기준	수준
덕치주의와 천명사상을 모두 서술한 경우	상
덕치주의와 천명사상 중 하나만 서술한 경우	하

적중 1등급 문제 ● 11쪽

035 ④ **036** ② **037** ④ **038** ⑤

035 선사 시대의 생활

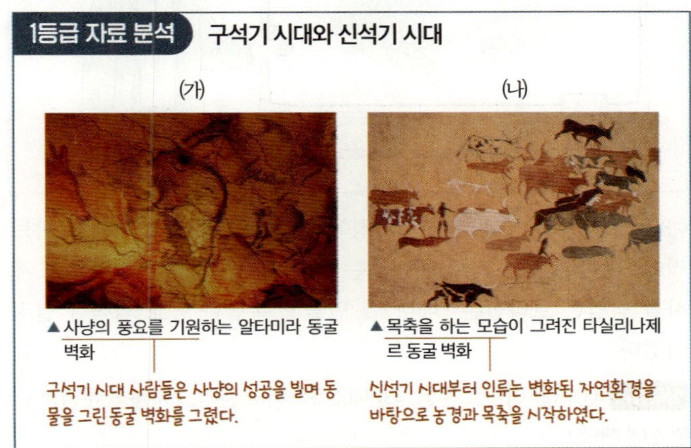

(가)는 구석기 시대, (나)는 신석기 시대의 문화유산이다. 구석기 시대 말 빙하기가 끝나고 기온이 상승하자, 동식물의 분포가 이전과 달라졌다. 인류는 간석기와 토기를 제작하는 등 도구를 발전시켜 변화된 자연환경에 적응하였다. 이 시기를 신석기 시대라고 한다.

바로잡기 ① 페니키아에 해당한다. ② 약 180만 년 전에 호모 에렉투스가 등장하였다. ③, ⑤ 청동기 시대 이후 농업이 발달하고 정복 활동이 활발해지면서 도시 국가와 문명이 등장하였다.

036 메소포타미아 문명과 이집트 문명의 공통점

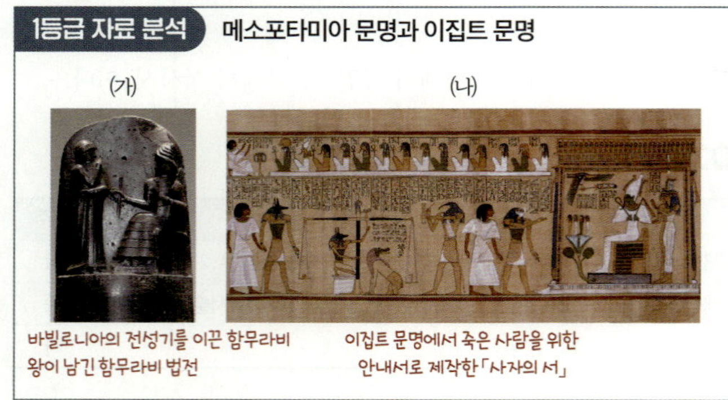

1등급 자료 분석 메소포타미아 문명과 이집트 문명

바빌로니아의 전성기를 이끈 함무라비 왕이 남긴 함무라비 법전

이집트 문명에서 죽은 사람을 위한 안내서로 제작한 「사자의 서」

(가)는 메소포타미아 문명의 함무라비 법전, (나)는 이집트 문명의 「사자의 서」이다. 두 문명 모두 왕이 신의 대리자 또는 신의 아들로서 신권 정치를 펼쳤다.

바로잡기 ① 이집트 문명은 태양력을 사용하였다. ③ 미케네 문명은 도리스의 침입으로 파괴되었다. ④ 메소포타미아 문명에 해당한다. ⑤ 메소포타미아 문명은 현세를 중시하였다.

037 인도 문명

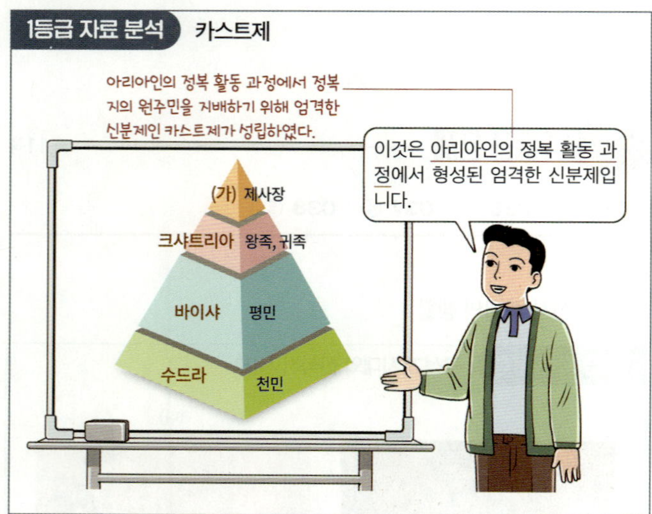

1등급 자료 분석 카스트제

(가)는 브라만이다. 아리아인의 정복 활동 과정에서 브라만, 크샤트리아, 바이샤, 수드라로 구분되는 카스트제가 만들어졌다. ④ 제사를 담당한 브라만은 『베다』를 만들고 복잡한 종교 의식을 발전시켰다.

바로잡기 ①, ② 이집트 문명, ③ 메소포타미아 문명, ⑤ 중국 문명의 상 왕조에 해당한다.

038 주의 발전

1등급 자료 분석 봉건제

> ⬚(가)⬚의 왕이 측에게 말하기를 "오호라, 의(宜) 지역의 제후로 삼으리라. <u>주왕으로부터 봉토를 받은 왕족이나 공신이다.</u> 향료 술 1통, 상에서 전해진 청동제 솥 1개, 붉은 칠을 한 활 1개, 붉은 칠을 한 화살 100개, 검은 칠을 한 활 10개, 검은 칠을 한 화살 1000개를 주노라. …… 토지를 주노라. ……" 하였다. <u>주가 무너뜨린 왕조</u>

(가) 국가는 주이다. 주는 덕이 있는 자가 천명을 받아 나라를 다스린다는 덕치주의를 강조하였다. 기원전 8세기 주는 견융의 침입을 받아 동쪽의 낙읍(뤄양)으로 천도하였다.

바로잡기 ㄱ. 유일신 숭배는 유대교 등의 특징이다. ㄴ. 하라파는 인도 문명의 대표적인 도시이다.

선택지 더 보기

ㅁ. 종법제로 봉건제를 뒷받침하였어요.	(○)
ㅂ. 점을 친 내용을 갑골에 기록하였어요.	(×)
ㅅ. 창장강 일대까지 세력을 확대하였어요.	(○)

02 동아시아 세계의 문화와 종교·사상

기본 기출 문제 ●13쪽 ~ 14쪽

핵심 개념 문제

039 전매제   **040** 조몬 토기   **041** ×   **042** ○
043 ○   **044** ㉠   **045** ㉢   **046** ㉡   **047** ㉣   **048** ㉤
049 ㉥   **050** ㉠   **051** ㄷ   **052** ㄴ   **053** ㄱ

054 ③   **055** ②   **056** ④   **057** ①   **058** ⑤   **059** ④
060 ②

054

자료는 춘추 5패를 나타낸 것이다. 춘추 시대에는 춘추 5패가 정국을 주도하였다. 춘추 5패는 주 왕실을 받들고 오랑캐를 물리친다는 존왕양이를 명분으로 각축을 벌였다.

바로잡기 ① 진, ② 상(은) 왕조, ④ 후한, ⑤ 춘추 시대 이전에 볼 수 있는 모습이다.

055

전국 시대를 통일한 진은 반량전으로 화폐를 통일하였다. 또한 문자, 도량형, 수레바퀴의 폭 등을 통일하였고, 전국을 36개 군으로 나누고 관리를 파견하여 군현제를 시행하였다.

바로잡기 ㄴ. ㄹ. 한 무제는 대월지에 장건을 보냈으며, 재정 안정을 위해 균수법과 평준법을 실시하였다.

056

자료는 한 고조가 시행한 군국제에 대한 것이다. 한 고조는 군현제와 봉건제를 절충한 군국제를 시행하였다. ④ 한 고조는 항우를 물리치고 한을 건국하였다.

바로잡기 ①, ② 진시황제에 해당한다. ③ 한 무제는 동중서의 건의를 수용하여 유교를 통치 이념으로 채택하였다. ⑤ 전국 시대 진은 법가적 개혁을 실시하여 부국강병을 달성하였다.

057

5호에 의해 화북 지역을 빼앗긴 진은 창장강 이남으로 이동하여 건강(난징)에서 동진을 세웠다.

바로잡기 ② 후한, 진(晉) 등의 수도이다. ③, ④ 주는 호경에서 뤄양으로, 북위 효문제는 평성에서 뤄양으로 천도하였다. ⑤ 전한 등의 수도이다.

058

지도는 수가 건설한 대운하를 나타낸 것이다. 따라서 (가) 왕조는 수이다. 수는 과거제를 도입하고 조용조와 부병제를 정비하였으며, 여러 차례 고구려 원정에 나섰으나 실패하였다.

바로잡기 ㄱ. 북위가 5호 16국을 통일하였다. ㄴ. 9품중정제는 남북조 시대에 실시되었다. 수 문제는 9품중정제를 폐지하고 과거제를 실시하였다.

059

자료는 당의 대외 정책에 대한 것이다. 당은 정복지의 수장을 도독으로 임명하여 자치를 맡기고 중앙에서 도호부를 설치하여 감독하는 기미 정책을 실시하였다.

바로잡기 ㄱ. 한 무제가 남월을 정복하였다. ㄷ. 진시황제가 흉노를 몰아내고 만리장성을 쌓았다.

060

자료는 일본의 신석기 문화를 대표하는 조몬 토기이다. 신석기 시대 일본에 거주하던 사람들은 움집을 짓고 정착 생활을 하였다.

바로잡기 ①, ⑤ 기원전 3세기 이후 한반도 등지에서 일본 열도로 벼농사 기술이 전해졌다. ③ 당에 해당한다. ④ 7세기 이후의 사실이다.

실력 기출 문제

● 15쪽 ~ 18쪽

061 ⑤　062 ①　063 ⑤　064 ④　065 ④　066 ⑤
067 ⑤　068 ⑤　069 ②　070 ⑤　071 ②　072 ③
073 ③　074 ①　075 ⑤　076 ②

1등급을 향한 서답형 문제

077 도가　078 예시답안 노자와 장자에 의해 형성된 도가는 인위적인 제도를 배제하고 자연의 순리에 따르자는 무위자연을 주장하였다.

079 한 무제　080 예시답안 한 무제는 남월(남비엣)과 고조선을 정복하였다.

061

춘추 전국 시대에는 철제 농기구와 철제 무기가 보급되면서 농업 생산력이 증대되었으며 전쟁의 규모가 커지고 빈도도 잦아졌다.

바로잡기 ① 주는 천명사상을 통해 왕권에 정당성을 부여하였다. ② 상 왕조의 왕은 신권 정치를 펼쳤다. ③ 당 문화의 영향으로 유교, 불교, 한자, 율령 체제를 공통 요소로 하는 동아시아 문화권이 형성되었다. ④ 당은 서역의 문화를 수용하여 국제적인 문화를 발전시켰다.

062

자료는 제자백가 중 법률에 따른 엄격한 통치를 주장한 법가의 주장이다. 상앙, 한비자 등은 대표적인 법가 사상가이다.

바로잡기 ② 공자는 유가의 형성에 기여하였다. ③ 무위자연은 도가의 핵심 주장이다. ④ 묵가, ⑤ 유가에 해당한다.

063

밑줄 친 '이 인물'은 진시황제이다. 진시황제는 화폐, 도량형, 문자 통일 등 통일 정책을 실시하는 한편 만리장성, 아방궁 건설 등 대규모 토목 공사를 실시하여 백성의 불만을 샀다.

바로잡기 ① 상 왕조에 해당한다. ② 진승·오광의 난은 진시황제 사후에 일어났다. ③ 주에 해당한다. ④ 춘추 5패에 대한 설명이다.

064

자료는 진시황제가 시행한 분서갱유에 대한 내용이다. 진은 법가 사상에 기초한 개혁으로 부국강병을 이루고 중국을 통일하였다.

바로잡기 ㄱ. 한 무제가 재정 문제를 해결하기 위해 균수법과 평준법을 실시하였다. ㄷ. 천명사상과 덕치주의는 주가 내세운 것으로 이후 중국 왕조 통치의 근간이 되었다.

065

(가) 왕조는 한이다. 진이 멸망한 후 유방이 중국을 재통일하고 한을 건국하였다. ④ 한 무제는 동중서의 건의를 받아들여 태학을 설립하고 오경박사를 설치하는 등 유교를 통치 이념으로 삼았다.

바로잡기 ①, ②, ③ 진에 해당한다. ⑤ 주는 천명사상을 내세워 상 왕조를 무너뜨렸다.

066

(가)는 전한 때의 『사기』 편찬, (나)는 후한 때의 『한서』 편찬과 관련 있다. ⑤ 전한을 무너뜨린 왕망은 신을 세우고 토지 국유화, 노비 매매 금지 등 개혁을 추진하였으나 실패하였다.

바로잡기 ① 북방 민족인 5호가 화북 지방에 진출하여 여러 왕조를 세우면서 5호 16국 시대가 전개되었다. ② 한 고조 때 흉노의 묵특 선우가 한의 군대를 물리쳤다. ③ 수대에 과거제가 도입되었다. ④ 한 고조 때 봉건제와 군현제를 절충한 군국제가 마련되었다.

067

(가) 황제는 한 무제이다. 지도는 한 무제 시기의 최대 영역을 나타낸 것이다. 한 무제는 대외 팽창 정책을 추진하여 흉노를 고비 사

막 이북으로 몰아내고 남월과 고조선을 정복하였다. 또한 흉노 견
제를 위한 동맹 세력을 찾기 위해 장건을 대월지에 파견하였으며,
오수전을 주조하여 유통하였다.

바로잡기 ㄱ. 북위 효문제가 한화 정책을 시행하였다. ㄴ. 절도사 직책을
마련한 것은 당대이다.

068

선비족 사람으로 성을 한족처럼 고쳤다는 내용을 통해 (가) 왕조가
북위임을 알 수 있다. 북위 효문제는 조정에서 선비어 사용을 금
지하고 한족과의 혼인을 장려하는 등 한화 정책을 추진하였다.
⑤ 북위는 윈강, 룽먼 등지에 거대한 석굴 사원을 조성하였다.

바로잡기 ① 수대 이후 과거제가 실시되었다. ② 후한 말 황건적의 난이
일어났다. ③ 후한이 멸망하고 위·촉·오의 삼국 시대가 전개되었다. ④ 후
한의 채륜이 종이를 만드는 제지술을 개량하였다.

069

남조의 지배층은 추천을 통해 9품중정제를 기반으로 고위 관직을
독점하고 문벌 귀족으로 성장하였다.

바로잡기 ① 묵가는 춘추 전국 시대에 등장한 제자백가의 하나이다. ③ 신
권 정치는 상 왕조에서 실시되었다. ④ 봉건제에서는 제후의 권한이 강화
되었다. ⑤ 광무제는 후한을 세웠다.

1등급 정리 노트	중국 왕조의 관리 등용 방식
한	향거리선제(지방관이 관할 지역의 인재 추천) → 호족이 관료로 진출하여 중앙 정치 주도
위진 남북조	9품중정제(지방의 중정관이 인재를 9등급으로 나누어 추천) → 문벌 귀족 성장(고위 관직 독점)
수 이후	과거제(시험으로 관리 선발)

070

5세기 말 북위 효문제는 평성에서 뤄양으로 천도하였다. 또한 일
정 나이 이상의 남녀에게 토지를 지급하는 균전제를 시행하였고,
조정에서 선비어 사용을 금지하고 선비족과 한족의 혼인을 장려
하는 등 한화 정책을 펼쳤다.

바로잡기 ㄱ. 전한을 무너뜨린 왕망이 국호를 신으로 정하였다. ㄴ. 한 무
제가 고조선을 공격하여 멸망시켰다.

071

(가) 왕조는 수이다. 남북조 시대를 통일한 수는 북위에서 시행한
균전제를 계승하였다. 또한 여러 차례에 걸쳐 고구려를 공격하였
으나 실패하였다.

바로잡기 ㄴ. 향거리선제는 한에서 시행한 관리 등용 제도이다. ㄹ. 진은
각국에서 사용하던 화폐를 반량전으로 통일하였다.

072

자료는 당대에 시행된 양세법이다. 양세법은 가구별로 자산에 차
등을 두어 여름과 가을에 세금을 징수한 수취 제도이다. 당은 안

사의 난 이후 절도사의 권한이 강화되고, 장원제가 확대되는 상황
에서 재정난 해결을 위해 양세법을 시행하였다.

바로잡기 ① 비전은 당대에 유통된 어음으로, 자료와 직접적인 관련성이
적다. ② 시박사는 당이 설치한 대외 무역 관리 기구이다. ④ 수가 9품중정
제를 폐지하고 과거제를 시행하였다. ⑤ 북위 효문제는 한화 정책을 폈다.

073

(가) 왕조는 당이다. 당은 도호부를 설치하고 기미 정책을 통해 정
복지를 다스렸다. 또한 개방적이고 국제적인 문화를 발전시켜 다
양한 외래 종교가 들어왔고, 이국적인 당삼채가 유행하였다.

바로잡기 ③ 태평도는 위진 남북조 시대에 도교로 발전하였다.

074

자료는 당대 경교가 유행하였음을 알려주는 대진 경교 유행 중국
비이다. 따라서 밑줄 친 '태종'은 당 태종이다. 당 태종은 동돌궐
등을 복속하여 북방 유목민으로부터 '천가한'의 칭호를 받았다.

바로잡기 ② 황소의 난은 당 후기에 일어났다. ③ 당 고조가 신라와 연합
하여 백제, 고구려를 멸망시켰다. ④ 북위 효문제는 뤄양으로 천도하였다.
⑤ 후한 광무제가 호족의 지원을 받아 신을 무너뜨리고 후한을 세웠다.

075

밑줄 친 '이 유적'은 야마토 정권 시기 조성된 다이센 고분이다.
야마토 정권은 4세기경 수립되었고, 다이센 고분은 5세기경에 조
성되었다. 야마토 정권은 호족 연합 정권이었다.

바로잡기 ① 나라 시대, ② 7세기 중엽, ③ 7세기 이후, ④ 야요이 시대에
해당한다.

076

천황이 헤이안쿄로 수도를 옮긴 이후 무사 세력이 성장하였다는
내용을 통해 밑줄 친 '이 시대'가 헤이안 시대임을 알 수 있다. 헤
이안 시대에는 일본 고유의 시인 와카가 유행하였고, 주택과 관복
에도 일본 고유의 특색이 나타나는 등 국풍 문화가 발달하였다.

바로잡기 ㄴ, ㄹ. 나라 시대에 해당한다.

077

자료는 제자백가 중 도가의 무위자연 사상에 대한 내용이다.

078

채점 기준	수준
노자와 장자를 쓰고 인위적인 제도를 배제하고 자연의 순리에 따르자는 무위자연의 내용을 서술한 경우	상
노자와 장자만 서술한 경우	하

079

(가) 황제는 한 무제이다. 한 무제는 남월(남비엣)과 고조선을 정복
하였고, 흉노를 고비 사막 이북으로 몰아내었다.

채점 기준	수준
남월과 고조선 정복을 모두 서술한 경우	상
위 내용 중 한 가지만 서술된 경우	하

적중 1등급 문제 ● 19쪽

081 ⑤　**082** ④　**083** ②　**084** ①

081 춘추 전국 시대의 상황

1등급 자료 분석　묵가와 유가의 주장

- 만약 사람들이 서로 사랑하도록 한다면, 나라와 나라는 공격할 일이 없고
  묵가의 주요 주장이다.
  도둑이나 상해도 없어지며 군신, 부자 모두가 공경심이 깊어질 것이다.
- 힘으로써 남을 복종하게 하면 마음으로부터 복종하는 것이 아니라, 힘이
  부족하여 복종하는 것이 된다. 덕으로써 남을 복종하게 하면 마음으로 기
  뻐하며 진정으로 복종하게 된다.　유가의 덕치를 의미한다.

자료는 춘추 전국 시대에 등장한 제자백가 중 묵가와 유가의 주장
이다. 춘추 전국 시대에는 철제 농기구 사용과 우경의 시작으로
농업 생산력이 증대되었고, 상공업이 발달하면서 도전과 포전 등
여러 종류의 화폐가 사용되었다. 또한 철제 무기가 사용되면서 전
쟁의 양상이 전차 중심에서 보병과 기병 중심으로 바뀌었다.

바로잡기　ㄱ, ㄴ. 당대에는 광저우에 시박사가 설치되었으며, 상인들의 조
합인 행이 출현하였다.

선택지 더 보기

ㅁ. 우경이 시작되었다.	(	○)
ㅂ. 제자백가가 등장하였다.	(	○)
ㅅ. 윈강, 룽먼 등지에 석굴 사원을 조성하였다.	(	×)

082 흉노의 발전

1등급 자료 분석　백등산 전투

고제(고조)가 몸소 군사를 이끌고 출전하여 ┌─(가)─┐ 을/를 공격하였으
나,…… └─(가)─┘ 의 선우 묵특이 40만 기병을 이끌고 고제를 백등산으로
흉노의 군주를 '선우'라고 불렀다.
몰아넣어 포위하였다. …… 고제가 사람을 보내 선우의 부인에게 많은 선물
을 주자 …… 포위망 한 곳을 풀어주었다. …… 고제는 돌아간 후에 유경을
사신으로 보내 화친 조약을 맺도록 하였다.
한은 흉노에 각종 물품을 바치고 화친을 맺었다.

(가)는 흉노이다. 진시황제는 흉노를 북쪽으로 몰아내고 북방 민족
을 막기 위해 만리장성을 쌓았다.

바로잡기　① 한 무제가 남월을 정복하였다. ② 부병제는 수·당대에 실시
되었다. ③ 주는 견융의 침입을 받아 호경에서 낙읍(뤄양)으로 천도하였다.
⑤ 윈강, 룽먼 석굴 사원은 북조에서 조성하였다.

083 위진 남북조의 문화

1등급 자료 분석　「귀거래사」 – 도연명이 관리를 그만두며 남긴 시이다.

돌아가련다 / 세상 사람과 교류를 끊고 / 세상과 나는 서로 잊고 말지니 / 다
시 한번 관리가 되어도 거기 무슨 구할 것이 있으리오. / 친척과 정겨운 이야
당시 지식인의 현실 도피적인 경향이 나타나 있다.
기를 나누며 기뻐하고 / 거문고와 책을 즐기며 시름을 지우련다. ……

도연명이 쓴 「귀거래사」는 남북조 시대 남조의 정치적 혼란 상황
에서 유행하였던 노장사상과 청담이 반영되어 있다.

바로잡기　① 수가 9품중정제를 폐지하고 과거제를 실시하였다. ③ 당삼채
는 당대 서역과의 교류를 보여 준다. ④ 사마천과 반고는 각각 전한과 후한
대에 역사서인 『사기』와 『한서』를 집필하였다. ⑤ 대진 경교 유행 중국비는
당대에 네스토리우스교(종교)가 유행하였음을 보여 준다.

084 나라 시대

1등급 자료 분석　도다이사

이곳은 도다이사 대불전입니다. 이 대불전은 에도 시대에 재건된 것으로 대
도다이사는 8세기 중엽에 건립되었다. 일본에서는 율령 체제를 토대로 중앙 집권 체제가 강화
되면서 도다이사와 같은 대규모 사찰이 건립되었다.
불전 안에는 높이가 약 15m에 달하는 대불이 있습니다. 대불전과 대불은 이
시대의 대표적인 문화유산입니다.

밑줄 친 '이 시대'는 일본의 나라 시대이다. 나라 시대에는 중앙
집권 체제가 강화되면서 도다이사와 같은 대규모 사찰이 건립되
었다. 이 시기에는 고대 일본 역사와 신화를 정리한 『고사기』, 『일
본서기』와 일본의 고전 시가를 엮은 『만엽집』이 편찬되었다.

바로잡기　ㄷ. 『겐지 이야기』는 헤이안 시대에 가나로 쓰인 문학 작품이다.
ㄹ. 4~5세기 야마토 정권 시기에는 전방후원분이 많이 축조되었다.

03 인도·서아시아 세계의 형성과 발전

기본 기출 문제 ● 21쪽

핵심 개념 문제

085 불교　**086** 간다라 양식　　**087** 다리우스 1세　**088** ○
089 ×　**090** ×　**091** ㉠　**092** ㉢　**093** ㉠　**094** ㉣
095 ㄷ　**096** ㄴ　**097** ㄱ

098 ②　**099** ②　**100** ①

098

기원전 6세기경 고타마 싯다르타는 불교를 창시하였고, 바르다마
나(마하비라)는 자이나교를 창시하였다.

바로잡기　마니교는 사산 왕조 페르시아에서 창시되었다. 조로아스터교는
다리우스 1세의 후원으로 확산되었고, 사산 왕조 페르시아의 국교가 되었다.

099

밑줄 친 '왕조'는 굽타 왕조이다. 찬드라굽타 2세는 벵골만을 차지하고 북인도를 통일하였으며 정치를 안정시키는 등 굽타 왕조의 전성기를 이끌었다.

바로잡기 ① 칼링가 왕국은 마우리아 왕조의 아소카왕이 무너뜨렸다. ③ 산치 대탑은 아소카왕이 건립하였다. ④ 모헨조다로 유적은 인도 문명의 문화유산이다. ⑤ 카니슈카왕은 쿠샨 왕조의 전성기를 이끌었다.

100

기원전 7세기 아시리아는 철제 무기와 기마병을 앞세워 서아시아의 상당 부분을 통일하였다. 하지만 정복지에 대한 가혹한 통치 정책에 반발한 피정복민의 반란이 이어지며 멸망하였다.

 **기출 문제** ● 22쪽 ~ 24쪽

| 101 ④ | 102 ① | 103 ③ | 104 ④ | 105 ④ | 106 ① |
| 107 ③ | 108 ⑤ | 109 ① | 110 ② | | |

1등급을 향한 서답형 문제

111 산치 대탑　**112** **예시 답안** 산치 대탑이 건설된 시기에는 상좌부 불교가 유행하였다. 상좌부 불교는 개인의 해탈을 강조하였다.
113 간다라 양식　**114** **예시 답안** 간다라 양식의 불상은 신의 모습을 조각하는 그리스 문화의 영향을 받아 곱슬머리, 오똑한 코, 섬세한 옷 주름 등을 특징으로 한다.

101

열반과 해탈은 불교의 주요 교리 중 하나이다. 불교를 창시한 고타마 싯다르타는 욕심을 버리고 올바르게 수행하면 깨달음을 얻어 해탈할 수 있다고 주장하였다.

바로잡기 ① 제자백가는 춘추 전국 시대에 등장하였다. ② 불교는 브라만교를 비판하며 등장하였다. ③ 천명사상은 중국의 주가 내세운 통치 이념이다. ⑤ 조로아스터교는 유대교, 크리스트교, 이슬람교 등에 영향을 끼쳤다.

102

(개) 왕조는 마우리아 왕조이다. 마우리아 왕조의 아소카왕은 동부의 칼링가 왕국을 정복하여 영토를 확장하였다. 마우리아 왕조 시기에는 상좌부 불교가 발전하였다.

바로잡기 ㄷ. 엘롤라 석굴 사원은 굽타 왕조의 대표적인 문화유산이다. ㄹ. 중국 북조의 여러 왕조는 윈강과 룽먼 지역에 석굴 사원을 지었다.

103

자료는 쿠샨 왕조에 대한 것이다. 쿠샨 왕조는 2세기 중엽 카니슈카왕 때 전성기를 누렸으며, 쿠샨 왕조 시기에는 중생 구제를 강조하는 대승 불교가 발전하였다.

바로잡기 ㄱ. 굽타 왕조는 5세기 중엽 에프탈의 침략으로 쇠퇴하였다. ㄹ. 고대 인도의 아리아인은 『베다』를 만들고 복잡한 종교 의식을 발전시켰다.

104

(개) 왕조는 굽타 왕조이다. 굽타 왕조는 찬드라굽타 2세 때 북인도를 통일하여 최대 영토를 차지하고 전성기를 누렸다. 또한 굽타 왕조는 산스크리트어를 공용어로 사용하였다.

바로잡기 ㄱ. 청동기 문명을 바탕으로 인도 문명이 발전하였다. ㄷ. 중국의 수가 남북을 연결하는 대운하를 건설하였다.

105

굽타 왕조 시기에는 브라만교를 바탕으로 불교 및 다양한 민간 신앙이 융합된 힌두교가 발전하였다. 힌두교에서는 브라흐마, 비슈누, 시바를 각각 우주의 창조, 유지, 파괴의 신으로 숭배하였다.

바로잡기 ① 훈고학은 당대의 『오경정의』의 편찬으로 집대성되었다. ② 고대 인도 문명에 해당한다. ③ 일본 야마토 정권 시기에 전방후원분이 조성되었다. ⑤ 찬드라굽타 마우리아는 마우리아 왕조를 수립하였다.

106

밑줄 친 '이 양식'은 인도 고유의 특색을 강조한 굽타 양식이다. 굽타 양식은 옷맵시의 표현에서 옷 주름의 선을 완전히 생략하고 인체의 윤곽을 그대로 드러내는 것이 특징으로 아잔타 석굴과 엘롤라 석굴의 불상 및 조각 등에서 확인할 수 있다.

바로잡기 ㄷ. 헬레니즘 문화의 형성은 굽타 양식 등장보다 먼저 이루어졌다. ㄹ. 이슬람 세력의 인도 진출 이후에 나타난 인도·이슬람 문화이다.

107

(개) 왕조는 아케메네스 왕조 페르시아이다. 다리우스 1세 때 전성기를 맞이한 아케메네스 왕조 페르시아는 아람어 등을 공용어로 사용하였다.

바로잡기 ① 사산 왕조 페르시아 등이 비잔티움 제국과 대립하였다. ② 파르티아 등은 로마와의 대립으로 쇠퇴하였다. ④ 굽타 왕조 시기 엘롤라 석굴 사원이 조성되었다. ⑤ 사산 왕조 페르시아는 아케메네스 왕조 페르시아의 부흥을 내세웠다.

108

조로아스터교는 광명의 신 아후라 마즈다를 숭배하였다. 따라서 밑줄 친 ㉠과 관련 있는 종교는 조로아스터교이다. 조로아스터교는 사산 왕조 페르시아의 국교가 되었고, 크리스트교와 이슬람교의 교리에 영향을 끼쳤다.

바로잡기 ㄱ. 카스트제는 인도에서 성립하였다. ㄴ. 『마누 법전』은 카스트제를 비롯한 각종 의례와 관습을 기록하였다.

1등급 정리 노트 아케메네스 왕조 페르시아와 사산 왕조 페르시아

	아케메네스 왕조 페르시아	사산 왕조 페르시아
발전	총독·감찰관 파견, 도로 조성	중계 무역으로 번성
종교	조로아스터교 후원	조로아스터교 국교화
멸망	알렉산드로스의 침공	이슬람 세력의 침공

109

㈎ 왕조는 사산 왕조 페르시아이다. 사산 왕조 페르시아에서는 조로아스터교에 외래 종교가 융합된 마니교가 창시되었다.

바로잡기 ② '왕의 귀'로 불리는 감찰관은 아케메네스 왕조 페르시아의 다리우스 1세가 파견하였다. ③ 『오경정의』는 당 태종 때 편찬되었다. ④ 페르세폴리스는 다리우스 1세 때 조성된 아케메네스 왕조 페르시아의 수도였다. ⑤ 알렉산드로스는 아케메네스 왕조 페르시아를 멸망시켰다.

110

이슬람교를 창시한 무함마드는 메카 지배 세력의 탄압을 피해 메디나로 피신하였고(헤지라, 622), 이후 교세를 확장하여 메카를 탈환하였다.

바로잡기 ① 칼리프는 무함마드가 사망한 이후에 선출되었다. ③ 기원전 6세기 아케메네스 왕조 페르시아의 다리우스 1세가 '왕의 길'로 불리는 도로를 건설하였다. ④ 파르티아는 기원전 3세기 이란 계통의 민족이 수립하였다. ⑤ 사산 왕조 페르시아는 무함마드 사후 이슬람 세력에게 멸망하였다.

111

자료는 아소카왕이 건설한 산치 대탑이다.

112

채점 기준	수준
산치 대탑이 건설된 시기 상좌부 불교가 유행하였다는 것과 개인의 해탈을 강조하였다는 내용을 서술한 경우	상
위 내용을 서술하지 못한 경우	하

113

간다라 양식은 인도 문화와 헬레니즘 문화가 융합되어 형성되었다.

114

채점 기준	수준
간다라 양식의 불상이 그리스 문화의 영향을 받아 곱슬머리, 오똑한 코, 섬세한 옷 주름 등의 특징을 가졌다고 서술한 경우	상
위 내용을 서술하지 못한 경우	하

적중 1등급 문제 ────────── ● 25쪽

115 ②　　**116** ④　　**117** ④　　**118** ②

115　아소카왕의 활동

아소카왕은 인도 대부분 지역을 차지하였다.
이 대지 위에 높은 석주가 우뚝 솟아 있다. 이 석주에는 위대한 통치자가 정
아소카왕이 세운 석주이다. 석주에는 불교의 가르침이 새겨져 있다.
복 활동을 통해 그 명성이 전 세계에 아우르게 되었다고 기록되어 있다.

밑줄 친 '통치자'는 마우리아 왕조의 아소카왕이다. 아소카왕은 산치 대탑을 건립하였고, 칼링가 왕국을 정복하였다.

바로잡기 ㄴ. 대승 불교는 쿠샨 왕조의 지원을 받았다. 마우리아 왕조는 상좌부 불교를 후원하였다. ㄹ. 비슈누는 힌두교의 신으로, 굽타 왕조의 여러 왕은 자신을 비슈누에 비유하면서 왕의 권위를 높였다.

116　쿠샨 왕조

㈎ 왕조는 쿠샨 왕조이다. 카니슈카왕 때 전성기를 누린 쿠샨 왕조는 로마, 서아시아, 중국을 잇는 중계 무역으로 번성하였다.

바로잡기 ①, ③, ⑤ 아케메네스 왕조 페르시아에 해당한다. ② 벵골만은 갠지스강 동쪽에 위치한 곳으로, 쿠샨 왕조는 이 지역을 차지하지 못하였다.

117　굽타 왕조의 문화

• 주제: (가)의 대표적인 문화유산 조사하기
• 조사 대상: 아잔타 석굴 사원
• 이유: 인체의 윤곽을 드러낸 벽화 등 인도 고유의 색채를 보여 준다.
　아잔타 석굴 벽화 중 제1석굴 연화수 보살은 옷 주름 선을 생략하고 인체의 윤곽을 드러내는 인도 고유의 특징이 잘 나타나 있다.

㈎ 왕조는 굽타 왕조이다. 굽타 왕조 시기 조성된 아잔타 석굴 사원은 굽타 양식이 나타나 있는 대표적인 문화유산이다. ㄴ, ㄹ. 굽타 왕조 시기 0과 10진법이 사용되었고, 원주율을 이용한 지구 둘레 계산이 이루어지는 등 자연 과학도 발달하였다.

바로잡기 ㄱ. 자이나교는 기원전 6세기경에 창시되었다. ㄷ. 아케메네스 왕조 페르시아에 해당한다.

118　사산 왕조 페르시아

에데사 전투(260)에서 샤푸르 1세는 로마 제국의 황제를 포로로 사로잡는
　사산 왕조 페르시아의 전성기를 이끈 왕
큰 성과를 거두었다. 그는 파르티아를 무너뜨리고 로마 제국을 압박하는 계기를 마련한 아르다시르 1세의 아들로, 왕조의 전성기를 이룩하는 데 기여하였다.

밑줄 친 '왕조'는 사산 왕조 페르시아이다. 아케메네스 왕조 페르시아의 부흥을 내걸고 수립된 사산 왕조 페르시아는 로마 제국과 지속적으로 충돌하면서도, 동서 교역의 요충지를 장악하고 중계 무역으로 번영하였다.

바로잡기 ① 정통 칼리프 시대에는 선출된 칼리프가 이슬람 공동체의 지배자 역할을 하였다. ③ 파르티아는 이란 계통의 유목민이 건국하였다. ④ 아케메네스 왕조 페르시아는 아테네 등 그리스 세계와 벌인 전쟁에서 패배하며 쇠퇴하였다. ⑤ 아시리아는 피지배 민족을 강압적으로 통치하였다.

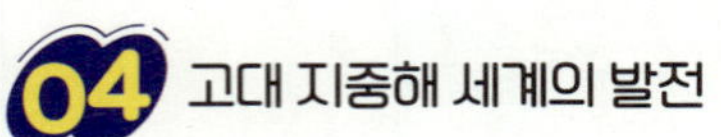

선택지 더 보기

ㅁ. 그리스 세계를 침공하였어요. (×)
ㅂ. 알렉산드리아를 건설하였어요. (×)
ㅅ. 비잔티움 제국과 대립하였어요. (○)

04 고대 지중해 세계의 발전

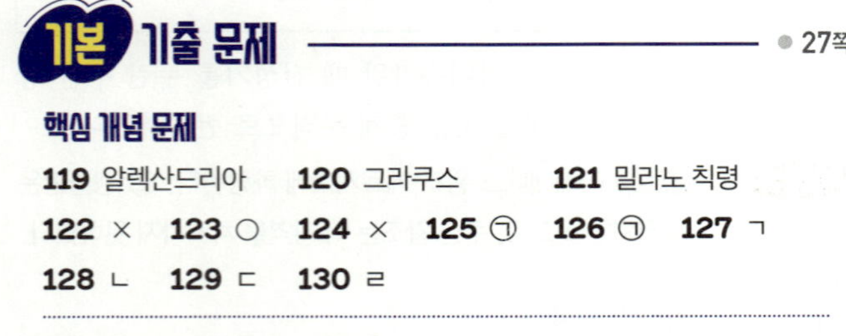

기본 기출 문제 • 27쪽

핵심 개념 문제

119 알렉산드리아 **120** 그라쿠스 **121** 밀라노 칙령
122 × **123** ○ **124** × **125** ㉠ **126** ㉠ **127** ㄱ
128 ㄴ **129** ㄷ **130** ㄹ

131 ③ **132** ④ **133** ③

131

㈎ 국가는 아테네이다. 아테네의 클레이스테네스는 500인 평의회를 조직하여 민주정의 토대를 마련하였다.

바로잡기 ① 쿠시 문명은 나일강 상류에서 등장하였다. ② 호르텐시우스법은 로마의 공화정 발전 과정에서 제정되었다. ④ 콘스탄티노폴리스는 로마의 콘스탄티누스 대제가 건설하였다. ⑤ 지구라트는 메소포타미아 문명의 문화유산이다.

132

㈎ 인물은 알렉산드로스이다. 알렉산드로스의 동방 원정으로 유럽, 아시아, 아프리카에 걸친 제국이 형성되었다. 또한 그는 정복지 곳곳에 자신의 이름을 딴 도시인 알렉산드리아를 건설하였다.

바로잡기 ① 아테네는 조화와 균형의 미를 강조한 파르테논 신전을 건설하였다. ② 사산 왕조 페르시아에 해당한다. ③ 스파르타에 해당한다. ⑤ 알렉산드로스는 동방의 전제 군주제를 도입하였다.

133

로마 공화정 말기 제1차 삼두 정치가 전개되었다. 5현제는 제정 성립 후 로마의 평화 시대를 이끈 다섯 황제이다. 따라서 ㈎에는 로마 제정 성립과 제정 초기의 사실이 들어가야 한다. ③ 옥타비아누스는 원로원으로부터 아우구스투스 칭호를 받고 사실상의 황제가 되었다.

바로잡기 ① 4세기 말 테오도시우스 1세 사망 이후 로마 제국은 동서로 분열되었다. ② 4세기 말 테오도시우스 1세 때 크리스트교는 로마의 국교가 되었다. ④ 3세기 말 디오클레티아누스 황제가 제국을 넷으로 분할하였다. ⑤ 콘스탄티누스 대제는 수도를 콘스탄티노폴리스로 옮겼다.

실력 기출 문제 • 28쪽 ~ 30쪽

134 ④ **135** ③ **136** ① **137** ② **138** ④ **139** ②
140 ④ **141** ④ **142** ② **143** ④

1등급을 향한 서답형 문제

144 클레이스테네스 **145** 예시 답안 클레이스테네스는 부족제를 혈연 중심에서 거주지 중심으로 개편하고, 500인 평의회를 설치하였다.
146 콘스탄티누스 대제 **147** 예시 답안 콘스탄티누스 대제는 수도를 콘스탄티노폴리스로 옮겼다. 또한 밀라노 칙령을 통해 크리스트교를 공인하였다.

134

고대 그리스의 폴리스에는 종교와 군사의 거점인 아크로폴리스와 집회와 상거래가 이루어지는 아고라가 있었다.

바로잡기 그리스인들은 자신들을 '헬레네스'라고 칭하며 다른 민족과 구별하였다.

135

아테네에서는 기원전 6세기 초 솔론이 재산 정도에 따라 정치 참여에 차등을 두는 방안을 추진하였다. 이후 페이시스트라토스 등의 참주가 권력을 장악하였다. 기원전 6세기 후반에는 클레이스테네스가 부족제를 혈연 중심에서 거주지 중심으로 개편하였다.

바로잡기 ㄱ. 12표법은 로마 공화정의 발전 과정에서 제정되었다. ㄹ. 로마 공화정에서 제정한 호르텐시우스법의 내용이다.

1등급 정리 노트 아테네 민주정의 발전

솔론	재산 정도에 따라 시민의 정치 참여에 차등
클레이스테네스	부족제를 혈연 중심에서 거주지 중심으로 개편 → 500인 평의회 설치, 도편 추방제 시행
페리클레스	관직과 배심원직 추첨제, 공무 수당제 시행

136

㈎ 국가는 스파르타이다. 스파르타는 피정복민을 예속 농민(헤일로타이)으로 삼았고, 남성 시민들은 군사 훈련을 받으며 통제된 집단생활을 하였다.

바로잡기 ㄷ. 도편 추방제는 그리스에서 실시한 제도로 참주가 될 가능성이 있는 사람을 시민들의 다수결로 추방하는 제도였다. ㄹ. 파르테논 신전은 아테네에서 건설하였다.

137

밑줄 친 '그'는 알렉산드로스이다. 알렉산드로스는 페르시아와 그리스인들의 혼인을 장려하였고, 동방의 전제 군주제를 도입하였다.

바로잡기 ㄴ. 3세기 말 로마의 디오클레티아누스 황제가 제국을 넷으로 분할하였다. ㄹ. 스파르타는 펠로폰네소스 전쟁의 승리로 그리스 세계의 패권을 장악하였다.

138

자료는 「밀로의 비너스상」과 「라오콘 군상」으로 헬레니즘 문화를 대표하는 문화유산이다.

바로잡기 ① 미라, 「사자의 서」 등을 통해 살펴볼 수 있다. ② 간다라 양식은 동아시아 지역으로 전파되었다. ③ 조로아스터교는 서아시아 지역에서 등장하였다. ⑤ 소피스트는 진리의 상대성과 주관성을 강조하였다.

139

자료는 로마 공화정의 구조를 도식화한 것이다. (가) 집정관은 군사와 행정을 담당하였고, (나) 평민의 요구에 따라 설치된 호민관은 평민회를 주관하였다.

바로잡기 참주는 고대 그리스에서 비합법적으로 정권을 장악하여 독재권을 행사한 지배자를 말하며, '프린켑스'는 아우구스투스가 사용한 칭호로 제1시민이라는 의미이다.

140

자료의 한니발과 스키피오는 로마-카르타고 전쟁과 관련된 인물이다. 로마는 카르타고와의 세 차례에 걸친 전쟁에서 승리하여 서지중해의 패권을 차지하게 되었다.

바로잡기 ① 리키니우스법은 로마-카르타고 전쟁 이전에 제정되었다. ② 아케메네스 왕조 페르시아는 알렉산드로스에 의해 멸망하였다. ③ 스파르타는 펠로폰네소스 전쟁에서 승리하여 그리스 세계의 패권을 장악하였다. ⑤ 델로스 동맹과 펠로폰네소스 동맹의 대립으로 펠로폰네소스 전쟁이 일어났다.

141

로마-카르타고 전쟁 이후 라티푼디움의 확산과 사회 불안이 심화되는 상황에서 기원전 2세기 후반 호민관이 된 티베리우스 그라쿠스는 농지법 제정으로 자영농을 육성하려 하였으며, 그의 동생 가이우스 그라쿠스는 곡물법을 통해 빈민층을 부양하려 하였다.

바로잡기 ① 콘스탄티누스 대제에 해당한다. ② 카이사르에 해당한다. ③ 그라쿠스 형제는 호민관의 자리에서 개혁을 추진하였다. ⑤ 바빌로니아 왕국의 함무라비왕은 보복주의의 성격이 강한 함무라비 법전을 편찬하였다.

142

로마는 군인 황제 시대 이후 반란과 이민족의 침입, 중산층 자유 시민의 몰락, 콜로나투스의 확산 속에서 위기를 맞이하였다. 이에 3세기 말 디오클레티아누스 황제가 각종 개혁을 추진하였다.

바로잡기 ㄴ. 카이사르는 로마 공화정의 제1차 삼두 정치를 이끈 인물이다. ㄹ. 스파르타쿠스의 반란은 로마 공화정 시기에 일어났다.

143

(가) 국가는 로마이다. 로마는 제국의 통치에 필요한 법률, 건축, 토목과 같은 실용적인 문화를 발전시켰다.

바로잡기 ④ 그리스의 소피스트는 진리의 상대성과 주관성을 강조하였다.

144

자료는 기원전 6세기 후반 아테네의 클레이스테네스가 추진한 개혁에 대한 내용이다.

145

채점 기준	수준
부족제를 혈연 중심에서 거주지 중심으로 개편하였다는 것과 500인 평의회 설치를 모두 서술한 경우	상
위 내용 중 한 가지만 서술한 경우	하

146

콘스탄티누스 대제는 니케아 공의회를 열어 아타나시우스파를 정통으로 규정하였다.

147

채점 기준	수준
콘스탄티누스 대제의 콘스탄티노폴리스 건설 및 천도와 밀라노 칙령 발표를 모두 서술한 경우	상
위 내용 중 한 가지만 서술한 경우	하

적중 **1등급 문제** ● 31쪽

148 ⑤　149 ④　150 ①　151 ③

148 아테네의 발전

1등급 자료 분석　아테네의 민주정

많은 사람은 공유지 분배와 공무 수당제를 도입으로 가난한 시민도 정치적 권한을 행사하여 부정적 습성에 젖어 들었다고 비판합니다. 평소에 검소하고 자급자족하던 ［ (가) ］의 시민이 이러한 공적인 조치 때문에 거리낌 없이 사치스러운 풍조에 빠졌다고 합니다.

(밑줄 주석) 페리클레스가 실시한 제도이다. 이 시기 아테네는 민주 정치의 전성기를 맞았다.

(가) 국가는 아테네이다. 아테네의 소크라테스는 소피스트들의 주장을 비판하며 진리의 보편성과 절대성을 주장하였다.

바로잡기 ①, ② 스파르타에 해당한다. ③ 펠로폰네소스 동맹은 스파르타가 이끌었다. ④ 알렉산드로스 제국에 해당한다.

149 그리스·페르시아 전쟁

헤로도토스는 고대 그리스의 대표적인 역사가이다. 어린 시절 일가족과 함께 사모스섬에 망명하였다가 아테네로 가서 살았다. 이때 페리클레스, 소포클레스 등과 친교를 맺었다. 그는 　(가)　 전쟁을 다룬 역사서를 집필하였는데, 다리우스 1세의 아들이 가진 오만함에서 이 전쟁이 비롯되었다고 보았다. 그리스·페르시아 전쟁을 의미한다. 헤로도토스가 이 전쟁을 다룬 『역사』를 저술하였다.

(가) 전쟁은 기원전 5세기 말 벌어진 그리스·페르시아 전쟁이다. 그리스 세계는 마라톤 전투와 살라미스 해전 등에서 승리하여 아케메네스 왕조 페르시아의 침략을 막아냈다.

바로잡기 ㄱ. 알렉산드로스는 기원전 4세기 그리스 세계를 장악하였다. ㄷ. 페이시스트라토스는 기원전 6세기의 참주이다.

150 헬레니즘 문화의 영향

○○○○ 미술에서는 현실적인 아름다움이 중시되었습니다. 특히 「라오콘 군상」과 「밀로의 비너스상」은 인간의 육체와 감정을 사실적으로 표현하여 헬레니즘 문화를 대표하는 문화유산이다.
현실적인 미와 관능적 아름다움을 보여 줍니다. 이러한 미술 양식은 북인도로 전파되어 　(가)　 간다라 지역을 의미한다.

자료는 헬레니즘 미술에 대한 설명이다. 북인도로 전파된 헬레니즘 미술 양식은 인도 문화와 융합하여 간다라 양식의 탄생에 영향을 주었다.

바로잡기 ② 안정과 만족을 추구한 에피쿠로스학파는 헬레니즘 시대에 등장하였다. ③ 판테온 신전은 로마에서 건설되었다. ④ 산치 대탑은 아소카왕 때 건설된 불탑이다. ⑤ 자이나교는 기원전 6세기에 창시되었다.

151 로마 제정의 시작

　(가)　 을/를 파라오로 표현한 부조입니다. 악티움 해전에서 승리한 옥타비아누스는 이집트의 클레오파트라와 연합한 안토니우스의 군대를 악티움 해전에서 격파하였다.

　(가)　 은/는 자신이 클레오파트라를 대신하여 이집트의 지배자가 되었음을 알렸습니다.

(가) 인물은 옥타비아누스이다. 옥타비아누스는 원로원으로부터 아우구스투스라는 칭호를 받고 군사 통수권과 재정권 등을 장악하여 황제와 같은 권한을 행사하였다. 이후 로마에서는 사실상 제정이 시작되었다.

바로잡기 ① 그라쿠스 형제에 해당한다. ② 디오클레티아누스 황제에 해당한다. ④ 테오도시우스 1세에 해당한다. ⑤ 로마 제정 이전의 사실이다.

⑥ 밀라노 칙령을 발표하였다. 　(×)
⑦ 니케아 공의회를 개최하였다. 　(×)
⑧ '프린켑스'라는 칭호를 사용하였다. 　(○)

05 유럽 세계의 형성과 동요

기본 기출 문제　　　　　　　　　● 33쪽~34쪽

핵심 개념 문제

152 프랑크 왕국		**153** 장원제		**154** 보름스 협약	
155 ○	**156** ×	**157** ○	**158** ㉠	**159** ㉡	**160** ㉢
161 ㉠	**162** ㉡	**163** ㉡	**164** ㄴ	**165** ㄹ	**166** ㄱ
167 ③	**168** ②	**169** ③	**170** ③	**171** ③	**172** ②
173 ③					

167

밑줄 친 '국왕'은 프랑크 왕국의 카롤루스 대제이다. 카롤루스 대제는 문예 부흥에 힘써 카롤루스 르네상스를 일으켰고 교황 레오 3세는 그를 서로마 황제로 대관하였다.

바로잡기 ① 비잔티움 제국의 레오 3세, ② 피핀, ④ 아테네 등 그리스 세계, ⑤ 로마에 대한 설명이다.

168

자료는 중세 서유럽에서 주군과 봉신 사이에 이루어진 주종제에 대한 기록이다. 주종제에서는 국왕과 제후, 제후와 기사 사이에 토지를 매개로 주종 관계가 형성되었다.

바로잡기 ① 고대 그리스에서 도시 국가인 폴리스가 등장하였다. ③ 중국의 주는 천명사상과 덕치주의를 강조하였다. ④ 고대 그리스인은 올림피아 제전을 개최하여 공동체의 결속을 다졌다. ⑤ 고대 아테네나 로마에서 평민층이 중장 보병으로 활약하면서 정치 권리의 확대를 요구하였다.

169

자료는 1122년 체결된 보름스 협약이다. 보름스 협약의 체결로 교황이 성직자의 서임권을 갖게 되었다.

바로잡기 성상 숭배 금지령은 726년, 동서 교회의 분열은 1054년, 카노사의 굴욕은 1077년, 아비뇽 유수 단행은 1309년, 콘스탄츠 공의회 개최는 1414년, 비잔티움 제국 멸망은 1453년의 사실이다.

170

밑줄 친 '이 양식'은 고딕 양식이다. 고딕 양식은 첨탑과 스테인드글라스를 특징으로 하는 건축 양식으로 프랑스의 샤르트르 대성당 등이 대표적이다.

바로잡기 ① 이탈리아의 판테온 신전, ② 사우디아라비아의 카바 신전, ④ 우크라이나의 성 소피아 성당, ⑤ 지구라트이다.

171

(가) 제국은 비잔티움 제국이다. 비잔티움 제국은 유스티니아누스 대제 사후 군사력 강화와 자영농 육성을 위해 군관구제와 둔전병제를 실시하였다.

 ① 알렉산드로스가 가우가멜라 전투에서 아케메네스 왕조 페르시아를 물리쳤다. ② 헬레니즘 문화의 영향으로 북인도에서 간다라 양식이 발달하였다. ④ 알렉산드로스가 정복지에 알렉산드리아를 건설하였다. ⑤ 10세기 초 클뤼니 수도원을 중심으로 교회 개혁 운동이 전개되었다.

172

11세기 후반 셀주크 튀르크가 비잔티움 제국을 위협하자 비잔티움 제국의 황제는 교황에게 도움을 요청하였다. 교황이 성지 회복을 위한 전쟁을 호소하면서 십자군 전쟁이 일어났다.

 ① 파르티아는 사산 왕조 페르시아에 의해 멸망하였다. ③ 알렉산드로스 제국은 알렉산드로스 사후 분열되어 로마에 정복되었다. ④ 사산 왕조 페르시아는 이슬람 세력의 침공으로 멸망하였다. ⑤ 아케메네스 왕조 페르시아는 알렉산드로스의 침공으로 멸망하였다.

173

페트라르카와 보카치오 등은 이탈리아의 르네상스를 대표하는 예술가이다. 이탈리아의 르네상스는 인문주의를 바탕으로 인간의 개성과 감정을 중시하였다.

 ① 스토아학파는 헬레니즘 시대에 등장하였다. ② 14세기 초 아비뇽 유수 이후 교회의 대분열 시대가 전개되었다. ④ 알렉산드로스의 동방 원정으로 헬레니즘 문화가 발달하였다. ⑤ 그리스는 폴리스를 중심으로 인간 중심의 합리적인 문화를 발전시켰다.

실력 기출 문제
● 35쪽 ~ 38쪽

174 ⑤　**175** ④　**176** ①　**177** ①　**178** ①　**179** ③
180 ②　**181** ③　**182** ②　**183** ②　**184** ⑤　**185** ①
186 ⑤　**187** ③　**188** ④

1등급을 향한 서답형 문제

189 흑사병　　**190** 예시 답안 14세기 중엽 흑사병의 창궐로 인구가 급감하고, 노동력이 줄어들자 영주들은 농민의 처우를 개선해 주었다. 그 결과 농노 신분에서 해방되는 사람들이 늘어나고 자영농이 증가하면서 장원이 점차 해체되었다.

191 십자군　　**192** 예시 답안 장기간 십자군 원정에 참여한 제후와 기사가 몰락하면서 왕권이 강화되고 교황권이 약화되었으며, 동방과의 교류로 이탈리아 도시가 번영하였다. 또한 이슬람 문화와 비잔티움 문화가 유입되며 서유럽의 문화가 발전하였다.

174

자료는 프랑크 왕국의 발전에 대한 것이다. 프랑크 왕국은 카롤루스 왕조의 카롤루스 대제 때 전성기를 맞이하여 서로마 제국 영토의 상당 부분을 회복하였다.

 ㄱ. 키릴 문자는 러시아 등 동유럽에서 사용되었다. ㄴ. 비잔티움 제국에 해당한다.

175

(가) 인물은 카롤루스 마르텔이다. 그는 투르·푸아티에 전투에서 이슬람 세력의 침입을 격퇴하였다.

 ① 오도아케르에 해당한다. ② 카롤루스 대제 사후 프랑크 왕국은 베르됭 조약과 메르센 조약으로 분열되었다. ③ 아케메네스 왕조 페르시아에 해당한다. ⑤ 피핀에 해당한다.

176

중세 서유럽의 봉신이 받은 봉토는 촌락의 형태로 장원을 이루었고, 장원의 경작지는 삼포제로 운영되었다.

 ② 주군이 봉신에게 봉토를 수여하고 봉신은 주군에게 충성을 맹세하면서 주종제가 성립하였다. ③ 로마가 쇠퇴하면서 콜로나투스가 확산되었다. ④ 로마의 유력자들은 대토지를 소유하며 노예 노동을 이용한 대농장(라티푼디움)을 경영하였다. ⑤ 그리스의 폴리스는 시가지 언덕에 요새를 만들고 종교와 군사의 거점인 아크로폴리스로 삼았다.

177

(가) 칙령은 성상 숭배 금지령이다. 8세기 전반 비잔티움 제국의 레오 3세가 성상 숭배 금지령을 내리자, 게르만족에게 포교하기 위해 성상이 필요하였던 로마 교회가 이를 거부하면서 동서 교회의 대립이 격화되었고, 이후 크리스트교는 로마 가톨릭교회와 그리스 정교회로 분열하였다(1054).

 ② 보름스 협약으로 성직자 서임권을 교황이 차지하였다. ③, ④ 콘스탄티누스 대제 시기의 사실이다. ⑤ 테오도시우스 1세 시기의 사실이다.

178

(가) 황제는 하인리히 4세이다. 하인리히 4세는 성직자 서임권을 두고 교황과 대립하다가 교황에게 굴복하였다(카노사의 굴욕).

 ② 비잔티움 제국의 황제에 해당한다. ③ 카롤루스 대제, ④ 비잔티움 제국의 레오 3세, ⑤ 디오클레티아누스 황제에 해당한다.

179

(가) 아우구스티누스는 교부 철학을 대표하는 인물이며, (나) 토마스 아퀴나스는 『신학 대전』을 통해 스콜라 철학을 집대성하였다.

 소크라테스는 고대 그리스의 철학자로, 진리의 절대성과 보편성을 중시하였고 그의 철학은 플라톤과 아리스토텔레스로 이어졌다.

180

(가) 제국은 비잔티움 제국이다. 비잔티움 제국에서는 황제가 교회를 지배하는 황제 교황주의가 발달하였다.

 ① 아테네는 델로스 동맹을 주도하였다. ③ 사산 왕조 페르시아는 조로아스터교를 국교로 삼았다. ④ 이슬람 세력은 정통 칼리프 시대 때 사산 왕조 페르시아를 무너뜨렸다. ⑤ 카롤루스 왕조는 궁정 학교를 세우고 고전을 연구하는 등 카롤루스 르네상스를 일으켰다.

밑줄 친 '황제'는 비잔티움 제국의 유스티니아누스 황제이다. 유스티니아누스 황제는 이베리아반도 남부 지역을 공격하여 일부를 점령하였고, 북아프리카, 이탈리아 본토 등 옛 로마 제국 영토의 상당 부분을 회복하였다.

바로잡기 ① 클레이스테네스, ② 옥타비아누스, ④ 콘스탄티누스 대제, ⑤ 알렉산드로스에 해당한다.

182

자료는 비잔티움 양식에 대한 설명이다. 성 소피아 성당은 로마의 바실리카 양식과 페르시아의 돔 양식이 결합한 대표적인 비잔티움 양식의 건축물이다.

바로잡기 ① 볼로냐 대학, ③ 파르테논 신전, ④ 피사 대성당, ⑤ 페르세폴리스이다.

1등급 정리 노트 중세 유럽의 건축 양식

비잔티움 양식	• 특징: 외부의 웅장함 돔, 내부의 모자이크화 • 건축물: 성 소피아 성당 등
로마네스크 양식	• 특징: 두꺼운 벽, 외부의 돔, 원형의 아치 • 건축물: 피사 대성당 등
고딕 양식	• 특징: 높은 첨탑, 내부의 스테인드글라스 • 건축물: 쾰른 대성당, 샤르트르 대성당 등

183

클레르몽 공의회는 1095년에 개최되었으며, 제4차 십자군이 콘스탄티노폴리스에 라틴 제국을 수립한 것은 1204년이다. ② 제1차 십자군은 예루살렘을 탈환하고 예루살렘 왕국을 세웠다(1099).

바로잡기 ① 843년 베르됭 조약으로 프랑크 왕국은 서프랑크, 중프랑크, 동프랑크로 분열되었다. ③ 성직자 서임권을 놓고 교황과 대립하던 하인리히 4세는 교황에게 파문을 당하고 이후 굴복하였다(카노사의 굴욕, 1077). ④ 비잔티움 제국은 1453년 오스만 제국의 침공으로 멸망하였다. ⑤ 아비뇽 유수 이후 교회의 대분열 시대(1378~1417)가 전개되었다.

184

11세기 이후 ㈎ 베네치아 등 이탈리아의 지중해 연안 도시는 동방 무역으로 번성하였고, ㈏ 함부르크와 뤼베크 등 북독일 도시는 한자 동맹을 맺고 북해와 발트해 연안의 무역을 독점하였다.

바로잡기 샹파뉴 지방에서는 지중해와 북유럽의 교역권을 연결하는 정기시가 형성되었다. 파리는 중세 유럽 시장권에서 상대적으로 배제되어 있었다.

185

밑줄 친 '공의회'는 콘스탄츠 공의회이다. 콘스탄츠 공의회에서는 위클리프가 이단으로 규정되었고, 교회의 분열을 수습하기 위해 새로운 단일 교황이 선출되었다.

바로잡기 ㄷ. 보름스 협약으로 성직자에 대한 서임권을 교황이 차지하였다. ㄹ. 니케아 공의회에서는 아타나시우스파의 교리를 정통으로 인정하였다.

186

밑줄 친 ㉠은 백년 전쟁이다(1337~1453). 아비뇽 유수는 1309~1377년 사이에 전개되었다. 이 시기 영국과 프랑스는 백년 전쟁 중이었으며 전쟁 중에 영국의 와트 타일러 난, 프랑스의 자크리 난 등 농민 봉기가 일어나기도 하였다.

바로잡기 ① 헤지라는 622년에 단행되었다. ② 니케아 공의회는 325년에 개최되었다. ③ 밀라노 칙령은 313년에 발표되었다. ④ 『유스티니아누스 법전』은 6세기에 편찬되었다.

187

자료는 각각 미켈란젤로의 「피에타」와 보티첼리의 「비너스의 탄생」으로, 모두 이탈리아의 르네상스를 대표하는 작품이다.

바로잡기 ①, ② 위클리프와 후스는 성서에 기반한 신앙을 강조하였다. 콘스탄츠 공의회에서는 위클리프를 이단으로 규정하고 후스를 화형에 처하였다. ④ 도시가 성장하고 화폐 경제가 발달하면서 장원은 점차 해체되어 갔다. ⑤ 알프스 이북의 인문주의자들은 현실 사회와 교회를 비판하였다.

188

㈎ 에라스뮈스는 현실 사회와 교회를 비판하며 『우신예찬』을 저술하였고, ㈏ 토머스 모어는 『유토피아』를 저술하여 영국의 사회 현실을 고발하였다.

바로잡기 세르반테스는 『돈키호테』를 저술하였다. 마키아벨리는 『군주론』을 저술하였다.

189

밑줄 친 '역병'은 흑사병이다. 14세기 중엽 유럽에서는 흑사병의 유행으로 인구가 급감하고 노동력이 줄어들었다.

190

채점 기준	수준
노동력 감소, 농민 처우 개선, 자영농 증가, 장원 해체의 내용을 서술한 경우	상
위 내용을 서술하지 못한 경우	하

191

자료는 제4차 십자군에 대한 내용이다. 제4차 십자군은 성지 회복이라는 목적에서 벗어나 오히려 콘스탄티노폴리스를 점령하고 라틴 제국을 수립하였다.

192

채점 기준	수준
왕권이 강화되고 교황권이 약화되었다는 것, 동방과의 교류로 이탈리아 도시가 번영하였다는 것, 이슬람 문화와 비잔티움 문화가 유입되며 서유럽의 문화가 발전하였다는 내용 등 십자군 전쟁의 영향 세 가지를 서술한 경우	상
위 내용 중 두 가지만 서술한 경우	중
위 내용 중 한 가지만 서술한 경우	하

193 ①　**194** ⑤　**195** ③　**196** ④

---

193 카롤루스 대제의 활동

> **1등급 자료 분석**　카롤루스 대제의 서로마 황제 대관
>
> 교황이 프랑크 왕국의　(가)　을/를 황제로 대관하는 모습을 그린 그림입
> 　　　교황 레오 3세는 카롤루스 대제를 서로마 황제로 대관하였다.
> 니다.　(가)　는 이탈리아와 롬바르드 왕국, 지금의 독일 대부분을 정복
> 하였습니다.　　　카롤루스 대제는 서로마 제국의 영토를 상당 부분 회복하였다.

(가) 인물은 카롤루스 대제이다. 카롤루스 대제는 서로마 제국 영
토의 상당 부분을 회복하고 정복지 곳곳에 교회를 세웠으며, 궁정
학교를 세워 학문을 연구하게 하였다.

바로잡기　ㄷ. 동유럽에서는 키릴 문자로 성서를 번역하였다. ㄹ. 비잔티움
제국에 해당한다.

> **선택지 더 보기**
>
> ㅁ. 예루살렘을 정복하였다.　　　　　　　　　　(×)
> ㅂ. 베르됭 조약을 체결하였다.　　　　　　　　　(×)
> ㅅ. 카롤루스 르네상스를 일으켰다.　　　　　　　(○)

194 13세기 정세의 이해

> **1등급 자료 분석**　십자군 전쟁 이후 비잔티움 문화의 유입
>
> 제4차 십자군의 콘스탄티노폴리스 점령 이후 서유럽 지식인들은 고대 그리
> 　　　1204년 라틴 제국 수립
> 스 문헌과 직접 접촉할 수 있는 기회를 얻게 되었다. 자신을 해, 황제를 달에
> 비유했던 당시 교황은 고대 문헌의 라틴어 번역 작업을 독려하였다. 또한 플
> 　　　13세기 인노켄티우스 3세를 의미
> 랑드르의 학자 빌럼은 아퀴나스를 만나, 아랍어를 라틴어로 번역한 아리스
> 　　　　　　토마스 아퀴나스이다.
> 토텔레스의 저작물에는 오류가 많으므로 그리스어 원전을 직접 번역하여
> 연구해야 한다고 강조하였다.

자료는 13세기 제4차 십자군 전쟁 이후 서유럽에서 고대 그리스
문화 연구가 활발해진 상황에 대한 내용이다. 제4차 십자군은
1204년 라틴 제국을 수립하였다. 보름스 협약 체결은 1122년, 아
비뇽 유수는 1309년에 일어났다.

바로잡기　메르센 조약 체결은 870년, 성상 숭배 금지령 발표는 726년, 카
노사의 굴욕은 1077년, 클레르몽 공의회는 1095년의 사실이다.

195 유스티니아누스 황제의 활동

> **1등급 자료 분석**　유스티니아누스 황제에 대한 평가
>
> • 나는 황제의 명을 받아 벨리사리우스 장군의 참모로 원정에 나섰다. ……
> 대군을 이끌고 이탈리아반도, 시칠리아, 북아프리카 일대를 평정하여 오
> 랫동안 이민족의 압제에 신음하던 로마인들을 해방시켰다.
> 　　유스티니아누스 황제는 옛 로마 제국 영토의 상당 부분을 회복하여 비잔티움 제국의 전성기를 이
> 　　끌었다.
> • 지혜롭던 황제는 아첨꾼들의 농락에 넘어가 성 소피아 성당에서 유력 정치
> 　　　　　　　　　　　유스티니아누스 황제가 건립하였다.
> 인을 암살하게 하는 등 온갖 악행을 저질렀다. ……

밑줄 친 '황제'는 유스티니아누스 황제이다. 6세기 비잔티움 제국
의 전성기를 이끈 유스티니아누스 황제는 로마법을 집대성한 『유
스티니아누스 법전』을 편찬하였다.

바로잡기　① 알렉산드로스 제국, 아케메네스 왕조 페르시아 등에 해당한
다. ② 유스티니아누스 황제 사후에 마련되었다. ④ 마케도니아의 필리포
스 2세에 대한 설명이다. ⑤ 아케메네스 왕조 페르시아의 다리우스 1세에
해당한다.

196 교황권의 쇠퇴

> **1등급 자료 분석**　필리프 4세와 보니파키우스 8세의 대립
>
> 필리프 4세가 은밀히 급파한 병사들이 교황을 포박하였다. 국왕의 하수인이
> 　　　　　　　　　　보니파키우스 8세이다.
> 리옹으로 끌고 가 폐위하고 투옥하겠다고 협박하였다. …… 적들의 수중에
> 사로잡힌 교황은 수치심에 고통스러워하면서도 국왕의 요구를 수용할 수밖
> 에 없었다.　　　　　　　성직자에 대한 과세

밑줄 친 '교황'은 보니파키우스 8세이다. 14세기 초 프랑스 왕 필
리프 4세와 교황 보니파키우스 8세가 교회와 성직자에 대한 과세
문제로 충돌하였으나 결국 필리프 4세가 교황을 굴복시켰다.

바로잡기　①, ⑤ 콘스탄티누스 대제에 대한 설명이다. ② 교황 우르바누
스 2세는 클레르몽 공의회에서 성지 회복을 위한 전쟁 참여를 호소하였다.
③ 교황 그레고리우스 7세는 세속 군주의 성직자 서임을 금지하였으나 신
성 로마 제국 황제 하인리히 4세가 이를 무시하자 황제를 파문하였다.

01 현생 인류와 문명의 형성

197 ②　**198** ④　**199** ④　**200** 이집트 문명　**201** **예시 답안** 이
집트 문명은 사막과 바다로 둘러싸인 지형으로 이민족의 침입을 거의 받지 않아
오랫동안 통일 국가를 유지할 수 있었고, 안정 속에서 사후 세계에 관심을 기울
였다. 이집트인은 영혼 불멸과 사후 세계를 믿었다.

02 동아시아 세계의 문화와 종교·사상

202 ④　**203** ②　**204** ②　**205** ①　**206** 진　**207** **예시 답안** 법
가, 법가는 법률에 의한 엄격한 통치를 주장하였다.

03 인도·서아시아 세계의 형성과 발전

208 ①　**209** ③　**210** ⑤　**211** 힌두교　**212** **예시 답안** 힌
두교는 브라만교를 바탕으로 불교 및 다양한 민간 신앙이 융합된 종교이다. 힌
두교에서는 카스트에 따른 의무 수행을 중시하여 카스트제가 인도 사회에 정착
되는 데 기여하였다.

04 고대 지중해 세계의 발전

213 ② **214** ③ **215** ③ **216** ④ **217** 스파르타

218 예시답안 스파르타는 소수의 시민이 다수의 피지배층을 다스려야 했기 때문에 시민의 교육은 주로 군사 훈련에 집중되었다.

05 유럽 세계의 형성과 동요

219 ③ **220** ③ **221** ① **222** ⑤ **223** ⑤

224 셀주크 튀르크 **225** 예시답안 십자군 전쟁은 성지 회복이라는 종교적 목적에서 일어났으나 전쟁이 계속되면서 제후, 기사, 상인들이 각자의 이익을 추구하면서 세속적 목적이 부각되기 시작하였다. 제4차 십자군이 콘스탄티노폴리스를 점령하고 라틴 제국을 수립한 것이 대표적인 사례이다.

197

자료는 구석기 시대에 제작된 주먹도끼, 빌렌도르프의 비너스이다. 구석기 시대 사람들은 동굴이나 바위 그늘 등에 살며 먹을 것을 찾아 이동 생활을 하였다.

바로잡기 ①, ③, ④ 신석기 시대에 해당한다. 구석기 시대에는 뗀석기를 사용하였다. ⑤ 청동기 시대에 해당한다.

198

밑줄 친 '이 지역'은 티그리스강과 유프라테스강 사이의 땅으로 메소포타미아 문명이 발달한 지역이다. 메소포타미아 문명의 사람들은 점토판에 쐐기 문자로 기록을 남겼다.

바로잡기 ① 투탕카멘 무덤에서 출토된 이집트 문명의 황금 가면, ② 올멕의 지도자 조각상, ③ 페니키아의 함선 조각상, ⑤ 인도 문명의 모헨조다로 유적에서 출토된 인장이다.

199

(가)는 히타이트, (나)는 이스라엘 왕국이다. 히타이트는 바빌로니아 왕국을 무너뜨렸고, 이스라엘 왕국은 솔로몬왕 때 전성기를 누렸다.

바로잡기 ㄱ. 카스트제는 인도의 신분제이다. ㄷ. 바빌로니아 왕국의 함무라비왕에 해당한다.

200

자료는 이집트 문명에서 제작한 「사자의 서」로, 사후 세계에 대한 이집트인의 믿음을 보여 준다.

201

채점 기준	수준
이집트 문명의 지형적 특징으로 인한 오랜 기간 동안 통일 국가 유지 영혼 불멸과 사후 세계에 대한 믿음을 모두 서술한 경우	상
지형적 특징과 내세관 중 한 가지만 서술한 경우	하

202

(가) 세력은 흉노이다. 한은 흉노에게 패한 뒤에 물자를 제공하여 화친을 맺었다. ㄴ. 흉노는 백등산 전투에서 한 고조를 물리쳤다.

ㄹ. 한 무제는 흉노 견제를 위한 동맹을 찾고자 대월지에 장건을 파견하였다.

바로잡기 ㄱ. 유수는 호족의 지원을 받아 후한을 세웠다. ㄷ. 수 양제가 대운하를 건설하였다.

203

(가)는 북위, (나)는 당이다. 북위 효문제 때 균전제를 시행하였고, 이는 수와 당으로 이어졌다. ㄱ. 북위 효문제 때 한화 정책을 시행하였다. ㄹ. 당은 안사의 난 이후 재정난 해결을 위해 양세법을 시행하였다.

바로잡기 ㄴ. 중국을 통일한 진은 화폐를 반량전으로 통일하였다. ㄷ. 9품 중정제는 위진 남북조 시대의 관리 등용 제도이다.

204

자료는 수의 대운하 건설과 관련된 내용이다. 수의 양제는 대운하를 건설하여 남과 북을 수로로 연결하였다. ② 수는 고구려 원정을 위해 대규모 군대를 동원하였으나 실패하였다.

바로잡기 ① 당대 공영달은 『오경정의』를 편찬하여 훈고학을 집대성하였다. ③ 당대 절도사는 지방의 군사·재정·행정을 장악하며 세력이 커졌다. ④ 후한의 채륜이 제지술을 개량하였다. ⑤ 당대에는 네스토리우교(경교) 등 다양한 외래 종교가 들어왔다.

205

『겐지 이야기』는 일본 헤이안 시대의 작품이다. 헤이안 시대에는 고유 문자인 가나가 사용되었고, 일본 고유의 특색이 강하게 나타났다. 헤이안 시대에는 귀족이 장원을 장악하기 위해 무사를 활용하였고, 성장한 무사 세력은 중앙에도 진출하였다.

바로잡기 ②, ⑤ 나라 시대에 해당한다. ③ 아요이 시대에 해당한다. ④ 쇼토쿠 태자는 6세기 말 ~ 7세기 초에 활동하였다.

206

지도는 전국 7웅을 나타낸 것으로, 서쪽의 진이 중국을 최초로 통일하였다.

207

채점 기준	수준
법가 사상을 쓰고, 법률에 의한 엄격한 통치를 서술한 경우	상
법가 사상만 쓴 경우	하

208

굽타 왕조 시기에는 『마하바라타』와 『라마야나』가 산스크리트어로 정리되었다. 굽타 왕조 시기는 다양한 분야에서 인도 고유의 색채가 강조되며 인도 고전 문화가 발전하였다.

바로잡기 ② 기원전 6세기 브라만교의 형식화된 제사 의식과 카스트제를 비판하며 불교와 자이나교가 출현하였다. ③ 헬레니즘 문화와 인도 문화가 융합되어 간다라 양식이 발달하였다. ④ 마우리아 왕조 아소카왕 시기에 개인의 해탈을 강조한 상좌부 불교가 발달하였다. ⑤ 아리아인의 이동은 고대 인도의 카스트제 형성에 영향을 주었다.

209

㈎ 종교는 조로아스터교이다. 조로아스터교의 세계관은 유대교, 크리스트교, 이슬람교에 영향을 끼쳤다. 조로아스터교는 아케메네스 왕조 페르시아의 다리우스 1세 등의 후원으로 확산되었고, 사산 왕조 페르시아의 국교가 되었다.

바로잡기 ㄱ. 대진 경교 유행 중국비를 통해 당에 네스토리우스교가 전해졌음을 알 수 있다. ㄹ. 마니교에 해당한다.

210

자료는 정통 칼리프 시대에 대한 설명이다. 정통 칼리프 시대 이슬람 세력은 비잔티움 제국을 압박하면서 시리아와 이집트 일대를 정복하였고, 사산 왕조 페르시아까지 멸망시켰다.

바로잡기 ① 헤지라는 무함마드가 메카 귀족들의 탄압을 피해 메디나로 피신한 사건이다. ②, ③ 파르티아 등에 해당한다. ④ 아케메네스 왕조 페르시아에 해당한다.

211

굽타 왕조 시대에는 브라만교를 바탕으로 불교 및 다양한 민간 신앙이 융합된 힌두교가 발전하였다. 힌두교의 확산에 따라 카스트제가 인도 사회에 정착되었다.

212

채점 기준	수준
힌두교의 특징과 힌두교가 인도 사회에 끼친 영향을 모두 서술한 경우	상
힌두교가 인도 사회에 끼친 영향만 서술한 경우	중
힌두교의 특징만 서술한 경우	하

213

자료는 기원전 492년부터 시작된 그리스·페르시아 전쟁과 관련 있다. 아케메네스 왕조 페르시아를 물리치고 전쟁을 승리로 이끈 아테네는 델로스 동맹의 맹주로서 강력한 해상 국가로 발전하였다.

바로잡기 ① 도리스인의 침입에 해당한다. ③ 기원전 12세기경에 해당한다. ④ 그리스·페르시아 전쟁 이전의 사실이다. ⑤ 펠로폰네소스 전쟁 이후의 상황이다.

214

밑줄 친 '이 시대'는 헬레니즘 시대이다. 헬레니즘 시대의 예술은 인간의 감정과 육체를 사실적으로 표현하여 현실적이며 관능적인 미를 중시하였다. 「밀로의 비너스상」, ③ 「라오콘 군상」 등이 대표적이다.

바로잡기 ① 윈강 석굴 사원, ② 북위 선비족의 모습을 표현한 유물, ④ 비잔티움 양식의 금은 향로, ⑤ 상 왕조의 청동 정이다.

215

로마 최초의 성문법인 12표법이 제정된 이후 리키니우스법으로 집정관 2명 중 1명이 평민 중에서 선출되었다. 이후 호르텐시우스법으로 평민회의 의결 사항이 원로원의 동의 없이 법적 효력을 갖

게 되었다.

바로잡기 ①, ②, ④, ⑤ 호르텐시우스법 제정 이후의 사실이다.

216

자료는 콘스탄티노폴리스 건설과 관련된 내용으로 ㈎ 황제는 콘스탄티누스 대제이다. 콘스탄티누스 대제는 밀라노 칙령을 발표하여 크리스트교를 공인하였고, 니케아 공의회를 통해 아타나시우스파의 교리를 정통으로 인정하고, 아리우스파를 이단으로 규정하였다.

바로잡기 ① 그라쿠스 형제의 개혁에 해당한다. ② 디오클레티아누스 황제, ③ 테오도시우스 1세, ⑤ 비잔티움 제국의 유스티니아누스 황제에 해당한다.

1등급 정리 노트	로마 주요 황제의 정책
디오클레티아누스	제국 4분할, 황제권 강화
콘스탄티누스 대제	• 콘스탄티노폴리스를 건설하고 천도 • 밀라노 칙령: 크리스트교 공인 • 니케아 공의회: 아타나시우스파를 정통으로 인정
테오도시우스 1세	크리스트교를 국교로 선포

217

㈎ 폴리스는 스파르타이다. 스파르타의 교육은 군사 훈련에 집중되었다.

218

채점 기준	수준
소수의 시민이 군사력으로 다수의 피정복민을 지배해야 했기 때문이라는 내용을 서술한 경우	상
위 내용을 서술하지 못한 경우	하

219

㈎ 민족은 게르만족이다. 4세기 후반 훈족의 압박을 피해 서로마 제국 영토로 이동한 게르만족은 프랑크 왕국 등 곳곳에 나라를 세웠고 쇠약해진 서로마 제국은 게르만족에게 멸망하였다.

바로잡기 ㄱ. 악티움 해전에서 승리한 옥타비아누스가 로마의 군대와 재정을 장악하였다. ㄹ. 아케메네스 왕조 페르시아의 다리우스 1세는 '왕의 눈'이라 불리는 감찰관을 파견하였다.

220

신성 로마 제국의 황제 하인리히 4세는 성직자 서임권을 두고 교황과 대립하다가 파문당한 후 교황에게 굴복하였다. 이를 카노사의 굴욕이라고 한다.

바로잡기 ① 베르됭 조약은 843년에 체결되었다. ② 13세기 교황 인노켄티우스 3세 때 교황의 권력은 절정에 달하였다. ④ 8세기에 중반 피핀은 교황에게 이탈리아 중부 지역을 기증하였다. ⑤ 800년 교황 레오 3세는 카롤루스 대제를 서로마 황제로 대관하였다.

221

밑줄 친 '이 성당'은 성 소피아 성당으로, 비잔티움 제국의 유스티니아누스 황제 때 건립되었다.

바로잡기 ① 비잔티움 제국은 1453년 오스만 제국에 의해 멸망하였다.

222

밑줄 친 '이 시기'는 아비뇽 유수(1309~1377) 시기이다. 십자군 전쟁 이후 원거리 무역이 발달하자 중세 유럽의 도시는 더욱 발전하였다. 특히 프랑스 샹파뉴 지방에서는 지중해 교역권과 북유럽 교역권을 연결하는 정기시가 형성되었다.

바로잡기 ① 콘스탄츠 공의회(1414~1418)에서 후스의 화형이 결정되었다. ② 고대 아테네에서 도편 추방법이 실시되었다. ③ 1204년에 라틴 제국이 수립되었다. ④ 클레르몽 공의회는 1095년에 개최되었다.

223

첫 번째 자료는 에라스뮈스가 쓴 『우신예찬』으로 부패한 교회를 비판하는 내용이 담겨 있다. 두 번째 자료는 에스파냐의 세르반테스가 쓴 『돈키호테』로 몰락한 기사 계급의 현실이 풍자되어 있다. 두 작품은 알프스 이북 지역 르네상스의 현실 비판적인 성격을 잘 보여 준다.

바로잡기 ① 소크라테스는 고대 그리스의 철학자로 진리의 보편성과 절대성을 주장하였다. ② 십자군 전쟁 이후 서유럽에서 신앙과 이성의 조화를 꾀한 스콜라 철학이 발전하였다. ③ 에피쿠로스학파는 마음의 안정과 만족을 추구하였다. ④ 중세 초기에 아우구스티누스의 교부 철학이 발달하였다.

224

셀주크 튀르크의 압박에 비잔티움 제국 황제가 로마 교황에게 도움을 요청하였고, 이에 십자군 전쟁이 일어났다.

225

채점 기준	수준
십자군 전쟁이 종교적 목적에서 일어났으나 세속적 목적으로 변질되었다는 내용과 제4차 십자군의 사례를 서술한 경우	상
종교적 목적에서 세속적 목적으로 변질되었다는 내용만 서술한 경우	중
위 내용을 쓰지 못한 경우	하

II 교역망의 확대

06 이슬람 세계와 몽골 제국

기본 기출 문제 ──────── ● 47쪽

핵심 개념 문제

226 쿠란	**227** 왕안석		**228** 역참	**229** ×	**230** ○
231 ×	**232** ㉠	**233** ㉢	**234** ㉡	**235** ㉠	**236** ㉠
237 ㉡	**238** ㄹ	**239** ㄱ	**240** ㄴ	**241** ㄷ	

242 ⑤	**243** ②	**244** ②	**245** ④	**246** ①	**247** ③
248 ③	**249** ①				

242

(가) 왕조는 우마이야 왕조이다. 우마이야 왕조는 다마스쿠스를 수도로 삼고 정복 전쟁을 펼쳐 동쪽으로는 인더스강 유역에서 서쪽으로는 이베리아반도까지 영토를 확장하였다.

바로잡기 ① 거란(요)은 만리장성 남쪽의 연운 16주를 차지하고 송과 대립하였다. ② 금은 유목민은 맹안 모극제로, 농경민은 주현제로 통치하는 이원적 지배 체제를 시행하였다. ③ 티무르 왕조는 티무르 사후 쇠퇴하다가 우즈베크인에게 멸망하였다. ④ 원은 홍건적의 난으로 쇠퇴하였다.

243

밑줄 친 '이들'은 셀주크 튀르크이다. 셀주크 튀르크는 아바스 왕조의 수도 바그다드에 입성하였고, 아바스 왕조의 칼리프로부터 술탄이라는 칭호를 받아 정치적 실권을 차지하였다. 이후 셀주크 튀르크는 예루살렘을 장악하고 비잔티움 제국을 압박하였다.

바로잡기 ① 파티마 왕조는 카이로를 수도로 삼았다. ③ 우마이야 왕조는 이베리아반도까지 영토를 확장하였다. ④ 거란(요)은 유목민은 북면관제로, 농경민은 남면관제로 다스렸다. ⑤ 몽골 부족을 통일한 칭기즈 칸은 군사·행정 조직인 천호제를 바탕으로 정복 활동을 펼쳤다.

244

(가) 문화는 이슬람의 문화이다. 이슬람 사회에서는 우상 숭배를 금지한 이슬람교의 영향으로 아라베스크 무늬가 유행하였고, 메카 순례 등을 통해 축적된 지리 지식으로 지리학이 발달하였다. 또한 신학을 체계화하며 아리스토텔레스의 저술이 아랍어로 번역되었고, 이븐 시나 등이 의학 서적을 번역하여 의학을 발전시켰다.

바로잡기 ② 파스파 문자(몽골 문자)는 원대에 제작되어 사용되었다.

245

자료는 왕안석의 신법 추진과 관련된 내용이다. 송은 문치주의로 인한 국방력 약화와 북방 민족에 대한 세폐 부담 등으로 재정 상태가 악화되었다. 이에 왕안석은 재정 수입 확대와 부국강병을 위해 신법을 추진하였다.

바로잡기 ① 북위 때 처음 시행된 토지 제도인 균전제는 당대까지 이어졌다. ② 우마이야 왕조가 아랍인을 우대하면서 비아랍인들의 불만이 높아졌다. ③ 원은 두 차례 일본 원정을 단행하였지만 실패하였다. ⑤ 칭기즈 칸 사후 몽골 제국은 여러 울루스의 느슨한 연합체로 바뀌어 갔다.

246

송대에는 모내기법 확산, 조생종의 일종인 참파 벼의 도입 등으로 농업 생산력이 크게 증대되었고 창장강 하류 지역이 곡창 지대로 발전하였다. 또한 상업이 발달하며 지폐인 교자가 발행되었다.

바로잡기 ㄷ. 원대에는 『농상집요』가 편찬되어 농법이 보급되었다. ㄹ. 원대에는 수도인 대도(베이징)를 중심으로 교통망이 정비되었다.

247

자료는 거란(요)에 대한 내용이다. 거란(요)은 만리장성 이남의 연운 16주를 차지하고 송과 충돌하였고, 전연의 맹약을 체결하여 송으로부터 세폐를 받았다. 또한 북면관제·남면관제의 이원적 지배 체제를 실시하였다.

바로잡기 ① 송대에는 전시를 정례화하여 황제권을 강화하였다. ② 티무르는 몽골 제국의 재건을 내세우며 티무르 왕조를 수립하였다. ④ 아바스 왕조는 당과의 탈라스 전투에서 승리하고 동서 교역의 주도권을 장악하였다. ⑤ 송은 5대 10국의 혼란을 수습하고 중국을 다시 통일하였다.

248

밑줄 친 '그'는 칭기즈 칸이다. 칭기즈 칸은 천호제를 기반으로 군사·행정 조직을 정비하고 정복 활동을 전개하여 서하와 금을 공격하였고, 중앙아시아의 호라즘 왕국을 정복하였다.

바로잡기 ① 거란(요)은 발해를 정복하였다. ② 남송의 주희는 성리학을 집대성하여 대의명분과 화이론을 강조하였다. ④ 셀주크 튀르크는 바그다드에 입성하여 아바스 왕조의 칼리프로부터 술탄의 칭호를 받았다. ⑤ 송 태조 조광윤은 문치주의를 실시하여 절도사 세력을 약화시켰다.

249

자료는 원(몽골 제국)의 역참제와 관련된 내용이다. 원(몽골 제국)이 광대한 영토를 효율적으로 다스리고자 설치한 역참은 동서 교류의 활성화에 기여하였다. ① 원은 지폐인 교초를 발행하여 널리 유통시켰다.

바로잡기 ② 서하는 서하 문자를 제정하여 사용하였다. ③ 야율아보기는 거란(요)을 건국하였다. ④ 우마이야 왕조의 일족이 세운 후우마이야 왕조는 코르도바를 수도로 삼았다. ⑤ 거란(요)은 송과 전연의 맹약을 체결하고 송으로부터 매년 막대한 세폐를 받았다.

250 ⑤	**251** ①	**252** ④	**253** ④	**254** ②	**255** ①
256 ③	**257** ①	**258** ④	**259** ②	**260** ②	**261** ⑤
262 ④	**263** ②				

1등급을 향한 서답형 문제

264 우마이야 왕조　**265** **예시 답안** 수니파는 자질을 갖추고 선출된 사람이라면 누구나 칼리프가 될 수 있다고 보았고, 시아파는 알리와 그의 후손만을 무함마드의 후계자로 인정하였다.

266 시박사　**267** **예시 답안** 용골차를 비롯한 새로운 농기구가 보급되었고, 모내기법이 확산되었으며, 참파 벼가 도입되어 농업 생산력이 증가하였다.

250

㈎ 왕조는 우마이야 왕조이다. 무아위야가 수립한 우마이야 왕조는 정복 전쟁을 펼쳐 동쪽으로는 인더스강 유역까지, 서쪽으로는 이베리아반도까지 영토를 확장하였다.

바로잡기 ① 북아프리카에서 수립된 파티마 왕조는 카이로를 수도로 삼았다. ② 몽골의 침략으로 아바스 왕조, 남송 등이 멸망하였다. ③ 티무르 왕조는 앙카라 전투에서 오스만 제국에게 대승을 거두었다. ④ 원은 두 차례에 걸쳐 일본을 침략하였지만, 태풍의 영향 등으로 실패하였다.

251

밑줄 친 '이 왕조'는 아바스 왕조이다. 아바스 왕조는 당과의 탈라스 전투에서 승리하고 동서 교역의 주도권을 잡았다. 또한 수도인 바그다드는 동서 교역의 중심지가 되어 크게 번영하였다.

바로잡기 ② 정통 칼리프 시대에 이슬람 세력은 사산 왕조 페르시아를 멸망시켰다. ③ 10세기 초 세워진 파티마 왕조에 대한 설명이다. ④ 무함마드 사후 이슬람 공동체는 칼리프를 선출하였는데 이 시기를 정통 칼리프 시대라고 한다. ⑤ 우마이야 왕조는 아랍인을 우대하는 정책을 펼쳤다.

252

이슬람 사회에서는 신학을 체계화하면서 아리스토텔레스의 저술이 아랍어로 번역되었고, 우상 숭배를 금지한 이슬람교의 영향으로 아라베스크 무늬가 유행하였다. 또한 인도로부터 숫자 영(0)의 개념을 도입하여 아라비아 숫자를 완성하였고, 연금술을 연구하는 과정에서 화학 원리가 발견되었다.

바로잡기 ④ 「청명상하도」는 송의 수도 카이펑의 모습을 담은 그림으로 당시 카이펑의 번화한 모습을 확인할 수 있다.

253

밑줄 친 '이 종교'는 이슬람교이다. 이슬람교의 경전인 『쿠란』은 이슬람 세계의 일상생활을 지배하였다. 이슬람교인은 라마단 기간에 단식을 하고, 돼지고기를 금기시하며, 하루에 다섯 번 메카를 향해 기도를 드린다.

바로잡기 ① 마르코 폴로가 저술한 『동방견문록』은 동양에 대한 유럽인의 호기심을 자극하였다. ② 백련교도가 중심이 되어 일어난 홍건적의 난으로 원이 쇠퇴하였다. ③ 파스파 문자는 원대에 제작되어 사용되었다. ⑤ 남송의 주희는 성리학을 집대성하여 대의명분과 화이론을 강조하였다.

254

㈎ 인물은 티무르이다. 티무르는 몽골 제국의 후예를 자처하며 티무르 왕조를 세우고 사마르칸트를 수도로 삼았다. 티무르는 앙카라 전투에서 오스만 제국을 격파하고 영토를 확장하였으며, 명을 공격하러 가던 중 병으로 사망하였다.

바로잡기 ① 몽골 제국의 쿠빌라이 칸은 수도를 대도(베이징)로 옮기고 국호를 원으로 정하였다. ③ 칭기즈 칸은 서하와 금을 공격하였고, 호라즘 왕국을 정복하였다. ④ 셀주크 튀르크는 바그다드에 입성하여 아바스 왕조의 칼리프로부터 술탄의 칭호를 받았다. ⑤ 사파비 왕조의 이스마일 1세는 고대 페르시아의 군주 칭호인 '샤'를 사용하였다.

255

㈎는 후우마이야 왕조, ㈏는 파티마 왕조이다. 우마이야 왕조가 무너지자 우마이야 가문의 일족은 이베리아반도로 이동하여 후우마이야 왕조를 수립하였다. 후우마이야 왕조의 수도인 코르도바는 이슬람 문화의 중심 도시가 되었다.

바로잡기 ② 이스마일 1세가 건국한 사파비 왕조는 아바스 1세 때 전성기를 맞이하였다. ③ 야율아보기는 거란(요)을 건국하였다. ④ 아바스 왕조는 탈라스 전투에서 당에 승리하였다. ⑤ 몽골의 침입으로 아바스 왕조, 남송 등의 국가가 멸망하였다.

256

자료는 왕안석의 신법이다. 국방력이 약해진 송은 북방 민족에게 막대한 양의 세폐를 지급하여 국가 재정이 악화되었다. 이에 왕안석은 재정 수입 증대와 부국강병을 목적으로 청묘법, 시역법, 균수법, 보마법 등의 신법을 단행하였다.

바로잡기 ① 송은 금의 침입으로 화북 지역을 빼앗기고(정강의 변) 강남으로 이동하여 남송을 수립하였다. ② 당대에는 안사의 난 이후 절도사가 지방의 지배권을 장악하였다. ④ 몽골 제국 시기에 교황이 보낸 카르피니가 방문하였다. ⑤ 한은 백등산 전투에서 흉노의 선우에게 패배하였다.

257

밑줄 친 '이 왕조'는 송이다. 장택단이 그린 「청명상하도」에는 송의 수도 카이펑의 번화함이 표현되어 있다. ① 송대에는 모내기법이 보급되고 참파 벼가 도입되어 농업 생산력이 증대되었다.

바로잡기 ② 몽골 제국이 영토 전역에 설치한 역참은 동서 교류에 기여하였다. ③ 교초는 원대 사용된 지폐이다. ④ 이븐 바투타는 몽골 제국(원)을 여행하고 『여행기』를 남겼다. ⑤ 『농상집요』는 원대에 편찬된 농서이다.

258

㈎ 국가는 거란(요)이다. 거란은 송과 전연의 맹약을 체결하여 송으로부터 매년 막대한 양의 세폐를 받았다. ④ 거란(요)은 북면관제·남면관제를 실시하여 유목민과 농경민을 다른 방식으로 통치하였다.

바로잡기 ① 탕구트족이 세운 서하는 서하 문자를 제정하여 사용하였다. ② 몽골의 칭기즈 칸은 중앙아시아의 호라즘 왕국을 정복하였다. ③ 위진 남북조 시대에는 9품 중정제로 관리를 선발하였다. ⑤ 몽골 제국은 몽골 제일주의를 내세워 여러 민족을 구분하여 통치하였다.

259

㈎ 국가는 서하이다. 탕구트족이 건국한 서하는 동서 교역로의 요충지를 차지하고 교역을 중계하며 번영하였다.

바로잡기 ① 거란(요)은 발해를 멸망시켰다. ③ 당은 탈라스 전투에서 아바스 왕조에게 패배하였다. ④ 금은 유목민은 맹안 모극제로 다스렸고, 농경민은 주현제로 통치하였다. ⑤ 송은 금의 공격으로 화북 지방을 빼앗기자 강남으로 이동하여 남송을 수립하였다.

1등급 정리 노트 북방 민족의 성장

거란(요)	• 야율아보기가 건국, 연운 16주 차지 • 송과 전연의 맹약 체결 → 송에게 세폐 받음 • 북면관제·남면관제 실시, 거란 문자 사용 • 금의 침략으로 멸망
서하	• 탕구트족이 건국, 동서 교역로 장악 • 송에게 세폐를 받음, 서하 문자 제정, 과거제 시행
금	• 아구다가 건국, 요를 멸망시킴 • 송을 공격하여 화북 지역 차지, 송에게 세폐 받음 • 맹안 모극제와 주현제 실시, 여진 문자 사용 • 몽골의 침략으로 멸망

260

㈎ 인물은 몽골 제국의 칭기즈 칸이다. 칭기즈 칸은 정복 활동에 나서면서 금과 서하를 공격하고 중앙아시아의 호라즘 왕국을 공격하여 멸망시켰다.

바로잡기 ① 쿠빌라이 칸은 남송을 정복하고 중국 전역을 지배하였다. ③ 한 무제는 대외 원정으로 재정이 악화되자 균수법과 평준법 등 통제 경제 정책을 시행하였다. ④ 사파비 왕조를 수립한 이스마일 1세는 페르시아 군주의 칭호인 '샤'를 사용하였다. ⑤ 명을 건국한 주원장은 몽골 세력을 만리장성 이북으로 몰아냈다.

261

밑줄 친 '이 왕조'는 원이다. 마르코 폴로는 원(몽골 제국)을 여행하고 『동방견문록』을 남겼다. 원은 몽골 제일주의를 내세워 여러 민족을 구분하여 통치하였다. 이에 따라 원에서는 소수의 몽골인이 국가의 요직을 차지하였고, 재정, 행정 등의 분야에 색목인을 적극 등용하였다.

바로잡기 ① 금은 맹안 모극제를 실시하여 유목민을 다스렸다. ② 티무르 왕조는 앙카라 전투에서 오스만 제국을 격파하였다. ③ 셀주크 튀르크는 비잔티움 제국을 압박하였고, 이는 십자군 전쟁이 일어나는 배경이 되었다. ④ 송의 왕안석은 재정 수입 증대와 부국강병을 위해 신법을 단행하였다.

262

자료는 역참과 관련된 내용이다. 원(몽골 제국)은 광대한 영역을 통치하기 위해 각지에 역참을 설치하였다. 이 시기에 곽수경 등이 이슬람의 역법을 참고하여 『수시력』을 제작하였다.

바로잡기 ① 당대에는 서역의 영향을 받은 이국적인 당삼채가 유행하였다. ② 오수전은 한대에 주조되어 위진 남북조 시대까지 유통되었다. ③ 거란(요)은 만리장성 이남 연운 16주를 차지하였다. ⑤ 북위 때 시행된 균전제는 수·당으로 계승되었다.

263

밑줄 친 '이 시기'는 원대이다. 원대에는 대도를 중심으로 교통망이 정비되었고, 이슬람 문화의 유입으로 천문학, 역법, 자연 과학 등이 발전하였다. 또한 지폐인 교초가 발행되어 널리 유통되었고, 『서상기』, 『두아원』 등의 희곡이 큰 인기를 끌었다.

바로잡기 ㄴ. 이슬람 사회에서는 우상 숭배를 금지한 이슬람교의 영향으로 아라베스크 무늬가 유행하였다. ㄹ. 당대에는 문벌 귀족이 관직을 독점하고 특권을 차지하여 귀족 중심의 사회가 형성되었다.

264

우마이야 왕조를 수립한 무아위야는 칼리프 선출제를 폐지하고 자신의 일족에게 칼리프를 세습하였고, 이에 대한 의견 차이로 이슬람 사회는 수니파와 시아파로 갈라져 대립하게 되었다.

265

채점 기준	수준
칼리프의 자격에 대한 수니파(자질을 갖추면 칼리프가 될 수 있다)와 시아파(알리와 그의 후손만을 인정한다)의 주장을 정확하게 서술한 경우	상
수니파와 시아파의 주장 가운데 하나의 주장만을 서술한 경우	하

266

송은 원거리 교역이 활성화되면서 해상 교역이 크게 성장하자, 주요 항구에 시박사를 확대 설치하여 해상 교역을 관할하게 하였다.

267

채점 기준	수준
용골차 등 농기구 보급, 모내기법 보편화, 참파 벼 도입 등으로 농업 생산력이 증가하였다고 서술한 경우	상
위 내용 중 두 가지를 서술한 경우	중
위 내용 중 한 가지만 서술한 경우	하

적중 1등급 문제

● 53쪽

268 ③ **269** ④ **270** ② **271** ⑤

268 우마이야 왕조와 아바스 왕조

1등급 자료 분석 아바스 왕조의 수립

시아파를 중심으로 예언자 무함마드의 후손이 이슬람의 지도자가 되어야 한다는 주장이 거세지는 가운데, 시아파는 새로운 칼리프를 추대하였다. 시아파의 지원을 받은 새 칼리프는 <u>다마스쿠스를 수도로 삼았던 기존 왕</u>
우마이야 왕조는 다마스쿠스를 수도로 삼았다.
조를 무너뜨리고 새로운 왕조를 수립하였다. 새 왕조는 관직 등용, 세금
시아파의 지원을 받은 아바스 가문은 우마이야 왕조를 무너뜨리고 아바스 왕조를 수립하였다.
제도 등에서 <u>아랍계와 비아랍계의 차별을 철폐하고 모든 무슬림의 조화와 융합을 추구하여 범이슬람 제국으로 발전하였다.</u>
아바스 왕조는 아랍인 우월주의를 폐지하여 범이슬람 제국으로 발전하였다.

㉠은 우마이야 왕조, ㉡은 아바스 왕조이다. 시아파의 지원을 받은 아바스 가문은 우마이야 왕조를 무너뜨리고 아바스 왕조를 수립하였다. 아바스 왕조는 당과의 탈라스 전투에서 승리하여 동서 교역의 주도권을 장악하였고, 아랍인 우월주의를 폐지하여 범이슬람 제국으로 발전하였다.

바로잡기 ① 몽골 제국 시기에 교황의 사절인 카르피니가 방문하였다. ② 아바스 왕조의 칼리프는 바그다드를 점령한 셀주크 튀르크에게 술탄의 칭호를 내렸다. ④ 우마이야 왕조는 정복 활동에 나서 서쪽으로 이베리아반도까지 영토를 확장하였다. ⑤ 사파비 왕조는 페르시아 군주의 칭호인 '샤'를 사용하였다.

269 사파비 왕조

1등급 자료 분석 아바스 1세

이란의 이스파한을 대표하는 모스크이다.

이곳은 [(가)]의 아바스 1세의 명령으로 조성된 이맘 모스크로 4개의 웅장한 첨탑이 돋보인다. [(가)]의 전성기를 이룩한 아바스 1세는 군대를
사파비 왕조는 아바스 1세 때 전성기를 맞이하였다.
정비하여 상비군을 유지하고 머스킷 총과 서구식 대포로 무장한 군사 조직을 양성하였다. 또한 각지에 도로와 다리를 건설하고, 상인들의 숙소를 조성하여 경제 부흥을 위해 노력하였다.

자료는 사파비 왕조의 전성기를 이끈 아바스 1세의 정책을 보여주고 있다. 이스마일 1세가 건국한 사파비 왕조는 아바스 1세 때 전성기를 맞이하였는데, 아바스 1세는 수도를 이스파한으로 옮기고 여러 개혁 정책을 추진하였다. ④ 사파비 왕조는 시아파 이슬람교를 국교로 삼았다.

바로잡기 ① 원대에는 파스파 문자를 제정하여 사용하였다. ② 아바스 왕조는 바그다드를 수도로 삼았다. ③ 티무르는 몽골 제국의 재건을 내세우며 티무르 왕조를 수립하였다. ⑤ 오스만 제국은 앙카라 전투에서 티무르 제국에 패하였다.

270 금과 송

1등급 자료 분석 금의 건국과 발전

여진 부족을 통일하고 금을 건국한 아구다의 중국식 이름은 완안민이다.
아구다는 부족을 통일하고 황제라 칭하면서 이름을 민(旻)으로 바꾸었으며, 국호를 [(가)](이)라 정하였다. …… 그 땅의 서쪽은 바로 거란이요, 남쪽은 바로 우리 고려 땅이어서 우리 조정을 섬겨왔다. 그리하여 매번 조회하러 올 때마다 우리에게 담비 가죽, 좋은 말 등을 예로 바쳤으며, 우리 조정에서도 은 등을 후히 주었다. 하지만 이후 [(가)]은/는 [(나)]의 연합 제의를 받아들여 거란을 공격하여 멸망시켰고, 이어 [(나)]을/를 공격하여 황제를 포로로 잡고 화북 지역을 차지하였다.
금은 송과 연합하여 거란을 공격해 멸망시키고, 이후 송까지 공격하여 화북 지역을 차지하였다.

(가)는 금, (나)는 송이다. 금은 요를 멸망시키고, 송을 공격하여 화북 지역을 차지하였다. ㄱ. 금은 맹안 모극제를 실시하여 유목민을 다스리고, 주현제를 통해 농경민을 통치하는 이원적 지배 체제를 시행하였다. ㄷ. 문치주의의 영향으로 국방력이 약화된 송은 거란(요), 서하 등에게 세폐를 제공하며 평화를 유지하였다.

바로잡기 ㄴ. 거란(요)은 송과 전연의 맹약을 체결하여 매년 많은 양의 비단과 은 등을 세폐로 받았다. ㄹ. 천호제는 몽골 부족의 군사·행정 조직으로 몽골 제국의 정복 활동을 뒷받침하였다.

271 쿠빌라이 칸

1등급 자료 분석 원의 교통망 정비와 역참

쿠빌라이 칸은 수도를 몽골고원의 중심부인 카라코룸에서 대도(베이징)로 옮겼다.
제국의 캄발룩(수도)은 대도(베이징)이다. 제국의 후계자이자 대군주를 계승한 황제는 수도를 대도로 옮겼고, 대도는 칸의 도시인 캄발룩이 되었다. 대도에는 세상 어느 도시에서도 볼 수 없는 가장 비싸고 진귀한 물건들이 몰려든다. 비단을 실은 수레가 매일 1,000량 이상 이 도시로 들어올 정도이다. 대도에서 각지로 향하는 도로마다 25마일 간격으로 역참이 설치되어 있는데, 400마리의 말이 항시 대기하고 있는 역참은 제국의 모든 지방과 영역을 연결하며 중앙의 명령을 구석구석에 전하였다.
몽골 제국은 광대한 영역을 통치하기 위해 교통망을 정비하고 영토 전역에 역참을 설치하였다.

밑줄 친 '황제'는 원의 쿠빌라이 칸이다. 쿠빌라이 칸은 대도(베이징)로 수도를 옮기고 국호를 원으로 정하였다. 그는 남송을 정복하여 중국 전역을 지배하였다. 또한 두 차례 일본 원정을 단행하였지만, 막부의 저항과 폭풍우의 영향 등으로 실패하였다.

바로잡기 ① 칭기즈 칸은 중앙아시아의 호라즘 왕국을 정복하였다. ② 송은 절도사의 권한을 약화시키기 위해 문치주의 정책을 추진하였다. ③ 송 태조 조광윤은 황제권 강화를 위해 과거제의 전시를 정례화하였다. ④ 송의 왕안석은 국방력 강화와 재정 수입 확대를 위해 신법을 추진하였다.

선택지 더 보기

⑥ 성리학을 집대성하였다.	(×)
⑦ 페르시아 군주의 칭호를 사용하였다.	(×)
⑧ 남송을 정복하고 중국 전역을 지배하였다.	(○)

07 유럽의 신항로 개척과 재정·군사 국가

기본 기출 문제 ● 55쪽

핵심 개념 문제

272 콜럼버스	**273** 동인도 회사	**274** 루이 14세
275 ×	**276** ○ **277** ○	**278** ㉡ **279** ㉢ **280** ㉠
281 ㉡	**282** ㉠ **283** ㉠	**284** ㄱ - ㄹ - ㄷ - ㄴ
285 ⑤	**286** ③ **287** ①	

285

콜럼버스의 항해를 후원한 국가는 에스파냐이다. 에스파냐는 아메리카 대륙에서 은광을 개발하고 막대한 양의 금과 은을 유럽으로 가져왔다. 이로 인해 유럽 전체의 물가가 폭등하는 가격 혁명이 나타났다.

바로잡기 ① 프로이센의 프리드리히 2세는 오스트리아 왕위 계승 분쟁에 개입하여 슐레지엔 지방을 차지하였다. ② 프랑스는 베르사유 궁전을 건축하였다. ③ 러시아는 표트르 대제 시기에 상트페테르부르크를 건설하여 수도로 삼았다. ④ 베스트팔렌 조약을 통해 네덜란드의 독립이 승인되었다.

286

자료는 루터의 「95개조 반박문」이다. 교황 레오 10세는 성 베드로 성당의 증축 자금을 마련하고자 면벌부를 판매하였다. 이에 루터는 「95개조 반박문」을 발표하여 교황의 면벌부 판매를 비판하고, 신앙의 근거를 성서라고 주장하였다.

바로잡기 ① 에스파냐의 로욜라는 예수회를 설립하였다. ② 영국의 헨리 7세는 장미 전쟁의 혼란을 수습하고 튜더 왕조를 개창하였다. ④ 프로이센의 프리드리히 2세는 계몽사상의 영향을 받아 국가 제일의 심부름꾼이라고 자처하며 개혁을 추진하였다. ⑤ 영국의 존왕은 대헌장(마그나 카르타)을 승인하였다.

287

자료는 영국의 권리 장전이다. 영국 의회는 전제 정치를 실시하던 제임스 2세를 폐위하고 메리와 윌리엄을 공동 왕으로 추대하였다(명예혁명, 1688). 이듬해 메리와 윌리엄이 의회가 제출한 권리 장전을 승인하면서 영국에서 의회를 중심으로 한 입헌 군주제의 토대가 마련되었다.

바로잡기 ② 영국의 크롬웰은 네덜란드를 견제하고자 항해법을 제정하였다. ③ 종교 개혁 운동이 확산되는 가운데 로마 가톨릭교회는 트리엔트 공의회를 개최하여 교황의 권위와 교리를 재확인하였다. ④ 30년 전쟁의 결과 베스트팔렌 조약이 체결되어 네덜란드의 독립이 승인되었고, 칼뱅파가 인정되었다. ⑤ 루터는 「95개조 반박문」을 발표하여 교황의 면벌부 판매를 비판하였다.

288 ④	**289** ①	**290** ①	**291** ①	**292** ③	**293** ⑤
294 ④	**295** ⑤	**296** ②	**297** ③	**298** ④	

1등급을 향한 서답형 문제

299 베스트팔렌 조약 **300** [예시 답안] 네덜란드의 독립이 승인되었고, 칼뱅파가 공식적으로 인정되었다.

301 루이 14세 **302** [예시 답안] 콜베르를 등용하여 중상주의 정책을 추진하였다. 베르사유 궁전을 증축하였다. 낭트 칙령을 폐지하여 위그노의 종교적 자유를 박탈하였다. 등

288

자료는 콜럼버스의 신항로 개척에 대한 내용이다. 콜럼버스는 대서양을 횡단해 아메리카로 향하는 항로를 개척하였다. 신항로 개척으로 아메리카에서 많은 양의 금과 은이 유입되어 유럽의 물가가 폭등하였고(가격 혁명), 무역의 중심지가 지중해에서 대서양으로 이동하면서 지중해 교역망이 쇠퇴하였다.

[바로잡기] ㄱ. 당, 송, 원 등은 주요 항구에 시박사를 설치하여 해외 교역에 관한 사무를 담당하게 하였다. ㄷ. 신항로 개척 이전에는 오스만 제국이 동서 교역의 주도권을 장악하였다.

289

대화는 신항로 개척의 사례에 대한 내용이다. 포르투갈의 후원을 받은 바스쿠 다 가마는 인도 항로를 개척하였다. 에스파냐의 후원을 받은 마젤란 일행은 대서양과 태평양, 인도양을 거쳐 세계를 일주하여 지구 구형설을 입증하였다.

[바로잡기] ② 청교도 혁명은 찰스 1세의 전제 정치로 인해 전개되었다. ③, ⑤ 16세기 이후 성립한 재정·군사 국가는 중상주의 정책을 실시하여 국내 상공업을 육성하고 해외 시장을 개척하였다. ④ 종교 개혁이 전개되고, 신교가 확산되는 과정에서 30년 전쟁 등 종교 전쟁이 발발하였다.

290

밑줄 친 '이 전쟁'은 백년 전쟁(1337~1453)이다. 프랑스 안의 영국령과 플랑드르 지방의 지배권을 놓고 대립하던 영국과 프랑스는 프랑스 왕위 계승 문제를 계기로 충돌하였다. 전쟁 초반에는 영국이 승기를 잡았으나, 잔 다르크의 활약을 앞세운 프랑스가 전세를 역전시키고 백년 전쟁에서 승리하였다.

[바로잡기] ② 프랑스의 앙리 4세는 낭트 칙령을 발표하여 위그노에게 제한된 지역에서 종교적 자유를 허용하였다(1598). ③ 영국의 찰스 1세가 전제 정치를 펼치자 의회는 권리 청원을 제출하였다(1628). ④ 찰스 1세를 처형하고 공화정을 수립한 크롬웰은 호국경에 취임하였다(1653). ⑤ 루터파는 아우크스부르크 화의(1555)를 통해 루터파가 공식 인정되었다.

291

밑줄 친 '그'는 칼뱅이다. 칼뱅은 신의 섭리에 따라 구원받을 사람이 예정되어 있다는 예정설을 주장하며 종교 개혁을 추진하였다.

[바로잡기] ② 에스파냐의 로욜라는 예수회를 설립하였다. ③ 포르투갈의 후원을 받은 바스쿠 다 가마는 인도 항로를 개척하였다. ④ 프랑스의 루이 14세는 낭트 칙령을 폐지하여 위그노의 종교적 자유를 박탈하였다. ⑤ 루터는 「95개조 반박문」을 발표하여 교황의 면벌부 판매를 비판하였다.

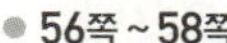

1등급 정리 노트 루터와 칼뱅의 종교 개혁	
루터	• 「95개조 반박문」 발표 → 교황의 면벌부 판매 비판 • 신앙의 근거는 성서라고 주장 • 아우크스부르크 화의를 통해 루터파 인정
칼뱅	• 예정설을 주장하며 종교 개혁 추진 • 근면하고 성실한 직업 생활 강조 → 신흥 상공업자의 지지 속에 확산(프랑스, 네덜란드 등) • 30년 전쟁 → 베스트팔렌 조약을 통해 칼뱅파 인정

292

(가)는 헨리 7세의 튜더 왕조 개창(1485), (나)는 엘리자베스 1세의 영국 국교회 확립(1559)이다. 헨리 7세의 뒤를 이은 헨리 8세는 수장법을 공포하여 영국 왕이 영국 교회의 수장임을 선포하였다.

[바로잡기] ① 크롬웰은 1651년 항해법을 제정하였다. ② 영국 의회는 1688년 명예혁명을 일으켜 제임스 2세를 폐위하였다. ④ 메리와 윌리엄은 1689년 권리 장전을 승인하였다. ⑤ 존왕은 1215년 대헌장을 승인하였다.

293

(가) 국가는 네덜란드이다. 에스파냐의 가톨릭 강요 정책에 반발한 네덜란드는 독립 전쟁을 일으켜 일부 지역의 독립을 달성하였고, 베스트팔렌 조약에서 독립이 승인되었다. ⑤ 네덜란드는 동인도 회사를 설립해 해외 시장을 개척하고 향신료 무역을 주도하였다.

[바로잡기] ① 프랑스는 베르사유 궁전을 건축하였다. ② 러시아는 스웨덴과의 북방 전쟁에서 승리하고 발트해로 진출하였다. ③ 포르투갈은 바르톨로메우 디아스의 항해를 후원하였다. ④ 러시아의 표트르 대제는 오스만 제국을 압박하여 흑해로 진출하였다.

294

16세기 이후 유럽에 등장하기 시작한 재정·군사 국가는 효율적인 징세 제도와 관료제와 상비군을 갖추었다. 또한 중상주의 정책을 실시하여 국내 상공업을 육성하고 해외 시장을 개척하였다.

[바로잡기] ① 동유럽 지역에서는 농노제가 유지되어 귀족의 세력이 막강하고 시민 계급의 성장이 미약하였다. ② 영국에서는 하노버 왕조 성립 이후 내각 책임제가 시행되었다. ③ 영국에서는 모직물 산업의 발달로 양모의 수요가 늘어나자 젠트리를 중심으로 인클로저 운동이 전개되었다. ⑤ 영국의 헨리 8세는 수장법을 공포하고 수도원의 토지와 재산을 몰수하였다.

295

(가) 왕은 에스파냐의 펠리페 2세이다. 펠리페 2세는 식민지를 확대하고 아메리카 대륙에서 많은 부를 축적하였다. 또한 레판토 해전에서 오스만 제국을 격파하고 지중해의 해상권을 장악하였다.

[바로잡기] ① 프랑스의 루이 14세는 태양왕을 자처하였다. ② 영국의 헨리

7세는 튜더 왕조를 개창하였다. ③ 프로이센의 프리드리히 2세는 오스트리아 왕위 계승 분쟁에 개입하여 슐레지엔 지방을 차지하였다. ④ 프랑스의 루이 14세는 콜베르를 등용하여 중상주의 정책을 펼쳤다.

296

⑺ 왕은 영국의 엘리자베스 1세이다. 엘리자베스 1세는 에스파냐의 무적함대를 격파하고 동인도 회사의 설립을 지원하였다.

바로잡기 ㄴ. 프로이센의 프리드리히 2세는 상수시 궁전을 건축하였다. ㄷ. 러시아, 프로이센, 오스트리아는 폴란드 분할에 참여하였다.

297

⑺는 1670년대 심사법과 인신 보호법 제정, ⑻는 1714년 하노버 왕조 수립에 대한 내용이다. 왕정복고로 즉위한 찰스 2세의 전제 정치에 맞서 영국 의회는 심사법과 인신 보호법을 제정하였다. 이후 명예혁명으로 추대된 메리와 윌리엄은 권리 장전을 승인하였고(1689), 조지 1세가 즉위하며 하노버 왕조가 수립되었다.

바로잡기 ①, ②, ④, ⑤ 왕정복고 이전의 사실이다.

298

자료는 러시아의 표트르 대제와 관련된 내용이다. 표트르 대제는 서구화 정책을 추진하였으며, 오스만 제국을 압박해 흑해로 진출하였다. 또한 스웨덴과의 북방 전쟁에서 승리해 발트해로 진출하는 통로를 확보하고, 상트페테르부르크를 건설하여 수도로 삼았다.

바로잡기 ① 영국의 크롬웰은 아일랜드를 정복하여 내전을 끝냈다. ②, ③ 프랑스의 루이 14세는 낭트 칙령을 폐지하였으며, 베르사유 궁전을 증축하였다. ⑤ 프로이센의 프리드리히 2세는 국가 제일의 심부름꾼을 자처하였다.

299

로마 가톨릭교(구교)와 신교의 대립이 격화되면서 일어난 30년 전쟁은 베스트팔렌 조약으로 종결되었다.

300

채점 기준	수준
네덜란드 독립 승인, 칼뱅파 공식 인정을 모두 서술한 경우	상
위 내용 중 한 가지만 서술한 경우	하

301

프랑스의 루이 14세는 왕권신수설을 신봉하였으며, 태양왕을 자처하였다.

302

채점 기준	수준
콜베르를 등용하여 중상주의 정책 추진, 베르사유 궁전 증축, 낭트 칙령 폐지 등 세 가지 정책을 모두 서술한 경우	상
위 내용 중 두 가지를 서술한 경우	중
위 내용 중 한 가지만 서술한 경우	하

● 59쪽

303 ② **304** ③ **305** ① **306** ③

303 에스파냐와 포르투갈

1등급 자료 분석　에스파냐와 포르투갈의 신항로 개척

마젤란 일행은 에스파냐의 후원을 받아 인도 항로 개척에 나섰고, 이 과정에서 세계를 일주하여 지구 구형설을 증명하였다.

- 마젤란은 ⑺ 국왕의 지원을 받아 5척의 배를 이끌고 인도 항로 개척에 나섰다. 세비야를 출발한 배는 대서양을 건너 태평양을 횡단하여 필리핀에 도착하였다. 마젤란은 필리핀에서 사망하였지만, 생존한 선원들은 귀환에 성공하였다.

바스쿠 다 가마는 포르투갈의 후원을 받아 인도 항로를 개척하였다.

- 바스쿠 다 가마는 ⑻ 국왕의 지원으로 4척의 배를 이끌고 리스본을 출발하여 아프리카의 희망봉을 돌아 인도 캘리컷에 도착하였다. 인도 항로를 개척하고 귀국한 바스쿠 다 가마에 국왕은 인도양의 제독이라는 지위를 하사하였다.

⑺는 에스파냐, ⑻는 포르투갈이다. 콜럼버스와 마젤란의 항해를 후원한 에스파냐는 아메리카 대륙에 식민지를 건설하고 많은 부를 축적하였다. 에스파냐는 이러한 부를 바탕으로 번영을 누렸고, 레판토 해전에서 오스만 제국을 격파하여 지중해의 해상권을 장악하였다. 하지만 가톨릭 강요 정책에 반발한 네덜란드 지역이 독립하고 무적함대가 영국에 패하면서 쇠퇴하였다.

바로잡기 ① 러시아는 스웨덴과의 북방 전쟁에서 승리하고 발트해로 진출하였다. ③ 러시아, 프로이센, 오스트리아는 폴란드 영토 분할에 참여하였다. ④ 독립 전쟁을 통해 에스파냐로부터 일부 지역의 독립을 달성한 네덜란드는 베스트팔렌 조약에서 독립이 승인되었다. ⑤ 영국에서는 왕위 계승을 두고 귀족들 사이의 내전인 장미 전쟁이 벌어졌다.

304 루터의 종교 개혁

1등급 자료 분석　아우크스부르크 화의(1555)

1. 각 영방 제후는 종교를 결정할 권리를 가진다. 영주의 종교에 따라 영민들의 종교가 결정된다. 독일의 제후들은 로마 가톨릭교회나 루터파 중에서 종교를 선택할 수 있는 권리를 얻게 되었다.
2. 원칙은 루터파에게만 적용되며, 그 밖의 신교에는 적용되지 않는다. 아우크스부르크 화의를 통해 루터파가 공식적으로 인정되었다.
3. 만약 대주교, 주교 및 수도원장 등 고위 성직자 가운데 루터파로 전향하는 경우에는 영지를 포기하며 가톨릭 교회의 관할에 맡겨야 한다.

자료는 아우크스부르크 화의(1555)이다. 교황 레오 10세가 성 베드로 성당 증축 자금을 마련하고자 면벌부를 판매하자 루터는 「95개조 반박문」을 발표하여 교황의 면벌부 판매를 비판하였다. 루터를 지지하는 제후들은 교황과 긴밀한 관계를 맺고 있는 신성 로마 제국 황제와 전쟁을 벌였고, 그 결과 아우크스부르크 화의가 체결되어 루터파가 공식적으로 인정되었다.

바로잡기 백년 전쟁 발발은 1337년, 콜럼버스의 아메리카 도착은 1492년, 「95개조 반박문」 게시는 1517년, 낭트 칙령 발표는 1598년, 베스트팔렌 조약 체결은 1648년, 권리 장전 승인은 1689년의 일이다.

305 크롬웰

아시아·아프리카의 각 지역과 섬 …… 잉글랜드와 기타 제국의 식민지에서 생산, 제조된 물자들을 잉글랜드 공화국과 아일랜드 본국 및 여러 속령에서 수입할 때는 본국이나 식민지 국민이 선주인 배로만 한다.

항해법은 영국의 무역을 영국의 배로 한정하여 네덜란드의 중계 무역을 견제하려는 의도가 담겨 있었다.

〈해설〉 위 사료는 영국의 항해법이다. 항해법은 공화정을 수립한 ┌(가)┐ 이/가 네덜란드를 견제하고 자국 무역을 보호하고자 제정하였다. 이후 항해법은 19세기 초 영국에서 자유주의 무역이 확산되면서 폐지되었다.

크롬웰은 찰스 1세를 처형한 뒤 공화정을 수립하였다.

자료는 영국의 항해법이다. 청교도 혁명 당시 의회파를 이끌고 찰스 1세를 처형한 뒤 공화정을 수립한 크롬웰은 아일랜드를 정복하고 항해법을 제정하였다. 또한 의회를 해산하고 호국경에 취임하여 청교도 윤리를 앞세운 독재 정치를 실시하였다.

바로잡기 ② 칼뱅은 예정설을 주장하며 종교 개혁에 나섰다. ③ 프랑스 앙리 4세의 낭트 칙령 발표로 위그노 전쟁이 마무리되었다. ④ 헨리 8세는 수장법을 공포하고 스스로 영국 교회의 수장이 되었다. ⑤ 에스파냐의 펠리페 2세는 레판토 해전에서 승리하여 지중해 해상권을 장악하였다.

선택지 더 보기

⑥ 권리 장전을 승인하였다. 　 (×)
⑦ 베르사유 궁전을 증축하였다. 　 (×)
⑧ 청교도 윤리를 앞세운 독재 정치를 실시하였다. 　 (○)

306 프리드리히 2세

군주의 가장 중요한 책임은 정의를 실현하는 것이다. 군주가 지배하는 인민에게 무엇보다 중요한 것이 정의이므로, 군주는 자신의 그 어떤 이익보다 정의에 최우선을 두어야 한다. 적나라한 사리사욕과 세력 확장의 추구, 야심 추구와 폭정을 권장하는 마키아벨리는 대체 무엇이란 말인가? 군주는 결코 자기가 지배하고 있는 인민의 절대적인 주인이 아니라, 국가 제일의 심부름꾼에 지나지 않는다.

계몽사상의 영향을 받은 프리드리히 2세는 국가 제일의 심부름꾼을 자처하였다.

자료는 프로이센의 프리드리히 2세의 주장이다. 볼테르 등과 교류하며 계몽사상의 영향을 받은 프리드리히 2세는 국가 제일의 심부름꾼을 자처하였다. 프리드리히 2세는 오스트리아 왕위 계승 전쟁에 개입하여 슐레지엔 지방을 차지하였고, 베르사유 궁전을 모방하여 상수시 궁전을 건축하였다.

바로잡기 ㄱ. 프랑스의 루이 14세는 콜베르를 등용하여 중상주의 정책을 실시하였다. ㄹ. 러시아의 표트르 대제는 상트페테르부르크를 건설하여 새로운 수도로 삼았다.

08 세계적 상품 교역

 기출 문제 ──────────── ● 61쪽

핵심 개념 문제

307 해금 정책	**308** 에스파냐	**309** 마테오 리치
310 ○	**311** × **312** × **313** ㉃	**314** ㉄ **315** ㉠
316 ㄴ	**317** ㄷ **318** ㄱ	

319 ③ 　 **320** ① 　 **321** ②

319

㈎ 국가는 아스테카 제국이다. 아스테카 제국은 13세기경 멕시코고원 지역에서 테노치티틀란을 수도로 번영하였다. 아스테카 제국은 에스파냐의 코르테스에 의해 정복되었다. 에스파냐는 이 지역에 식민지를 건설하고 많은 금과 은을 수탈하였다.

바로잡기 ① 안데스고원 지역에서 번영한 잉카 제국은 고산 지대에 마추픽추를 건설하였다. ② 일본은 이와미 은광을 개발하여 많은 은을 생산하였다. ④ 명은 일조편법을 시행하여 은으로 세금을 거두었다. ⑤ 네덜란드는 바타비아를 중심으로 중계 무역을 전개하였다.

320

자료의 국가는 에스파냐이다. 신항로 개척 이후 에스파냐는 아스테카 제국과 잉카 제국을 정복하였으며, 아메리카 대륙에 식민지를 건설하고 막대한 양의 금과 은을 수탈하였다. ① 에스파냐는 마닐라를 거점으로 삼아 아메리카에서 가져온 은으로 중국의 비단과 도자기를 구입하고 다시 유럽으로 수출하는 갤리언 무역을 전개하였다.

바로잡기 ② 명은 정화의 항해를 추진하여 조공 질서를 확대하였다. ③ 아바스 왕조는 당과의 탈라스 전투에서 승리하고 동서 교역의 주도권을 확보하였다. ④ 포르투갈은 일본에 조총, 화약 등을 판매하고 은을 확보하였다. ⑤ 일본은 나가사키에서 네덜란드와 교역하였다.

321

자료는 아메리카에서 전래된 감자, 고구마, 옥수수 등의 구황 작물에 대한 내용이다. 아메리카가 원산지인 감자, 고구마, 옥수수 등은 유럽과 아시아에 전해져 구황 작물로 활용되었고, 이는 18세기에 유럽과 아시아의 인구가 증가하는 중요한 요인이 되었다.

바로잡기 ① 마테오 리치, 아담 샬 등 예수회 선교사의 활동으로 크리스트교가 아시아에 전파되었다. ③ 탈라스 전투에서 아바스 왕조가 당에 승리한 이후 이슬람 상인이 동서 교역로를 장악하였다. ④ 신항로 개척 이후 유럽인이 아메리카에서 활동하면서 아메리카에 천연두와 홍역이 확산되었다. ⑤ 아메리카 원주민의 수가 감소하자 유럽인은 아프리카인을 노예로 삼아 아메리카의 농장과 광산에 투입하였다.

322 ④	323 ⑤	324 ①	325 ②	326 ④	327 ④
328 ②	329 ②	330 ③	331 ③	332 ②	

1등급을 향한 서답형 문제

333 대서양 삼각 무역　　　**334** 예시 답안 유럽은 총이나 공산품 등을 아프리카에서 노예와 바꾸었고, 노예를 아메리카의 농장과 광산에 공급하였다. 아메리카에서는 노예를 이용하여 사탕수수 등을 재배하였고, 생산한 상업 작물을 유럽에 판매하였다.

335 은　　　**336** 예시 답안 중국에서는 은의 유입이 증가하여 은이 화폐로 사용되었고, 은으로 세금을 납부하는 일조편법과 지정은제가 실시되었다.

322

자료의 사건은 탈라스 전투이다. 아바스 왕조는 탈라스 전투에서 승리하여 동서 교역로의 주도권을 잡았다. 이후 이슬람 상인들이 아시아와 유럽 사이의 중계 무역을 주도하였다.

바로잡기 ① 신항로 개척 이후 상업 활동이 활발해지면서 주식회사가 설립되었다. ② 16세기에 포르투갈은 일본에 조총을 전하였다. ③ 신항로 개척 이후 아메리카의 감자와 고구마가 유럽과 아시아에 전해졌다. ⑤ 명·청 시기 마테오 리치, 아담 샬 등 예수회 선교사가 크리스트교를 전파하였다.

323

자료는 명대에 진행된 정화의 항해에 대한 내용이다. 정화의 항해를 계기로 명 중심의 조공 질서가 확대되었다. 명은 조공 무역을 통해 주변국과 교류하였고, 일본과 동남아시아의 국가들과는 감합 무역을 전개하였다.

바로잡기 ① 청은 정세를 지세에 합쳐 은으로 징수하는 지정은제를 실시하였다. ② 에스파냐의 피사로에 의해 잉카 제국이 파괴되었다. ③ 송대에는 지폐인 교자와 회자가 유통되었다. ④ 아메리카 원주민의 수가 감소하자 유럽인은 아프리카인 노예를 아메리카의 농장과 광산에 투입하였다.

324

자료는 아메리카 문명의 파괴에 대한 내용이다. 에스파냐의 코르테스와 피사로는 각각 아스테카 제국과 잉카 제국을 정복하고 아메리카 문명을 파괴하였다.

바로잡기 ② 이슬람 상인의 활약으로 동서 교역이 활성화되며 인도양 교역망이 형성되었다. ③ 신항로 개척 이후 대서양 삼각 무역이 전개되었다. ④ 신항로 개척 이전에는 사막길을 통한 육로 교역이 활발하였다. ⑤ 16세기 중국에 진출한 예수회 선교사는 서양의 학문과 과학 기술을 소개하였다.

325

유럽인의 아메리카 진출 이후 가혹한 노동과 전염병의 확산 등으로 아메리카 원주민의 수가 급감하였다. 이에 유럽인은 아프리카인을 노예로 삼아 아메리카의 농장과 광산에 투입하였고, 이 과정에서 노예 무역이 활성화되었다.

바로잡기 ① 아시아에 진출한 예수회 선교사들은 선교 활동을 목적으로 서양 학문과 과학 기술을 소개하였다. ③ 후추 등 향신료는 유럽인의 식생활을 변화시켰다. ④ 중국의 문물이 유럽에 전해지면서 유럽에서는 시누아즈리라 불리는 중국 문화가 유행하였다. ⑤ 신항로 개척 이후 아메리카가 원산지인 감자, 고구마, 옥수수가 유럽과 아시아에 전래되어 구황 작물로 활용되었다.

326

(가) 국가는 포르투갈이다. 아시아 방면 진출에 주력한 포르투갈은 16세기 초반 믈라카를 점령하고 향신료 무역을 독점하였다. 16세기 후반에는 일본에 조총과 비단 등을 판매하여 확보한 은으로 중국의 비단과 도자기 등을 구입하여 다시 유럽에 판매하였다.

바로잡기 ① 11세기 이후 한자 동맹이 북해와 발트해 연안 무역을 독점하였다. ② 일본은 네덜란드와 교역하며 서양 문물을 수용하였고, 이 과정에서 난학이 발전하였다. ③ 에스파냐는 무적함대를 운용하여 해상권을 장악하였다. ⑤ 네덜란드는 바타비아를 중심으로 중계 무역을 전개하였다.

327

밑줄 친 '이 나라'는 에스파냐이다. 콜럼버스의 항해를 후원한 에스파냐는 아메리카에 식민지를 건설하였다. 에스파냐인이 아메리카 식민지에서 개발한 포토시 은광은 세계 최대 규모의 은광으로, 생산된 은은 유럽에 공급되었다.

바로잡기 ㄱ. 영국, 네덜란드가 동인도 회사를 설립하고 아시아로 진출하였다. ㄷ. 일본은 나가사키에서 네덜란드와 교역하여 서양 문물을 수용하였고, 이 과정에서 난학이 발전하였다.

1등급 정리 노트	유럽 국가의 교역망 확장
포르투갈	• 믈라카를 점령하고 향신료 무역 독점 • 마카오(중국)와 나가사키(일본)에서 교역 전개 → 일본에서 확보한 은으로 중국의 비단, 도자기 등 구입
에스파냐	필리핀의 마닐라를 거점으로 갤리언 무역 전개 → 아메리카의 은으로 중국의 비단, 도자기 등 구입
네덜란드	• 바타비아를 거점으로 중계 무역 주도 • 포르투갈을 대신하여 나가사키에서 일본과의 교역 주도 → 일본의 난학 발전에 영향

328

신항로 개척 이후 교역이 활성화되며 유럽에서는 상업 자본주의가 발달하여 어음 교환 제도가 등장하였고, 교역의 위험성을 줄이고자 보험 제도가 마련되었다. 또한 투자자에게 이윤을 보장하고 자본을 모집하여 운영하는 주식회사가 설립되었다.

바로잡기 ① 명은 건국 초부터 해금 정책을 시행하고 민간 무역을 금지하였다. ③ 청은 정세를 지세에 합쳐 은으로 징수하는 지정은제를 시행하였다. ④ 신항로 개척 이후 아메리카 대륙에서 감자와 고구마가 전해져 구황 작물로 활용되었다. ⑤ 몽골 제국이 광대한 영역을 통치하기 위해 설치한 역참은 동서 교류에 기여하였다.

329

(가)는 은이다. 일본은 은을 이용하여 조선에서 인삼과 비단을 수입하였고, 조선은 일본의 은과 인삼을 이용하여 명에서 비단을 구매하였다. 명에서는 은의 유입이 증가하자 은이 화폐로 사용되었고, 은으로 세금을 징수하는 일조편법이 시행되었다.

바로잡기 ① 감자, 고구마, 옥수수 등의 구황 작물은 인구 증가에 기여하였다. ③ 산업 혁명 이후에는 영국이 면직물을 대량 생산하여 면직물 산업을 주도하였다. ④ 유럽인은 아메리카에서 사탕수수, 담배 등을 플랜테이션의 형태로 재배하였다. ⑤ 유럽 상인은 은을 이용하여 중국에서 차와 도자기, 비단을 주로 구입하였다.

330

자료는 예수회의 선교 활동에 대한 것이다. 예수회는 아시아와 아메리카에서 선교 활동에 주력하였다. 예수회 선교사인 마테오 리치와 아담 샬은 중국에 크리스트교를 전파하고, 천문과 역법 등 서양 문물을 전하였다.

바로잡기 ① 에스파냐의 피사로는 병력을 이끌고 잉카 제국을 정복하였다. ② 이븐 바투타는 몽골 제국 등을 여행하고 『여행기』를 저술하였다. ④, ⑤ 마젤란과 바르톨로메우 디아스의 항해는 신항로 개척의 대표적인 사례이다.

331

자료는 전염병의 확산으로 아메리카 원주민의 수가 급격히 감소하였다는 내용을 담고 있다. 신항로 개척 이후 유럽인이 아메리카에 진출하면서 각종 전염병이 아메리카에 확산되었고, 면역력이나 저항력이 없던 많은 아메리카 원주민이 사망하였다.

바로잡기 ① 중세 유럽 도시에서는 상공업자들이 길드를 조직하여 생산과 교역을 통제하였다. ② 유럽의 교역망이 확장되면서 교역의 안전성을 확보하기 위해 보험 제도가 마련되었다. ④ 중국에서 은의 가치는 유럽에 비해 월등히 높았으므로, 유럽 상인은 중국의 차와 비단 등을 구입할 결제 수단으로 은을 이용하였다. ⑤ 탈라스 전투에서 승리한 아바스 왕조가 비단길의 주도권을 잡은 이후 이슬람 상인이 동서 교역을 주도하였다.

332

밑줄 친 '이 나라'는 네덜란드이다. 네덜란드는 일본 나가사키에 진출하여 에도 막부와 교역하였다. 네덜란드는 동인도 회사를 설립하여 해외 시장 개척에 나섰고, 인도네시아에 바타비아를 건설하여 중계 무역의 거점으로 삼았다.

바로잡기 ㄴ. 에스파냐는 마닐라를 거점으로 삼아 갤리언 무역을 전개하였다. ㄹ. 포르투갈은 에스파냐와 토르데시야스 조약을 체결하여 세력 확장 범위를 정하였고, 아시아 방면 진출에 주력하였다.

333

신항로 개척 이후 노예 노동에 대한 수요가 커지면서 노예 무역을 중심으로 대서양에서는 유럽, 아프리카, 아메리카 세 대륙을 잇는 삼각 무역이 발달하였다.

334

채점 기준	수준
유럽이 총이나 공산품을 아프리카에 판매하였고, 아프리카는 아메리카에 노예를 공급하였으며, 아메리카는 상업 작물을 유럽에 판매하였다고 서술한 경우	상
위 내용 중 두 가지를 서술한 경우	중
위 내용 중 한 가지를 서술한 경우	하

335

세계적 교역망이 형성되면서 중국으로의 은 유입이 크게 증가하였다.

336

채점 기준	수준
중국에서 은이 화폐로 사용되고, 은으로 세금을 납부하는 일조편법과 지정은제가 실시되었다고 서술한 경우	상
위 내용 중 한 가지만 서술한 경우	하

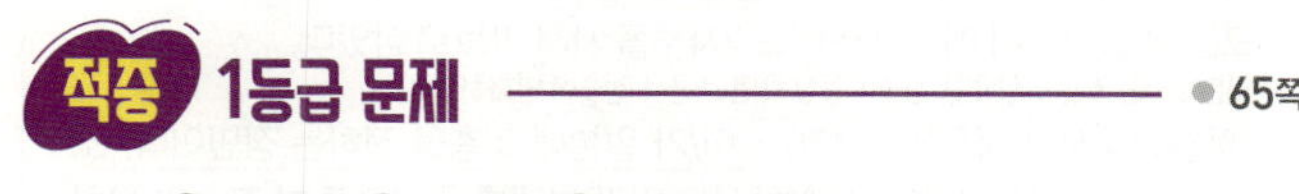

● 65쪽

337 ①　338 ②　339 ⑤　340 ①

337 잉카 제국

1등급 자료 분석　잉카 제국의 발전

이곳은 (가) 이/가 건설한 마추픽추 유적입니다. 정교하게 돌을 쌓아서 만든 성벽과 산의 경사로에 만든 계단식 밭을 통해 뛰어난 건축 기술을 엿볼 수 있습니다.

안데스고원 지역에서 발전한 잉카 제국은 해발 고도 2,430m 고산 지대에 마추픽추를 건설하였다.

(가) 국가는 잉카 제국이다. 잉카 제국은 쿠스코를 수도로 삼고 안데스고원 일대에서 번성하였다. 잉카 제국은 신항로 개척 이후 에스파냐의 피사로가 이끈 병사들에 의해 파괴되었고, 이후 이 지역에는 에스파냐의 식민지가 건설되었다.

바로잡기 ②, ③ 멕시코고원 지역에서 테노치티틀란을 수도로 삼아 번영한 아스테카 제국은 코르테스에 의해 정복되었다. ④ 명은 일본 등과 감합 무역을 전개하였다. ⑤ 네덜란드는 인도네시아의 바타비아를 거점으로 중계 무역을 전개하였다.

338 에스파냐

1등급 자료 분석　에스파냐의 갤리언 무역

마젤란 일행의 항해로 필리핀을 발견한 (가) 은/는 마닐라를 정복하여 요새를 짓고 무역의 거점으로 삼았다. 이후 마닐라와 멕시코 아카풀코를 잇는 갤리언 무역을 전개하여 멕시코와 페루에서 채굴한 은으로 중국의 비단과 인도의 보석, 동남아시아의 향료 등을 구입하였다.

에스파냐는 마젤란의 항해를 후원하였다.
에스파냐는 마닐라를 거점으로 삼아 대포로 무장한 갤리언선을 이용한 갤리언 무역을 전개하였다.

㈎ 국가는 에스파냐이다. 신항로 개척 이후 에스파냐는 아메리카에서 확보한 은으로 중국의 비단과 도자기 등을 구입하는 갤리언 무역을 전개하였다. ② 에스파냐는 펠리페 2세 시기에 레판토 해전에서 오스만 제국을 격파하고 지중해의 해상권을 장악하였다.

바로잡기 ① 영국은 엘리자베스 1세 때 에스파냐의 무적함대를 격파하였다. ③ 베스트팔렌 조약에서 네덜란드의 독립이 승인되었다. ④ 십자군 전쟁 이후 이탈리아 도시들이 동방 무역으로 번성하였다. ⑤ 영국과 네덜란드는 해외 시장 개척을 위해 동인도 회사를 설립하였다.

선택지 더 보기

⑥ 아스테카 제국을 정복하였다.	(○)
⑦ 상트페테르부르크를 건설하였다.	(×)
⑧ 바스쿠 다 가마의 항해를 후원하였다.	(×)

339 포르투갈

1등급 자료 분석 일본에 조총을 전한 포르투갈

<u>포르투갈은 일본에 조총을 전하였다.</u>
다네가시마에 외국 배 한 척이 도착하였다. 이들은 손에 한 가지 물건을 갖고 있었다. 길이는 2~3척으로 형태는 안이 비고 바깥은 일직선이며 무거운 재질이었다. …… 작은 구멍에 불을 붙이면 맞추지 못함이 없다. …… 다이묘는 그 물건값이 매우 비싼데도 2자루를 사서 가보로 삼았다.
<u>일본에서는 조총을 활용한 전술이 등장하면서 군사 전술이 변화하였다.</u>

〈해설〉 제시된 자료는 ______(가)______ 이/가 일본에 조총을 전하는 장면이다. 조총과 관련 기술이 전해진 일본에서는 기마 부대를 중심으로 한 전술이 무력화되었다. 조총을 활용한 오다 노부나가는 센고쿠 시대의 주도권을 잡았고, 후계자인 도요토미 히데요시는 센고쿠 시대를 통일하였다.

자료는 포르투갈이 일본에 조총을 전하는 내용을 담고 있다. 포르투갈은 믈라카를 무역의 거점으로 삼고, 일본 나가사키에 진출하여 조총과 화약 등을 팔고 확보한 은으로 중국의 비단과 도자기, 차 등을 구입해 유럽에 판매하면서 이득을 취하였다.

바로잡기 ㄱ. 네덜란드와의 교류로 에도 막부에서는 난학이 발전하였다. ㄴ. 에스파냐인에 의해 아메리카 지역에서 포토시 은광이 개발되었다.

340 마테오 리치

1등급 자료 분석 마테오 리치의 활동

그는 1582년 마카오에 도착한 후 중국에서 활동하기 위해 중국어와 중국 문화를 익혔다. 이어 베이징에 도착한 그는 만력제의 허락을 받아 성당을 세우고 크리스트교 포교 활동을 펼쳤으며, 이지조와 함께 세계 지도인 「곤여만국전도」를 제작하여 동아시아 지식인의 세계관 변화에 영향을 주었다.
<u>예수회 선교사로 중국에 온 마테오 리치는 「곤여만국전도」를 제작하여 중화적 세계관을 갖고 있던 동아시아 지식인의 세계관에 영향을 주었다.</u>

밑줄 친 '그'는 예수회 선교사인 마테오 리치이다. 중국에 진출한 예수회 선교사들은 선교를 목적으로 서양의 학문과 과학 기술을 적극적으로 소개하였다.

바로잡기 ② 에스파냐의 코르테스는 아스테카 제국을 정복하였다. ③ 루터는 「95개조 반박문」을 발표하여 교황의 면벌부 판매를 비판하였다. ④ 명의 정화는 영락제의 명을 받아 항해에 나서 명 중심의 조공 질서를 확대하였다. ⑤ 바스쿠 다 가마는 희망봉을 돌아 인도 항로를 개척하였다.

06 이슬람 세계와 몽골 제국
341 ④　**342** ⑤　**343** ③　**344** ①　**345** ④　**346** ⑤
347 ④　**348** 쿠빌라이 칸　**349** **예시 답안** 쿠빌라이 칸은 남송을 멸망시켜 중국 전역을 지배하였고, 고려를 복속시켰다. 또한 베트남을 공격하였고, 두 차례에 걸쳐 일본 원정을 단행하였다. 등

07 유럽의 신항로 개척과 재정·군사 국가
350 ⑤　**351** ①　**352** ④　**353** ③　**354** ①　**355** ④
356 ③　**357** 크롬웰　**358** **예시 답안** 크롬웰은 청교도 윤리를 앞세운 독재 정치를 펼쳤다.

08 세계적 상품 교역
359 ①　**360** ③　**361** ④　**362** ②　**363** ①　**364** ③
365 ②　**366** 대서양　**367** **예시 답안** 아메리카에서 채굴한 많은 양의 금과 은이 유럽에 들어오면서 유럽의 물가가 폭등하는 가격 혁명이 나타났다.

341

㈎ 왕조는 우마이야 왕조이다. 무아위야가 수립한 우마이야 왕조에서는 아랍인이 관료와 군대의 요직을 차지하여 우대를 받았다.

바로잡기 ① 티무르 왕조는 사마르칸트를 수도로 삼았다. ② 사파비 왕조는 페르시아 군주의 칭호인 '샤'를 사용하였다. ③ 아케메네스 왕조 페르시아는 '왕의 길'로 불리는 도로를 건설하였다. ⑤ 티무르 왕조는 앙카라 전투에서 오스만 제국을 격파하였다.

342

밑줄 친 '이 왕조'는 아바스 왕조이다. 바그다드를 수도로 삼은 아바스 왕조는 탈라스 전투의 승리로 동서 교역의 주도권을 잡았다.

바로잡기 ① 티무르는 몽골 제국의 재건을 내세우며 티무르 왕조를 수립하였다. ② 정통 칼리프 시대에는 이슬람 공동체가 칼리프를 선출하였다. ③ 이슬람교를 창시한 무함마드는 박해를 피해 메디나로 피신하였다(헤지라). ④ 네덜란드는 바타비아를 무역의 거점으로 삼아 중계 무역을 전개하였다.

343

㈎ 왕조는 사파비 왕조이다. 이스마일 1세가 건국한 사파비 왕조는 시아파 이슬람교를 국교로 삼았고, 페르시아 군주의 칭호인 '샤'를 사용하였다. 아바스 1세 때는 수도를 이스파한으로 옮겼고, 이스파한은 동서 교역의 중심지로 성장하였다.

바로잡기 ㄱ. 몽골 제국은 파스파 문자를 제작하여 사용하였다. ㄹ. 셀주크 튀르크는 바그다드에 입성하여 아바스 왕조로부터 술탄의 칭호를 받았다.

344

밑줄 친 '황제'는 송 태조 조광윤이다. 조광윤은 황제가 직접 과거의 마지막 단계를 주관하는 전시를 정례화하여 황제권을 강화하

였고, 절도사 세력을 견제하고자 문치주의를 채택하였다.

바로잡기 ② 남송의 주희는 성리학을 집대성하였다. ③ 칭기즈 칸은 호라즘 왕국을 정복하였다. ④ 이탈리아의 마르코 폴로가 『동방견문록』을 저술하였다. ⑤ 쿠빌라이 칸은 고려를 복속시키고 베트남을 공격하였다.

345

제시된 자료는 송대의 경제 상황이다. 송대에는 모내기법과 참파벼가 도입되고, 용골차 등의 농기구가 사용되면서 농업 생산량이 크게 증가하였다. 농업 생산력의 증가는 상업의 발달을 촉진하였고, 상인들은 행·작 등의 동업 조합을 결성하여 활동하였다.

바로잡기 ① 원대에는 지폐인 교초가 발행되어 널리 유통되었다. ② 『농상집요』는 원대에 편찬되었다. ③ 한 무제 때 소금과 철의 전매제가 시행되었다. ⑤ 원대에는 수도인 대도(베이징)를 중심으로 교통망이 정비되었다.

346

자료는 금의 맹안 모극제와 주현제이다. 금은 맹안 모극제를 실시하여 유목민을 다스리고, 주현제를 통해 농경민을 통치하는 이원적 지배 체제를 실시하였다. ⑤ 금은 거란(요)을 멸망시키고, 송을 공격하여 화북 지역을 차지하였다.

바로잡기 ① 탕구트족이 건국한 서하는 동서 교역로를 장악하고 중계 무역으로 이익을 얻었다. ② 송은 5대 10국의 혼란을 수습하였다. ③ 당, 송, 원 등은 주요 항구에 시박사를 설치하여 해상 무역을 관할하였다. ④ 원은 두 차례에 걸쳐 일본을 공격하였으나 폭풍우의 영향 등으로 실패하였다.

347

(가)는 서하, (나)는 거란(요)이다. 거란(요)은 만리장성 이남의 연운 16주를 차지하고 송과 충돌하였고, 서하는 동서 교역로를 장악하고 송과 대립하였다. ④ 거란(요)은 북면관제·남면관제를 시행하여 유목민과 농경민에게 다른 지배 방식을 적용하였다.

바로잡기 ① 몽골의 칭기즈 칸은 천호제를 기반으로 정복 활동을 전개하였다. ② 원은 백련교도가 중심이 된 홍건적의 반란으로 쇠퇴하였다. ③ 몽골의 정복 활동으로 금, 남송 등이 멸망하였다. ⑤ 송과 거란은 전연의 맹약을 체결하고 송이 거란에 매년 세폐를 제공하였다.

348

몽골 제국의 쿠빌라이 칸은 수도를 카라코룸에서 대도(베이징)로 옮기고 국호를 원으로 정하였다.

349

채점 기준	수준
남송 멸망, 고려 복속, 베트남 공격, 두 차례에 걸친 일본 원정 단행 등 정복 활동 사례를 세 가지 서술한 경우	상
위 내용을 서술하지 못한 경우	하

350

(가) 국가는 포르투갈이다. 포르투갈의 후원을 받은 바르톨로메우 디아스는 아프리카 남단의 희망봉에 도착하였고, 바스쿠 다 가마

는 인도 항로를 개척하였다. 이후 포르투갈은 아시아 방면으로 진출하여 믈라카를 점령하고 향신료 무역을 전개하였다.

바로잡기 ① 에스파냐는 레판토 해전에서 오스만 제국을 격파하였다. ② 러시아는 표트르 대제 시기에 서유럽화 정책을 추진하였다. ③ 아스테카 제국과 잉카 제국을 정복한 에스파냐는 아메리카에 식민지를 건설하였다. ④ 영국은 항해법을 제정하여 네덜란드를 견제하였다.

351

(가)는 영국, (나)는 프랑스이다. 백년 전쟁 초기에는 영국이 승기를 잡았지만, 프랑스가 잔 다르크의 활약으로 전세를 역전하여 전쟁에서 승리하였다. ① 영국은 엘리자베스 1세 시기에 동인도 회사를 설립하여 해외 시장을 개척하였다.

바로잡기 ② 로마의 콘스탄티누스 대제는 밀라노 칙령으로 크리스트교를 공인하였다. ③ 후우마이야 왕조는 코르도바를 수도로 삼았다. ④ 포르투갈과 네덜란드 등은 나가사키에서 일본과 교역하였다. ⑤ 프로이센은 오스트리아 왕위 계승 전쟁에 개입하여 슐레지엔 지방을 차지하였다.

352

밑줄 친 '그'는 루터이다. 교황 레오 10세가 성 베드로 성당 건축 비용 마련을 위해 면벌부를 판매하자, 루터는 「95개조 반박문」을 통해 이를 비판하였다. 또한 신앙의 근거는 성서라고 주장하며, 인간의 구원은 오직 신앙과 신의 은총에 달려 있다고 강조하였다.

바로잡기 ①, ② 예정설을 주장한 칼뱅은 근면하고 성실한 직업 생활을 강조하였다. ③ 영국의 헨리 8세는 수장법을 공포하고 영국 교회의 수장이 되었다. ⑤ 예수회는 상급자에 대한 복종과 교황에 대한 순종을 내세웠다.

353

(가) 조약은 베스트팔렌 조약이다. 로마 가톨릭교와 신교의 대립으로 일어난 30년 전쟁은 베스트팔렌 조약의 체결로 종결되었다. 그 결과 칼뱅파가 공인되고, 네덜란드의 독립이 승인되었다.

바로잡기 ㄱ. 엘리자베스 1세는 통일법을 반포하여 영국 국교회를 확립하였다. ㄹ. 메리와 윌리엄이 권리 장전을 승인하면서 영국에서 의회를 중심으로 한 입헌 군주제의 토대가 마련되었다.

354

자료는 프랑스의 루이 14세가 낭트 칙령을 폐지하면서 발표한 내용이다. 태양왕을 자처한 루이 14세는 낭트 칙령을 폐지하여 위그노의 종교적 자유를 박탈하였고, 베르사유 궁전을 증축하였다.

바로잡기 ㄷ. 러시아의 표트르 대제는 상트페테르부르크를 건설하여 수도로 삼았다. ㄹ. 영국의 엘리자베스 1세는 스페인의 무적함대를 격파하였다.

355

자료는 영국의 명예혁명에 대한 것이다. 왕정복고로 즉위한 찰스 2세가 친가톨릭 정책을 펼치자 의회는 심사법과 인신 보호법을 제정하여 맞섰다. 이후 의회는 전제 정치를 펼치던 제임스 2세를 폐위하고 메리와 윌리엄을 공동 왕으로 추대하였다(명예혁명, 1688). 이듬해 메리와 윌리엄이 권리 장전을 승인하면서 영국에서는 의회 중심 입헌 군주제의 토대가 마련되었다.

356

㈎ 왕은 프로이센의 프리드리히 2세이다. 국가 제일의 심부름꾼을 자처한 프리드리히 2세는 계몽사상의 영향을 받아 오스트리아 왕위 계승 전쟁에 개입하여 슐레지엔 지방을 차지하였다.

바로잡기 ① 영국의 존왕, ② 프랑스의 앙리 4세, ④ 러시아의 표트르 대제, ⑤ 프랑스의 루이 14세에 대한 설명이다.

357

청교도 혁명 중 의회파를 이끈 크롬웰은 왕당파의 군대를 격파한 이후 찰스 1세를 처형하고 공화정을 수립하였다.

358

채점 기준	수준
청교도 윤리를 앞세운 독재 정치를 서술한 경우	상
위 내용을 서술하지 못한 경우	하

359

밑줄 친 '이 왕조'는 명이다. 명은 건국 초부터 해금 정책을 시행하고, 민간 무역을 금지하였다. 민간 무역이 금지되면서 동아시아 교역은 명과의 조공 무역을 중심으로 이루어졌다.

바로잡기 ② 당은 탈라스 전투에서 아바스 왕조에 패배하였다. ③ 칭기즈 칸은 천호제로 군사 조직을 정비하였다. ④ 송대에는 교자, 회자 등의 지폐가 사용되었다. ⑤ 몽골 제국은 울루스의 느슨한 연합으로 구성되었다.

360

자료는 정화의 항해와 관련된 내용이다. 명의 정화는 함대를 이끌고 동남아시아를 거쳐 아프리카 해안까지 진출하였다. 정화의 항해를 계기로 명 중심의 조공 질서가 확대되었다.

바로잡기 ① 콜럼버스의 항해로 대서양 항로가 개척되었다. ② 에스파냐의 코르테스가 아스테카 제국을 정복하였다. ④ 탈라스 전투 이후 아바스 왕조는 동서 교역의 주도권을 잡았고, 이에 이슬람 상인의 교역이 활성화되었다. ⑤ 교황은 사절단으로 카르피니를 몽골 제국에 파견하였다.

361

㈎ 국가는 잉카 제국이다. 안데스고원 일대에서 쿠스코를 수도로 번영한 잉카 제국은 매듭 문자(키푸)를 사용하여 메시지를 전달하였다. 또한 고산 지대에 마추픽추라는 도시를 건설하였다.

바로잡기 ① 일본에서는 16세기 중반부터 이와미 은광 등의 대규모 광산이 개발되었다. ② 아스테카 제국은 에스파냐의 코르테스에 의해 정복되었다. ③ 유럽 국가들은 대서양에서 노예 무역을 중심으로 삼각 무역을 벌였다. ⑤ 몽골 제국은 광대한 영역을 통치하기 위해 역참을 설치하였다.

362

㈎ 국가는 네덜란드이다. 네덜란드는 바타비아를 거점으로 삼아 중계 무역을 전개하였다. 네덜란드 지역은 펠리페 2세의 가톨릭 강요 정책에 반발하여 독립 전쟁을 통해 에스파냐로부터 독립하였으며, 이후 베스트팔렌 조약에서 독립이 정식 승인되었다.

바로잡기 ① 백년 전쟁 이후 영국에서는 왕위 계승 문제로 장미 전쟁이 일어났다(1455~1485). ③ 영국에서 젠트리 계층의 주도로 인클로저 운동이 전개되었다. ④ 프로이센, 오스트리아, 러시아는 폴란드 분할에 참여하였다. ⑤ 포르투갈은 에스파냐와 토르데시야스 조약을 체결하였다.

363

㈎ 국가는 에스파냐이다. 콜럼버스의 항해를 후원한 에스파냐는 아스테카 제국과 잉카 제국을 정복하였다. 또한 필리핀의 마닐라를 거점으로 삼아 갤리언 무역을 전개하여 아메리카에서 확보한 은으로 중국의 비단과 도자기, 차 등을 구입하였다.

바로잡기 ㄷ. 포르투갈을 통해 일본에 조총 제작 기술이 알려졌다. ㄹ. 프랑스에서는 로마 가톨릭교와 신교의 대립으로 위그노 전쟁이 일어났다.

364

㈎ 단체는 로욜라가 설립한 예수회이다. 16세기 후반부터 중국에 진출한 예수회 선교사들은 선교 활동을 목적으로 서양의 학문과 과학 기술을 적극적으로 소개하였다.

바로잡기 ① 마젤란은 에스파냐의 후원을 받아 항해에 나섰다. ② 교황 우르바누스 2세가 클레르몽 공의회에서 성지 회복을 위한 전쟁을 호소하면서 십자군 전쟁이 시작되었다(1096). ④ 루터파는 아우크스부르크 화의에서 공식적으로 인정되었다. ⑤ 10세기 초 교회의 세속화에 반대하며 클뤼니 수도원을 중심으로 교회 개혁 운동이 일어났다.

365

㈎는 은이다. 16세기 이후 중국 상품의 전 세계적 수요가 늘어나고 각국 상인이 중국 상품을 구매할 때 은을 사용하면서 중국 내 은 유입이 증가하였다. 이후 중국에서는 은을 주요 화폐로 사용하였고, 은으로 세금을 납부하는 일조편법, 지정은제가 시행되었다.

바로잡기 ① 주식회사는 투자자에게 이윤을 보장하고 자본을 모집하여 이익을 나누는 형태로 운영되었다. ③ 후추 등 향신료는 유럽에 전해져 유럽인의 식생활에 변화를 주었다. ④ 모피 무역이 활성화되며 동물의 사냥이 무분별하게 이루어져 생태계가 변화하였다. ⑤ 아프리카 노예 무역의 규모가 확대되면서 아프리카에서는 성비 불균형 문제가 발생하였다.

366

신항로 개척으로 무역의 중심지가 지중해에서 대서양으로 이동하면서 대서양 연안 국가가 경제적 번영을 누렸다.

367

채점 기준	수준
아메리카의 금, 은이 유입되어 유럽이 물가가 폭등하는 가격 혁명이 나타났다고 서술한 경우	상
가격 혁명이라고만 서술한 경우	하

Ⅲ 국민 국가의 형성

09 동아시아 세계의 변동

기본 기출 문제

● 73쪽 ~ 74쪽

핵심 개념 문제

368 강희제	**369** 산킨코타이	**370** 조닌 문화
371 ○ **372** × **373** ⓒ **374** ⓝ **375** ⓝ **376** ⓝ		
377 ㄴ **378** ㄹ		

379 ③ **380** ① **381** ④ **382** ⑤ **383** ⑤ **384** ①
385 ②

379

(가)는 주원장(명 태조 홍무제)이며 반원 세력을 모아 난징을 도읍으로 명을 건국하였다. 홍무제는 몽골을 북쪽으로 몰아냈고, 육유를 반포하여 백성을 교화하고자 하였다.

바로잡기 ㄱ. 명의 영락제는 자금성을 건설하고 베이징으로 천도하였다. ㄹ. 후금의 누르하치는 팔기제를 바탕으로 여진(만주족)을 통합하였다.

380

자료는 명의 영락제가 실시한 정책이다. 영락제 재위 시기에 정화의 항해가 시작되어 명 중심의 국제 질서가 확대되었다.

바로잡기 ② 한 무제 때 장건이 서역에 파견되었다. ③ 명 말기 만력제 때 장거정이 개혁을 추진하였다. ④ 명의 홍무제 때의 정책이다. ⑤ 진시황제 때 북방 민족을 견제하기 위해 만리장성이 처음 축조되기 시작하였다.

381

이자성의 농민군에 의해 명이 멸망하자 청은 만리장성을 넘어 베이징을 점령하고, 이후 중국 전역을 장악하였다.

바로잡기 ① 15세기 초 명과 티무르 왕조 사이에 갈등 관계가 형성되었다. ② 송대에는 문인을 우대한 문치주의 실시로 절도사 세력이 약화되었다. ③ 송이 북방 민족과 화친을 유지하기 위해 은과 비단을 보내면서 재정이 악화되자 신종은 왕안석을 등용하여 개혁을 추진하였다. ⑤ 주원장(태조 홍무제)은 명을 건국하였다.

382

청은 한족에 대한 강압책으로 만주족의 풍습인 변발과 호복을 강요하였다. 또한 만주족을 비판하거나 오랑캐로 폄하하는 서적을 모두 금서로 지정하여 사상을 탄압하였다.

바로잡기 ㄱ. 한족에 대한 회유책으로 신사층의 특권을 인정하였다. ㄴ. 몽골 제국 시기에 색목인을 우대하여 재정, 회계 등을 맡도록 하였다.

383

신사는 명·청대의 지배층으로 요역 면제, 가벼운 형벌 면책 등의 특권을 가졌다. 이들은 대부분 지주층으로서 고리대, 세금 납부 대행 등으로 사익을 추구하여 농민과 갈등을 빚기도 하였다.

바로잡기 ㄱ. 직물 노동자들이 과도한 세금 징수에 반발해 직용의 변을 일으켰다. ㄴ. 명·청대 상인은 공소, 회관을 설립하여 이익을 도모하였다.

384

밑줄 친 '이 막부'는 에도 막부이다. 에도 막부는 산킨코타이 제도를 통해 다이묘를 통제하였다. 이 시기 무사들은 다이묘의 성 주변에 거주하였고, 상공업자(조닌)도 무사 주위에 모여들어 생활하면서 무사와 상공업자가 거주하는 조카마치가 성장하였다.

바로잡기 ② 야마토 정권 시기에 다이카 개신이 단행되었다. ③ 무로마치 막부 말기인 15세기 후반 쇼군의 후계자를 둘러싼 분쟁으로 막부의 권위가 실추되면서 센고쿠 시대가 시작되었다. ④ 가마쿠라 막부 시기에 원이 침입하였다. ⑤ 무로마치 막부 시기에 감합 무역이 이루어졌다.

1등급 정리 노트 **에도 막부**

성립	도쿠가와 이에야스가 에도에 막부 개창(1603)
특징	막번 체제 확립, 각종 법규와 산킨코타이 제도 실시로 다이묘 통제, 전국적인 도로망 정비, 무사가 농민과 조닌 지배
경제	쇄국 정책, 나가사키를 개방하여 네덜란드 상인들과 교역
문화	• 상공업, 도시 발달 → 조닌 문화 발달(가부키, 우키요에 등) • 네덜란드 상인을 통해 서양의 학문과 기술 수용 → 난학 발달

385

밑줄 친 ㉠의 상황은 나가사키의 데지마에서 네덜란드 상인들이 교역한 에도 막부 시기이다. 에도 막부 시기에는 일상생활이나 풍경, 인물 등을 소재로 한 목판화인 우키요에가 유행하였다.

바로잡기 ①, ④ 나라 시대에 해당한다. ③, ⑤ 헤이안 시대에 해당한다.

실력 기출 문제

● 75쪽 ~ 78쪽

386 ① **387** ① **388** ③ **389** ② **390** ③ **391** ②
392 ④ **393** ① **394** ③ **395** ① **396** ④ **397** ④
398 ③ **399** ③ **400** ④

1등급을 향한 서답형 문제

401 건륭제　　**402**  청 왕조를 비방하는 내용이 없는지 감시하기 위한 것이었다.

403 청　　**404** 예시 답안 만주족을 비판하거나 오랑캐로 폄하하는 서적을 모두 금서로 지정하고, 문자옥을 통해 사상을 탄압하였다.

386

자료는 육유로, 백성을 교화하기 위해 명 태조 홍무제(주원장)가 반포한 것이다. 홍무제는 재상제를 폐지하고 중앙의 6부를 직접 통솔하였으며, 이갑제를 실시하였다.

바로잡기 ㄷ. 홍무제는 해금 정책을 통해 사적인 대외 무역을 통제하고 조공 무역만을 허용하였다. ㄹ. 명 말기 만력제 때 장거정이 토지 조사를 실시하고 일조편법을 확대 실시하는 등 개혁을 추진하였다.

387

명 태조 홍무제는 해금 정책을 통해 사적인 대외 무역을 통제하였다. 이후 즉위한 영락제는 자금성을 건설하고 수도를 베이징으로 옮겼다. 영락제 사후 명은 북쪽에서는 몽골, 남쪽에서는 왜구가 침입하는 북로남왜의 어려움을 겪었다.

바로잡기 ② 원 말기에 홍건적의 난이 일어났다. ③ 16세기 후반 명군이 임진왜란에 참전하였다. ④ 명 말기인 17세기 중반 이자성이 베이징을 점령하였다. ⑤ 명 말기인 16세기 후반 장거정이 일조편법을 확대 실시하였다.

388

명의 영락제 때 시작된 정화의 항해는 아시아를 거쳐 아프리카까지 이어졌다. 이를 통해 명은 여러 나라와 책봉·조공 관계를 맺고 명 중심의 국제 질서를 확대하였다.

바로잡기 ① 당 시기에 해당한다. ② 당과 이슬람의 아바스 왕조가 충돌한 탈라스 전투에서 포로가 된 당의 병사들에 의해 제지술이 이슬람 세계에 전해졌다. ④ 몽골 제국 시기 마르코 폴로 등이 중국을 방문하였다. ⑤ 12세기에 금이 화북 지방을 점령하고 송을 창장강 이남으로 몰아냈다.

389

㈎ 인물은 후금(청)의 홍타이지(태종)이다. 홍타이지는 후금의 국호를 청으로 바꾸었고, 몽골과 조선을 공격하였다.

바로잡기 ① 명의 영락제는 내각 대학사를 두었다. ③ 청의 옹정제는 『대의각미록』을 편찬하여 청(만주족)의 통치를 정당화하였다. ④ 몽골 제국의 칭기즈 칸, ⑤ 쿠빌라이 칸에 해당한다.

390

밑줄 친 '황제'는 청의 강희제이다. 강희제는 삼번의 난을 진압하고 타이완의 반청 세력을 진압한 후 러시아와 네르친스크 조약을 맺어 국경을 안정시켰다.

바로잡기 ㄱ. 옹정제는 군기처를 설치하였다. ㄹ. 건륭제는 신장, 티베트, 몽골을 정복하여 청의 최대 영토를 확보하였다.

391

자료는 청이 한족을 통치하면서 실시한 회유책(만한 병용제)과 강압책(문자옥)의 내용이다. 청은 중국 통치 과정에서 강압책과 회유책을 병행하여 실시하였다.

바로잡기 ① 북위 효문제 때 실시된 한화 정책의 영향으로 호한 융합이 이루어졌다. ③ 거란(요)은 거란족 등 유목민은 고유의 관습으로 북면관이 다스리고, 한족은 남면관이 주현제로 다스리는 이원적인 통치 방식을 활용하

였다. ④ 원대에는 몽골인과 색목인은 지배층으로 우대하고, 한인과 남송인은 피지배층으로 차별하는 정책을 실시하였다. ⑤ 진시황제는 전국 시대를 통일한 후 통치의 효율을 위해 도량형, 화폐, 문자 등을 통일하였다.

392

산시 상인이 전국적으로 활동한 시기는 명·청대이다. 명·청대에는 감자, 고구마 등 새로운 작물이 아메리카 대륙에서 들어와 생산되었다. 농업과 수공업의 발달로 수많은 정기 시장이 등장하였고, 창장강 하류 지방에서는 면직물, 비단, 도자기 관련 산업이 발달하였다. 상인들은 공소, 회관을 설립하여 이익을 도모하였다.

바로잡기 ④ 송대에는 참파 벼가 도입되어 한 해에 두 번 수확이 가능해지면서 농업 생산량이 크게 증가하였다.

393

밑줄 친 '이 시기'는 18세기 중반 이후이다. 청의 옹정제 때 정세를 지세에 포함시켜 은으로 징수하는 지정은제가 전국으로 확대 시행되었다.

바로잡기 ② 원대에 곽수경이 『수시력』을 편찬하였다. ③ 송대에 동전의 주조량이 크게 증가하였다. ④ 명은 무로마치 막부와 감합 무역을 실시하였다. ⑤ 명·청 두 왕조 모두 초기에는 해금 정책을 실시하였고, 중·후기에는 해금 정책이 완화되어 사무역이 증가하였다.

394

『천공개물』은 명 말기에 편찬되었다. 명대에는 실용과 국가 경영에 주목하는 실학이 발전하면서 의서인 『본초강목』이 편찬되었다.

바로잡기 ① 경극은 청대에 베이징을 중심으로 성행하였고, 노래·대사·춤·무예가 종합된 공연 예술이다. ② 『홍루몽』은 청대에 유행한 구어체 소설이다. ④, ⑤ 원대에 볼 수 있는 모습이다.

395

왕수인(왕양명)은 형식화된 성리학을 비판하며 양명학을 제창하고, 심즉리를 내세우며 지행합일을 강조하였다.

바로잡기 ② 명은 성리학을 통치 이념으로 삼고 관학으로 발전시켰다. ③ 고증학, ④ 춘추 공양학, ⑤ 성리학에 대한 설명이다.

396

자료는 명대에 활동한 예수회 선교사 마테오 리치의 글이다. 마테오 리치는 세계 지도인 「곤여만국전도」를 제작하였다.

바로잡기 ① 몽골 제국 시기의 승려 파스파는 파스파 문자를 만들었다. ② 당의 공영달은 훈고학을 집대성한 『오경정의』를 편찬하였다. ③ 청대에 활동한 예수회 선교사 아담 샬, ⑤ 송대의 장택단과 관련 있다.

397

명·청대에는 서민 문화가 발달하여 『삼국지연의』, 『수호전』, 『서유기』 등이 큰 인기를 끌었다.

바로잡기 ① 당대, ② 원대에 해당한다. ③ 당대에는 귀족 문화가 발달하여 이백, 두보 등의 시인이 이름을 날렸다. ⑤ 청 왕조는 한족 지식인을 회

유하여 『강희자전』, 『사고전서』 등을 간행하는 대규모 편찬 사업을 추진하였다.

명	희곡, 구어체 소설(『삼국지연의』, 『수호전』, 『서유기』) 유행
청	구어체 소설(『홍루몽』 등) 유행, 경극 유행

398

아시카가 다카우지는 무로마치 막부를 개창하였다(1336). 이후 15세기 후반에 쇼군의 후계자 문제를 둘러싼 분쟁이 발생하여 막부의 권위가 실추되었다. 이를 계기로 센고쿠 시대가 시작되면서 다이묘들이 막부의 통제에서 벗어나 패권 쟁탈전을 벌였다. 약 100년간 이어진 센고쿠 시대는 도요토미 히데요시에 의해 통일되었다.

바로잡기 ① 에도 막부, ② 야마토 정권 시기인 7세기 중반에 해당한다. ④ 센고쿠 시대를 통일한 도요토미 히데요시는 16세기 후반 조선을 침략하여 임진왜란을 일으켰다. ⑤ 에도 막부 시기에 난학이 발달하였다.

399

제시된 법령에는 에도 막부 시기의 산킨코타이 제도 등이 담겨 있다. 에도 막부는 쇼군의 막부와 다이묘의 번으로 구성된 막번 체제를 확립하였고, 천황과 귀족을 정치에서 배제하였다. 또한 엄격한 신분제를 실시하여 무사 계급이 농민과 조닌(상공업자)을 지배하는 사회를 만들었다.

바로잡기 ㄱ. 아시카가 다카우지는 교토에서 무로마치 막부를 개창하였다. ㄹ. 15세기 후반 무로마치 막부의 권위가 실추되면서 센고쿠 시대가 전개되었고, 도요토미 히데요시가 센고쿠 시대의 혼란을 통일하였다.

400

(가) 시기는 에도 막부 시대이다. 에도 막부 시대에는 전국의 도로망이 정비되고 상공업이 발전하여 각지에 도시가 발달하였다. 도시를 중심으로 활동한 조닌(상공업자)은 무사의 일상생활에 필요한 물품을 공급하며 그 주위에 모여들어 생활하였고, 무사와 상공업자가 거주하는 조카마치가 성장하였다. 이 시기에 조닌 문화로 불리는 서민 문화가 발달하면서 가부키라는 연극이 인기를 끌었다. 한편, 에도 막부는 17세기 전반 크리스트교 포교를 금지하였다.

바로잡기 ④ 무로마치 막부 때 감합 무역을 통해 명과 교류하였다.

401

청의 건륭제 때 한족에 대한 회유책으로 대규모 편찬 사업을 실시하여 『사고전서』 등을 간행하였다.

402

채점 기준	수준
청 왕조를 비방하는 내용이 없는지 감시하기 위한 것이었다는 내용을 서술한 경우	상
위 내용을 서술하지 못한 경우	하

403

청은 인구의 다수를 차지하는 한족을 효과적으로 통치하기 위해 변발과 호복을 강요하는 등의 강압책을 실시하였다.

404

채점 기준	수준
금서 지정, 문자옥을 통한 사상 탄압을 서술한 경우	상
위 내용을 서술하지 못한 경우	하

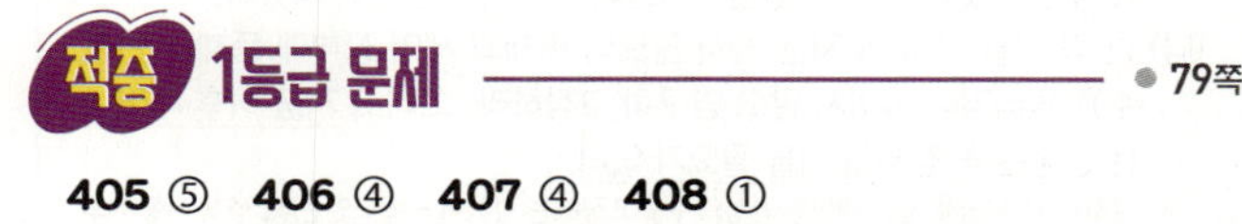

적중 1등급 문제 ● 79쪽

405 ⑤   **406** ④   **407** ④   **408** ①

405 명 태조 홍무제의 정책

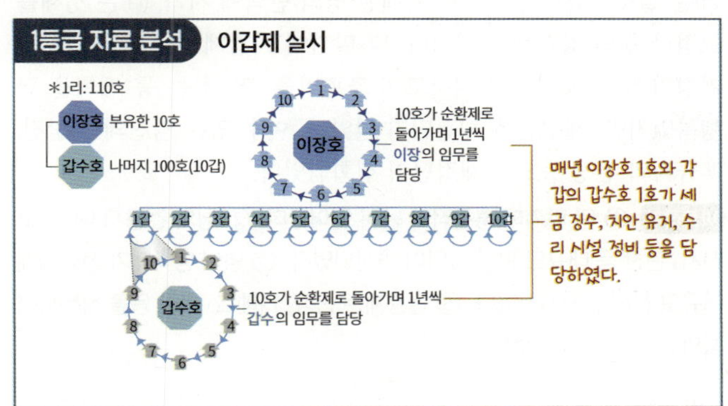

명의 태조 홍무제는 재상제를 폐지하고 중앙의 6부를 직접 통솔하였다. 토지 대장인 어린도책과 조세·호적 대장인 부역황책을 마련하고 이를 토대로 세금과 요역을 징수하였으며, 백성을 교화하기 위해 육유를 반포하였다.

바로잡기 ⑤ 송대에는 과거제를 개편하여 황제가 직접 관리를 선발하는 전시를 정례화하였다.

선택지 더 보기

⑥ 자금성을 건설하였다.　　　　　　(×)
⑦ 내각 대학사를 두었다.　　　　　　(×)
⑧ 몽골을 북쪽으로 몰아냈다.　　　　(○)

406 청의 여러 민족, 문화를 통합한 방식

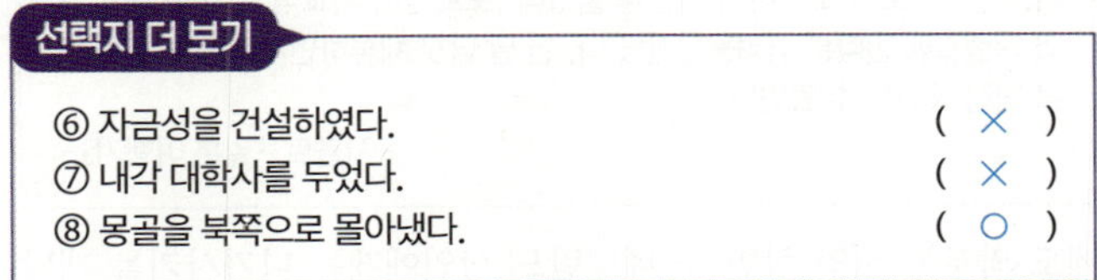

청은 만주 문자를 만들어 고유문화를 지키면서도 한자, 몽골어 등을 공용으로 사용하는 정책을 추진하였고, 조선, 베트남 등 주변 국가와 책봉·조공 체제를 확립하여 동아시아 질서를 주도하였다.

바로잡기 ①, ② 청은 만주족 우월주의를 기반으로 한족은 군현제를 통해 직접 지배하고, 주변부(번부)나 소수 민족은 토착 지배자를 통해 간접적으로 지배하였다. ③ 파스파 문자는 몽골 제국 시기에 만들어졌다. ⑤ 청은 일본과는 책봉·조공 관계를 맺지 않았다.

407 명·청대의 세제 개편

1등급 자료 분석　명의 일조편법과 청의 정세 고정

> (가) 일조편법의 시행 지역이 호광 지방까지 그 범위가 확대되었고 만력 9년에 이르러 전국적으로 시행되었다. 이로 인해 일반 백성과 빈곤층 등은 <u>장거정의 개혁으로 수십 가지에 달하던 세금이 통합되고 간소화되었다. 임의로 잡세를 부과하던 관리들의 횡포를 줄여 백성의 세금 부담이 완화되었다.</u> 혜택을 보았고, 서리나 탐관오리들에게는 괴로운 법이 되었다.
>
> (나) 인정은 늘더라도 토지는 늘지 않으니 현재의 세역 장부에 등재된 인정수를 늘리거나 줄이지 말고 영구히 고정하라. 그리고 <u>지금 이후 태어나는 인정은 꼭 정세를 거둘 필요가 없다.</u> <u>강희제 때 세금을 걷는 대상인 인정의 수를 고정하는 정책이 시행되었는데, 정책 시행 이후에 태어나는 인정에게는 정세(인두세)를 걷지 않았다. 이후 정세를 지세에 포함시켜 은으로 징수하는 지정은제가 옹정제 때 전국으로 확대되었다.</u>

(가)는 일조편법이 전국으로 확대된 명의 만력제 시기, (나)는 정세를 고정한 청의 강희제 시기이다. 명 말기에 이갑제가 붕괴되면서 장거정이 토지 조사를 실시하고 일조편법을 확대하는 등 개혁을 단행하였지만, 재정난은 해결되지 않았다. 이후 명은 임진왜란 참전, 후금과의 전쟁 등으로 재정난이 심화되었다.

바로잡기 ① 원 말기에 홍건적의 난이 일어났다. ② 청의 건륭제 때 『사고전서』 편찬 등 대규모 편찬 사업이 추진되었다. ③ 명의 영락제가 정화에게 대규모 항해를 지시하였다. ⑤ 건륭제는 신장, 티베트, 몽골 등을 정복하여 청의 최대 영토를 확보하였다.

408 에도 막부

1등급 자료 분석　일본과 서양의 교류

> 나는 네덜란드 상관의 의사로 근무하면서 학원을 열어 일본인에게 서양의 과학 지식을 전수해 줄 기회를 얻게 되었다. …… <u>매년 한 번씩 네덜란드 상관장을 비롯한 사절단이 나가사키에서 에도로 상경하여 쇼군을 알현하고</u> <u>네덜란드 상인은 무역선이 입항할 때마다 세계 정세 보고서(풍설서)를 에도 막부에 바쳤다.</u> 헌상품을 바치곤 하였다. 때마침 나는 이 사절단의 일원으로 참여할 수 있었다. …… 에도에 도착하여 여장을 풀었다. 도로망이 비교적 잘 정비되어 있어 여행길에 별다른 어려움은 없었다. 한 달 남짓 체류하면서 에도의 발전상을 직접 목격할 수 있었다.
>
> - 지볼트, 『일본 여행기』 -

에도 막부는 서양 상인 중 네덜란드 상인에게는 나가사키를 개방하여 무역을 하였다. 17세기 전반 네덜란드 상인들은 나가사키의 앞바다를 매립하여 만든 인공 섬인 데지마에 상관을 설립하였다. 그들을 통해 서양의 의학, 천문학, 조선술 등이 전래되어, 일본에서 이를 토대로 난학이 발달하였다.

바로잡기 ㄷ. 에도 막부 시기 다이묘를 대상으로 일정 기간 에도와 자신의 영지(번)에서 번갈아 근무하도록 한 산킨코타이 제도가 실시되었다. ㄹ. 에도 막부는 해외에 진출하는 일본 상인에게 슈인장을 발급하였다.

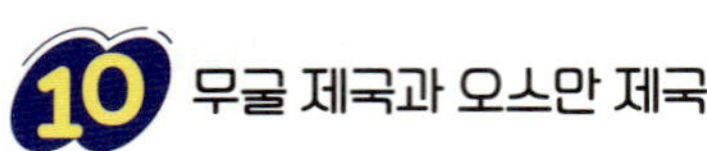

10 무굴 제국과 오스만 제국

기본 기출 문제 ━━━━━━━━━━ ● 81쪽

핵심 개념 문제

409 지즈야	**410** 술레이만 1세	**411** 예니체리
412 ○	**413** ×	**414** ㉠	**415** ㉢	**416** ㉡	**417** ㉠
418 ㉠	**419** ㄴ	**420** ㄷ

421 ⑤　**422** ③

421

밑줄 친 '다섯 왕조'는 델리 술탄 왕조이다. 이 시기에는 지즈야만 납부하면 신앙을 유지할 수 있도록 허용하였다. 비이슬람교도에 대한 관용적인 정책이 지속되면서 카스트제에 불만을 품은 일부 힌두교도가 이슬람교로 개종하기도 하였다.

바로잡기 ㄱ. 무굴 제국의 아크바르 황제 때 지즈야가 폐지되었다. ㄴ. 아우랑제브 황제가 비이슬람교도를 탄압하자 마라타족이 반란을 일으켰다.

422

(가) 인물은 메흐메트(메메트) 2세이다. 메흐메트 2세는 콘스탄티노폴리스를 점령하며 비잔티움 제국을 멸망시켰다(1453).

바로잡기 ① 술레이만 1세가 헝가리를 정복하였다. ②, ④ 셀림 1세와 관련 있다. ⑤ 15세기 초 앙카라 전투에서 오스만 제국이 티무르 왕조에게 패배하였다.

실력 기출 문제 ━━━━━━━━━ ● 82쪽 ~ 84쪽

423 ④	**424** ②	**425** ③	**426** ⑤	**427** ④	**428** ⑤
429 ②	**430** ①	**431** ③	**432** ⑤		

1등급을 향한 서답형 문제

433 아우랑제브 황제　**434** **예시 답안** 위기 상황을 틈타 서양 세력이 인도 내륙으로 세력을 확장하면서 무굴 제국이 점차 쇠퇴하였다.

435 오스만 제국　**436** **예시 답안** 신항로 개척 이후 지중해의 중요성이 축소되고, 레판토 해전에서 패배하였다. 또한 제2차 빈 포위 공격이 실패하고 헝가리를 상실하면서 세력이 점차 약화되었다.

423

밑줄 친 '새로운 왕조'는 델리 술탄 왕조이다. 아이바크가 델리를 중심으로 이슬람 왕조를 건설하면서 델리 술탄 왕조가 시작되었다. 이 시대에는 대체로 비이슬람교도에 대한 관용적인 정책이 지속되어, 지즈야를 납부하면 자신의 신앙을 유지할 수 있었다.

바로잡기 ① 굽타 왕조, ② 마우리아 왕조, ③ 구르 왕조, ⑤ 쿠샨 왕조에 해당한다.

424

㈎는 무굴 제국의 아크바르 황제이다. 그는 아그라를 수도로 삼았고, 비이슬람교도에게 부과하는 지즈야(인두세)를 폐지하였다.

바로잡기 ㄴ, ㄹ. 무굴 제국의 아우랑제브 황제에 대한 설명이다.

1등급 정리 노트	무굴 제국의 발전
아크바르 황제	• 데칸고원 이남을 제외한 인도 대부분 통일 • 비이슬람교도의 지즈야(인두세) 폐지 • 힌두교도에게 관직 개방, 힌두 세력 통합 노력
아우랑제브 황제	• 데칸고원을 넘어 인도 남부 진출 → 영토를 최대로 확장 • 이슬람 제일주의 지향 → 지즈야 부활, 힌두교 사원 파괴 등 비이슬람교도 탄압

425

무굴 제국의 아우랑제브 황제는 이슬람 제일주의를 내세워 지즈야를 부활시키고 힌두교 사원을 파괴하는 등 비이슬람교도에 대한 탄압을 강화하였다. 이에 라지푸트족, 시크교도, 마라타족이 반란을 일으켰다.

바로잡기 ① 알렉산드로스는 기원전 4세기경 인도를 침입하였다. ② 인도에서 이슬람 왕조가 등장하기 시작한 것은 10세기 후반 가즈니 왕조 때부터이다. ④ 구르 왕조의 맘루크 출신 아이바크가 13세기 초 델리를 정복하고 이슬람 왕조를 수립하며 델리 술탄 왕조 시대를 시작하였다. ⑤ 힌두교에 대한 설명이다.

426

무굴 제국은 면직물과 향신료 등의 인기를 바탕으로 유럽 동인도 회사와의 교섭을 통해 인도양 무역을 주도하였다.

바로잡기 ① 한자 동맹은 북독일 지역에서 활동하였다. ② 콜럼버스는 15세기 후반 아메리카 대륙으로 가는 항로를 개척하였다. ③ 영락제 때 추진된 정화의 항해로 명 중심의 조공 체제가 확대되었다. ④ 인도에서 창시된 불교는 기원전 2세기부터 동아시아, 동남아시아 지역으로 전파되었다.

427

제시된 문화유산은 무굴 제국의 제5대 황제인 샤자한이 세운 타지마할이다. 타지마할은 이슬람 양식(돔형 지붕과 아치 등)과 인도 양식(연꽃 문양 등)이 조합된 건축물이다.

바로잡기 ① 오스만 제국의 술탄 아흐메트 사원은 내부가 푸른색 타일로 장식되어 있어 '블루 모스크'라고 불렸다. ② 13세기 초 아이바크는 델리 정복을 기념하여 쿠트브 미나르를 세웠다. ③ 성당을 모스크로 개조한 것으로는 성 소피아 성당이 있다. ⑤ 술탄 아흐메트 사원에 해당한다.

428

인도·이슬람 문화가 발전하면서 힌두어에 페르시아어, 아랍어 등이 합쳐진 우르두어가 일상생활에서 널리 사용되었다. 종교에서는 힌두교와 이슬람교가 융합된 시크교가 발전하였다.

바로잡기 ㄱ. 자이나교는 인도·이슬람 문화가 형성되기 이전인 기원전 6세기경에 창시되었다. ㄴ. 헬레니즘 문화의 영향과 관련 있다.

429

㈎는 오스만 제국이다. 튀르크 계통의 오스만족은 소아시아 지역에서 성장하여 1299년에 국가를 수립하였다. 오스만 제국은 14세기 후반 유럽에 진출하고 발칸반도 대부분을 지배하면서 술탄 칭호를 사용하였다. 이후 티무르 왕조와 벌인 앙카라 전투에서 패배하며 위기를 맞기도 하였지만, 곧 국가 체제를 정비하여 콘스탄티노폴리스를 점령하고 비잔티움 제국을 멸망시켰다.

바로잡기 ㄴ. 무굴 제국 아우랑제브 황제의 정복 활동이다. ㄹ. 무굴 제국의 교역 활동에 대한 설명이다. 오스만 제국은 지중해 무역을 주도하였다.

430

오스만 제국의 셀림 1세는 사파비 왕조의 이스마일 1세를 제압하고, 이집트의 맘루크 왕조를 정복하면서 이슬람교의 성지인 메카와 메디나의 보호권을 차지하였다.

바로잡기 ① 영국의 엘리자베스 1세, ② 티무르 왕조를 세운 티무르, ④ 아케메네스 왕조 페르시아의 다리우스 1세에 대한 설명이다. ⑤ 11세기 중엽 바그다드에 입성한 셀주크 튀르크는 아바스 왕조의 칼리프로부터 술탄이라는 칭호를 받아 정치적 실권을 위임받았다.

431

㈎ 제도는 오스만 제국의 데브시르메 제도이다. 오스만 제국은 크리스트교도 청소년을 징집하여 이슬람교로 개종하도록 한 후 교육과 훈련을 받게 하였는데, 이들은 대부분 술탄의 직속 상비군인 예니체리가 되었다.

바로잡기 ①, ② 아우랑제브 황제는 이슬람 제일주의를 내세워 비이슬람교도를 탄압하였다. 이에 힌두교도인 마라타족이 반란을 일으켰다. ④ 16세기경 나나크가 창시한 시크교는 카스트제의 신분 차별에 반대하였고, 펀자브 중심으로 발달하였다. ⑤ 비잔티움 제국이 실시한 군관구제이다.

432

자료의 문화유산은 오스만 제국의 술탄 아흐메트 사원이다. 오스만 제국은 다양한 민족의 언어, 종교, 전통을 인정하는 관용 정책을 펼쳤다. 또한 아시아와 유럽을 잇는 동서 교역의 교차로에 위치하여 제국 곳곳에 상업 도시가 발달하였고 천문학, 수학, 지리학 등 실용적인 학문이 발전하였다.

바로잡기 ⑤ 오스만 제국은 17세기 말 제2차 빈 포위 공격이 실패하고 헝가리를 상실하면서 세력이 점차 약화되었다.

433

아우랑제브 황제가 이슬람 제일주의를 내세워 지즈야를 부활시키고, 힌두교 사원을 파괴하는 등 비이슬람교도에 대한 탄압을 강화하자 힌두교도인 마라타족이 반란을 일으켰다.

434

채점 기준	수준
서양 세력이 인도 내륙으로 세력을 확장하였다는 내용을 서술한 경우	상
위 내용을 서술하지 못한 경우	하

435

오스만 제국은 메흐메트 2세 때 콘스탄티노폴리스를 점령하고 비잔티움 제국을 멸망시켰다(1453).

436

채점 기준	수준
신항로 개척 이후 지중해의 중요성 축소, 레판토 해전 패배, 제2차 빈 포위 공격 실패, 헝가리 상실 중 두 가지 이상 서술한 경우	상
위 내용 중 한 가지만 서술한 경우	중
위 내용을 모두 서술하지 못한 경우	하

적중 1등급 문제
●85쪽

437 ②　**438** ⑤　**439** ⑤　**440** ④

437 무굴 제국의 아우랑제브 황제

> **1등급 자료 분석**　아우랑제브 황제의 비이슬람교도 탄압
>
> "폐하께서 정복하신 데칸고원 일대로 최근 마라타족의 반란 등 일련의 소요
> <u>데칸고원을 넘어 인도 남부로 진출하여 최</u>　　　<u>힌두교도인 마라타족이 반란을 일으켰다.</u>
> <u>대의 영토를 확보하였다.</u>
> 사태들이 확산되고 있는 실정입니다. …… ."

㈎는 무굴 제국의 아우랑제브 황제이다. 아우랑제브 황제는 활발한 정복 활동을 추진하였으나 잦은 전쟁으로 재정이 악화되자, 이슬람 제일주의를 내세워 지즈야를 부활시켰다. 이러한 비이슬람교도에 대한 탄압에 마라타족 등이 반란을 일으켰다.

바로잡기　① 델리 술탄 왕조의 아이바크가 델리에 쿠트브 미나르를 세웠다. ③ 아크바르 황제 때, ④ 8세기경에 해당한다. ⑤ 아크바르 황제는 힌두 세력인 라지푸트족의 여성과 결혼하여 힌두 세력을 통합하고자 하였다.

438 무굴 제국의 경제와 문화

> **1등급 자료 분석**　타지마할 건설 당시의 상황
>
> 이러한 사태를 더욱 악화시킨 것은 뭄타즈 마할의 죽음을 슬퍼하던 황제의
> 　　　　　　　　　　　　　　<u>무굴 제국의 제5대 황제인 샤자한이다.</u>
> 갑작스러운 결정이었다. 황제가 묘당 건설을 위해 굶주린 백성에게 많은 세
> <u>샤자한이 왕비를 추모하여 타지마할을 조성하였다.</u>
> 금을 부과하자, 각지에서 반란이 빈발하고 황실에서도 내분이 벌어졌다.

밑줄 친 '황제'는 무굴 제국의 샤자한이다. 샤자한은 수년간 자연재해가 이어질 때 타지마할을 건설하여 큰 반발을 초래하였다. 한편, 무굴 제국의 면직물과 향신료 등이 유럽 등지에서 인기를 끌자 무굴 제국은 동인도 회사와의 교섭을 통해 인도양 무역을 주도하였다.

바로잡기　①, ② 샤자한 이후인 아우랑제브 황제 때에 해당한다. ③, ④ 오스만 제국에 대한 설명이다.

439 오스만 제국의 정책

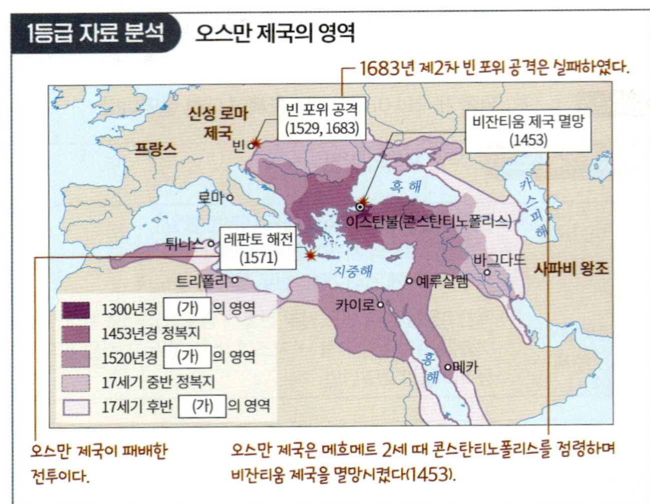

㈎는 오스만 제국이다. 오스만 제국은 영토를 효율적으로 통치하기 위해 술탄의 직할지를 제외한 지역의 기병들에게 토지에 대한 징세권(티마르)을 부여하고, 그 대가로 전쟁이 발생하면 군에 복무하도록 하였다.

바로잡기　① 무굴 제국은 티무르의 후손으로 알려진 바부르가 세웠다. ② 델리 술탄 왕조에 대한 설명이다. ③ 무굴 제국의 아크바르 황제가 지즈야를 폐지하였다. ④ 티무르 왕조에 대한 설명이다.

440 오스만 제국의 전성기

오스만 제국의 전성기를 이룩한 술레이만 1세는 오스트리아의 빈을 포위 공격하고, 유럽의 연합 함대를 무찔렀다. 이를 통해 지중해, 홍해와 아라비아해 연안까지 세력을 확대하여 지중해 교역의 해상권을 장악하였다.

바로잡기　ㄱ. 셀림 1세는 이집트로 진출하여 맘루크 왕조를 정복하였다. ㄷ. 메흐메트 2세는 콘스탄티노폴리스를 점령하여 비잔티움 제국을 멸망시켰다(1453).

선택지 더 보기

ㅁ. 레판토 해전에서 패배하였다.	(×)
ㅂ. 지중해 교역의 해상권을 장악하였다.	(○)
ㅅ. 메카와 메디나의 보호권을 차지하였다.	(×)

기본 기출 문제
● 87쪽 ~ 88쪽

핵심 개념 문제

441 루소	**442** 요크타운	**443** 로베스피에르

444 ×　**445** ○　**446** ㉠　**447** ㉡　**448** ㉡　**449** ㉡

450 ㄷ　**451** ㄴ

452 ①　**453** ⑤　**454** ③　**455** ②　**456** ③　**457** ③

458 ⑤

452

코페르니쿠스는 『천체의 회전에 관하여』에서 지동설을 주장하였고, 갈릴레이가 망원경으로 천체를 관측하여 지동설을 입증하였다. 한편, 뉴턴은 만유인력의 법칙을 발견하였다.

바로잡기 ㄷ. 코페르니쿠스는 고대 그리스의 프톨레마이오스가 제시한 천동설을 반박하고 지동설을 주장하였다. ㄹ. 송대에 발명된 나침반이 유럽에 전해져 사용되면서 원거리 항해가 활기를 띠게 되었다.

453

밑줄 친 ㉠은 계몽사상가들이다. 과학 혁명과 사회 계약설의 영향을 받은 계몽사상은 인간의 이성을 바탕으로 무지와 미신을 타파하고자 하였고, 사회 개혁을 통해 역사가 진보할 수 있다고 주장하였다. 이는 이후 시민 혁명에 영향을 주었다.

바로잡기 ⑤ 사회 계약설을 주장한 인물 중 홉스의 주장이다.

454

영국은 7년 전쟁에 개입한 이후 재정 부담이 커지자, 북아메리카 식민지에서 세금을 받아 군사비와 행정 비용 등을 충당하고자 하였다. 이에 따라 설탕세, 인지세 등을 식민지에 부과하였다.

바로잡기 ① 16세기에 영국 국교회가 확립되었다. ② 11세기 후반 클레르몽 공의회가 개최되어 십자군 전쟁이 시작되었다. ④ 14세기에 교황청이 아비뇽으로 옮겨져 교황이 프랑스 왕의 영향력 아래 놓이게 되었다(아비뇽 유수). ⑤ 14세기에 시작된 백년 전쟁에 해당한다.

455

자료는 국민 의회가 발표한 「인간과 시민의 권리선언(인권 선언)」이다. 봉건적 부담에 시달리던 농민들이 귀족을 공격하고 장원 문서를 불태우자, 결국 국민 의회는 봉건적 특권 폐지를 선언하였으며 「인간과 시민의 권리선언」을 발표하였다.

바로잡기 ① 국민 공회는 공화정을 선포하고 루이 16세를 처형하였다. ③ 루이 16세는 전쟁과 미국 혁명 지원, 왕실의 사치, 흉년과 식량 부족 등으로 인한 재정 문제를 해결하기 위해 삼부회(삼신분회)를 소집하였다. ④ 입법 의회는 오스트리아, 프로이센에 선전 포고를 하였다. ⑤ 국민 의회는 파리 민중이 바스티유를 습격하기 이전에 구성되었다.

456

자료는 나폴레옹이 영국을 경제적으로 고립시키기 위해 공포한 대륙 봉쇄령이다. 나폴레옹은 쿠데타를 일으켜 총재 정부를 무너뜨리고 통령 정부를 세웠다.

바로잡기 ① 영국의 엘리자베스 1세, ② 로베스피에르, ④ 미국 혁명과 관련 있는 조지 워싱턴, ⑤ 빈 체제를 주도한 메테르니히에 대한 설명이다.

457

밑줄 친 '이 회의'는 빈 회의이다. 빈 회의로 형성된 빈 체제는 보수적인 국제 질서를 유지하기 위해 신성 동맹과 4국 동맹을 결성하고 유럽 각국의 자유주의 운동과 민족주의 운동을 탄압하였다.

바로잡기 ㄱ. 빈 회의에서는 프랑스 혁명 이전의 질서로 되돌아가는 것을 추구하였다. ㄹ. 프랑스 2월 혁명의 영향을 받은 자유주의자들은 프랑크푸르트 국민 의회를 열어 헌법 제정과 통일 방안을 논의하였다.

458

영국은 제1차 선거법 개정을 통해 부패 선거구를 없애고 도시의 신흥 상공업자에게 선거권을 부여하였다. 그러나 선거법 개정의 혜택을 받지 못한 노동자들은 21세 이상 남성의 보통 선거 등을 요구한 인민헌장을 발표하고 차티스트 운동을 전개하였다.

바로잡기 ①, ② 영국은 국교도에게만 관직 진출을 허용하던 심사법을 폐지하고 가톨릭 해방법을 제정하여 종교적 차별을 철폐하였다. ③ 영국은 자유주의 경제 정책으로서 곡물법과 항해법을 폐지하여 국가의 규제를 완화하였다. ④ 영국에서 모직물 공업이 발달하면서 전개되었다.

실력 기출 문제
● 89쪽 ~ 92쪽

459 ①　**460** ②　**461** ④　**462** ①　**463** ②　**464** ⑤

465 ②　**466** ②　**467** ②　**468** ④　**469** ④　**470** ②

471 ⑤　**472** ⑤　**473** ②　**474** ②

1등급을 향한 서답형 문제

475 2월 혁명　　**476** **예시 답안** 유럽 각지에서 자유주의 운동과 민족주의 운동이 일어났다. 오스트리아에서 3월 혁명이 일어나 메테르니히가 실각하면서 빈 체제가 사실상 무너졌다.

477 가리발디　　**478** **예시 답안** 가리발디는 시칠리아와 나폴리 등을 점령하고 이를 사르데냐 왕국의 국왕에게 바쳤다. 이로써 남북을 통합한 이탈리아 왕국이 수립되었다.

459

『프린키피아』의 저자인 뉴턴은 우주가 거대한 기계처럼 스스로 운동하기 때문에 그 법칙과 원리를 객관적이고 합리적으로 파악할 수 있다는 기계론적 우주관을 확립하였다.

바로잡기 ② 명대의 마테오 리치, ③ 원대의 곽수경, ④ 갈릴레이, ⑤ 코페르니쿠스에 대한 설명이다.

460

자료는 사회 계약설을 제시한 로크와 루소의 주장이다. 두 주장은 미국 혁명, 프랑스 혁명 등에 큰 영향을 끼쳤다.

바로잡기 ㄴ. 홉스의 주장이다. ㄹ. 종교 개혁 당시 루터 등의 주장이다.

461

밑줄 친 '이 책'은 『백과전서』이다. 디드로와 달랑베르의 주도로 편찬된 『백과전서』는 사회 비판적인 내용을 담고 있어 정부가 금서로 규정하고 탄압하였다. 또한 무지와 미신을 타파하고자 한 계몽사상의 확산에 기여하였다.

바로잡기 ④ 14~16세기 서유럽에서 나타난 르네상스에 대한 설명이다.

462

㈎는 1765년, ㈏는 1776년의 사실이다. 보스턴 차 사건은 1773년 북아메리카 식민지인이 보스턴 항구에 정박한 영국 동인도 회사의 선박을 습격하고, 실려 있던 차 상자를 바다에 던진 사건이다.

바로잡기 ② 영국은 프로이센과 오스트리아의 7년 전쟁(1756~1763)에 참전하였다. ③ 프랑스 루이 16세가 1789년 삼부회를 소집하였다. ④ 1783년 북아메리카 식민지는 파리 조약으로 독립을 인정받았다. ⑤ 1781년 요크타운 전투에서 프랑스, 에스파냐 등의 지원을 받은 식민지 군대가 승리하였다.

463

자료는 미국 혁명 때 발표된 독립 선언문이다. 미국 혁명은 공화주의와 민주주의에 바탕을 둔 새로운 국민 국가를 탄생시키면서 프랑스 혁명과 라틴 아메리카의 독립 등에 영향을 주었다.

바로잡기 ① 나폴레옹 몰락 후 프랑스 혁명 이전의 질서로 되돌리고자 하는 빈 체제가 성립하였다. ③ 17세기부터 많은 영국인이 종교의 자유와 경제적 부를 얻기 위해 북아메리카로 이주하며 식민지가 건설되었다. ④ 러시아에서 자유주의의 영향을 받은 청년 장교들이 1825년 데카브리스트의 봉기를 일으켰다. ⑤ 프랑스 혁명의 전개 과정에서 발표되었다.

464

자료는 봉건적 특권 폐지 선언이다. 프랑스 혁명이 지방으로 확산되면서, 봉건적 부담에 시달리던 농민들이 귀족을 공격하고 장원 문서를 불태우자 국민 의회는 봉건적 특권 폐지를 선언하였다.

바로잡기 ① 17세기의 사실이다. ② 1794년 테르미도르의 반동으로 로베스피에르가 실각한 뒤 수립된 총재 정부 시기에 사회 혼란이 지속되었다. ③ 빈 체제는 보수적인 국제 질서를 유지하기 위해 신성 동맹을 결성하였다. ④ 국민 공회 시기 로베스피에르 중심의 자코뱅파는 혁명 재판소와 공안 위원회를 통해 반혁명 세력을 숙청하는 등 공포 정치를 주도하였다.

465

입법 의회는 혁명의 전파를 우려한 오스트리아와 프로이센 등이 프랑스를 위협하자 혁명전쟁에 나섰다. 전쟁으로 생활이 어려워진 파리 민중의 불만이 높아지는 가운데 국왕이 적과 내통한다는 소문이 퍼지자, 파리 민중이 왕궁을 습격하여 왕권을 정지시켰다.

바로잡기 ①, ③ 미국 혁명과 관련 있다. ④, ⑤ 프랑스 혁명 과정 중 국민 의회 시기의 사건이다.

466

㈎는 국민 공회이다. 이 시기에는 로베스피에르를 중심으로 한 자코뱅파가 봉건적 공납을 무상으로 폐지하고 최고 가격제, 징병제, 의무 교육 등을 시행하였다.

바로잡기 ㄴ. 통령 정부, ㄹ. 제1제정 시기의 사실이다.

467

빈 체제가 유럽 각국의 자유주의 운동과 민족주의 운동을 탄압하자, 이에 저항하는 독일 지역의 학생 조합(부르셴샤프트), 이탈리아 카르보나리당(단)의 자유주의, 민족주의 운동이 일어났다. 또한 라틴 아메리카의 독립운동, 그리스의 독립 전쟁이 일어났고 러시아에서는 데카브리스트의 봉기가 일어났다.

바로잡기 ② 빈 체제는 보수적인 국제 질서를 유지하기 위해 신성 동맹과 4국 동맹을 결성하였다.

468

자료는 샤를 10세의 7월 칙령이다. 나폴레옹 몰락 이후 부르봉 왕조가 부활하였고, 샤를 10세는 전제 정치를 실시하였다. 이에 자유주의자들과 파리 시민이 1830년 7월 혁명을 일으켜 샤를 10세를 추방하고 루이 필리프를 왕으로 추대하여 입헌 군주제에 기반한 7월 왕정을 수립하였다.

바로잡기 ① 1789년 루이 16세가 재정 문제를 해결하기 위해 삼부회(삼신분회)를 소집하였다. ② 미국은 1823년 아메리카와 유럽의 상호 불간섭 등을 주장한 먼로 선언을 발표하였다. ③ 나폴레옹은 대륙 봉쇄령을 내렸으나 러시아가 이를 어기자 1812년 러시아 원정에 나섰다. ⑤ 루이 16세가 국민 의회를 무력으로 탄압하려 하자 1789년 파리 민중이 바스티유를 습격하였다.

469

차티스트 운동 이후 꾸준히 선거법이 개정되면서 선거권이 도시, 농촌, 광산 노동자에게 점차 확대되었으며, 20세기 초 여성이 선거권을 획득하였다.

바로잡기 ①, ⑤ 차티스트 운동 이전 제1차 선거법 개정(1832)의 결과이다. ②, ③ 1848년 프랑스 2월 혁명의 영향을 받아 일어난 사건이다.

470

㈎는 곡물법이다. 곡물법은 국내 곡물 가격이 일정 수준이 될 때까지 외국산 곡물의 수입을 금지한 것이다. 영국은 자유주의 경제 정책의 하나로 곡물법을 폐지하여 국가의 규제를 완화하였다.

법은 영국에서 비국교도의 공직 취임을 금지한 법률이다. ④ 지즈야는 이슬람 왕조에서 비이슬람교도에게 부과한 인두세이다. ⑤ 가톨릭 해방법은 영국에서 가톨릭교도에 대한 차별을 없애 종교적 차별을 철폐한 것이다.

471

(가)는 사르데냐 왕국이다. 사르데냐 왕국은 프랑스의 지원을 받아 오스트리아와의 전쟁에서 승리하고 롬바르디아 지방을 비롯한 이탈리아 중북부 지역을 통합하였다.

바로잡기 ① 신성 로마 제국에 대한 설명이다. ② 가리발디는 시칠리아와 나폴리 등을 점령하고, 사르데냐 왕국의 국왕에게 바쳤다. ③ 나폴레옹 시대 프랑스는 트라팔가르 해전에서 영국의 넬슨에게 패하였다. ④ 이탈리아 왕국은 로마 교황령을 점령하여 통일을 완성하였다(1870).

472

밑줄 친 '우리'는 프로이센이다. 프로이센은 관세 동맹을 체결하여 독일의 경제적 통합을 주도하였다. 또한 프랑스와의 전쟁에서 승리한 후 프로이센의 국왕 빌헬름 1세가 베르사유 궁전에서 황제로 즉위하며 독일 제국의 성립을 선포하였다(1871).

바로잡기 ㄱ. 파리의 시민과 노동자들이 파리 코뮌이라는 자치 정부를 수립하였다. ㄴ. 러시아의 알렉산드르 2세가 실시한 내정 개혁이다.

473

자료는 남북 전쟁 중에 링컨이 발표한 노예 해방 선언이다. 노예 해방 선언의 발표로 북부는 여론의 지지를 받았고, 결국 경제력과 군사력이 앞선 북부가 전쟁에서 승리하였다.

바로잡기 ①, ③ 링컨이 대통령에 당선되자 남부 여러 주가 연방을 탈퇴하면서 남북 전쟁이 일어났다(1861). ④ 신항로 개척으로 시작된 삼각 무역으로 아프리카인들이 노예로 아메리카에 끌려오게 되었다. ⑤ 미국 혁명 때 영국 군대와 식민지 민병대가 렉싱턴에서 충돌하였다.

474

자료는 농노 해방령이다. 러시아에서는 차르의 전제 정치와 농노제가 지속되고 있었고 청년 장교와 지식인들은 데카브리스트의 봉기를 일으켰다. 이러한 상황에서 즉위한 알렉산드르 2세는 농노 해방령을 선포하는 등 내정 개혁을 단행하였다.

바로잡기 ㄴ. 미국은 독립 이후 영토를 확장하여 19세기 중엽 태평양 연안에 이르렀다. ㄹ. 미국의 남북 전쟁이 일어나기 이전 남부의 상황이다.

1등급 정리 노트　러시아의 발전	
데카브리스트의 봉기	입헌 군주제를 지향하는 봉기(1825) → 실패
알렉산드르 2세의 개혁	농노 해방령 선포(1861), 지방 의회 설립

475

1848년 중하층 시민과 노동자들이 선거권 확대를 요구하며 2월 혁명을 일으켜 루이 필리프를 몰아내고 제2공화정을 수립하였다.

476

채점 기준	수준
유럽 각지의 자유주의 운동과 민족주의 운동 전개, 오스트리아의 3월 혁명, 빈 체제의 붕괴 중 한 가지를 서술한 경우	상
위 내용 중 한 가지도 서술하지 못한 경우	하

477

가리발디는 붉은 셔츠대라 불린 의용군을 이끌고 이탈리아 남부를 원정하였다.

478

채점 기준	수준
시칠리아와 나폴리 등을 점령하고 사르데냐 왕국의 국왕에게 바친 내용, 남북을 통합한 이탈리아 왕국 수립의 내용을 서술한 경우	상
위 내용을 서술하지 못한 경우	하

● 93쪽

479 ⑤　　**480** ③　　**481** ④　　**482** ⑤

479　미국 혁명의 배경

1등급 자료 분석　북아메리카 식민지의 독립을 지지한 토마스 페인

내가 분리와 독립을 주장하게 된 것은 자만이나 당파심, 원한 때문이 아니
ㄴ토마스 페인은 공화주의자이자 평등주의자였다.
다. 나는 그렇게 되는 것이야말로 아메리카 대륙의 진정한 이익이라는 점을
ㄴ아메리카 독립의 당위성을 강조하는 주장으로 당시 식민지인들에게 큰 영향을 주었다.
분명히, 적극적이고 양심적으로 확신하고 있다.

자료는 북아메리카 식민지의 독립을 지지하는 글이다. 식민지인들이 영국의 세금 부과에 항의하자 영국은 식민지인의 권리를 제한하는 각종 법을 제정하며 강경하게 대응하였다. 이에 영국 군대와 식민지 민병대가 무력 충돌하면서 독립 전쟁이 시작되었다.

바로잡기 ① 1776년 7월 독립 선언문 발표, ② 1783년 파리 조약 체결, ③ 1789년 미합중국 수립, ④ 1781년 요크타운 전투는 미국 혁명이 시작된 이후 전개된 사건들이다.

480　프랑스 혁명의 전개

1등급 자료 분석　입법 의회와 국민 공회

(가) 혁명의 전파를 우려한 오스트리아와 프로이센 등이 프랑스를 위협하자 의회는 오스트리아에 선전 포고를 하였다. － 입법 의회
(나) 공화정이 선포되었고 급진파의 주도로 루이 16세를 처형하였다. 이후 급진파는 온건파인 지롱드파를 제거하고 정권을 장악하였다.
ㄴ국민 공회에서 자코뱅파는 급진파로 주로 하층민의 입장을, 지롱드파는 온건파로 주로 상공업에 종사하는 부유한 시민의 입장을 대변하였다.

전쟁으로 물가가 상승하고 실업자가 증가하면서 파리 민중(상퀼로트)의 불만이 높아졌다. 국왕과 보수 귀족이 적과 내통한다는

소문이 퍼지자, 민중은 왕궁을 습격하여 왕권을 정지시켰다. 이후 들어선 국민 공회는 공화정을 선포하고 루이 16세를 처형하였다.

바로잡기 ① 로베스피에르 등 자코뱅파가 테르미도르의 반동으로 실각하며 국민 공회가 붕괴되었다. ② 루이 16세가 국민 의회를 무력으로 탄압하려 하자, 파리 민중은 바스티유를 습격하였다. ④ 국민 의회는 「인간과 시민의 권리선언(인권 선언)」을 발표하였다. ⑤ 미국 혁명의 결과이다.

481 빈 체제 시기의 프랑스

1등급 자료 분석 7월 혁명

다시 왕좌에 복귀한 부르봉 왕정은 대혁명이 낳은 제도와 법을 언제나 계속
나폴레옹의 몰락 이후 프랑스에서 부르봉 왕조가 부활하였다.
해서 위협하였다. 구제도의 세대는 아직 사라지지 않았다. …… 이 줄기찬
루이 18세에 뒤이어 즉위한 샤를 10세는 전제 정치를 실시하였다.
투쟁의 마지막 종착역이 바로 ⑦ 7월 혁명이었다.
자유주의자들과 파리 시민이 입헌 군주제에 기반한 7월 혁명을 일으켜 샤를 10세를
추방하고 루이 필리프를 왕으로 추대하여 7월 왕정을 수립하였다.

밑줄 친 ⑦은 나폴레옹이 몰락한 1815년부터 7월 혁명이 일어난 1830년까지의 기간으로 빈 체제 시기이다. 당시 라틴 아메리카에서 볼리바르, 산마르틴의 주도로 에스파냐의 지배에서 벗어나려는 독립운동이 전개되어 1825년 볼리비아가 독립하였다.

바로잡기 ①, ② 1861년의 일이다. ③ 프랑스 2월 혁명의 영향을 받아 1848년 프랑크푸르트 국민 의회가 개최되었다. ⑤ 1832년의 일이다.

선택지 더 보기

⑥ 영국에서 차티스트 운동이 전개되었다. (×)
⑦ 학생 조합(부르셴샤프트)이 자유주의 운동을 전개하였다. (○)
⑧ 그리스가 오스만 제국으로부터 독립하였다. (○)

482 이탈리아의 통일 과정

1등급 자료 분석 1861년 이탈리아 왕국의 수립

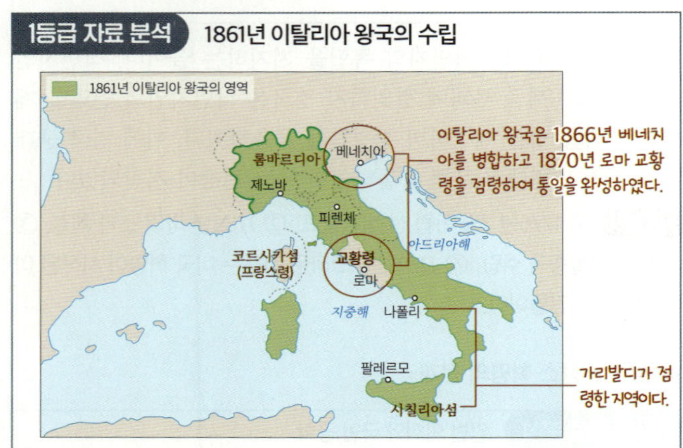

가리발디는 붉은 셔츠대를 이끌고 이탈리아 남부를 원정하여 시칠리아와 나폴리 등을 점령하고, 이를 사르데냐 왕국의 국왕에게 바쳤다. 이로써 남북을 통합한 이탈리아 왕국이 수립되었다.

바로잡기 ① 독일의 통일 과정과 관련 있다. ② 비스마르크는 프로이센의 재상이다. ③ 이탈리아 왕국 수립 이전인 빈 체제 시기에 해당한다. 빈 체제는 1848년에 사실상 무너졌다. ④ 사르데냐 왕국은 프랑스의 지원을 받아 오스트리아와의 전쟁에서 승리하였다.

기본 기출 문제 ● 95쪽 ~ 96쪽

핵심 개념 문제

483 증기 기관	**484** 태평천국 운동	**485** 벵골 분할령
486 × **487** ○	**488** ㉃ **489** ㉠	**490** ㉠ **491** ㉄
492 ㄴ **493** ㄱ		

494 ②	**495** ①	**496** ②	**497** ④	**498** ③	**499** ③
500 ①					

494

㈎는 산업 혁명이다. 이 시기에는 제임스 와트가 개량한 증기 기관이 동력 기관으로 사용되면서 공장제 기계 공업이 발달하였고, 면직물의 대량 생산이 가능해졌다.

바로잡기 ㄴ. 신항로 개척 이후 유럽에서 선대제 수공업, 매뉴팩처가 확산되었는데, 증기 기관의 사용 이후 수공업은 점차 쇠퇴하였다. ㄷ. 산업 혁명은 영국에서 시작되어 독일과 미국, 러시아로 확산되었다.

495

산업 혁명 과정에서 노동자들은 기계를 저임금과 실업의 원인으로 보고 기계 파괴 운동(러다이트 운동)을 전개하였고, 노동 환경 개선과 임금 인상을 위해 협동조합과 노동조합을 결성하였다.

바로잡기 ㄷ. 노동자의 단결과 계급 투쟁을 주장하는 사회주의 사상이 등장하였다. ㄹ. 산업 혁명 이전 신항로 개척의 영향으로 나타난 현상이다.

496

㈎는 제국주의이다. 산업 혁명 이후 독점 자본주의가 나타나면서 확산된 제국주의는 사회 진화론과 인종주의로 침략을 정당화하였고, 배타적·침략적 민족주의를 내세웠다. 식민지 쟁탈전이 치열해지면서 세계 각지에서 서양 열강이 충돌하였다.

바로잡기 ② 사회주의 사상은 산업 혁명으로 산업 자본주의의 문제점이 드러나자 마르크스와 엥겔스 등이 대안으로 제시하였다.

497

㈎는 알제리, 마다가스카르 등을 식민지화한 프랑스이다. 독일과 프랑스는 모로코를 둘러싸고 두 차례 충돌하였다(모로코 사건).

바로잡기 ① 벨기에, ② 독일에 해당한다. ③ 영국은 카이로에서 케이프타운을 잇는 종단 정책을 추진하였다. ⑤ 네덜란드에 대한 설명이다.

498

자료는 난징 조약으로, 제1차 아편 전쟁 결과 체결되었다. 영국이 인도산 아편을 청에 밀수출하자, 청은 임칙서를 보내 아편을 몰수하고 단속을 강화하였다. 이를 구실로 영국이 전쟁을 일으켰다.

 ①, ②, ⑤ 제2차 아편 전쟁에 대한 설명이다. ④ 난징 조약(1842)은 태평천국 운동의 전개(1851~1864) 이전에 체결되었다.

499

㈎에는 미일 화친 조약의 배경에 대한 내용이 들어가야 한다. 미국이 페리 함대를 보내 개항을 요구하자, 에도 막부는 이를 수용하고 1854년 미일 화친 조약을 맺으며 2개 항구를 개항하였다.

 ① 개항 이후 하급 무사들을 중심으로 천황을 받들어 외세를 배척하자는 존왕양이 운동이 일어났다. ② 1870년대 일본에서는 메이지 정부의 전제 정치를 비판하고 서양식 입헌 제도의 도입을 요구하는 자유 민권 운동이 일어났다. ④ 에도 막부는 미국에 개항한 이후 영국과 불평등 조약을 체결하였다. ⑤ 청일 전쟁에서 승리한 일본은 시모노세키 조약을 체결하여 랴오둥반도 등을 차지하였다. 이에 일본을 견제하던 러시아는 독일, 프랑스와 함께 랴오둥반도를 반환하도록 압박하였다(삼국 간섭).

500

자료는 인도 통치 개선법(1858)이다. 반영 운동인 세포이의 항쟁을 무력 진압한 영국은 인도 통치 개선법을 제정하고, 인도를 직접 통치하기 위해 동인도 회사의 인도 지배권을 박탈하였다.

 ② 16세기 후반 영국 엘리자베스 1세에 대한 설명이다. ③ 인도 통치 개선법 제정 이후인 1877년에 영국 왕이 인도 황제를 겸하는 영국령 인도 제국이 성립되었다. ④ 영국이 인도를 침략하면서 인도의 면직물 수출량은 점차 감소하였고, 영국이 인도에 면직물을 대량 수출하였다. ⑤ 영국의 동인도 회사는 프랑스·벵골 연합군을 플라시 전투(1757)에서 물리치고 벵골 지역의 통치권을 장악하였다.

실력 기출 문제
● 97쪽 ~ 100쪽

501 ④	502 ③	503 ②	504 ⑤	505 ②	506 ③
507 ⑤	508 ②	509 ③	510 ①	511 ②	512 ④
513 ①	514 ①	515 ②	516 ⑤	517 ①	

1등급을 향한 서답형 문제

518 석탄 **519** 넓은 해외 영토를 얻었고, 상품을 판매할 수 있는 방대한 시장을 갖게 되었다.

520 양무운동 **521** 중국의 전통적 정치 체제를 유지하면서 서양 기술을 받아들이려 하였고, 지방 관료가 개별적으로 추진하여 정책의 일관성이 부족하였다.

501

증기 기관의 개량은 산업 혁명을 촉진하였다. 산업 혁명이 전개되면서 석탄과 철강 생산량이 크게 늘었다. 또한 원료와 제품을 운송하기 위해 증기선 등 교통수단이 발달하였다.

 ㄱ. 증기 기관의 개량 후 석탄 채굴량은 증가하였다. ㄷ. 증기 기관을 동력으로 하는 면직물 공업이 영국의 산업 혁명을 주도하였다.

502

영국은 18세기 후반 이후 산업 혁명을 통해 무역을 주도하였다. 유럽 각국은 영국의 기계와 기술을 적극 도입하였고 산업 혁명이 유럽 전역으로 확산되었다. 이에 19세기 전반에 벨기에와 프랑스, 19세기 중반에 독일과 미국, 19세기 후반에 러시아에서 산업 혁명이 진행되었다. 독일은 통일 이후 국가 주도로 산업화를 이끌었다.

 ③ 독일에서는 면직물 공업, 제철업, 석탄 공업이 발달하였다.

503

산업 혁명이 진행되면서 사회 문제와 노동 문제가 나타났다. 영국에서는 공장법을 제정하여 장시간 노동을 제한하고 아동을 열악한 노동 환경으로부터 보호하기 위해 노력하였다.

 ①, ③, ④ 19세기 영국의 자유주의 개혁으로 곡물법과 항해법이 폐지되었다. 또한 가톨릭 해방법이 제정되어 종교적 차별을 폐지하였다. ⑤ 제1차 선거법 개정(1832)으로 혜택을 받지 못한 노동자들은 인민헌장을 발표하고 참정권 확대를 요구하는 차티스트 운동을 전개하였다.

1등급 정리 노트	산업 혁명의 영향
인구 증가와 도시화	위생 문제, 환경 오염, 전염병 유행
노동 문제	저임금·장시간 노동, 아동 노동 → 기계 파괴 운동(러다이트 운동) 전개, 노동조합 결성, 사회주의 사상 등장

504

산업 혁명으로 석탄, 석유 등의 화석 연료 사용이 급격하게 증가하자 생태환경 문제가 나타났다. 오염된 대기와 강은 수많은 사람의 생명을 빼앗아 갔고, 콜레라 등 전염병의 온상이 되기도 하였다.

 ① 19세기 초 일부 노동자들은 기계를 저임금과 실업의 원인이라 생각하여 러다이트 운동을 전개하였다. ② 미국 혁명의 배경이 된 사건이다. ③ 노동자들은 노동 환경 개선과 임금 인상 등을 위해 협동조합과 노동조합을 결성하였다. ④ 마르크스와 엥겔스는 과학적 사회주의를 내세우며 노동자들의 단결과 계급 투쟁을 주장하였다.

505

자료에는 인종주의가 반영되어 있다. 인간 사회에도 생존 경쟁과 적자생존의 법칙이 적용된다는 이론인 사회 진화론과 함께 인종주의는 제국주의적 침략을 정당화하는 데 활용되었다.

 ① 사회 계약설과 계몽사상은 시민 혁명에 영향을 주었다. ③ 자연법사상, ④ 사회 계약설, ⑤ 계몽사상에 대한 설명이다.

506

케이프 식민지는 케이프타운을 중심으로 형성된 영국의 식민지이다. 영국은 이집트의 카이로에서 남쪽의 케이프타운을 잇는 종단 정책을 추진하여 횡단 정책을 추진하던 프랑스와 파쇼다에서 충돌하였으나, 외교적 타협이 이루어져 전쟁으로 이어지지는 않았다.

 ①, ⑤ 프랑스, ② 포르투갈, ④ 벨기에에 대한 설명이다.

507

㈎ 네덜란드는 인도네시아를 침략하여 원주민을 수탈하였다. ㈏ 미국은 필리핀을 식민지로 삼았고 하와이와 괌섬을 차지하였다. ㈐ 독일은 태평양에 있는 비스마르크 제도를 점령하였다.

508

밑줄 친 '이 국가'는 프랑스이다. 프랑스는 플라시 전투에서 패하고 인도에서 밀려난 후 동남아시아를 침략하였다. 프랑스는 베트남과 캄보디아를 합쳐 프랑스령 인도차이나 연방을 수립하였다.

바로잡기 ① 독일의 아프리카 침략에 해당한다. ③, ⑤ 영국과 관련 있다. ④ 아프리카의 에티오피아와 라이베리아는 독립을 유지하였다.

509

자료는 난징 조약을 체결한 이후에도 영국의 무역 상황이 크게 나아지지 않은 상황을 보여 준다. 이에 영국이 무역 확대를 요구했으나 청이 거절하자 영국은 애로호 사건을 빌미로, 프랑스와 연합하여 제2차 아편 전쟁을 일으켰다(1856).

바로잡기 ① 우창에서 무장봉기가 일어나면서 신해혁명이 본격적으로 전개되었다. ② 명 말기에 직물 노동자들이 세금 징수에 반발하여 직용의 변을 일으켰다. ④ 영국, 프랑스, 일본 등 8개국이 구성한 연합군은 의화단을 진압하고 베이징을 점령하였다. 청은 열강과 신축조약(1901)을 체결하였고 외국 군대가 베이징에 주둔하는 것을 허용하였다. ⑤ 변법자강 운동은 서태후 등 보수파가 일으킨 정변으로 좌절되었다.

510

자료는 태평천국 운동의 토지 제도 개혁안이다. 태평천국은 만주족 정권 타도(멸만흥한)를 주장하였고 천조전무 제도를 공포하여 남녀평등, 토지의 균등 분배 등의 개혁안을 제시하였다.

바로잡기 ②, ⑤ 변법자강 운동에 해당한다. ③ 제2차 아편 전쟁의 결과 톈진 조약이 체결되어 크리스트교 포교가 허용되었다. ④ 증국번, 이홍장 등의 한인 관료들은 서양의 과학 기술을 도입하여 부국강병을 추구하는 양무운동을 전개하였다.

511

변법자강 운동을 전개한 캉유웨이, 량치차오 등은 입헌 군주제를 지향하였고 일본의 메이지 유신을 본뜬 개혁을 주장하며 과거제 개편, 상공업 육성, 신교육 실시 등을 추진하였다.

바로잡기 ①, ③ 양무운동을 추진한 세력은 군수 공장을 설립하고 근대적 해군을 창설하였다. ④ 태평천국 운동에 해당한다. ⑤ 의화단은 교회, 철도 등을 공격하고 베이징의 외국 공사관을 습격하였다.

512

1911년 청 정부가 민간 철도를 국유화하려 하자 반대하는 투쟁이 일어났고, 10월에 우창의 신군이 무장봉기를 일으키면서 신해혁명이 본격화되었다. 혁명이 확산되자 각 성의 대표는 1912년 쑨원을 임시 대총통으로 하는 중화민국을 수립하였다.

바로잡기 ① 중국 동맹회는 1905년 결성되었다. ② 중화민국 수립 이후 위안스카이는 대총통직을 넘겨받는 조건으로 청 황제를 강제 퇴위시켰다.

③ 청 정부는 입헌파의 요구를 받아들여 1908년 「흠정 헌법 대강」을 반포하고 의회 설립을 준비하였다. ⑤ 중화민국 수립 이후 위안스카이가 임시 대총통으로 취임하면서 군벌 중심의 베이징 정부가 수립되었다.

513

밑줄 친 '개혁'은 메이지 유신이다. 메이지 정부는 폐번치현을 단행하고, 징병제와 의무 교육 시행, 토지 가격을 기준으로 한 세금 징수 등 근대적 개혁을 추진하였다.

바로잡기 ㄷ. 일본의 개항 이후 에도 막부 말기에 전개된 존왕양이 운동이다. ㄹ. 에도 막부는 1858년 미국과 협정 관세와 영사 재판권 등을 규정한 미일 수호 통상 조약을 체결하였다.

514

밑줄 친 '이 전쟁'은 청일 전쟁이다. 청일 전쟁에서 승리한 일본이 시모노세키 조약으로 랴오둥반도를 차지하자 러시아, 프랑스, 독일은 일본을 압박하였고 결국 일본은 랴오둥반도를 청에 반환하였다(삼국 간섭).

바로잡기 ② 에도 막부 말기에 존왕양이 운동이 일어났다. ③ 일본 제국 헌법은 1889년에 공포되었다. ④ 자유 민권 운동은 1870년대에 시작되었다. ⑤ 일본은 러일 전쟁 때 미국과 영국의 지원을 받았다.

515

밑줄 친 '이 사건'은 세포이의 항쟁(1857)이다. 영국은 세포이의 항쟁을 진압한 후 인도에서 반영 운동이 시작되는 것을 차단하기 위해 무굴 제국의 황제를 폐위하고, 동인도 회사의 지배권을 박탈하였다. 이후 영국의 왕이 인도 황제를 겸하는 영국령 인도 제국이 성립되면서 인도는 영국의 공식적인 식민지가 되었다.

바로잡기 ① 세포이의 항쟁 이전인 19세기 전반에 브라흐마 사마지 운동이 시작되었다. ③, ④, ⑤ 세포이의 항쟁 이전의 상황이다. 영국은 1757년 플라시 전투에서 승리하며 벵골의 통치권을 장악하였다. 이 무렵 영국은 인도에 영국산 면직물을 대량 수출하고, 인도인에게 면화와 아편을 재배하도록 강요하였다.

516

판보이쩌우는 베트남 유신회를 조직하고 동유 운동을 전개하였으며, 광둥에서 공화정을 지향하는 베트남 광복회를 조직하였다.

바로잡기 ① 틸라크는 인도 국민 회의의 급진파로, 영국의 벵골 분할령에 맞서 스와라지(인도인의 자치) 등을 결의하고 반영 운동을 전개하였다. ② 필리핀의 아기날도는 에스파냐에 맞서 독립운동을 전개하였다. ③ 캉유웨이는 청의 변법자강 운동을 주도하였다. ④ 타이(태국)의 라마 5세는 외교 활동을 펼쳐 독립을 유지하였다.

517

오스만 제국은 19세기 들어 이집트의 자치와 그리스의 독립을 허용하였고, 유럽 영토 대부분을 상실하였다. 이에 따른 위기의식으로 1839년 탄지마트라는 근대적 개혁을 시작하였다. 그러나 탄지마트는 보수 세력의 반발과 서양 열강의 간섭, 러시아와의 전쟁 등으로 성과를 거두지 못하였다.

 ㄷ. 1906년 이란에서 정치 개혁을 위해 입헌 혁명이 일어났고, 헌법이 제정되었다. ㄹ. 탄지마트 실패 이후 술탄 중심의 전제 정치가 강화되자 청년 튀르크당이 결성되었다. 그들은 1908년 무장봉기를 일으켜 정권을 장악하고 헌법을 부활시켰다.

518

석탄을 연료로 사용하는 증기 기관은 기계의 동력으로 이용되면서 대량 생산 체제를 가능하게 하였다.

519

채점 기준	수준
대외 전쟁의 승리로 얻은 해외 영토가 상품 판매 시장이 되었다는 내용을 서술한 경우	상
위 내용을 서술하지 못한 경우	하

520

이홍장 등 한인 관료들은 서양의 과학 기술을 도입하여 부국강병을 이루고자 한 양무운동을 전개하였다.

521

채점 기준	수준
중국의 정치 체제를 유지하면서 서양 기술을 받아들이려 하였다는 내용, 지방 관료가 개별적으로 추진하여 정책의 일관성이 부족하였다는 내용을 모두 서술한 경우	상
위 내용 중 한 가지만 서술한 경우	중
위 내용을 한 가지도 서술하지 못한 경우	하

적중 1등급 문제　　　　　　　●101쪽

522 ④　**523** ③　**524** ④　**525** ②

522　제국주의

1등급 자료 분석　제국주의를 정당화한 인종주의

영국인과 미국인이 중국인, 인도인, 쿠바인, 필리핀인 등을 짊어지고 '문명'이라는 여신을 향해 올라가고 있다.

서양 열강은 사회 진화론을 바탕으로 백인의 인종적 우수성을 내세웠으며, 백인이 미개한 인종을 문명화한다는 명분으로 식민지 쟁탈전을 벌였다.

밑줄 친 '이 정책'은 제국주의 정책이다. 영국은 아편 전쟁을 일으켜 청에 승리한 후 난징 조약을 체결하여 홍콩을 할양받았다. 한

편 아프리카에서는 종단 정책을 추진하던 영국과, 횡단 정책을 추진하던 프랑스가 파쇼다에서 충돌하였다.

 ㄱ. 산업 혁명 후 산업 자본주의의 문제점을 해결하려는 대안으로 사회주의 사상이 등장하였다. ㄷ. 영국이 노동 문제를 해결하고자 공장법을 제정하였다. 또한 노동자들의 요구로 참정권을 확대하는 선거법 개정을 실시하였다.

523　중국의 국민 국가 건설 운동

1등급 자료 분석　의화단 운동

신축조약에서는 먼저 공사관 구역에 대한 공격과 크리스트교도에게 가해진 <u>의화단은 교회, 철도 등을 공격하고, 베이징의 외국 공사관까지 습격하였다.</u> 위해에 대한 처벌을 다루었다.

㈎는 의화단 운동이다. 의화단은 "청을 도와 서양 세력을 몰아내자(부청멸양)."라는 구호를 내세우며 반크리스트교, 반제국주의 운동을 전개하였다.

 ① 신해혁명, ② 태평천국 운동, ④ 변법자강 운동(무술변법), ⑤ 양무운동에서 제기된 주장이다.

524　일본의 대외 팽창

1등급 자료 분석　포츠머스 조약

제2조	러시아는 한국에 대한 일본의 지도, 보호, 감리를 승인한다.
	일본이 한반도에 대한 독점적 권리를 확보하였다.
제5조	뤼순·다롄의 조차권과 그 부속의 이권을 일본에 양도한다.
	일본은 러시아로부터 만주에 대한 이권을 넘겨받았다.
제9조	북위 50°이남의 사할린섬과 부속 섬들을 일본에 양도한다.
	일본 국민은 러일 전쟁 승리로 큰 배상금을 받을 것으로 기대하였다. 하지만 기대와 달리 포츠머스 조약에는 배상금 조항이 포함되지 않았고, 사할린섬 일부를 차지하는 데 그쳤다. 이에 일본인들의 불만이 커져 폭동이 일어나기도 하였다.

자료는 포츠머스 조약이다. 일본은 영국과 미국의 지원으로 러일 전쟁에서 승리하였고, 미국의 중재로 포츠머스 조약을 체결하였다.

 ④ 일본은 청일 전쟁의 승리로 차지한 랴오둥반도를 러시아, 독일, 프랑스 삼국의 압력으로 반환하였다(삼국 간섭).

525　인도의 반영 운동

1등급 자료 분석　벵골 분할령에 대한 저항

그것은 영국인의 잔인하고도 어리석은 행동입니다. …… 나는 '스와데시'가 <u>영국의 벵골 분할령</u>　　　　　　　　　　<u>국산품 애용</u> 경제적 혼란 상태에 있는 인도에서 강력해질 필요가 있다고 생각합니다.
- 나오로지의 연설문 -
<u>인도 국민 회의장</u>

자료는 1906년 콜카타 대회에서 인도 국민 회의 의장이 벵골 분할령을 비판하고, 반영 운동의 하나로 스와데시(국산품 애용)를 실천할 것을 촉구하는 내용이다. 영국이 벵골 분할령을 발표하자, 인도 국민 회의는 영국 상품의 불매, 스와라지(자치), 스와데시, 국민 교육의 진흥을 결의하고 반영 운동을 전개하였다.

 ① 브라흐마 사마지 운동의 사회 개혁 주장이다. ③ 신항로 개척 시기에 포르투갈이 인도에 진출하였으나 점차 영국 동인도 회사에 밀려 물

러났다. ④ 인도 통치 개선법 제정(1858) 후 영국이 인도를 직접 지배하였다.
⑤ 벵골 분할령에 대한 인도인의 저항이 거세지자 영국이 내린 조치이다.

⑥ 영국이 무굴 제국 황제를 폐위하였다.	(×)
⑦ 영국이 인도의 종교적 전통을 존중하였다.	(×)
⑧ 영국이 힌두교도와 이슬람교도의 분열을 꾀하였다.	(○)

단원 마무리 문제 ● 102쪽 ~ 107쪽

09 동아시아 세계의 변동
526 ④　**527** ①　**528** ②　**529** ④　**530** 산킨코타이 제도
531 예시 답안 조닌 문화가 발달하면서 가부키라는 연극이 인기를 끌었으며,
그림에서는 일상생활이나 풍경, 인물 등을 소재로 한 목판화인 우키요에가 유행
하였다.

10 무굴 제국과 오스만 제국
532 ②　**533** ④　**534** ②　**535** 예니체리
536 예시 답안 비이슬람교도라도 인두세만 납부하면 종교 공동체인 밀레트를
만들어 자치를 누리도록 하였다.

11 시민 혁명과 국민 국가의 형성
537 ③　**538** ③　**539** ③　**540** ③　**541** ④

12 산업 혁명, 제국주의, 국민 국가 건설 운동
542 ⑤　**543** 예시 답안 아프리카에서 영국은 종단 정책을 추진하였고, 프
랑스는 아프리카 횡단 정책을 추진하면서 두 나라가 파쇼다에서 충돌하였다.
544 ①　**545** ②　**546** ①　**547** ⑤　**548** ②　**549** ④
550 ④　**551** ③

526

명의 영락제는 자금성을 건설하고 난징에서 베이징으로 수도를
옮겼다. 또한 정화에게 대규모 항해를 명하였다.
바로잡기 ①, ② 명의 태조 홍무제는 백성을 교화하기 위해 육유를 반포하
였으며, 재상제를 폐지하고 중앙의 6부를 직접 통솔하였다. ③ 후금을 세
운 누르하치에 대한 설명이다. ⑤ 청의 강희제에 해당한다.

527

청은 인구의 다수를 차지하는 한족을 다스리기 위한 강압책으로
서 만주족의 풍습인 변발과 호복을 강요하였다. 또한 만주족을 비
판하거나 오랑캐로 폄하하는 서적을 모두 금서로 지정하고 특정
한 문자나 용어 사용 등을 구실로 사상을 탄압하였다(문자옥).

바로잡기 ② 송 태조는 절도사의 권한을 회수하고, 문관을 우대하는 문치
주의를 채택하였다. ③, ④ 진시황제, ⑤ 북위 효문제의 정책이다.

528

휘저우 상인은 명·청대에 전국적으로 활동하였다. 이 시기에는
상인들이 공소, 회관을 설립하였고 은으로 세금을 납부하는 제도
로서 명대의 일조편법과 청대의 지정은제가 실시되었다.
바로잡기 ㄴ. 송대에 상거래가 활발해지면서 화폐 사용이 증가하였다. 이
에 따라 동전의 주조량이 늘어났으며, 교자와 회자 등의 지폐도 발행되었
다. ㄷ. 대운하는 수 양제가 건설하였고 남과 북을 수로로 연결하였다.

529

(가) 인물은 명대에 활동한 예수회 선교사 마테오 리치이다. 그는
중국인의 세계관 확대에 기여한 「곤여만국전도」를 제작하였고,
서광계와 함께 『기하원본』을 간행하였다.
바로잡기 ① 후한의 채륜, ② 청에서 활동한 예수회 선교사 아담 샬, ③ 명
대의 왕수인(왕양명), ⑤ 명대의 송응성에 대한 설명이다.

530

에도 막부 시기에 다이묘들은 자신의 영지와 에도를 정기적으로
왕복하면서 막대한 재정을 지출해야 했다.

531

채점 기준	수준
조닌 문화의 발달, 가부키와 우키요에의 유행을 모두 서술한 경우	상
조닌 문화가 발달하였다는 내용만 서술한 경우	중
위 내용을 모두 서술하지 못한 경우	하

532

밑줄 친 '황제'는 무굴 제국의 아크바르 황제이다. 아크바르 황제
는 델리에서 아그라로 수도를 옮기고, 관료제와 지방 행정 구역을
정비하여 중앙 집권 체제를 확립하였다.
바로잡기 ① 13세기 초 구르 왕조의 맘루크 출신인 아이바크가 델리를 정
복하고 쿠트브 미나르를 세웠고, 이후 델리 술탄 왕조가 이어졌다. ③, ④
아우랑제브 황제 시기에 해당한다. ⑤ 16세기 초 바부르는 델리 술탄 왕조
시대를 종식시키고 델리를 중심으로 무굴 제국을 세웠다.

533

무굴 제국의 황제 샤자한이 건립한 타지마할은 인도·이슬람 양
식을 보여 주는 대표적인 건축물이다. 벽돌 장식, 연꽃 문양 등에
는 인도 양식이 반영되었고 돔형 지붕과 뾰족한 아치, 쿠란 구절
등을 통해 이슬람 양식을 찾아볼 수 있다. 샤자한 이후 즉위한 아
우랑제브 황제는 데칸고원을 넘어 인도 남부의 상당 부분을 차지
하면서 무굴 제국의 영토를 최대로 확장하였다.
바로잡기 ㄱ. 바부르는 16세기 초반 북인도 지역을 장악하고 델리를 중심
으로 무굴 제국을 세웠다. ㄷ. 포르투갈은 서양 세력 중 인도에 처음 무역
거점을 마련하였다.

534

㈎는 오스만 제국이다. 오스만 제국은 티무르 왕조와 벌인 앙카라 전투에서 패배하였지만, 국가 체제를 정비하고 비잔티움 제국을 멸망시켰다. 이후 이집트에 진출하여 맘루크 왕조를 정복하였으며 메카와 메디나의 보호권을 차지하였다.

바로잡기 ② 오스만 제국은 에스파냐와 벌인 레판토 해전에서 패배하였다.

535

예니체리는 '새로운 군대'라는 뜻으로 오스만 제국 술탄의 친위 부대이자 최정예 부대였다. 크리스트교도 청소년을 데브시르메 제도를 통해 징집하였고 엄격한 훈련과 교육 과정을 거쳐 편성하였다.

536

채점 기준	수준
비이슬람교도라도 인두세를 납부하면 밀레트를 만들어 자치를 누리도록 하였음을 서술한 경우	상
위 내용을 서술하지 못한 경우	하

537

㈎는 로크, ㈏는 루소의 사회 계약설이다. 루소는 일반 의지에 따른 국가 운영을 주장하며 인민 주권의 원리를 제시하였다.

바로잡기 ① 뉴턴은 우주가 거대한 기계처럼 스스로 운동하며, 인간의 이성은 그 법칙과 원리를 객관적이고 합리적으로 파악할 수 있다는 기계론적 우주관을 확립하였다. ② 디드로와 달랑베르 등은 과학적이고 실생활에 유용한 지식을 체계적으로 정리한 『백과전서』를 편찬하여 계몽사상의 확산에 기여하였다. ④ 홉스는 인간의 자연 상태를 '만인에 대한 만인의 투쟁'으로 파악하고, 사회 혼란을 막기 위해 개인의 정치적 권리를 군주에게 양도해야 한다고 보았다. ⑤ 로크와 루소의 주장은 프랑스 혁명에 영향을 주었다.

538

자료는 프랑스 혁명의 전개 과정을 보여 준다. 테니스코트의 서약 이후 국민 의회는 봉건적 특권 폐지를 선언하고, 자유와 평등, 국민 주권 등 혁명의 기본 이념을 담은 「인간과 시민의 권리선언(인권 선언)」을 발표하였다(1789).

바로잡기 ① 국민 공회 시기에 루이 16세가 처형되었다. ② 황제에 오른 나폴레옹은 1806년 유럽 대륙과 영국의 교역을 막는 대륙 봉쇄령을 내렸다. ④ 혁명전쟁으로 생활이 어려워진 파리 민중(상퀼로트)의 불만이 높아졌다. 과격해진 민중은 국왕의 퇴위를 주장하며 왕궁을 습격하고 왕권을 정지시켰다. ⑤ 국민 공회 시기에 공포 정치를 주도한 로베스피에르가 테르미도르의 반동으로 실각하였다.

539

나폴레옹의 몰락 이후 부르봉 왕조가 부활하였다. 샤를 10세가 전제 정치를 실시하자 자유주의자와 파리 시민은 입헌 군주제에 기반한 7월 혁명(1830)을 일으켜 샤를 10세를 추방하고 루이 필리프를 왕으로 추대하였다.

바로잡기 ① 1848년 프랑스 2월 혁명이 일어나자 이에 영향을 받아 같은 해 오스트리아에서 3월 혁명이 일어났고, 빈 체제가 사실상 무너졌다. ②

영국에서 21세 이상 모든 남자의 선거권 등 참정권 확대를 요구하는 차티스트 운동이 전개되었다. ④ 나폴레옹은 러시아가 대륙 봉쇄령을 지키지 않자, 러시아 원정에 나섰다. ⑤ 국민 공회 시기에 로베스피에르를 중심으로 한 자코뱅파는 공화제와 보통 선거제에 기초한 새로운 헌법을 제정하였다(1793).

540

㈎ 인물은 프로이센의 재상 비스마르크이다. 비스마르크의 철혈 정책을 통해 군비 확장을 추진한 프로이센은 오스트리아와의 전쟁에서 승리하여 북독일 연방을 결성하였다.

바로잡기 ① 가리발디는 붉은 셔츠대로 불린 의용군을 이끌고 나폴리와 시칠리아 등을 점령하고, 이를 사르데냐 왕국의 국왕에게 바쳤다. ② 이탈리아 왕국은 프로이센과 프랑스의 전쟁을 틈타 로마 교황령을 점령하여 통일을 완성하였다(1870). ④ 오스트리아의 메테르니히는 나폴레옹이 몰락하자 빈 회의를 주도하며 전후 처리 문제를 협의하였다. ⑤ 영국은 자유주의 경제 정책의 하나로 외국산 곡물의 수입을 제한한 곡물법을 폐지하였다.

541

밑줄 친 '이 선언'은 링컨의 노예 해방 선언이다. 남북 전쟁 중 링컨이 노예 해방 선언을 발표하면서 북부는 여론의 지지를 받게 되었고, 이는 북부가 남북 전쟁에서 승리하는 데 영향을 주었다.

바로잡기 ① 노예 해방 선언은 프랑스 혁명 이후에 발표되었다. 프랑스 혁명에 영향을 끼친 것은 미국 혁명이다. ② 제2차 대륙 회의에서 독립 선언문이 발표되었다. ③ 영국의 인지세, 차세 부과에 반발하여 미국 혁명이 일어났다. ⑤ 프랑스 혁명은 유럽 전역에 자유주의 이념이 확산하는 데 기여하였다.

542

산업 혁명으로 사회 문제와 노동 문제가 나타나고 노동조합이 결성되자, 영국에서는 공장법을 제정하여 장시간 노동을 제한하고 아동을 열악한 노동 환경으로부터 보호하기 위해 노력하였다.

바로잡기 ① 영국의 노동자들이 참정권 확대를 요구하며 차티스트 운동을 전개하였다. ② 산업 혁명의 영향으로 환경 오염 문제가 발생하였다. ③ 미국에서 벌어진 남북 전쟁과 관련 있다. ④ 19세기에 러시아에서 청년 장교와 일부 지식인은 입헌 군주제를 지향하며 데카브리스트의 봉기를 일으켰다(1825).

543

채점 기준	수준
아프리카에서 전개된 영국의 종단 정책과 프랑스의 횡단 정책, 파쇼다에서의 충돌에 대해 서술한 경우	상
위 내용을 서술하지 못한 경우	하

544

인도차이나반도, 마다가스카르, 튀니지에 진출했다는 내용을 통해 밑줄 친 '우리'는 프랑스임을 알 수 있다. 사르데냐 왕국은 프랑스의 지원을 받아 오스트리아와의 전쟁에서 승리하고 롬바르디아 지방을 비롯한 이탈리아 중북부 지역을 통합하였다.

 ② 영국은 자유주의 경제 정책으로서 항해법을 폐지하여 규제를 완화하였다. ③ 미국, ④ 영국, ⑤ 네덜란드에 대한 설명이다.

545

(가) 조약은 난징 조약이다. 영국이 인도산 아편을 청에 밀수출하자, 청에서 아편 중독자가 급증하며 사회 문제가 발생하였고, 다량의 은이 해외로 유출되어 재정난이 심각해졌다. 결국 청 정부는 임칙서를 광저우에 보내 아편을 몰수하며 단속을 강화하였고, 영국이 이를 빌미로 제1차 아편 전쟁을 일으켰다. 전쟁에서 패배한 청은 공행 무역 폐지 등 불평등한 내용이 담긴 난징 조약을 체결하였다.

 ㄴ, ㄷ. 애로호 사건을 계기로 제2차 아편 전쟁이 발발하였다. 제2차 아편 전쟁 결과 청이 패배하여 톈진 조약과 베이징 조약을 체결하면서 항구의 추가 개항, 크리스트교 포교의 자유 등을 허용하였다.

546

(가)는 의화단이다. 의화단은 반크리스트교, 반제국주의 운동을 전개하여 민중의 지지를 받았다. 이들은 부청멸양을 내세우면서 교회와 철도 등을 공격하고, 베이징의 외국 공사관을 습격하였다.

 ②, ③ 홍수전을 중심으로 한 세력은 난징을 수도로 삼아 태평천국을 세웠다. 이들은 만주족 정권 타도(멸만흥한)를 주장하였다. 또한 토지의 균등 분배, 변발과 전족 금지 등의 개혁안을 발표하여 농민의 지지를 받았다. ④ 변법자강 운동은 서태후 등 보수파가 일으킨 정변으로 좌절되었다. ⑤ 중국 동맹회는 쑨원의 삼민주의를 이념으로 삼고 무장봉기를 일으켰다.

547

자료는 청 정부가 1908년 공포한 「흠정 헌법 대강」으로 헌법 제정을 요구하는 입헌파의 요구를 받아들여 반포한 것이다. 인민의 민주적 권리를 일부 보장하였지만, 여전히 전제 군주권을 강화하는 내용을 담고 있었다.

 제1차 아편 전쟁 발발은 1840년, 미일 화친 조약 체결은 1854년, 양무운동 시작은 1861년, 변법자강 운동은 1898년, 신축조약 체결은 1901년, 우창의 무장봉기는 1911년에 벌어진 사건이다.

548

1868년 수립된 메이지 정부는 서양식 입헌 제도의 도입을 요구하는 자유 민권 운동을 탄압하는 한편, 점진적으로 서양식 입헌 체제를 수용하겠다고 밝혔다. 이후 1889년 일본 제국 헌법을 공포하고, 이듬해 제국 의회를 개설하였다.

 ① 에도 막부 시기 하급 무사들을 중심으로 천황을 받들어 외세를 배척하는 존왕양이 운동이 일어났다. ③ 에도 막부는 미국의 통상 요구를 받아들여 협정 관세와 영사 재판권 등을 규정한 미일 수호 통상 조약을 체결하였다(1858). ④ 에도 막부는 데지마를 통해 네덜란드와 제한된 무역을 시행하였다. ⑤ 에도 막부 시기 미국이 페리 함대를 보내 개항을 요구하자, 막부는 이를 수용하고 미일 화친 조약을 맺었다.

549

(가)에 들어갈 민족 운동은 세포이의 항쟁이다. 영국의 지배에 대한 인도인들의 불만이 커져가는 상황에서 동인도 회사에 고용된 인도인 용병인 세포이는 영국이 인도의 종교적 전통을 무시하자 반발하여 항쟁을 일으켰다. 영국은 세포이의 항쟁을 무력 진압한 후 인도 통치 개선법을 제정하면서 무굴 제국 황제를 폐위하고 영국 국왕이 인도 황제를 겸하는 영국령 인도 제국을 수립하였다.

 ① 이란의 카자르 왕조가 영국에 많은 이권과 독점권을 넘겨주자, 상인·종교 지도자 중심으로 열강의 이권 침탈에 저항하는 운동이 전개되었다. 이는 정치 개혁 요구로 이어져 1906년 입헌 혁명이 일어났다. ② 베트남의 판보이쩌우는 베트남 유신회를 조직하고 청년들이 근대 문물을 배우게 하기 위해 일본으로 유학을 보내는 동유 운동을 전개하였다. ③ 18세기 후반 아랍 지역에 대한 오스만 제국의 영향력이 약화되고 서양 열강이 침입하였다. 이러한 상황에서 아라비아반도에서 초기 이슬람교의 순수성을 되찾자는 와하브 운동이 전개되었다. ⑤ 19세기 전반 인도의 힌두교 지도자들은 브라흐마 사마지 운동을 전개하였다.

550

영국이 1905년 벵골 분할령을 발표하자 인도 국민 회의에서 급진파가 주도권을 잡고 콜카타 대회를 열어 영국 상품의 불매, 스와라지(인도인의 자치), 스와데시(국산품 애용), 국민 교육의 진흥을 결의하고 반영 운동을 전개하였다.

 ① 1857년 세포이의 항쟁이 일어났다. ② 1885년 인도 국민 회의가 결성되었다. ③ 19세기 전반 브라흐마 사마지 운동의 전개 과정에서 악습인 사티의 폐지를 주장하였다. ⑤ 17세기 후반 무굴 제국의 아우랑제브 황제 시기에 라지푸트족과 마라타족이 반란을 일으켰다.

551

19세기 들어 오스만 제국은 이집트의 자치와 그리스의 독립을 허용하였고, 영국, 러시아 등 서양 열강의 압박을 받았다. 이에 오스만 제국은 1839년 탄지마트라고 불리는 근대적 개혁을 단행하였다.

 ㄱ. 탄지마트가 보수 세력의 반발과 서양 열강의 간섭, 러시아와의 전쟁 등으로 성과를 거두지 못하자 젊은 장교와 관료, 지식인이 중심이 되어 청년 튀르크당을 결성하였다. ㄹ. 16세기 후반 오스만 제국이 레판토 해전에서 패배하였다.

Ⅳ 현대 세계의 과제

13 제1·2차 세계 대전

기본 기출 문제 ──────────── ● 109쪽~110쪽

핵심 개념 문제

552 사라예보 사건	**553** 간디	**554** 루스벨트
555 노르망디	**556** ㉢ **557** ㉠ **558** ㉡ **559** ㉠	
560 ㉡ **561** ㉠	**562** ㉡ **563** ㄴ-ㄷ-ㄱ-ㄹ	

564 ① **565** ⑤ **566** ② **567** ④ **568** ③ **569** ①
570 ③ **571** ③

564

자료는 영국과 관련된 내용이다. 영국은 3C 정책을 추진하여 3B 정책을 추진한 독일과 대립하였다. 또한 프랑스, 러시아와 함께 3국 협상을 성립하였다. ① 영국은 세포이의 항쟁을 계기로 무굴 제국의 황제를 폐위하고, 영국령 인도 제국을 수립하여 인도를 공식적인 식민지로 만들었다.

바로잡기 ② 독일, 이탈리아, 일본은 3국 방공 협정을 체결하였다. ③ 미국은 일본의 히로시마와 나가사키에 원자 폭탄을 투하하였다. ④ 일본은 미국의 하와이 진주만을 기습 공격하였다. ⑤ 프랑스는 베르사유 조약을 통해 독일로부터 알자스-로렌 지방을 양도받았다.

565

밑줄 친 '전쟁'은 제1차 세계 대전(1914~1918)이다. 제1차 세계 대전 중 러시아에서는 혁명이 일어나 레닌을 중심으로 한 볼셰비키가 소비에트 정부를 수립하였다(11월 혁명, 1917).

바로잡기 ① 대서양 헌장(1941)은 제2차 세계 대전 중에 발표되었다. ② 미드웨이 해전(1942)은 제2차 세계 대전 중에 전개되었다. ③ 일본은 1931년 만주 사변을 일으키고 이듬해 괴뢰 국가인 만주국을 수립하였다. ④ 독일에서는 대공황(1929) 이후 실업률이 높아지는 등 경제 위기가 심화되자, 나치당을 이끄는 히틀러가 독일 국민의 지지를 얻어 집권하였다.

566

(가)는 3월 혁명(1917), (나)는 레닌의 신경제 정책(NEP) 추진(1921)에 대한 내용이다. 러시아에서는 3월 혁명으로 수립된 임시 정부가 전쟁을 지속하자 레닌 중심의 볼셰비키가 임시 정부를 타도하고 소비에트 정부를 수립하였다(11월 혁명, 1917). 이후 레닌은 신경제 정책을 시행하여 시장 경제 체제를 일부 도입하였다.

바로잡기 ① 피의 일요일 사건(1905)은 러일 전쟁 중에 발생하였다. ③ 뉘른베르크 국제 군사 재판은 제2차 세계 대전 종전 직후에 개최되었다. ④ 독일과 소련의 불가침 조약 체결은 제2차 세계 대전 발발 직전에 이루어졌다. ⑤ 레닌 사후 집권한 스탈린이 경제 개발 5개년 계획을 추진하였다.

567

제1차 세계 대전이 총력전 양상을 보이면서 노동자 계층과 여성들이 전쟁 수행에 동원되었다. 제1차 세계 대전 이후 유럽 각국에서 이들의 사회적 요구가 반영되고 보통 선거권이 확산되면서 노동자 계층과 여성에게 참정권이 확대되었다.

바로잡기 ① 러시아 11월 혁명으로 소비에트 정부가 수립되었다(1917). ② 독일의 총통이 된 히틀러는 반유대주의 정책을 추진하였다. ③ 제2차 세계 대전의 전쟁 범죄자를 처벌하기 위해 도쿄에서 극동 국제 군사 재판이 개최되었다. ⑤ 1929년 미국에서 대공황이 발생하면서 실업률이 급증하였다.

568

자료는 중국의 5·4 운동 당시 발표된 선언이다. 파리 강화 회의에 참석한 중국은 일본의 21개조 요구 철폐와 산둥반도의 이권 반환을 요구하였지만 받아들여지지 않았다. 이에 중국에서 베이징의 대학생을 중심으로 항의 시위가 일어나면서 5·4 운동이 전개되었다(1919).

바로잡기 ① 베트남에서는 호찌민이 베트남 공산당을 결성하여 프랑스의 식민 지배에 저항하였다. ② 무솔리니가 결성한 파시스트당은 로마 진군을 단행하여 이탈리아의 권력을 장악하였다. ④ 시안 사건과 중일 전쟁 발발을 계기로 제2차 국공 합작이 성사되었다(1937). ⑤ 러시아에서는 레닌을 중심으로 한 볼셰비키가 임시 정부를 타도하고 소비에트 정부를 수립하였다(11월 혁명).

569

밑줄 친 '그'는 미국의 루스벨트이다. 루스벨트는 뉴딜 정책을 실시하여 정부 지출을 늘리면서 대규모 공공사업을 일으켜 소비 수요를 촉진하는 방식으로 경기를 회복하고자 하였다.

바로잡기 ② 이탈리아의 무솔리니는 파시스트당을 조직하였다. ③ 호찌민은 베트남 공산당을 결성하여 프랑스의 식민 지배에 저항하였다. ④ 미국의 윌슨 대통령은 평화 원칙 14개조를 제시하였다. ⑤ 독일의 히틀러와 나치당은 반유대 정책을 추진하는 등 극단적인 인종주의와 국가주의를 내세웠다.

570

(가) 인물은 독일의 히틀러이다. 대공황의 위기 속에 히틀러와 나치당은 베르사유 조약의 폐기를 요구하고, 극단적인 인종주의와 국가주의를 내세워 독일 국민의 지지를 얻었다. 독일 총통에 취임한 히틀러는 반유대 정책을 추진하고 독일의 재무장을 선포하였다.

바로잡기 ① 미국의 루스벨트, 영국의 처칠, 소련의 스탈린이 얄타 회담에 참여하였다. ② 이탈리아의 무솔리니는 에티오피아를 침공하였다. ④ 무스타파 케말은 술탄제를 폐지하고 튀르키예 공화국을 수립하였다. ⑤ 제1차 세계 대전 중 독일에서는 킬 군항 해군의 반란으로 빌헬름 2세가 퇴위하고 공화국이 수립되었다.

571

밑줄 친 '이 전쟁'은 제2차 세계 대전(1939~1945)이다. 독일의 폴란드 침공(1939)으로 시작된 제2차 세계 대전은 일본의 진주만 기습(1941)으로 아시아·태평양 지역까지 확대되었다. 제2차 세계 대전 중인 1944년 연합국은 노르망디 상륙 작전을 통해 파리를 해방시켰고, 제2차 세계 대전 종전 직후인 1945년에 국제 평화와 안전 유지 등을 목적으로 국제 연합(UN)이 창설되었다.

바로잡기 ㄱ. 사라예보 사건(1914)을 발단으로 제1차 세계 대전이 시작되었다. ㄹ. 제1차 세계 대전의 전후 처리를 위해 베르사유 조약이 체결되었다.

실력 기출 문제 ● 111쪽 ~ 114쪽

572 ①	**573** ③	**574** ③	**575** ②	**576** ②	**577** ②
578 ③	**579** ⑤	**580** ②	**581** ④	**582** ②	**583** ①
584 ①	**585** ③	**586** ⑤	**587** ④		

1등급을 향한 서답형 문제

588 윌슨 **589** **예시 답안** 아시아, 아프리카 약소국들의 민족 운동에 영향을 끼쳐 3·1 운동, 5·4 운동 등이 일어났다. 또한 국제 평화와 협력을 위한 기구로서 국제 연맹이 창설되었다.

590 (가) 무솔리니, (나) 히틀러 **591** **예시 답안** 국가주의와 군국주의를 강화하고 대외 침략을 통해 경제 위기를 극복하고자 하였다.

572

(가) 국가는 미국이다. 미국은 독일의 무제한 잠수함 작전과 치머만 전보 사건을 계기로 제1차 세계 대전에 연합국으로 참전하였다. ① 미국은 제2차 세계 대전 당시 일본의 히로시마와 나가사키에 원자 폭탄을 투하하였다.

바로잡기 ② 독일은 제2차 세계 대전 직전 소련과 독·소 불가침 조약을 체결하였다. ③ 네덜란드의 식민지인 인도네시아에서는 수카르노가 저항 운동을 펼쳤다. ④ 영국은 프랑스, 러시아와 함께 3국 협상에 참여하였다. ⑤ 제1차 세계 대전 중 러시아의 소비에트 정부가 독일 등 동맹국들과 브레스트리토프스크 조약을 체결하고 전쟁에서 이탈하였다.

573

(가) 인물은 소련의 스탈린이다. 레닌 사후 소련의 정권을 장악한 스탈린은 경제 개발 5개년 계획을 추진하여 중공업을 육성하고 농업 집단화 정책을 추진하였다. 또한 반대파를 숙청하며 개인의 자유를 억압하고 독재 체제를 강화하였다.

바로잡기 ① 미국의 윌슨은 평화 원칙 14개조를 제안하였다. ② 1931년 만주 사변을 일으킨 일본은 이듬해 괴뢰 국가인 만주국을 수립하였다. ④ 독일의 히틀러는 나치당의 지도자로 총선에서 승리한 후 총통에 취임하였다. ⑤ 이탈리아의 무솔리니는 군국주의를 강화하고 에티오피아를 침공하였다.

574

(가) 전쟁은 제1차 세계 대전(1914~1918)이다. 사라예보 사건을 계기로 시작된 제1차 세계 대전은 1918년 독일에서 킬 군항 해군의 봉기가 일어나 빌헬름 2세가 퇴위하고, 이어 수립된 공화국이 연합국과 휴전 조약을 체결하면서 끝이 났다.

바로잡기 ① 독일의 히틀러는 1934년에 총통으로 취임하였다. ② 국제 연합은 제2차 세계 대전 직후 창설되었다(1945). ④ 중국 공산당은 장제스의 탄압에 맞서 대장정을 감행하였다(1934~1935). ⑤ 미국은 대공황(1929) 극복을 위해 뉴딜 정책을 실시하였다.

575

밑줄 친 '임시 정부'는 러시아 3월 혁명으로 수립된 임시 정부이다. 임시 정부가 제1차 세계 대전에서 동맹국과의 전쟁을 지속하자 레닌이 이끄는 볼셰비키가 무장봉기를 일으켜 임시 정부가 무너지고 소비에트 정부가 수립되었다(11월 혁명).

바로잡기 ① 미국(루스벨트), 영국(처칠), 중국(장제스)이 카이로 회담에 참여하였다. ③ 러일 전쟁 중 러시아의 상트페테르부르크에서 대규모 시위가 발생하자, 정부가 시위대에 발포하여 진압하였다(피의 일요일 사건). ④ 소비에트 정부를 수립한 레닌은 신경제 정책(NEP)을 추진하였다. ⑤ 소련은 제2차 세계 대전 중 스탈린그라드 전투에서 독일을 격파하였다.

1등급 정리 노트 — 러시아 혁명

3월 혁명 (1917)	제1차 세계 대전 장기화 → 노동자·병사 소비에트가 혁명 추진 → 니콜라이 2세 퇴위, 임시 정부 수립
11월 혁명 (1917)	레닌 중심의 볼셰비키가 전쟁을 지속하던 임시 정부 타도 → 소비에트 정부 수립
혁명 이후 러시아	브레스트리토프스크 조약(제1차 세계 대전에서 이탈), 사회주의 개혁 추진, 코민테른 조직, 신경제 정책(NEP) 추진 → 소비에트 사회주의 공화국 연방(소련) 수립(1922)

576

제1차 세계 대전 이후 평화 유지를 위해 국제 연맹이 창설되었고, 워싱턴 회의에서 각국의 해군 군비 감축을 논의하였다. 로카르노 조약에서는 국제 분쟁의 평화적 해결 원칙에 합의하였고, 켈로그·브리앙 조약에서는 국가 정책으로서의 전쟁 포기에 합의하였다.

바로잡기 ② 제2차 세계 대전 종전 후 전쟁 범죄자 처벌을 위해 뉘른베르크와 도쿄에서 국제 군사 재판이 개최되었다.

577

제시된 조약은 베르사유 조약(1919)이다. 제1차 세계 대전 종결 이후 연합국은 파리 강화 회의를 통해 독일과 베르사유 조약을 체결하였다. 이에 따라 독일은 모든 식민지를 상실하고 군비를 축소하였으며, 연합국에 막대한 배상금을 지불하게 되었다.

바로잡기 ① 제2차 세계 대전 중 국제 연합 창설에 합의한 대서양 헌장이 발표되었다. ③ 독일과 프랑스는 모로코를 둘러싸고 1905년, 1911년 두 차례 충돌하였다. ④ 시안 사건과 중일 전쟁 발발을 계기로 제2차 국공 합작이 성사되었다. ⑤ 영국은 본국과 식민지를 연결하는 파운드 블록을 형성하여 대공황을 극복하고자 하였다.

578

㈎는 중국의 5·4 운동(1919), ㈏는 장제스의 국민 혁명 완성
(1928)에 대한 내용이다. 5·4 운동 이후 쑨원 등은 중국 국민당
을, 천두슈 등은 중국 공산당을 결성하였고, 군벌 타도와 반제국
주의 운동을 위해 국민당과 공산당 사이에 제1차 국공 합작이 단
행되었다(1924). 이후 장제스가 이끄는 북벌군은 베이징의 군벌
정부를 타도하고 국민 혁명을 완수하였다(1928).

바로잡기 ① 중일 전쟁은 1937년에 발발하였다. ② 신문화 운동은 5·4 운
동 이전에 전개되었다. ④ 중국 공산당의 대장정은 1934년에 시작되었다.
⑤ 일본은 제1차 세계 대전 중 중국에 21개조 요구를 제시하였다(1915).

579

제시된 사건은 시안 사건(1936)이다. 만주 사변 이후에도 장제스
의 국민당은 공산당 토벌 작전을 강화하였다. 이런 상황에서 시안
사건을 계기로 국민당과 공산당 간의 내전 중단과 항일 투쟁 분위
기가 높아졌고, 중일 전쟁이 발발하며 일본의 위협이 커지자 결국
제2차 국공 합작이 이루어졌다(1937).

바로잡기 ① 1911년 우창 봉기로 신해혁명이 본격적으로 전개되었다. ②
1870년대부터 일본에서는 서양식 입헌 제도의 도입을 요구하는 자유 민권
운동이 전개되었다. ③ 1895년 삼국 간섭으로 일본은 랴오둥반도를 청에
반환하였다. ④ 제1차 세계 대전 직전 유럽에서는 3국 협상과 3국 동맹이
대립하였다.

580

㈎는 인도, ㈏는 베트남, ㈐는 인도네시아이다. 인도에서는 제1
차 세계 대전 이후 영국이 롤럿법을 제정하는 등 인도인을 탄압하
자 간디는 비폭력·불복종 운동을 전개하였고, 네루도 인도의 완
전한 독립을 요구하며 영국의 식민 지배에 저항하였다.

바로잡기 ① 인도네시아에서는 수카르노가 네덜란드의 식민 지배에 저항
하였다. ③ 19세기 전반 인도의 힌두교 지도자들은 브라흐마 사마지 운동
을 전개하였다. ④ 베트남에서는 호찌민이 베트남 공산당을 조직하여 프랑
스의 식민 지배에 저항하였다. ⑤ 베트남과 인도네시아는 각각 프랑스, 네
덜란드의 식민 지배에 저항하였다.

581

㈎는 대공황 이전, ㈏는 대공황 이후이다. 미국은 뉴딜 정책을 통
해 정부 지출을 늘리며 대규모 공공사업을 일으켜 소비 수요를 촉
진하는 방식으로 대공황을 극복하고자 하였다. 이에 테네시강 유
역 개발 공사 설립과 같은 공공사업이 추진되었다.

바로잡기 ① 국제 연합은 제2차 세계 대전 종결 이후인 1945년에 창설되
었다. ② 사라예보 사건(1914)을 계기로 제1차 세계 대전이 시작되었다. ③
독일은 제1차 세계 대전 당시 무제한 잠수함 작전을 전개하였다. ⑤ 레닌은
1922년 소비에트 사회주의 공화국 연방(소련)을 창설하였다.

582

자료는 미국의 주가 폭락과 대공황의 상황을 보여 준다. 1929년
대공황이 발생하자 영국과 프랑스는 자국과 식민지를 연결하는
블록 경제로 대공황을 극복하고자 하였다.

바로잡기 ① 러시아에서 레닌이 이끄는 볼셰비키가 소비에트 정부를 수립
하였다(11월 혁명, 1917). ③ 제1차 세계 대전이 끝날 무렵 미국의 윌슨 대통
령은 평화 원칙 14개조를 제시하였다. ④ 1923년 튀르키예 공화국을 수립한
무스타파 케말은 근대화 개혁을 추진하였다. ⑤ 19세기 후반 프로이센의 재
상 비스마르크는 철혈 정책을 내세우며 군비 확장 정책을 추진하였다.

583

㈎ 국가는 이탈리아이다. 파시스트당을 결성한 무솔리니는 로마
진군을 통해 이탈리아의 권력을 장악하였다. 이후 이탈리아는 독
일, 일본과 추축국을 형성하고 3국 방공 협정을 체결하였다.

바로잡기 ② 일본은 미국의 하와이 진주만을 기습 공격하여 아시아·태평
양 전쟁을 일으켰다. ③ 오스만 제국과 독일, 오스트리아·헝가리 제국 등
은 제1차 세계 대전에 동맹국으로 참전하였다. ④ 프랑스는 베르사유 조약
을 통해 독일에게 알자스-로렌 지방을 양도받았다. ⑤ 영국은 제1차 세계
대전 중 맥마흔 선언을 통해 아랍인의 독립 보장을 약속하였다.

584

㈎ 국가는 독일이다. 1939년 독일의 히틀러와 소련의 스탈린은
독·소 불가침 조약을 체결하였다. 조약 체결 직후 독일이 폴란드
를 침공하면서 제2차 세계 대전이 시작되었다.

바로잡기 ② 중일 전쟁을 일으켜 난징을 점령한 일본은 중국군 포로와 민간
인을 학살하였다(난징 대학살, 1937). ③ 제1차 세계 대전 직전 러시아 등은 발
칸반도에서 범슬라브주의를 강조하여 범게르만주의와 대립하였다. ④ 영국
은 신인도 통치법을 제정하여(1935) 인도인의 부분적 자치를 인정하였다. ⑤
일본은 미국의 하와이 진주만을 기습하여 아시아·태평양 전쟁을 일으켰다.

585

밑줄 친 '이 전쟁'은 제2차 세계 대전이다. 제2차 세계 대전 당시
미국은 미드웨이 해전에서 일본에 승리를 거두고 아시아·태평양
지역에서 승기를 잡았다.

바로잡기 ① 제2차 세계 대전 종결 이후 국제 평화와 안전 유지를 위해 국
제 연합이 창설되었다. ② 1928년 미국 등 15개국은 켈로그·브리앙 조약
을 체결하여 국가 정책 수단으로서의 전쟁을 포기하는 것에 합의하였다.
④ 제1차 세계 대전 이후 독일에서는 바이마르 공화국이 수립되었다. ⑤
1921년에 시작된 워싱턴 회의에서는 해군 군비 감축 등을 논의하였다.

586

자료는 카이로 선언(1943)이다. 제2차 세계 대전 중 미국의 루스
벨트, 영국의 처칠, 중국의 장제스는 카이로 회담을 개최하여 전후
일본 처리 문제를 논의하고, 한국의 독립을 처음으로 약속하였다.

바로잡기 사라예보 사건은 1914년, 국제 연맹 창설은 1920년, 만주 사변은
1931년, 중일 전쟁 발발은 1937년, 일본의 진주만 기습은 1941년, 제2차 세
계 대전 종결은 1945년의 일이다.

587

㈎는 국제 연합(UN)이다. 제2차 세계 대전 중 발표된 대서양 헌
장을 근거로 국제 연합이 창설되었다. 국제 연합은 국제 연맹과
달리 국제 연합군을 통하여 국제 분쟁에 무력 개입이 가능하였다.

바로잡기 ① 국제 연맹은 만주 사변이 일어나자 일본의 만주 침략을 비판하였다. ② 국제 연맹은 창설을 주장한 미국이 불참하였다는 한계가 있었다. ③ 제1차 세계 대전 이후 무스타파 케말이 튀르키예 공화국을 수립하였다. ⑤ 국제 연맹은 창설 초반에 독일과 소련의 참여를 배제하였다.

588

평화 원칙 14개조를 제안한 인물은 미국의 윌슨 대통령이다.

589

채점 기준	수준
3·1 운동과 5·4 운동, 국제 연맹 창설을 서술한 경우	상
위 내용을 서술하지 못한 경우	하

590

제1차 세계 대전 이후 물가 폭등과 실업자 증가, 대공황 등으로 경제 상황이 어려워지자 무솔리니의 파시즘, 히틀러의 나치즘 등 전체주의가 대두하였다.

591

채점 기준	수준
국가주의와 군국주의 강화, 대외 침략이라는 공통점을 서술한 경우	상
위 내용을 서술하지 못한 경우	하

적중 1등급 문제

● 115쪽

592 ② **593** ② **594** ⑤ **595** ①

592 제1차 세계 대전

> **1등급 자료 분석** 　미국의 제1차 세계 대전 참전
>
> 독일 제국 정부는 모든 법적·인도적 제한에서 벗어나 <u>잠수함을 이용해 독일의 적국들에 접근하려 하는 선박들을 격침시킬 것이라 선언한 바 있습니다.</u>
> 　　　　　　　　　　독일의 무제한 잠수함 작전
> …… 이에 나는 미국 국민의 안전을 책임져야 할 의무가 있는 미국 대통령으로서 독일 제국 정부를 항복시키고 이 전쟁을 종식시키기 위한 즉각적인 조치를 의회가 취해줄 것을 권고합니다.
> 　독일의 무제한 잠수함 작전은 미국이 제1차 세계 대전에 참전하는 계기가 되었다.

밑줄 친 '이 전쟁'은 제1차 세계 대전이다. 미국은 독일의 무제한 잠수함 작전과 치머만 전보 사건을 계기로 제1차 세계 대전에 참전하였다. ② 이탈리아는 독일, 오스트리아·헝가리 제국과 함께 3국 동맹을 체결하였지만, 제1차 세계 대전이 시작되자 동맹국에서 이탈하여 연합국 측으로 참전하였다.

바로잡기 ① 제2차 세계 대전은 전체주의 국가인 독일, 이탈리아, 일본에 의해 시작되었다. ③ 제2차 세계 대전 중 카이로 회담이 개최되어 전후 일본에 대한 처리 문제를 논의하였다. ④ 제2차 세계 대전 중 발표된 대서양 헌장에 근거하여 전후에 국제 연합이 창설되었다. ⑤ 제2차 세계 대전 중에 전개된 스탈린그라드 전투에서 소련이 독일을 격파하였다.

593 러시아 혁명

> **1등급 자료 분석** 　3월 혁명
>
> 　　　　　　러시아는 제1차 세계 대전에 연합국으로 참전하였다.
> 상트페테르부르크에서 노동자들이 '빵을 달라'고 외치며 <u>전쟁</u> 중지와 전제 정치 타도를 내걸고 행진하였고, 민중들이 이에 가담하였다. 시위대 진압 명령을 받은 군인들은 오히려 시위에 가담하여 노동자·병사 소비에트가 결성되었다. 니콜라이 2세는 동생인 미하일 대공에게 양위한다고 선언하였지만 미하일 대공은 황제 계승을 거부하였고, 결국 니콜라이 2세는 폐위되었다.
> 　　　3월 혁명으로 니콜라이 2세가 폐위되고 임시 정부가 수립되었다.

자료는 러시아의 3월 혁명과 관련된 내용이다. 러시아는 제1차 세계 대전에 연합국으로 참전하였지만, 전쟁의 장기화로 인한 생활의 어려움으로 국내의 불만이 높아졌다. 이에 1917년 노동자·병사 소비에트가 혁명을 추진하여 니콜라이 2세가 퇴위하고 임시 정부가 수립되었다(3월 혁명).

바로잡기 러일 전쟁 발발은 1904년, 제1차 세계 대전 발발은 1914년, 11월 혁명은 1917년, 레닌의 신경제 정책(NEP) 시작은 1921년, 소비에트 사회주의 공화국 연방(소련) 수립은 1922년, 스탈린의 집권은 1924년의 일이다.

594 대공황

> **1등급 자료 분석** 　영국과 프랑스의 대공황 극복 노력
>
> 대공황 극복을 위해 유럽의 주요 국가들은 블록 경제를 추진하였다. 　(가)　 에서는 식민지인 인도 등과 본국을 연결하는 파운드 블록을 형
> 　　　　　　　영국의 블록 경제
> 성하여 보호 무역을 실시하였다. 　(나)　 에서는 사회당이 중심이 되어 인민 전선을 조직하고, 본국과 식민지인 베트남 등을 연결하는 프랑 블록을 형성하여 대공황에서 벗어나고자 하였다. 　프랑스의 블록 경제

(가)는 영국, (나)는 프랑스이다. 대공황이 발생하자 영국은 파운드 블록, 프랑스는 프랑 블록을 형성하여 대공황을 극복하고자 하였다. 한편 제2차 세계 대전 이후 영국과 프랑스는 국제 연합의 안전 보장 이사회에 상임 이사국으로 참여하였다.

바로잡기 ① 독일, 오스트리아·헝가리 제국, 이탈리아는 3국 동맹을 체결하였다. ② 제1차 세계 대전 중 독일은 무제한 잠수함 작전을 전개하였다. ③ 제2차 세계 대전 중 미국은 일본에 원자 폭탄을 투하하였다. ④ 제1차 세계 대전 중 영국은 밸푸어 선언으로 유대인의 국가 건설을 지지하였다.

> **선택지 더 보기**
>
> ⑥ (가) - 3B 정책을 추진하였다. 　　　　　　　　(×)
> ⑦ (나) - 인도네시아를 식민 지배하였다. 　　　　(×)
> ⑧ (가), (나) - 3국 협상에 참여하였다. 　　　　(○)

595 제2차 세계 대전

> **1등급 자료 분석** 　아우슈비츠 수용소에서의 유대인 학살
>
> 우리가 지내고 있는 <u>아우슈비츠 수용소</u>에 유대인들이 계속해서 호송되어
> 　　　제2차 세계 대전 중 독일은 아우슈비츠 수용소에 유대인을 강제로 몰
> 　　　아넣은 후 강제 노동을 시켰고 집단 학살을 자행하였다.
> 왔다. …… <u>전쟁에서 연합군이 노르망디에 상륙했다는 것</u>과 소련이 독일을
> 　　　1944년 연합군은 노르망디 상륙 작전을 성공시켜 파리를 회복하고 독일로 진격하였다.
> 공격했다는 소식들은 거센 파도와 같은 희망을 불러왔지만 일시적이었다.

자료는 제2차 세계 대전 시기 아우슈비츠 수용소의 상황을 보여 주고 있다. 제2차 세계 대전을 일으킨 독일은 유대인을 수용소로 몰아넣은 후 집단 학살을 자행하였다. ① 제2차 세계 대전 중 미국의 루스벨트와 영국의 처칠은 대서양 헌장을 발표하여 국제 연합 창설에 합의하였다(1941).

바로잡기 ② 제2차 세계 대전이 끝나고 전쟁 범죄자 처벌을 위해 뉘른베르크와 도쿄에서 국제 군사 재판이 개최되었다. ③ 제1차 세계 대전 이후 파시스트당을 결성한 무솔리니는 로마 진군을 통해 이탈리아의 정권을 장악하였다. ④ 제1차 세계 대전이 끝날 무렵 미국의 윌슨은 평화 원칙 14개조를 제시하였다. ⑤ 제1차 세계 대전 중에 레닌의 소비에트 정부는 독일 등 동맹국들과 브레스트리토프스크 조약을 체결하고 전쟁에서 이탈하였다.

14 냉전 ~ 지구적 과제와 인류의 노력

 기출 문제 ————————————— ● 117쪽

핵심 개념 문제

596 마셜 계획	**597** 평화 10원칙	**598** 빌리 브란트
599 고르바초프	**600** ○ **601** ×	**602** × **603** ㉡
604 ㉢ **605** ㉠	**606** ㉠ **607** ㉡	**608** ㉡ **609** ㉡

610 ④ **611** ② **612** ⑤

610

자료는 냉전 체제의 성립에 대한 내용이다. 미국은 유럽에서의 공산주의 확산을 저지하기 위해 트루먼 독트린을 발표하고 마셜 계획을 추진하여 서유럽 국가들에게 경제 재건 자금을 지원하였다. 또한 북대서양 조약 기구(NATO)를 결성하여 서유럽 국가와 군사 방위 체제를 구축하였다.

바로잡기 ① 소련은 정보기관인 코민포름을 설립하였다. ② 닉슨 독트린 발표 이후 미국은 파리 평화 협정을 체결하고 베트남에서 철수하였다. ③ 공산주의 진영은 바르샤바 조약 기구(WTO)를 창설하여 자본주의 진영의 북대서양 조약 기구에 맞섰다. ⑤ 냉전 완화의 국제 정세 속에서 미국과 소련은 전략 무기 제한 협정(SALT)을 체결하였다(1972, 1979).

611

자료는 제3세계의 형성과 활동에 대한 내용이다. 냉전이 전개되는 가운데 아시아·아프리카의 신생 독립국을 중심으로 비동맹 중립주의와 독자 노선을 표방하는 제3세계가 형성되었다. 이들 국가들은 반둥 회의를 통해 평화 10원칙을 발표하였다.

바로잡기 ① 제2차 세계 대전 중에 브레턴우즈 회의가 개최되어 세계 경제 질서 재편과 무역 자유화에 대해 논의하였다. ③ 소련의 개혁·개방 정책을 계기로 동유럽 공산 국가에서도 정치 민주화가 촉진되었다. ④ 제2차 세계

대전 이후 미국 중심의 자본주의 진영과 소련 중심의 공산주의 진영이 대립하는 냉전 체제가 형성되었다. ⑤ 마오쩌둥 사후 정권을 잡은 중국의 덩샤오핑은 개혁·개방 정책을 추진하여 시장 경제 체제를 일부 수용하였다.

612

자료는 고르바초프의 주장이다. 1985년 소련 공산당 서기장에 취임한 고르바초프는 페레스트로이카(개혁)·글라스노스트(개방) 정책을 추진하고 동유럽 국가에 대한 불간섭을 선언하였다. 이는 동유럽 국가의 정치 민주화에 영향을 끼쳤다.

바로잡기 ① 문화 대혁명을 일으킨 중국의 마오쩌둥은 홍위병을 앞세워 반대파를 숙청하였다. ② 미국의 트루먼 대통령은 공산주의 세력의 확대를 막기 위해 유럽에 군사·경제 지원을 약속하였다(트루먼 독트린). ③ 서독의 총리 빌리 브란트는 동방 정책을 내세워 동독과 교류하였다. ④ 소련은 흐루쇼프 서기장 재임 시기 쿠바에 미사일 기지 설치를 시도하였고, 이에 미국과 소련 간의 대립이 격화되었다(쿠바 미사일 위기, 1962).

 기출 문제 ————————————— ● 118쪽 ~ 120쪽

613 ③	**614** ②	**615** ①	**616** ①	**617** ①	**618** ②
619 ③	**620** ①	**621** ⑤	**622** ③	**623** ③	**624** ③

1등급을 향한 서답형 문제

625 아시아·아프리카 회의(반둥 회의) **626** 예시 답안 미국과 소련의 영향력을 배제하고 비동맹 중립주의와 독자 노선을 표방하였다.
627 세계 무역 기구(WTO) **628** 예시 답안 우리나라는 1989년에 아시아·태평양 지역의 경제 협력을 증진하기 위해 아시아·태평양 경제 협력체(APEC)에 가입하였다.

613

자료는 미국의 마셜 계획과 관련된 내용이다. 미국은 제2차 세계 대전으로 피폐해진 서유럽에 경제 재건 자금을 지원하는 마셜 계획을 추진하여 공산주의의 확산을 저지하고자 하였다.

바로잡기 ① 닉슨 독트린 발표 이후 냉전 체제가 완화되었다. ② 제3세계 국가들은 반둥 회의에서 평화 10원칙을 발표하였다. ④ 냉전 체제의 해체 이후 지역화·블록화의 움직임 속에서 유럽 연합(EU)이 창설되었다. ⑤ 중국의 덩샤오핑은 개혁·개방 정책을 추진하였다.

614

자료는 쿠바 미사일 위기(1962)와 관련된 내용으로, 밑줄 친 '귀국'은 소련이다. 소련이 쿠바에 미사일 기지 설치를 시도하자 미국과 소련의 대립이 심화되었다. 소련은 냉전 체제 성립 시기에 베를린 봉쇄를 단행하였고, 이후 냉전 완화의 분위기에서 미국과 전략 무기 제한 협정(SALT)을 체결하였다.

바로잡기 ㄴ. 미국은 서유럽 국가와 군사 방위 체제를 구축하고자 북대서양 조약 기구(NATO)를 결성하였다. ㄷ. 베트남은 프랑스와의 전쟁에서 승리하였으나 제네바 협정 체결 이후 남베트남과 북베트남으로 분단되었다.

615

㈎는 베트남 분단(1950년대), ㈏는 베트남 사회주의 공화국 수립(1976)에 대한 내용이다. 베트남 전쟁이 일어나자 미국은 공산주의의 확산을 막는다는 명분으로 참전하였다. 하지만 전쟁의 장기화로 인해 자국에서 반전 여론이 커지고 재정 손실이 심해지자, 미국은 닉슨 독트린을 발표하고(1969) 파리 평화 협정을 체결하여 베트남에서 철수하였다. 이후, 북베트남이 전쟁에서 승리하여 베트남 사회주의 공화국이 수립되었다(1976).

바로잡기 ② 제2차 세계 대전 중에 브레턴우즈 회의가 개최되었다(1944). ③ 냉전 체제 완화의 분위기 속에서 미국은 중국과 국교를 수립하였다(1979). ④ 독립 국가 연합(CIS)이 출범하면서 소련이 해체되었다(1991). ⑤ 자유 무역 확대를 목적으로 세계 무역 기구(WTO)가 출범하였다(1995).

616

밑줄 친 '발표'는 반둥 회의에서의 평화 10원칙 발표를 의미한다. 아시아·아프리카 회의에 참여한 29개국의 대표들이 평화 10원칙을 발표함으로써 제3세계의 성립이 공식화되었다(1955).

바로잡기 트루먼 독트린 발표는 1947년, 쿠바 미사일 위기는 1962년, 닉슨 독트린 발표는 1969년, 미·중 국교 수립은 1979년, 베를린 장벽 붕괴는 1989년, 유럽 연합(EU) 창설은 1993년의 일이다.

617

자료는 닉슨 독트린(1969)이다. 미국의 닉슨 대통령은 아시아에 대한 새로운 외교 정책을 담은 닉슨 독트린을 발표하였다. 이후 닉슨은 중국을 방문하였고, 미국이 파리 평화 협정을 체결하여 베트남에서 군대를 철수하였다.

바로잡기 ② 중국의 덩샤오핑은 남순 강화를 발표하고 개혁·개방 정책을 적극적으로 추진하였다. ③ 유고슬라비아의 티토, 인도의 네루, 이집트의 나세르 등이 제1차 비동맹 회의에 참여하였다. ④ 미국은 케네디 대통령 재임 시기 소련에 쿠바 미사일 기지 철수를 요구하였다. ⑤ 소련의 고르바초프는 페레스트로이카(개혁)·글라스노스트(개방) 정책을 주도하였다.

618

㈎는 동독의 베를린 장벽 건설(1961), ㈏는 베를린 장벽 붕괴(1989)와 관련된 사진이다. 냉전 체제가 심화되면서 독일은 서독과 동독으로 나뉘었고, 1961년 동독은 베를린 장벽을 설치하였다. 이후 냉전 체제가 완화되던 1970년대에 서독의 총리 빌리 브란트는 동방 정책을 추진하여 동독과 교류하였다.

바로잡기 ① 독립 국가 연합(CIS)이 출범하면서 소련은 해체되었다(1991). ③ 제2차 세계 대전 종결 후 전범 처벌을 위해 뉘른베르크 국제 군사 재판이 개최되었다(1945). ④ 독일은 소련과 불가침 조약을 체결하고 폴란드를 침공하여 제2차 세계 대전을 일으켰다(1939). ⑤ 베를린 장벽 붕괴 이후 동독이 독일 연방에 가입하는 형태로 독일 통일이 이루어졌다(1990).

619

㈎ 인물은 고르바초프이다. 고르바초프는 페레스트로이카(개혁)·글라스노스트(개방) 정책을 추진하였고, 미국의 부시 대통령과 몰타 회담에서 냉전 체제의 종식을 선언하였다.

620

㈎에는 마오쩌둥에 대한 설명이 들어가야 한다. 대약진 운동이 실패하자, 정치적 위기에 몰린 마오쩌둥은 문화 대혁명을 일으켜 반대 세력을 제거하고 권력을 강화하였다. 마오쩌둥이 1976년 사망하면서 문화 대혁명은 사실상 끝이 났다.

바로잡기 ② 1989년 중국 공산당은 정치 민주화와 개혁을 요구하는 시위대를 무력으로 진압하였다(톈안먼 사건). ③ 장제스는 북벌을 단행하여 베이징의 군벌 정부를 몰아내고 국민 혁명을 완수하였다(1928). ④ 덩샤오핑에 대한 설명이다. ⑤ 중국은 2001년에 세계 무역 기구에 가입하였다.

1등급 정리 노트 마오쩌둥과 덩샤오핑	
마오쩌둥	국공 내전에서 승리 → 중화 인민 공화국 수립 → 대약진 운동 추진 → 문화 대혁명을 일으켜 반대파 제거
덩샤오핑	마오쩌둥 사후 집권, 흑묘백묘론을 바탕으로 개혁·개방 정책 추진 → 시장 경제 체제 일부 도입, 경제특구 설치

621

밑줄 친 '그'는 덩샤오핑이다. 마오쩌둥 사후 중국의 권력을 장악한 덩샤오핑은 흑묘백묘론을 내세워 개혁·개방 정책을 추진하였다. 이에 시장 경제 체제의 일부를 도입하였으며, 선전 등 주요 지역에 경제특구를 설치하였다.

바로잡기 ① 소련은 코민포름(공산당 정보기관)을 창설하였다. ② 서독의 총리 빌리 브란트는 동방 정책을 추진하여 동독과 교류하였다. ③ 미국의 트루먼 대통령은 유럽에 군사·경제 지원을 약속하였다. ④ 폴란드의 바웬사는 자유 노조를 이끌고 총선에서 승리하였다.

622

㈎는 유럽 연합(EU)이다. 서유럽 6개국을 중심으로 결성된 유럽 석탄 철강 공동체를 기반으로 유럽 경제 공동체(EEC)가 결성되었고(1957), 이는 1967년 유럽 공동체(EC)로 통합되었다. 이후 마스트리흐트 조약의 체결로 유럽 연합이 창설되었다(1993).

바로잡기 ① 닉슨 독트린 발표 이후 냉전 완화의 분위기가 조성되었다. ② 서독의 총리 빌리 브란트는 동방 정책을 내세워 동독과 교류하였다. ④ 1995년에 설립된 세계 무역 기구(WTO)는 자유 무역 확대를 목적으로 설립되었다. ⑤ 인도네시아의 네루, 이집트의 나세르, 유고슬라비아의 티토 등이 제1차 비동맹 회의에 참여하였다.

623

신자유주의는 경제 활동에 관한 국가 개입과 정부 규제를 최소화하고 민간에 최대의 자유를 보장해 주는 경제 이론이다. 신자유주의 정책의 확산과 세계화로 인해 대륙이나 국가 간 빈부 격차뿐만 아니라 국가 내의 빈부 격차도 심화되고 있다.

바로잡기 ① 신자유주의의 확산으로 남반구 국가와 북반구 국가 간 경제적 격차가 심해지고 있다(남북문제). ②, ④ 신자유주의의 확산과 관련성이 적은 내용이다. ⑤ 세계화로 인해 국가 간 교류가 활발해지고 있다.

624

자료는 산업화에 따른 환경 파괴와 온실가스 배출의 문제점을 보여 준다. 세계 각국은 리우 선언을 통해 '지속가능한 발전' 개념을 채택하였고(1992), 산업 국가들은 온실가스 배출량 감축을 위해 교토 의정서를 발표하였다(1997). 이후 파리 협정을 통해 온실가스 감축 의무를 정해 이행하기로 합의하였다(2015).

바로잡기 ① 미국의 흑백 갈등 문제는 인종 갈등의 대표적 사례이다. ② 국경 없는 의사회는 국제 민간 단체로, 주로 의사 및 의료업 종사자들로 구성되어 있다. ④ 냉전 시기 공산주의 진영은 바르샤바 조약 기구(WTO)를 결성하여 군사적 협력을 강화하였다. ⑤ 냉전 체제가 완화되는 가운데 미국과 소련은 전략 무기 제한 협정(SALT)을 체결하였다.

625

1955년 아시아·아프리카의 29개국 대표들이 반둥 회의에서 평화 10원칙을 발표함으로써 제3세계의 성립이 공식화되었다.

626

채점 기준	수준
미국과 소련의 영향력 배제, 비동맹 중립주의, 독자 노선 표방이라는 내용을 서술한 경우	상
위 내용을 서술하지 못한 경우	하

627

각국의 무역 불균형과 마찰을 감시하고 자유 무역을 확대하기 위한 목적으로 세계 무역 기구(WTO)가 설립되었다.

628

채점 기준	수준
우리나라가 소속된 대표적인 경제 공동체에 대해 정확하게 서술한 경우	상
위 내용을 서술하지 못한 경우	하

적중 1등급 문제 ————— ● 121쪽

629 ②　**630** ①　**631** ③　**632** ④

629 냉전 체제의 성립과 전개

1등급 자료 분석　트루먼 독트린과 쿠바 미사일 위기

(가) 오늘날 공산주의자들이 그리스의 생존을 위협하고 있습니다. 튀르키예도 우리의 도움을 필요로 합니다. 그래서 미국은 그리스와 튀르키예 등을 위한 재정적 지원을 계획하고 있습니다.
　　　트루먼 대통령의 의회 연설(트루먼 독트린)

(나) 쿠바섬에 공격용 미사일 기지가 건설 중인 것으로 확인되었습니다. …… 쿠바에서 발사된 핵미사일이 서반구의 특정 국가를 타격하게 되면, 이를 소련이 미국을 공격하는 행위로 간주한다고 공언합니다.
　　　케네디 대통령의 대국민 연설문(쿠바 미사일 위기)

(가)는 트루먼 독트린(1947), (나)는 쿠바 미사일 위기(1962)와 관련 있다. ㄱ. 1961년 유고슬라비아의 베오그라드에서 열린 제1차 비동맹 회의에서는 제3세계의 협력과 결속 강화를 선언하였다. ㄷ. 미국은 1949년 서유럽 국가와 군사 방위 체제를 구축하고자 북대서양 조약 기구(NATO)를 창설하였다.

바로잡기 ㄴ. 냉전 완화의 국제 정세 속에서 미국과 중국이 수교하였다(1979). ㄹ. 베를린 장벽 붕괴 이듬해에 실시된 동독의 자유 총선거에서 서독과의 통일을 주장하는 정당이 승리하였고, 독일 통일이 이루어졌다(1990).

선택지 더 보기

ㅁ. 독립 국가 연합(CIS)이 창설되었다.	(×)	
ㅂ. 빌리 브란트가 동방 정책을 추진하였다.	(×)	
ㅅ. 바르샤바 조약 기구(WTO)가 결성되었다.	(○)	

630 제3세계의 형성과 활동

1등급 자료 분석　아시아·아프리카 회의(반둥 회의)

냉전이 심화되는 상황에서 비동맹주의를 표방하는 국가들이 인도네시아의 반둥에 모여 회의를 열었다. …… 네루도 수많은 아시아·아프리카 국가들이 식민지 상태를 벗어나 독립한 이후에도 여전히 식민주의 때문에 어려움을 겪고 있다고 강조하며 회의에 참가한 국가들의 협력을 호소하였다.

밑줄 친 '회의'는 아시아·아프리카 회의(반둥 회의, 1955)이다. 냉전이 심화되는 상황에서 신생 독립국을 중심으로 한 아시아·아프리카의 29개국 대표들은 반둥 회의를 개최하였다. 회의의 결과 평화 10원칙이 발표되어 제3세계의 성립이 공식화되었다.

바로잡기 ② 미국의 부시와 소련의 고르바초프는 몰타 회담을 통해 냉전 체제의 종식을 선언하였다. ③ 샌프란시스코 강화 조약에서는 일본의 주권 회복을 결정하였다. ④ 마스트리흐트 조약에 따라 유럽 연합(EU)이 창설되었다. ⑤ 국가 간의 관세 조정을 통해 무역을 촉진하고자 관세 및 무역에 관한 일반 협정(GATT)이 체결되었다.

631 독일의 통일

1등급 자료 분석　베를린 장벽 붕괴

공연장 주위에는 안전을 위해 작년에 해체된 베를린 장벽을 상징하는 모조 장벽이 세워졌다. 하지만 관계자들은 표를 구하지 못한 팬들의 성화에 못 이겨 모조 장벽을 철거하면서 베를린에서는 또 다른 장벽 철거가 이루어졌다.

자료는 베를린 장벽 붕괴 이듬해에 열린 공연에 대한 내용이다. 동독 주민의 통일과 민주화 요구가 거세지는 가운데 1989년 베를린 장벽이 붕괴되었다. 이어 이듬해에 동독에서 자유 총선거가 실시되어 서독과의 통일을 주장한 정당이 승리하였고, 동독이 독일 연방에 가입하는 방식으로 독일이 통일되었다.

바로잡기 미·중 국교 수립은 1979년, 고르바초프 서기장 취임은 1985년, 톈안먼 사건 발생은 1989년, 독립 국가 연합(CIS) 출범은 1991년, 유럽 연합(EU) 창설은 1993년, 세계 무역 기구(WTO) 설립은 1995년의 일이다.

1등급 자료 분석　덩샤오핑의 개혁·개방 정책

선전과 주하이 경제특구, 그리고 기타 몇몇 지방은 내가 전혀 예상하지 못할 정도로 발전이 빠릅니다. …… 사회주의 기본 제도가 확립된 다음, 생산력의 발전을 속박하는 경제 체제를 근본적으로 바꾸어 생기와 활력에 찬 사회주의 경제 체제를 건립하고, 생산력의 발전을 촉진하는 것이 개혁입니다.

덩샤오핑은 개혁·개방 정책을 추진하며 농업·공업·국방·과학 기술의 현대화를 추진하였다.

중국의 덩샤오핑은 흑묘백묘론을 내세워 개혁·개방 정책을 실시하였다. 그는 시장 경제 체제를 일부 도입하였으며, 선전 등의 지역에 경제특구를 조성하였다.

바로잡기 ① 중국의 마오쩌둥은 농업과 공업의 대규모 증산을 위해 대약진 운동을 추진하였다. ② 폴란드의 바웬사는 자유 노조를 이끌어 총선거에서 승리하고, 이후 대통령에 당선되었다. ③ 코메콘은 공산주의 진영의 경제 협력 기구로 설립되었다. ⑤ 소련의 고르바초프는 페레스트로이카·글라스노스트 정책을 추진하며 동유럽 국가에 대한 불간섭을 선언하였다.

단원 마무리 문제　●122쪽 ~ 127쪽

⑬ 제1·2차 세계 대전

633 ①　**634** ③　**635** ⑤　**636** ④　**637** ①　**638** 5·4 운동
639 **예시 답안** 파리 강화 회의에서 중국은 일본의 21개조 요구 철폐와 산둥반도의 이권 반환을 주장하였지만 열강은 이를 받아들이지 않았다.
640 ②　**641** ②　**642** ③　**643** ①　**644** ①
645 국제 연합(UN)　**646** **예시 답안** 안전 보장 이사회의 결의가 총회보다 우선시되었으며, 안전 보장 이사회의 5대 상임 이사국은 거부권을 행사할 수 있었고, 강대국의 이해와 냉전 논리에 좌우되는 한계를 보였다.

⑭ 냉전~지구적 과제와 인류의 노력

647 ⑤　**648** 트루먼 독트린　**649** **예시 답안** 미국은 서유럽에 경제 재건 자금을 지원하는 마셜 계획을 추진하여 유럽에서 공산주의의 확산을 저지하고자 하였다.　**650** ①　**651** ④　**652** ④　**653** ③　**654** 베를린 장벽
655 **예시 답안** 베를린 장벽 붕괴 이후 동독에서 자유 총선거가 실시되어 서독과의 통일을 주장한 정당이 승리하였다. 이어 동독이 독일 연방에 가입하는 방식으로 독일이 통일되었다.　**656** ⑤　**657** ②　**658** ③
659 ④　**660** ②

633

밑줄 친 '전쟁'은 제1차 세계 대전이다. 사라예보 사건을 계기로 일어난 제1차 세계 대전에는 미국이 독일의 무제한 잠수함 작전과 치머만 전보 사건이 계기가 되어 연합국 측으로 참전하였다.

바로잡기 ② 제2차 세계 대전 중에 태평양에서 미드웨이 해전이 전개되었다. ③ 동독 주민들의 통일 및 민주화 요구가 거세지는 가운데 베를린 장벽이 붕괴되었다. ④ 닉슨 독트린이 발표되며 냉전 체제 완화의 분위기가 조성되었다. ⑤ 제2차 세계 대전의 전쟁 범죄자를 처벌하기 위해 뉘른베르크 국제 군사 재판이 개최되었다.

634

(가) 국가는 러시아이다. 제1차 세계 대전이 진행 중인 가운데 러시아 11월 혁명으로 수립된 소비에트 정부는 독일 등 동맹국과 브레스트리토프스크 조약을 체결하고 전쟁에서 이탈하였다.

바로잡기 ① 일본은 미국의 하와이 진주만을 기습하여 아시아·태평양 전쟁을 일으켰다. ② 독일이 소련과 불가침 조약을 체결하고 폴란드를 침공하면서 제2차 세계 대전이 시작되었다. ④ 영국은 본국과 식민지를 연결하는 파운드 블록을 형성하여 대공황을 극복하고자 하였다. ⑤ 미국은 마셜 계획을 통해 서유럽에 경제 재건 자금을 지원하였다.

635

자료는 맥마흔 선언(1915)과 밸푸어 선언(1917)이다. 제1차 세계 대전에 아랍 지역을 지배해 온 오스만 제국이 동맹국 측으로 참전하자 영국은 오스만 제국을 견제하고 아랍인의 도움을 받고자 맥마흔 선언을 통해 아랍인의 독립 보장을 약속하였다. 이후 영국은 유대인의 지원을 받기 위해 밸푸어 선언을 통해 유대인의 국가 건설을 지지하였다. 이와 같이 서로 다른 내용의 약속은 아랍인과 유대인이 팔레스타인을 두고 갈등하는 배경이 되었다.

바로잡기 ① 시안 사건과 중일 전쟁 발발을 계기로 제2차 국공 합작이 단행되었다. ② 냉전 체제의 완화 속에 미국은 중국과 국교를 수립하였다. ③ 아시아·아프리카의 신생 독립국들은 반둥에서 평화 10원칙을 발표하였다. ④ 제1차 세계 대전이 끝날 무렵 윌슨은 평화 원칙 14개조를 제시하였다.

636

(가) 국가는 독일이다. 제1차 세계 대전의 결과 연합국과 독일 사이에 체결한 베르사유 조약에 따라 독일은 모든 식민지를 상실하고 알자스–로렌 지역을 프랑스에 양도하였다. 또한 군비를 축소하고, 연합국에 막대한 배상금을 지불하게 되었다. 이후 독일은 이탈리아, 일본과 3국 방공 협정을 맺고 제2차 세계 대전을 일으켰다.

바로잡기 ㄱ. 프랑스는 베트남을 식민지로 삼았다. ㄷ. 제2차 세계 대전 당시 연합국은 노르망디 상륙 작전을 전개하여 파리를 해방시켰다.

637

(가) 인물은 이탈리아의 무솔리니이다. 로마 진군을 통해 권력을 장악한 무솔리니는 파시스트 일당 독재 체제를 구축하였다. 이후 이탈리아는 독일, 일본과 추축국으로 제2차 세계 대전에 참전하였다. 미드웨이 해전(1942) 등으로 연합국이 전세를 역전시킨 가운데 이탈리아는 무솔리니가 몰락하고 항복하였다(1943).

바로잡기 ② 사라예보 사건(1914)은 제1차 세계 대전이 발발하는 계기가 되었다. ③ 파리 강화 회의(1919)는 제1차 세계 대전 직후에 개최되었다. ④ 제1차 세계 대전 중에 러시아는 동맹국과 브레스트리토프스크 조약(1918)을 맺고 전쟁에서 이탈하였다. ⑤ 미국 등 자본주의 진영은 공동 안보 체제 구축을 위해 북대서양 조약 기구(NATO)를 결성하였다(1949).

638

연합국의 일원으로 참전한 중국은 파리 강화 회의에서 산둥반도의 이권 반환을 요구하였으나 받아들여지지 않았다. 이 소식이 전해지자 베이징의 대학생들은 5·4 운동을 전개하였다.

채점 기준	수준
중국이 파리 강화 회의에서 일본의 21개조 요구 철폐, 산둥반도의 이권 반환을 주장했으나 받아들여지지 않았다고 서술한 경우	상
위 내용 중 한 가지만 서술한 경우	하

640

밑줄 친 '민족 운동'은 인도의 민족 운동이다. 제1차 세계 대전 중 인도는 자치권을 약속받고 영국에 협력하였지만, 영국은 약속을 지키지 않고 오히려 롤럿법을 제정하여 인도인을 탄압하였다. 이에 간디는 롤럿법의 폐지와 완전한 자치를 요구하며 비폭력·불복종 운동을 전개하였다.

바로잡기 ① 소련의 개혁·개방 정책은 동유럽 각국에 영향을 미쳤고, 루마니아에서는 차우셰스쿠의 독재 정권이 붕괴되었다. ③ 제1차 세계 대전 이후 오스만 제국이 무너지고 무스타파 케말이 튀르키예 공화국을 수립하였다. ④ 소련의 고르바초프는 페레스트로이카(개혁)·글라스노스트(개방) 정책을 추진하였다. ⑤ 베트남에서는 호찌민이 베트남 공산당을 결성하여 프랑스에 저항하였다.

641

자료는 대공황과 관련된 내용이다. 1929년 미국에서 시작된 대공황은 세계 경제로 확산하였다. 경제 불황 속에 전체주의 국가들이 추축국을 형성하고 제2차 세계 대전을 일으켰다.

바로잡기 사라예보 사건은 1914년, 제1차 국공 합작은 1924년, 제2차 세계 대전 발발은 1939년, 트루먼 독트린 발표는 1947년, 쿠바 미사일 위기는 1962년, 닉슨 독트린 발표는 1969년의 일이다.

642

자료는 이탈리아의 파시즘, 독일의 나치즘과 관련 있다. 1920년대 이후 독일의 나치즘, 이탈리아의 파시즘과 같이 개인의 권리보다 국가나 민족과 같은 전체의 이익을 우선시하는 전체주의가 등장하였다.

바로잡기 ① 로카르노 조약에서는 국제 분쟁의 평화적 해결 원칙에 합의하였다. ② 제네바 협정 이후 남베트남과 북베트남 사이에 전쟁이 벌어졌고, 미국 등이 참전하였다. ④ 소련의 개혁·개방 정책은 동유럽 공산 국가들의 정치 민주화와 경제 자유화에 영향을 주었다. ⑤ 미국은 독일의 무제한 잠수함 작전과 치머만 전보 사건을 계기로 제1차 세계 대전에 참전하였다.

643

㈎는 일본의 진주만 기습(1941), ㈏는 노르망디 상륙 작전(1944)과 관련된 내용이다. 일본의 진주만 공격으로 제2차 세계 대전의 전선이 아시아·태평양 지역으로 확대된 가운데 미국은 미드웨이 해전, 소련은 스탈린그라드 전투에서 승리하며 전세가 연합국에게 유리하게 바뀌었다. 이후 이탈리아가 연합국에 항복하였고(1943), 연합국은 노르망디 상륙 작전을 통해 파리를 해방시켰다.

바로잡기 ㄷ. 제2차 세계 대전 발발 직전 독일은 독·소 불가침 조약을 체결하였다(1939). ㄹ. 1945년 미국이 일본에 원자 폭탄을 투하하였다.

644

㈎ 국가는 일본이다. 1931년 만주 사변을 일으킨 일본은 이듬해 괴뢰 국가인 만주국을 수립하였다. 이후 1937년 중일 전쟁을 도발하여 중국을 공격하였고, 난징 대학살을 자행하였다.

바로잡기 ② 제2차 세계 대전을 일으킨 독일은 파리를 점령하고 비시 정부를 수립하였다. ③ 체코슬로바키아에서는 민주화를 주도한 하벨이 대통령으로 선출되었다. ④ 제1차 세계 대전 중 러시아는 독일 등 동맹국과 브레스트리토프스크 조약을 체결하고 전쟁에서 이탈하였다. ⑤ 냉전 완화의 국제 정세 속에 미국은 소련과 전략 무기 제한 협정(SALT)을 체결하였다.

645

국제 연합(UN)은 총회와 안전 보장 이사회를 두었고, 국제 연합군을 파견하여 국제 분쟁에 무력 제재를 가할 수 있다.

646

채점 기준	수준
안전 보장 이사회의 결의가 총회보다 우선시되는 점, 안전 보장 이사회의 5대 상임 이사국의 거부권 행사 가능, 강대국의 이해 관계와 냉전 논리에 좌우된다는 내용을 서술한 경우	상
위 내용 중 두 가지를 서술한 경우	중
위 내용 중 한 가지만 서술한 경우	하

647

㈎는 미국, ㈏는 소련이다. 제2차 세계 대전 이후 독일은 미국, 영국, 프랑스, 소련에 의해 분할 점령되었다. 냉전 체제가 수립되는 가운데 소련은 베를린 봉쇄를 단행하였다. ⑤ 미국의 부시와 소련의 고르바초프는 몰타 회담에서 냉전 체제의 종식을 선언하였다.

바로잡기 ① 인도, 이집트 등이 유고슬라비아의 베오그라드에서 열린 제1차 비동맹 회의에 참여하였다. ② 소련이 쿠바에 미사일 기지 설치를 시도하면서 미·소의 대립이 심화되었다. ③ 서독의 총리 빌리 브란트는 동방 정책을 추진하여 동독과 교류하였다. ④ 미국은 마셜 계획을 통해 유럽에 경제 재건 자금을 지원하여 공산주의의 확산을 막고자 하였다.

648

미국은 그리스와 튀르키예에 공산주의 세력이 확대되자 군사·경제 지원을 약속하는 트루먼 독트린을 발표하였다.

649

채점 기준	수준
마셜 계획의 내용과 목적을 모두 서술한 경우	상
마셜 계획의 명칭과 내용을 서술한 경우	중
마셜 계획의 명칭만을 서술한 경우	하

650

밑줄 친 '회의'는 아시아·아프리카 회의(반둥 회의)이다. 신생 독립국을 중심으로 한 아시아·아프리카의 29개국은 이 회의에서 평화 10원칙을 발표하고, 비동맹 중립주의를 표방하였다.

바로잡기 ② 제2차 세계 대전 중 미국의 루스벨트와 영국의 처칠은 대서양 헌장을 발표하여 국제 연합 창설에 합의하였다. ③ 교토 의정서(1997)와 파리 협정(2015)에서 온실가스 의무 감축을 합의하였다. ④ 1986년 시작된 우루과이 라운드 협상에서 세계 무역 기구 설립에 합의하였다. ⑤ 마스트리흐트 조약을 통해 창설된 유럽 연합은 유로를 단일 화폐로 사용하였다.

651

자료는 닉슨 독트린(1969)에 대한 내용이다. 미국의 닉슨 대통령은 미국의 아시아 지역에 대한 군사 개입을 최소화할 것을 선언하였다. 이후 미국은 베트남에서 군대를 철수하였고, 베트남에서는 베트남 사회주의 공화국이 수립되었다(1976). 한편 닉슨 대통령이 중국을 방문하는 등 냉전 체제의 완화 분위기 속에서 미국이 중국과 국교를 수립하였다(1979).

바로잡기 ㄱ. 1950년 북한의 남침으로 6·25 전쟁이 발발하였다. ㄷ. 독일은 냉전 체제가 성립되는 과정에서 서독과 동독으로 분단되었다(1949).

652

㈎ 국가는 폴란드이다. 독일의 폴란드 침공으로 제2차 세계 대전이 시작되었고, 독일은 폴란드에 아우슈비츠 수용소를 만들어 유대인을 몰아넣고 학살하였다. ④ 소련의 개혁·개방 정책의 영향으로 폴란드에서는 비웬사가 이끈 자유 노조가 총선거에서 승리하였다.

바로잡기 ① 중국의 마오쩌둥이 문화 대혁명을 일으키고 반대파를 탄압하였다. ② 러일 전쟁 중 러시아에서는 피의 일요일 사건이 일어났다. ③ 제1차 세계 대전에서 패배한 독일에서는 바이마르 공화국이 수립되었다. ⑤ 러시아에서는 1917년 레닌이 소비에트 정부를 수립하였다(11월 혁명).

653

㈎ 인물은 고르바초프이다. 1985년 소련의 공산당 서기장으로 취임한 고르바초프는 페레스트로이카·글라스노스트 정책을 추진하고, 동유럽 국가에 대한 불간섭을 선언하였다. 또한 미국의 부시와의 몰타 회담을 통해 냉전 체제의 종식을 선언하였다.

바로잡기 ① 베를린 장벽은 1961년에 설치되었다. ② 바르샤바 조약 기구(WTO)는 1955년에 결성되었다. ④ 옐친의 주도로 독립 국가 연합(CIS)이 출범하면서 소련이 해체되었다(1991). ⑤ 미국과 소련의 전략 무기 제한 협정(SALT)은 1972년과 1979년에 체결되었다.

654

1980년대 들어 동독 주민의 민주화와 통일에 대한 요구가 거세지는 가운데 동독에서 발표한 '통행 자유화 정책'을 계기로 베를린 장벽이 붕괴되었다(1989).

655

채점 기준	수준
동독에서 자유 총선거 실시, 서독과의 통일을 주장한 정당의 승리, 동독이 독일 연방에 가입하는 형태의 독일 통일을 모두 서술한 경우	상
위 내용 중 두 가지를 서술한 경우	중
위 내용 중 한 가지만 서술한 경우	하

656

자료는 1990년 바웬사가 폴란드 대통령에 취임하는 상황이다. 소련의 고르바초프가 추진한 개혁·개방 정책의 영향으로 동유럽 공산주의 국가들의 정치 민주화가 촉진되었다. 폴란드에서는 자유 노조를 이끈 바웬사가 대통령에 당선되었다.

바로잡기 트루먼 독트린 발표는 1947년, 반둥 회의 개최는 1955년, 닉슨 독트린 발표는 1969년, 미·중 국교 수립은 1979년, 고르바초프 서기장 취임은 1985년, 유럽 연합(EU) 창설은 1993년의 일이다.

657

㈎는 중국의 대약진 운동 실패 직후 류샤오치 등이 마오쩌둥을 비판하는 상황(1960년대), ㈏는 톈안먼 사건(1989)이다. 대약진 운동 실패로 정치적 위기에 몰린 마오쩌둥은 문화 대혁명을 일으켜 반대 세력을 제거하였다. 마오쩌둥 사후 집권한 덩샤오핑은 개혁·개방 정책을 추진하였다.

바로잡기 ㄴ. 시안 사건(1936)과 중일 전쟁 발발(1937)을 계기로 제2차 국공 합작이 단행되었다(1937). ㄹ. 쑨원의 뒤를 이은 중국 국민당의 장제스는 베이징 군벌 정부를 타도하고 북벌을 완수하였다(1928).

658

자료는 마스트리흐트 조약이다. 유럽 공동체의 12개국은 마스트리흐트 조약을 체결하여 경제와 화폐 통합, 공동의 외교와 안보 정책 등에 합의하였고, 이에 따라 유럽 연합(EU)이 창설되었다.

바로잡기 ① 미국의 루스벨트는 대공황을 극복하기 위해 뉴딜 정책을 실시하였다. ② 제2차 세계 대전 중 미국의 루스벨트와 영국의 처칠은 대서양 헌장을 발표하여 국제 연합(UN) 창설에 합의하였다. ④ 닉슨 독트린이 발표되면서 냉전 완화의 분위기가 조성되었다. ⑤ 파리 강화 회의는 미국의 윌슨이 제시한 평화 원칙 14개조를 원칙으로 삼았다.

659

다문화주의는 서로 다른 문화가 공존하고 존중받으며 함께 발전해야 한다는 관념으로, 다양성과 관용, 통합을 중시한다.

바로잡기 ① 자유 무역이 확대되면서 각국은 경제 협력을 위해 지역 간 협력체를 구성하였다(지역화). ② 탈냉전은 냉전 체제를 종식하고 평화를 지향하는 새로운 세계 질서를 의미한다. ③ 전체주의는 개인의 권리보다 국가나 민족과 같은 전체의 이익을 우선시하는 사상이다. ⑤ 신자유주의는 경제 활동에 관한 국가 개입을 최소화하는 경제 이론이다.

660

자료는 온실가스 배출로 인한 지구 온난화 현상과 기상 이변을 나타내고 있다. 산업화의 영향으로 온실가스 배출이 증가하여 기상 이변 등이 발생하자 산업 국가들은 온실가스 배출량 감축을 위해 교토 의정서를 발표하였다(1997).

바로잡기 ① 소련은 정보 기관인 코민포름을 설립하여 동유럽 국가들을 지원하였다. ③ 제2차 세계 대전 중 열린 브레턴우즈 회의에서 세계 경제 질서 재편과 무역 자유화에 대해 논의하였다. ④ 카이로 선언에서는 연합국의 대일전 협력과 일본의 점령지 처리에 대해 협의한 내용을 발표하였다. ⑤ 세계 무역 기구는 자유 무역을 확대하기 위한 목적으로 출범하였다.

www.mirae-n.com

학습하다가 이해되지 않는 부분이나 정오표 등의 궁금한 사항이 있나요?
미래엔 홈페이지에서 해결해 드립니다.

교재 내용 문의
나의 교재 문의 | 자주하는 질문 | 기타 문의

교재 정답 및 정오표
정답과 해설 | 정오표

교재 학습 자료
MP3

Contact Mirae-N
www.mirae-n.com
(우)06532 서울시 서초구 신반포로 321
1800-8890

실력 상승 문제집

파사쥬

대표 유형과 실전 문제로 내신과 수능을
동시에 대비하는 실력 상승 실전서

국어	국어, 문학, 독서
영어	기본영어, 유형구문, 유형독해, 20회 듣기모의고사, 25회 듣기 기본 모의고사
수학	수학Ⅰ, 수학Ⅱ, 확률과 통계, 미적분

수능 완성 문제집

수능 주도권

핵심 전략으로 수능의 기선을 제압하는
수능 완성 실전서

국어영역	문학, 독서, 언어와 매체, 화법과 작문
영어영역	독해편, 듣기편
수학영역	수학Ⅰ, 수학Ⅱ, 확률과 통계, 미적분

수능 기출 문제집

N기출

수능N 기출이 답이다!

국어영역	공통과목_문학, 공통과목_독서, 선택과목_화법과 작문, 선택과목_언어와 매체
영어영역	고난도 독해 LEVEL 1, 고난도 독해 LEVEL 2, 고난도 독해 LEVEL 3
수학영역	공통과목_수학Ⅰ+수학Ⅱ 3점 집중, 공통과목_수학Ⅰ+수학Ⅱ 4점 집중, 선택과목_확률과 통계 3점/4점 집중, 선택과목_미적분 3점/4점 집중, 선택과목_기하 3점/4점 집중

N기출 모의고사

수능의 답을 찾는 우수 문항 기출 모의고사

수학영역	공통과목_수학Ⅰ+수학Ⅱ 선택과목_확률과 통계, 선택과목_미적분

미래엔 교과서 연계 도서

미래엔 교과서 자습서

교과서 예습 복습과 학교 시험 대비까지
한 권으로 완성하는 자율학습서

[2022 개정]

국어	공통국어1, 공통국어2*
영어	공통영어1, 공통영어2
수학	공통수학1, 공통수학2, 기본수학1, 기본수학2
사회	통합사회1, 통합사회2*, 한국사1, 한국사2*
과학	통합과학1, 통합과학2
제2외국어	중국어, 일본어
한문	한문

*2025년 상반기 출간 예정

[2015 개정]

국어	문학, 독서, 언어와 매체, 화법과 작문, 실용 국어
수학	수학Ⅰ, 수학Ⅱ, 확률과 통계, 미적분, 기하
한문	한문Ⅰ

미래엔 교과서 평가 문제집

학교 시험에서 자신 있게
1등급의 문을 여는 실전 유형서

[2022 개정]

국어	공통국어1, 공통국어2*
사회	통합사회1, 통합사회2*, 한국사1, 한국사2*
과학	통합과학1, 통합과학2

*2025년 상반기 출간 예정

[2015 개정]

국어	문학, 독서, 언어와 매체